Herausgegeben von
Prof. Dr. Georg Hilger und Prof. Dr. Elisabeth Reil

# Arbeitshilfen
# Reli 8

Erarbeitet von
Josef Epp (verantwortlich)
Thomas Ohlwerter
Elisabeth Reil

Kösel

# Reli

Unterrichtswerk für katholische Religionslehre
an Hauptschulen in den Klassen 5 – 9

Herausgegeben von Prof. Dr. Georg Hilger und Prof. Dr. Elisabeth Reil

## Arbeitshilfen Reli 8
## Lehrerkommentar

Erarbeitet von Josef Epp, Thomas Ohlwerter, Elisabeth Reil

ISBN 3-466-50639-5

© 2001 by Kösel-Verlag GmbH & Co., München.
Printed in Germany.
Unter Berücksichtigung der Rechtschreibreform.
Alle Rechte vorbehalten. Das Werk und seine Teile sind urheberrechtlich geschützt.
Jede Verwertung in anderen als den gesetzlich zugelassenen Fällen bedarf deshalb
der vorherigen schriftlichen Einwilligung des Verlags.

Satz: Kösel-Verlag, München.
Druck und Bindung: Kösel, Kempten.
Notensatz: Christa Pfletschinger, München.
Umschlag: Kaselow-Design, München.

Der Kösel-Verlag ist Mitglied im »Verlagsring Religionsunterricht« (VRU).

# Vorwort

**Liebe Kollegin, lieber Kollege,**

diese *Arbeitshilfen* zum Schülerbuch *Reli 8* wollen Ihnen eine Hilfe sein: informierend, inspirierend und entlastend.

**Informieren** wollen die *Reli 8-Arbeitshilfen* über den Aufbau und die religionsdidaktische Ausrichtung des jeweiligen Kapitels. Vor allem bieten sie notwendiges Hintergrundwissen zu den Einzelelementen des Schülerbuchs, seien es Bilder, Lieder, erzählende Texte oder theologische Sachinformation. Absicht der Autorin und Autoren ist es, solche Informationen zur Verfügung zu stellen, die das Konzept und die Elemente des Schülerbuchs transparent machen und die hilfreich sind, mit dem Thema und dem Schülerbuch eigenständig umzugehen.

**Inspirieren** und keineswegs gängeln wollen die vielen methodischen Anregungen zur Unterrichtsgestaltung mit recht unterschiedlichem Anspruch je nach Lernmöglichkeiten der Schülerinnen und Schüler des 8. Schuljahres und mit recht unterschiedlichem Zeitbedarf. Auch hierfür, wie auch für die Elemente des Schulbuchs und die unterrichtlichen Vorschläge auf den Ideenseiten, gilt: Weniger kann mehr sein. Setzen Sie sich nicht unter Druck, möglichst allen Vorschlägen zu folgen. Wählen Sie aus und lassen Sie sich durch die Angebote in *Reli 8-Arbeitshilfen* dazu anregen, für Ihre konkrete Situation eventuell angemessenere Unterrichtsschritte zu planen. Was in der einen Klasse nicht durchführbar erscheint, kann in einer anderen Klasse sinnvoll und produktiv sein.

**Entlasten** wollen sowohl die komprimierten informativen Texte und Unterrichtsskizzen im Lehrerkommentar als auch die zahlreichen Kopiervorlagen für Lied-, Text- und Arbeitsblätter. Welche davon übernommen, vergrößert und modifiziert werden, das bleibt natürlich Ihre Entscheidung.

Noch ein Wort zu dem denkbar knappen und sachlichen **Titel der Schulbuchreihe: Reli**. Verlag und Herausgeber haben sich anregen lassen von einem Werbeprospekt der katholischen und der evangelischen Kirchen zur Bedeutung des Religionsunterrichtes heute. Auch dieses Schulbuch will werben für einen Religionsunterricht, der seinen spezifischen Beitrag zum Bildungsauftrag der Schule leistet und der die jungen Menschen bei ihrer religiösen Entwicklung begleitet unter anderem dadurch, dass er ihre religiöse Wahrnehmungs-, Gestaltungs- und Urteilsfähigkeit stärkt.

Wir hoffen, dass das Schülerbuch *Reli 8* und die von der Autorin und den Autoren mit viel Engagement erstellten *Reli 8-Arbeitshilfen* Ihnen eine echte Hilfe sind, Sie entlasten und Sie inspirieren.

*Die Herausgeber von Reli*
*und das Schulbuchlektorat des Kösel-Verlags*

# Inhaltsverzeichnis

## Kapitel 1: Sehnsucht nach Leben

*Das Thema im Schülerbuch* .................................................. **12**
*Verknüpfungen mit anderen Themen im Schülerbuch* .......................... **12**
*Verbindungen mit anderen Fächern* .......................................... **13**

### *Titelseite 7: Hunger nach Leben*
1. Hintergrund ........................................................... **13**
2. Einsatzmöglichkeiten im RU ........................................... **14**
➤ Arbeitsblatt 8.1.1: Der Sehnsucht auf die Spur kommen ................. **15**

### *Themenseite 8-9*
1. Hintergrund ........................................................... **16**
2. Einsatzmöglichkeiten im RU ........................................... **18**
➤ Liedblatt 8.1.2: Ich will raus / Sehnsucht 99 ........................ **19**

### *Ideenseite 10-11* ..................................................... **20**

### *Deuteseite 12-13: Träumen – die Wirklichkeit sehen*
1. Hintergrund ........................................................... **20**
2. Einsatzmöglichkeiten im RU ........................................... **20**
➤ Textblatt 8.1.3: Es war einmal ein Wunderknabe ....................... **22**
➤ Arbeitsblatt 8.1.4: Die ... ist ein parfümiertes Stück ... ........... **23**
➤ Arbeitsblatt 8.1.5: Über den Rand schreibt man nicht! ................ **25**
3. Weiterführende Anregung .............................................. **24**

### *Deuteseite 14-15: Mein Leben wagen – auf die Zukunft vertrauen*
1. Hintergrund ........................................................... **24**
2. Einsatzmöglichkeiten im RU ........................................... **26**
➤ Textblatt 8.1.6: Hunger nach Leben – Gedanken eines Grenzgängers ..... **27**
➤ Liedblatt 8.1.7: Meine engen Grenzen ................................. **29**
3. Weiterführende Anregung .............................................. **28**

### *Infoseite 16-17: Achtung Sackgasse!*
1. Hintergrund ........................................................... **28**
2. Einsatzmöglichkeiten im RU ........................................... **30**
➤ Arbeitsblatt 8.1.8: Achtung: Sackgasse! .............................. **31**
➤ Erzählung 8.1.9: Weil sie es besser nicht versteht ................... **33**
➤ Arbeitsblatt 8.1.10: Dem Leben eine neue Richtung geben – den Blick wenden! ... **35**
3. Weiterführende Anregung .............................................. **32**

### *Stellungnahmen 18: Meinen Weg versuchen*
1. Hintergrund ........................................................... **34**
2. Einsatzmöglichkeiten im RU ........................................... **34**
3. Weiterführende Anregung .............................................. **37**

*Literatur* ................................................................ **37**

# Kapitel 2: Kirche (ausge)dient?

*Das Thema im Schülerbuch* .................................................................. 38
*Verknüpfungen mit anderen Themen im Schülerbuch* ............................ 38
*Verbindungen mit anderen Fächern* ....................................................... 39

*Titelseite 19: Kirche (ausge)dient?*
    1. Hintergrund ................................................................................... 39
    2. Einsatzmöglichkeiten im RU .......................................................... 39
    3. Weiterführende Anregung ............................................................. 40

*Themenseite 20-21*
    1. Hintergrund ................................................................................... 41
    2. Einsatzmöglichkeiten im RU .......................................................... 41
    ➤ Arbeitsblatt 8.2.1: Die Kirche und ich .............................................. 43
    ➤ Arbeitsblatt 8.2.2: Kirche – vieldeutig ............................................. 45
    3. Weiterführende Anregung ............................................................. 44

*Ideenseite 22-23* ...................................................................................... 44

*Deuteseite I 24-25: Kirche auf der Seite der Menschen*
    1. Hintergrund ................................................................................... 44
    2. Einsatzmöglichkeiten im RU .......................................................... 46
    ➤ Arbeitsblatt 8.2.3: Sprechende Hände ............................................ 47
    ➤ Kopiervorlage 8.2.4: Zertretene ...................................................... 49
    3. Weiterführende Anregung ............................................................. 50

*Deuteseite II 26-27: Tag und Nacht unterwegs*
    1. Hintergrund ................................................................................... 50
    2. Einsatzmöglichkeiten im RU .......................................................... 52
    ➤ Arbeitsblatt 8.2.5: Der etwas andere Kalender .............................. 51
    ➤ Textblatt 8.2.6: Gedanken bei einem Requiem ............................... 53
    3. Weiterführende Anregung ............................................................. 54

*Deuteseite III 28-29: Eine Kirche – viele Bilder*
    1. Hintergrund ................................................................................... 55
    2. Einsatzmöglichkeiten im RU .......................................................... 56
    ➤ Arbeitsblatt 8.2.7: Mein Text-Bild entwerfen .................................. 57
    3. Weiterführende Anregung ............................................................. 59

*Infoseite I 30-31: Kirche für die Jugend*
    1. Hintergrund ................................................................................... 59
    2. Einsatzmöglichkeiten im RU .......................................................... 60
    3. Weiterführende Anregungen ......................................................... 64
    ➤ Arbeitsblatt 8.2.8: Parcours der Arbeitslosigkeit ........................... 61
    ➤ Arbeitsblatt 8.2.9: »Ich krieg's allein nicht mehr geregelt« ............ 63

*Infoseite II 32-33: Jugend in der Kirche*
    1. Hintergrund .................................................. **64**
    2. Einsatzmöglichkeiten im RU ................................... **65**
    3. Weiterführende Anregungen ................................... **65**

*Infoseite III 34-35: Zusammenhänge erkennen – Verantwortung übernehmen*
    1. Hintergrund .................................................. **66**
    2. Einsatzmöglichkeiten im RU ................................... **67**
    3. Weiterführende Anregungen ................................... **68**
    ➤Arbeitsblatt 8.2.10: Misereor-Projekt: Ein Haus der Liebe ....... **69**

*Infoseite IV 36-37: Kirche in einer Welt*
    1. Hintergrund .................................................. **68**
    2. Einsatzmöglichkeiten im RU ................................... **71**
    ➤Infoblatt 8.2.11: Misereor-Projekt: Partnerschaft ............... **73**
    3. Weiterführende Anregungen ................................... **72**

*Stellungnahmen 38: Mehr als ein Museum*
    1. Hintergrund .................................................. **74**
    2. Einsatzmöglichkeiten im RU ................................... **74**
    3. Weiterführende Anregung .................................... **76**
    ➤Liedblatt 8.2.12: Wenn das Brot, das wir teilen ................. **75**

*Literatur* ........................................................ **76**


# Kapitel 3: Miteinander gehen

*Das Thema im Schülerbuch* ........................................ **77**
*Verknüpfungen mit anderen Themen im Schülerbuch* ................. **77**
*Verbindungen mit anderen Fächern* ................................ **78**

*Titelseite 39: Miteinander gehen*
    1. Hintergrund .................................................. **78**
    2. Einsatzmöglichkeiten im RU ................................... **78**
    ➤Textblatt 8.3.1: Ohne mich ..................................... **87**
    ➤Arbeitsblatt 8.3.2: Total verliebt ............................. **79**

*Themenseite 40-41*
    1. Hintergrund .................................................. **80**
    2. Einsatzmöglichkeiten im RU ................................... **81**
    ➤Textblatt 8.3.3: Reich mir die Hand ............................ **83**
    ➤Arbeitsblatt 8.3.4: So bin ich – Wer passt zu mir? ............. **85**
    ➤Arbeitsblatt 8.3.5: Brief einer Schülerin an das Dr. Sommer-Team ... **86**
    ➤Textblatt 8.3.6: Ein Gespräch zwischen der Eifersucht und der Liebe ... **87**
    ➤Liedblatt: 8.3.7: Wenn ich vierundsechzig bin .................. **89**

*Ideenseite 42-43* ................................................. **84**

*Deuteseite I 44-45: ... mit einem einzigen Blick deiner Augen*
    1. Hintergrund . . . . . . . . . . . . . . . . . . . . . . . . . . . . . . . . . . . . . . . . . . . . . . . . . . . . . . **84**
    2. Einsatzmöglichkeiten im RU . . . . . . . . . . . . . . . . . . . . . . . . . . . . . . . . . . . . . . . . **90**

*Deuteseite II 46-47: Was es ist*
    1. Hintergrund . . . . . . . . . . . . . . . . . . . . . . . . . . . . . . . . . . . . . . . . . . . . . . . . . . . . . . **90**
    2. Einsatzmöglichkeiten im RU . . . . . . . . . . . . . . . . . . . . . . . . . . . . . . . . . . . . . . . . **92**
    ➢Arbeitsblatt 8.3.8: Was ist es? . . . . . . . . . . . . . . . . . . . . . . . . . . . . . . . . . . . . . . . **93**
    ➢Textblatt 8.3.9: Sachliche Romanze . . . . . . . . . . . . . . . . . . . . . . . . . . . . . . . . . . **93**

*Deuteseite III 48-49: Als Mann und Frau schuf er sie*
    1. Hintergrund . . . . . . . . . . . . . . . . . . . . . . . . . . . . . . . . . . . . . . . . . . . . . . . . . . . . . . **94**
    2. Einsatzmöglichkeiten im RU . . . . . . . . . . . . . . . . . . . . . . . . . . . . . . . . . . . . . . . . **95**
    ➢Textblatt 8.3.10: Darum brauche ich deine Freundschaft . . . . . . . . . . . . . . . . . **97**

*Infoseite 50-51: Ein Geschenk des Himmels*
    1. Hintergrund . . . . . . . . . . . . . . . . . . . . . . . . . . . . . . . . . . . . . . . . . . . . . . . . . . . . . . **96**
    2. Einsatzmöglichkeiten im RU . . . . . . . . . . . . . . . . . . . . . . . . . . . . . . . . . . . . . . . .**100**

*Stellungnahmen 52: Da hört der Spaß auf*
    1. Hintergrund . . . . . . . . . . . . . . . . . . . . . . . . . . . . . . . . . . . . . . . . . . . . . . . . . . . . . **100**
    2. Einsatzmöglichkeiten im RU . . . . . . . . . . . . . . . . . . . . . . . . . . . . . . . . . . . . . . . **100**
    ➢Arbeitsblatt 8.3.11: Impulskarten rund um die Beziehungskiste . . . . . . . . . . . . **99**
    3. Weiterführende Anregungen . . . . . . . . . . . . . . . . . . . . . . . . . . . . . . . . . . . . . . . **101**

## Kapitel 4: Jüdisches Leben – jüdischer Glaube
  *Das Thema im Schülerbuch* . . . . . . . . . . . . . . . . . . . . . . . . . . . . . . . . . . . . . . . . . . . . . . **102**
  *Verknüpfungen mit anderen Themen im Schülerbuch* . . . . . . . . . . . . . . . . . . . . . . . . . . **103**
  *Verbindungen mit anderen Fächern* . . . . . . . . . . . . . . . . . . . . . . . . . . . . . . . . . . . . . . . . **103**

*Titelseite 53: Jüdisches Leben – jüdischer Glaube*
    1. Hintergrund . . . . . . . . . . . . . . . . . . . . . . . . . . . . . . . . . . . . . . . . . . . . . . . . . . . . . **103**
    2. Einsatzmöglichkeiten im RU . . . . . . . . . . . . . . . . . . . . . . . . . . . . . . . . . . . . . . . **108**
    ➢Arbeitsblatt 8.4.1: Der Geigenspieler . . . . . . . . . . . . . . . . . . . . . . . . . . . . . . . . **105**
    3. Weiterführende Anregungen . . . . . . . . . . . . . . . . . . . . . . . . . . . . . . . . . . . . . . . **108**
    ➢Liedblatt 8.4.2: Tzen Brider . . . . . . . . . . . . . . . . . . . . . . . . . . . . . . . . . . . . . . . . **107**

*Themenseite 54-55*
    1. Hintergrund . . . . . . . . . . . . . . . . . . . . . . . . . . . . . . . . . . . . . . . . . . . . . . . . . . . . . **108**
    2. Einsatzmöglichkeiten im RU . . . . . . . . . . . . . . . . . . . . . . . . . . . . . . . . . . . . . . . **110**
    ➢Textblatt 8.4.3: Bilder aus der Albtraumfabrik . . . . . . . . . . . . . . . . . . . . . . . . . **111**
    ➢Arbeitsblatt 8.4.4: Kurzporträts bekannter jüdischer Menschen . . . . . . . . . . . . **113**
    ➢Arbeitsblatt 8.4.5: Jiddischer Sprache auf die Spur kommen . . . . . . . . . . . . . . **115**
    Weiterführende Anregung . . . . . . . . . . . . . . . . . . . . . . . . . . . . . . . . . . . . . . . . . . . **114**

*Ideenseite 56-57*
    1. Hintergrund .................................................. **114**
    2. Einsatzmöglichkeiten im RU ................................... **116**
    3. Weiterführende Anregungen ................................... **116**

*Deuteseite I 58-59: Jüdisches Leben in Deutschland*
    1. Hintergrund .................................................. **117**
    2. Einsatzmöglichkeiten im RU ................................... **118**
    ➤Textblatt 8.4.6: Jüdisches Leben in Regensburg (I) ............. **119**
    ➤Arbeitsblatt 8.4.7: Jüdisches Leben in Regensburg (II) ........ **121**
    ➤Textblatt 8.4.8: Woran man Juden erkennt ...................... **123**
    3. Weiterführende Anregung ..................................... **120**

*Deuteseite II 60-61: Jüdische Lebensweisheit*
    1. Hintergrund .................................................. **122**
    2. Einsatzmöglichkeiten im RU ................................... **124**
    3. Weiterführende Anregung ..................................... **125**

*Deuteseite III 62-63: Erinnerung an die Shoa*
    1. Hintergrund .................................................. **126**
    2. Einsatzmöglichkeiten im RU ................................... **128**
    ➤Textblatt 8.4.9: Ich, Ateet, Sohn des Malers .................. **127**
    3. Weiterführende Anregungen ................................... **128**

*Infoseite I 64-65: Wie aus Juden Christen wurden*
    1. Hintergrund .................................................. **129**
    2. Einsatzmöglichkeiten im RU ................................... **130**
    ➤Arbeitsblatt 8.4.10: Auf der Suche nach dem unbekannten Jesus . **131**
    3. Weiterführende Anregung ..................................... **132**
    ➤Textblatt 8.4.11: Haben Lügen kurze Beine? .................... **133**

*Infoseite II 66-67: Die Schoa und ihre Folgen für die Kirche*
    1. Hintergrund .................................................. **134**
    2. Einsatzmöglichkeiten im RU ................................... **136**
    ➤Textblatt 8.4.12: Papstbesuch in Haifa – Eine Begegnung ....... **135**
    3. Weiterführende Anregung ..................................... **136**

*Stellungnahmen 68: Dein Christus ein Jude*
    1. Hintergrund .................................................. **138**
    2. Einsatzmöglichkeiten im RU ................................... **138**
    ➤Textblatt 8.4.13: Spiegel wünscht sich besser informierte Jugend **137**
    3. Weiterführende Anregung ..................................... **139**

*Literatur und Medien* ................................................. **139**

# Kapitel 5: Die Schöpfung ist uns anvertraut

*Das Thema im Schülerbuch* .................................................. 140
*Verknüpfungen mit anderen Themen im Schülerbuch* ............................. 140
*Verbindungen mit anderen Fächern* ........................................... 141

*Titelseite 69: Die Schöpfung ist uns anvertraut*
    1. Hintergrund ....................................................... 141
    2. Einsatzmöglichkeiten im RU ....................................... 142

*Themenseite 70-71*
    1. Hintergrund ....................................................... 143
    2. Einsatzmöglichkeiten im RU ....................................... 144
    3. Weiterführende Anregungen ........................................ 146
    ➢ Liedblatt 8.5.1: Erdenball ........................................ 145
    ➢ Cartoon 8.5.2: Ozone 89 .......................................... 147

*Ideenseite 72-73* ............................................................ 146

*Deuteseite I 74-75: Leben – ein Geschenk*
    1. Hintergrund ....................................................... 148
    2. Einsatzmöglichkeiten im RU ....................................... 149
    3. Weiterführende Anregungen ........................................ 150
    ➢ Liedblatt 8.5.3: Solang es Menschen gibt .......................... 151

*Deuteseite II 76-77: Schöpfung erleben*
    1. Hintergrund ....................................................... 150
    2. Einsatzmöglichkeiten im RU ....................................... 154
    ➢ Arbeitsblatt 8.5.4: Das schwerste Wort ........................... 153
    ➢ Arbeitsblatt 8.5.5: Menschen danken für ... ...................... 155
    3. Weiterführende Anregungen ........................................ 156
    ➢ Arbeitsblatt 8.5.6: Wo? ........................................... 153

*Deuteseite III 78-79: Verantwortung tragen*
    1. Hintergrund ....................................................... 157
    2. Einsatzmöglichkeiten im RU ....................................... 158
    ➢ Arbeitsblatt 8.5.7: Man müsste ...? .............................. 159
    ➢ Liedblatt 8.5.8: Menschenkinder ................................... 161
    3. Weiterführende Anregungen ........................................ 162

*Infoseite I 80-81: Nach der Welt fragen*
    1. Hintergrund ....................................................... 162
    2. Einsatzmöglichkeiten im RU ....................................... 163
    ➢ Arbeitsblatt 8.5.9: Nach der Welt fragen – die Welt deuten ........ 165
    3. Weiterführende Anregung .......................................... 164
    ➢ Textblatt 8.5.10: Die Lage der Juden in Babylon ................... 167

*Infoseite II 82-83: Bibeltexten näher kommen*
    1. Hintergrund ........... 164
    2. Einsatzmöglichkeiten im RU ........... 168
    ➤ Arbeitsblatt 8.5.11: Genesis 1 – als Dichtung komponiert ........... 169
    Weiterführende Anregungen ........... 170

*Stellungnahmen 84: Fragen und Antworten*
    1. Hintergrund ........... 171
    2. Einsatzmöglichkeiten im RU ........... 171
    3. Weiterführende Anregungen ........... 172

*Literatur* ........... 173

## Kapitel 6: Was dem Leben Halt und Richtung gibt
*Das Thema im Schülerbuch* ........... 174
*Verknüpfungen mit anderen Themen im Schülerbuch* ........... 174
*Verbindungen mit anderen Fächern* ........... 175

*Titelseite 85: Was dem Leben Halt und Richtung gibt*
    1. Hintergrund ........... 175
    2. Einsatzmöglichkeiten im RU ........... 176
    ➤ Arbeitsblatt 8.6.1: Meine Balance finden ........... 177

*Themenseite 86-87*
    1. Hintergrund ........... 178
    2. Einsatzmöglichkeiten im RU ........... 180
    ➤ Arbeitsblatt 8.6.2: Das Sieben-Pfade-Labyrinth ........... 179
    ➤ Gestaltungsvorlage 8.6.3: Weg-Bild meines Lebens ........... 181
    ➤ Textblatt 8.6.4: Beppo Straßenkehrer ........... 183
    ➤ Arbeitsblatt 8.6.5: Aus Krisen kann man lernen ........... 185
    3. Weiterführende Anregungen ........... 184
    ➤ Liedblatt 8.6.6: Father and Son ........... 187
    ➤ Liedblatt 8.6.7: Der Pilger ........... 189

*Ideenseiten 88-91* ........... 186

*Deuteseite I 92-93: Auf das Gewissen hören – Antwort im Glauben finden*
    1. Hintergrund ........... 188
    2. Einsatzmöglichkeiten im RU ........... 190
    ➤ Textblatt 8.6.8: Kann keiner mein Leben für mich leben ........... 191

*Deuteseite II 94-95: Das Unmögliche wagen – nicht stehen bleiben*
    1. Hintergrund ........... 190
    2. Einsatzmöglichkeiten im RU ........... 194
    ➤ Arbeitsblatt 8.6.9: Wegweiser ........... 193
    ➤ Textblatt 8.6.10: Mutter Teresa kennen lernen ........... 193

*Infoseite 96-97: Mutig den Weg gehen – sagen, was ist*
        1. Hintergrund . . . . . . . . . . . . . . . . . . . . . . . . . . . . . . . . . . . . . . . . . . . . . . . . . . . . . . . . . **194**
        2. Einsatzmöglichkeiten im RU . . . . . . . . . . . . . . . . . . . . . . . . . . . . . . . . . . . . . . . . . . **199**
        ➢Arbeitsblatt 6.6.11: Eine prophetische Rede . . . . . . . . . . . . . . . . . . . . . . . . . . . . . . . **197**
        ➢Textblatt 8.6.12: Interview einer Reporterin der Schülerzeitung mit Jeremia . . . . . . . **200**
        ➢Kopiervorlage 8.6.13: Bilder von Maria . . . . . . . . . . . . . . . . . . . . . . . . . . . . . . . . . . . **203**
        ➢Textblatt 8.6.14: Hintergrundwissen zum Buch »Rut« . . . . . . . . . . . . . . . . . . . . . . . . **205**

*Stellungnahmen 98: Von allen Seiten umgibst du mich*
        1. Hintergrund . . . . . . . . . . . . . . . . . . . . . . . . . . . . . . . . . . . . . . . . . . . . . . . . . . . . . . . . . **203**
        2. Einsatzmöglichkeiten im RU . . . . . . . . . . . . . . . . . . . . . . . . . . . . . . . . . . . . . . . . . . **203**
        ➢Textblatt 8.6.16: Der Herr segne dich . . . . . . . . . . . . . . . . . . . . . . . . . . . . . . . . . . . . . **205**

**Projekt:**    **Gemeinsam aktiv statt einsam und passiv**
              **Bausteine gegen die Sucht**
              *Verbindungen mit anderen Fächern* . . . . . . . . . . . . . . . . . . . . . . . . . . . . . . . . . . . . . . **206**

              1. Hindergrund . . . . . . . . . . . . . . . . . . . . . . . . . . . . . . . . . . . . . . . . . . . . . . . . . . . . . . . . **206**
              2. Einsatzmöglichkeiten im RU . . . . . . . . . . . . . . . . . . . . . . . . . . . . . . . . . . . . . . . . . . **206**
              3. Weiterführende Anregungen . . . . . . . . . . . . . . . . . . . . . . . . . . . . . . . . . . . . . . . . . . **207**

              *Literatur* . . . . . . . . . . . . . . . . . . . . . . . . . . . . . . . . . . . . . . . . . . . . . . . . . . . . . . . . . . . . **207**

*Quellenverzeichnis* . . . . . . . . . . . . . . . . . . . . . . . . . . . . . . . . . . . . . . . . . . . . . . . . . . . . . . . . . . **208**

# 1 Sehnsucht nach Leben

## Das Thema im Schülerbuch

Gleich zu Beginn des Buches wird das Leitmotiv der 8. Jahrgangsstufe »Lebensplanung – in meinem Leben Sinn finden« aufgegriffen. Sch werden angeregt, sich mit unterschiedlichen Ausdrucksformen der Sehnsucht zu beschäftigen. Außerdem sollen sie ein Gespür dafür entwickeln, dass die Sehnsucht letztlich nie ganz zu stillen sein wird und uns immer wieder aufs Neue herausfordert.

Das *Titelbild* (7) konterkariert das Thema Sehnsucht, indem es mit den Sinnbildern des geöffneten Fensters und den Dollarnoten auf Freiheit und Unabhängigkeit verweist, aber auch unmissverständlich anmahnt, dass es nur »Bilder« aus Papier sind, die diesen Sinn versprechen. Dadurch werden Sch von Anfang an auf die Notwendigkeit verwiesen, alle Glücksversprechen zu prüfen und zu beurteilen, damit die sehnsüchtige Suche nach Leben nicht in einer Sackgasse endet.

Die *Themenseite* (8-9) verortet die Suche nach einem gelingenden Leben in der Diskothek. Hier bündeln sich viele Ausdrucksformen jugendlicher Sehnsucht, wie z. B. sich zu unterhalten und abzulenken oder der Wunsch nach Gefühl und Ekstase, nach Selbst- und Gruppenerfahrungen. Gleichzeitig wird durch das Arrangement der Themenseite gezeigt: trotz wissenschaftlicher »Entzauberung« unserer Welt und trotz technisierter Alltagsabläufe besteht die Sehnsucht nach dem Geheimnis, die Suche nach dem Anderen weiter.

Auf der *Ideenseite* (10-11) werden Anregungen, die einzelnen Seiten handlungs- und schülerorientiert zu bearbeiten, gegeben.

Die *Deuteseite I* (12-13) führt Sch an die Überzeugung heran, dass die Sehnsucht der Antrieb aller menschlichen Entwicklung ist. Der Mensch kann, muss und soll wachsen, innen und außen. Zur inneren Entwicklung aber gehören auch äußere Dinge, die uns im Leben begleiten und »mehr« sind als ihr Nutzwert. Diese Tatsache bezeichnen wir mit dem Wort »heilig«. »Heiligtümer« sind Schnittstellen unseres funktionalen Lebens mit unserer Sehnsucht. In ähnlicher Weise gilt das für Tätigkeiten, die dem Sch heilig sind und die es ihm ermöglichen, seine Grenzen wahrzunehmen, auszutesten und zu überschreiten, wie dies beispielhaft in dem Foto von der Mountainbike-Tour angedeutet ist. Das Motiv der Grenzüberschreitung wird darüber hinaus methodisch in dem über den Seitenrand geschriebenen Gedicht von Bertold Brecht fortgesetzt.

Auf der *Deuteseite II* (14-15) wird deutlich, dass das Überschreiten von Grenzen letztlich eine Transzendenzerfahrung ist. Durch sie wird der Mensch aufgeschlossen für die grundsätzliche Gefährdung und Unsicherheit seiner Existenz und zugleich auf den Akt des Trauens verwiesen. Die anthropologische und lebensgeschichtliche Verankerung im Leben der Sch ist dann im Unterricht jeweils neu zu aktualisieren.

Die *Infoseite* (16-18) zeigt unterschiedliche, stoff- und nicht stoffgebundene Süchte auf und informiert über weitere Informationsquellen und Hilfsangebote. Es wird deutlich gemacht, dass hinter allen Süchten ein »Hunger und Durst der Seele« steckt. Durch den Vers 15 und 16 aus dem Buch Jesaja wird der Jugendliche darauf aufmerksam gemacht, dass es ein Ziel des Suchens gibt, das trotz aller Widrigkeiten des Lebens tröstet und einen Ausweg zeigt, der frei macht und nicht abhängig.

Die *Stellungnahmen* (18) regen Sch an, im Rückblick auf das Kapitel für sich einen Anknüpfungspunkt zu finden, den eigenen Weg zu versuchen.

## Verknüpfungen mit anderen Themen im Schülerbuch

*Kap. 2 Wofür die Kirche da ist*: In pseudoreligiösen Gruppierungen und okkulten Praktiken zeigt sich eine Sehnsucht nach dem Geheimnisvollen, Mysteriösen und Numinosen. Durch die Segmentierung der modernen Welt und die daraus resultierende Verinselung des Daseins wird das Bedürfnis nach Halt in der Gemeinschaft stärker. Die Kirche ist von ihrem Selbstverständnis her eine Lebens- und Glaubensgemeinschaft von Menschen. Dort, wo Jugendliche vorkommen dürfen (S. 33), kann Kirche durchaus attraktiv erscheinen, weil sie Möglichkeiten bietet, vielfältige Erfahrungen zu machen, die der einzelne Jugendliche nicht machen kann. Außerdem kann der Frage nachgegangen werden (22-23), ob die Kirche nicht zur »seelischen Magersucht« verführt, wenn die Seele aus der »Speise«, die dort gereicht wird, keine Nahrung ziehen kann.

*Kap. 3 Miteinander gehen – Freundschaft und Liebe*: Die Sehnsucht nach einem Partner, nach einer Partnerin ist wohl eine der vordringlichsten für Sch der 8. Jahrgangsstufe. Die »Grenzen« des eigenen Körpers werden von den meisten Jugendlichen in dieser Zeit als Belastung erfahren, und die Beziehung zu anderen, meist gegengeschlechtlichen Jugendlichen, als reizvoll und angstbesetzt erlebt. Nicht selten sind Drogen als Tröster bei unbeantworteten Liebesbezeugungen im Spiel.

*Kap. 4 Judentum*: Eine thematische Verbindung bietet sich dort an, wo das Leben am gefährdetsten ist und die Sehnsucht nach Leben und Freiheit am stärksten aufscheint. Am Brief von Evelyn können Sch erspüren, welchen Halt eine religiöse Identität angesichts von Fremdheitserfahrungen stiften kann. Die Seiten (60-61) können helfen, den Humor als ein wirkungsvolles Mittel gegen die Widrigkeiten des Lebens wahrzunehmen. Und am Beispiel des Malers Adolf Frankl zeigt sich, dass selbst in einer Welt des Todes die Suche nach Leben nicht aufhören muss.

*Kap. 5 Schöpfung ist uns anvertraut:* Die Großartigkeit der Natur und gleichzeitig die bedrückende Tatsache der Umweltzerstörung werfen Fragen nach Sinn bzw. Sinnlosigkeit menschlichen Handelns auf. Die Sehnsucht nach einer intakten Umwelt kann Sch herausfordern, über die Grenzen des Wachstums nachzudenken und gleichzeitig Grenzen lieb gewordener Gewohnheiten und Bequemlichkeiten in Richtung auf mehr Verantwortung gegenüber der gesamten Schöpfung hin zu überschreiten.

*Kap. 6 Orientierung finden:* In einer sich immer schneller verändernden Welt wird es für die Jugendlichen zunehmend schwer, sich zu orientieren. Anknüpfungsmöglichkeiten bieten hier Persönlichkeiten aus dem Alltagsleben der Jugendlichen (90) und Menschen, die auf der Suche nach einem Leben, das sich lohnt, sehr ungewöhnliche Wege gehen (94) und dabei Halt und Orientierung in Gott finden.

*Projekt Gemeinsam aktiv statt einsam und passiv*: In besonderer Weise bietet es sich an, das Kap. 1 mit diesem Projekt zu verknüpfen (S. 206).

## Verbindungen mit anderen Fächern

*Evangelische Religionslehre – 8.2:* Dieser mit »Suche nach Sinn – Sehnsucht nach Leben« beinahe identisch überschriebene Themenbereich ist hervorragend für eine intensive Kooperation geeignet.

*Ethik – 8.1:* »Im Leben Sinn erkennen – dem Leben Sinn geben« thematisiert ebenfalls, »was Jugendlichen wichtig ist« (8.1.1), auf welche »Abwege« die Sinnsuche geraten kann (8.1.2) und wie man in Schönheit, Freundschaft, sinnvollen Tätigkeiten »Sinn entdecken« (8.1.3) kann.

*Kunsterziehung – 8.5:* Das Thema »Was uns interessiert und bewegt« bietet einen sehr guten Ansatz für das Thema Sehnsucht. Ein Zeitungsprojekt oder eine Bilderausstellung wären eine gute Gesprächsbasis für die Weiterarbeit.

*PCB – 8.3:* Es bietet sich an, die Informationen über bestimmte Drogen (z. B. Wirkung von Rauschmitteln, Folgen von Sucht) in enger Zusammenarbeit mit dieser Fächergruppe zu erarbeiten.

# Hunger nach Leben

## 1. Hintergrund

**René Magritte (1898-1967)**
René François Ghislain Magritte aus Belgien war einer der bedeutendsten Vertreter des veristischen Surrealismus im 20. Jahrhundert.
Magrittes Werk konfrontiert einen malerischen Realismus mit einer Bilderwelt, die Wahrnehmungsgewohnheiten philosophisch befragt. Er hat von sich gesagt, er sehe sich vor allem als Philosophen, nicht so sehr als Maler. Die Malerei sei ihm nur als das geeignete Mittel erschienen, seine Gedanken mitzuteilen; andere benützten dazu Wörter. Immer wieder demonstriert er, dass Bild und Wirklichkeit nicht miteinander zu verwechseln sind, immer führt er derartige Verwechslungsabsichten beim Betrachter ad absurdum. Er suchte zu malen, was sich der anschaulichen Erfahrung entzieht, Unbeschreibliches und auch Unbegreifliches, dies allerdings ganz wörtlich genommen. Natürlich wäre das bei einer abstrahierenden Darstellung ohnehin deutlich,

## Titelseite 7

interessanter sind aber die Fälle einer trivialen Ähnlichkeit, die nur bei quasi-fotografischer Abbildung sich einstellt. Und genau auf sie hat er es abgesehen. Seine Schlussfolgerung: Es gibt eine unüberbrückbare Distanz von Bild und Realität. Für Magritte rechtfertigt unser alltägliches Wissen von der Welt und ihren Gegenständen nicht hinreichend ihre Darstellung in der Malerei; das nackte Mysterium der Dinge kann in der Malerei unbemerkt bleiben, so wie es in der Realität geschieht. Für Magritte gilt: Du darfst dir nur unter der einen Bedingung ein Bild machen, dass du es niemals mit der Wirklichkeit verwechselst. Wenn du das kannst, dann male Bilder. Aber das Abbild ist nicht die Sache und im Bild spielen sich andere Dinge ab als in anderen Bereichen des Bewusstseins.

Ohne dass Magritte den Sprachphilosophen Ludwig Wittgenstein gekannt hätte, war er ihm geistesverwandt. Dieser sagte: »Die Grenzen meiner Sprache sind die Grenzen meiner Welt.« Die Missverständnisse unter den Menschen rühren daher, dass sie unterschiedliche »An-Sichten« von Gott und der Welt haben. Das will Magritte mit seinen Bildern bewusst machen: Das Bild, das du von der Wirklichkeit hast, ist etwas anderes als die Wirklichkeit selbst. Inspiriert von diesem Gedanken hat Magritte ab 1926 bewusst so genannte »Bild-Bilder« gemalt, d. h. Bilder im Bild, deren Kombination verblüfft und die vermeintlich als Wirklichkeit erscheinen.

**René Magritte: Der Riss, 1949**
Gouache, 44 x 34,5 cm
Gemalt ist die Aussicht aus einem Fenster von einem Innenraum aus in einer grauen Grundtönung: Dabei zeigt die linke obere Bildfläche eine Meer-Himmel-Landschaft, die ungefähr die Hälfte der Gesamtfläche des Bildes einnimmt. Daran schließt sich rechts im Bild die untere, innere Ecke eines geöffneten Fensters in Weiß an. Hinter dem sichtbaren Teil der Verglasung scheint der Rest eines Vorhangs durch. Die Farbe des Vorhangs entspricht dem Grauton der Landschaft. Die rechteckigen Flächen, die der Ausschnitt übrig lässt, sind für die Innenseite des Raumes reserviert. Angedeutet im Vordergrund (untere Bildquerfläche) ist ein Tisch, auf dem umrisshaft Münzen und Dollarnoten liegen.

Diese Gegenstände scheinen einer anderen Welt anzugehören als der Ausschnitt der Außenwelt. Selbst das Licht, das diese Gegenstände erhellt, ist anders und scheint mit dem von draußen nichts zu tun zu haben. Unter dem Fensterausschnitt am Fensterstock ist, überraschend realistisch gemalt, eine mit zwei Schrauben befestigte Öse angebracht. Der Tisch ist hellbraun gebeizt. Dies ist die einzige neue Farbnuance im graugetönten Bild. Was von diesem Innenraum übrig ist, verschwindet in einem Grau-Schwarz. Stille erfüllt dieses Bild.

Mit einem Mal macht sich Irritation breit: Ein Streifen in dunklem Grau schaut unter dem Fensterstock hervor. Darauf ist das gemalte ›Meer von draußen‹ fortgesetzt. Dies macht eine Illusion bewusst: Nicht auf ein Meer wird da geblickt, sondern auf ein Bild von einem Meer, das als Leinwand in den Fensterrahmen eingespannt ist. Es gab also nie den Blick nach draußen. Und überhaupt: Woher weiß man, dass dies da draußen ein Meer ist? Dies lässt der Bildausschnitt im Unklaren.

Auch der Bildtitel soll verhindern, dass er als Erläuterung des Bildes verstanden wird. Folglich wurden die Titel von Magrittes Bilder immer erst nachträglich gefunden. Meist überließ er dies seinen Freunden. So fördert er die Erkenntnis: Die alltägliche Bildwahrnehmung trügt. Die Ansicht von den gemalten bekannten Gegenständen ist trügerisch.

## 2. Einsatzmöglichkeiten im RU

**Der Sehnsucht auf die Spur kommen**
* Sch decken mit einem Blatt Papier den unteren Teil des Bildes so ab, dass nur das geöffnete Fenster zu sehen ist.
* Sie betrachten das Bild in aller Ruhe (evtl. mit Hintergrundmusik) und achten auf die Gefühle und Gedanken, die das Bild auslöst. Nach einiger Zeit decken sie selbstständig den rechten unteren Bildteil auf, sodass sie das Geld sehen. Das Blatt Papier verdeckt dabei noch den Bildteil links unten. Auch hier machen sie sich ihre Gedanken und Gefühle bewusst.
* Anschließend drücken sie sich mit Hilfe des AB 8.1.1 *Arbeitshilfen* S. 15 aus.
* Danach betrachten sie das ganze Bild im Buch unter der Fragestellung: »Was verändert sich jetzt?« Diskussion und Gedankenaustausch über den Tatbestand, dass das Bild keinen Blick aus dem Fenster zeigt.
* Sch bringen ggf. Veränderungen auf ihrem AB an und finden eine Überschrift für das Bild. Anschließend stellen sie ihr Bild ihrem Banknachbarn vor.
* Das AB wird ins Heft geklebt.

Was fällt dir ein, wenn du das geöffnete Fenster und das Geld betrachtest?
Gestalte die Seite!
Gibt es eine Verbindung zwischen dem geöffneten Fenster und dem Geld?
Du kannst das Bild durch weitere Gedankenblasen ergänzen!
Welche Überschrift wäre – deiner Meinung nach – passend?

# Themenseite 8-9

## 1. Hintergrund

Die Themenseite ermuntert Sch ihre eigene lebensgeschichtliche Situation wahrzunehmen und zu reflektieren. Auf diese Weise bekommen sie ein Gespür für ihre besondere Lage an der Grenze zum Erwachsensein und werden in positiver Weise angeregt, sich mit den Entwicklungsaufgaben zu befassen, die sich ihnen in dieser Zeit stellen. So müssen die Jugendlichen z. B. lernen
- neue Beziehungen zu gleichaltrigen Jungen und Mädchen aufzubauen,
- sich in ihrer Rolle als Mann oder als Frau wohl zu fühlen,
- mit ihrer eigenen Sexualität klarzukommen,
- die eigene körperliche Erscheinung zu akzeptieren,
- ihre je eigene Position in der Clique zu erringen und zu behaupten,
- sich des eigenen Standpunktes bewusst zu werden,
- Verantwortung für sich selbst und für andere zu übernehmen.

Alle, die mit Jugendlichen arbeiten, sind sich darüber klar, wie schwierig diese Zeit für Sch ist, die noch nicht die Vorteile des Erwachsenenlebens genießen, z. B. ökonomische Selbstständigkeit, in der sie andererseits nicht mehr die Privilegien der Kindheit besitzen, nämlich das Recht, nicht an den Maßstäben der Erwachsenen gemessen zu werden. Dagegen neigen Jugendliche dazu, sich nach den Erfolgsmerkmalen von Erwachsenen zu beurteilen. Sie fühlen sich bei vielen Gelegenheiten überfordert, ihre Stimmungen schwanken blitzschnell und sind von hoher Intensität. Es ist schwer für sie, sich von ihren momentanen Affekten oder Stimmungen zu lösen und nach ihren eigenen »objektiven« Interessen zu handeln. Noch schwerer ist es für sie, so zu agieren, dass sie ein klares Bild ihrer Zukunft vor Augen haben.

### Lebenswelt Disco

Die Themenseite holt Sch in einer ihrer Lebenswelten, der Diskothek ab. Dieser Ort ist für viele Jugendliche auf magische Weise verbunden mit intensiven Gefühlen, Hoffnungen, Erwartungen und Sehnsüchten. Die Welt der Diskothek verspricht die Befriedigung der Bedürfnisse nach Geborgenheit, Anerkennung, Freundschaft, Liebe, sexuellem Kontakt usw. Beleuchtungs- und Lasertechnik, Videoprojektionen auf Leinwänden und Monitoren stehen im Dienst dieser Bedürfnisweckung und Bedürfnisbefriedigung. Sie animieren, stimulieren und umgeben die Besucher mit den vielfältigsten Reizen – damit sie sich wohlfühlen und wiederkommen. Dass Jugendliche diesen Ort tatsächlich immer wieder aufsuchen ist allein schon ein Indiz dafür, dass sie hier etwas finden oder zu finden glauben, wonach sie suchen. Cool-Sein, In-Sein, High-Sein – hinter diesen Begriffen verbergen sich Sehnsüchte, wie die nach Anerkennung, Gemeinschaft und Geborgenheit, Ekstase und Rausch. Neben der bunten Lichterwelt und dem Rhythmus der Musik werden diese Gefühle gleichzeitig durch Alkohol, Nikotin, Ecstasy und andere stoffliche Stimulatoren »vermittelt«. Vor allem die Drogen sind es, die diesen Ort für die Jugendlichen gefährlich machen. So sehen das zumeist die Erwachsenen, insbesondere die Eltern. Die Jugendlichen werden an diesem »elternlosen Ort« jedoch von den inneren Botschaften begleitet, die der Eltern- und Erwachsenenwelt entstammen und die von Angst, Sorge und Vorsicht geprägt sind. Diese unterschiedlichen inneren und äußeren »Stimmen« macht die Themenseite bewusst. Die auf den ersten Blick spürbare Orientierungs- und Richtungslosigkeit der Themenseite nimmt ein entsprechendes Gefühl Jugendlicher auf. Die Arbeit mit der Themenseite zielt darauf ab, dass Sch einen der Anknüpfungspunkte, der mit dem eigenen Lebensgefühl korreliert, aufgreifen.

### Lebenswelten von Jugendlichen heute: Verinselung des Daseins

Die Lebenswelten von Jugendlichen teilen sich auf: Schule, Elternhaus, Disco, Freizeit/Medien, Sportverein, Freundeskreis usw. Jeder dieser Bereiche stellt unterschiedliche Anforderungen an die Jugendlichen, wobei jeweils verschiedene Werte gelten, die zueinander oft nicht in Verbindung stehen: Dieses Phänomen wird von Soziologen »Verinselung« genannt. Eine Folge ist, dass es kein einheitliches und allgemeingültiges Wertesystem mehr gibt. Die Orientierung ist von den Jugendlichen selbst zu leisten. Darin liegen Gefahr und Chance zugleich.

### Die Diskothek als Kultort?

Bedingt durch die Auflösung tradierter Wertesysteme (wie sie z. B. das kirchliche Milieu darstellte) stellt sich die Frage nach den Inhalten und Formen von Religion ganz neu. Kann man die Diskothek als einen religiösen Ort ansehen, weil dort Sehnsucht nach Leben spürbar und greifbar wird? Dann gewinnt die Frage nach dem Religiösen, nach dem

Heiligen, neue Brisanz. Die Antwort muss und wird in Beziehung stehen zum Alltag der Jugendlichen.

## Sehnsucht nach Geborgenheit und nach Überschreitung – ein Gottesbeweis?

Dass Sehnsucht letztlich in der Religion ihren ursprünglichen Ort hat, bringt Norbert Scholl wie folgt zum Ausdruck: »Jeder Mensch sehnt sich nach einer dauerhaften Bleibe, nach vier Wänden, die ihm Schutz gegen alle Unbill der Natur geben. Nach einem Dach über dem Kopf, das ihn behütet und bewahrt vor Sturm und Regen. Nach einem Zuhause, das ihm eine Stätte der Zuflucht ist, wenn draußen die Wetter wüten. Und er richtet sich sein Zuhause so schön wie möglich ein. Denn er möchte sich darin wohl fühlen. Er möchte zu sich selbst kommen, nachdem er den ganzen Tag ›draußen‹ war. Er möchte Ruhe finden, nachdem er sich tagsüber der vielfachen Hektik ausgesetzt sah.

Aber so schön und heimelig sein Zuhause auch sein mag: bald treibt es ihn wieder hinaus. Da werden ihm seine Wände zu eng. Da fällt ihm das Dach auf den Kopf. Da kann er es in seinem Käfig nicht mehr aushalten. Da muss er einfach weg. Er sucht den sich ins Unendliche weitenden Horizont und fährt ans Meer. Er sehnt sich nach Bewegung und macht sich auf Wanderschaft. Er bricht die beängstigende Enge auf und steigt auf Berge und Höhen, dem Blau des Himmels entgegen – getrieben von einer Ahnung, dass über den Wolken die Freiheit wohl grenzenlos sei.

Doch es wird nicht lange dauern, da treibt es ihn wieder zurück. Da sucht er wieder die heimatliche Geborgenheit. Da sehnt er sich wieder nach dem bergenden Schutz des Heims. Da ist er des Wanderns müde. Und so schwankt er sein Leben lang hin und her zwischen Ankommen und Aufbrechen, zwischen Heimat und Fremde, zwischen Drinnen und Draußen. Immer auf der Suche, immer umhergetrieben, immer unterwegs. Auf rastloser Wanderschaft, ohne dauernde Ruhe, getrieben und gejagt.

Steigt in der Sehnsucht des Menschen nach Heim und Heimat der heimliche Wunsch auf nach Rükkehr in diese andere, bessere, heile Welt, die in seinem Unterbewusstsein noch lebendig ist? Bedeutet menschliches Sehnen den aus dumpfer Erinnerung sich erhebenden ahnungsvollen Vorgriff auf die endgültige und vollkommene Erfüllung alles Hoffens und Wünschens nach Geborgenheit? Ist die Unruhe des Menschen zitternder Ausdruck einer unausgesprochenen Gewissheit, dass es eine letzte und tiefste Ruhe geben muss? Dass er nur deswegen zu rastloser Wanderung getrieben wird, weil er unbewusst um ein endgültiges Ziel weiß?

Heinrich Böll hat einmal gesagt, für ihn sei das Unbehaustsein des Menschen und seine innere Unruhe ein Gottesbeweis. Und er begründete das mit der ›Tatsache, dass wir alle eigentlich wissen – auch wenn wir es nicht zugeben –, dass wir hier auf Erden nicht zu Hause sind, nicht ganz zu Hause sind, dass wir also woanders hingehören und von woanders kommen‹. Böll nennt das einen Traum, eine Sehnsucht, ein Empfinden und er glaubt, dass es sich hier keineswegs um ein bloßes Gefühl handelt, sondern vielleicht um eine uralte Erinnerung an etwas, das außerhalb unserer selbst existiert« (Norbert Scholl, So viel Sehnsucht ... in: Christ in der Gegenwart, Freiburg 4/1996).

Religion als Erinnerung? Gottesglaube als Ausdruck unseres Unbehaustseins? Die unstillbare Sehnsucht des Menschen nach einer letzten und tiefsten Geborgenheit als Gottesbeweis? Gott als das eigentliche Zuhause des Menschen?

Augustinus, der Bischof von Hippo, hat es in seinen Bekenntnissen auf unnachahmlich schöne Weise ausgesprochen: »Gott, es will dich preisen der Mensch, ein Stäubchen nur von deiner Schöpfung, der Mensch, mit sich schleppend seine Sterblichkeit. Denn du hast uns auf dich hin geschaffen, und ruhelos ist unser Herz, bis es ruhet in dir.«

## Die verschiedenen Elemente der Themenseite

Aussagen, Zusagen, Heilszusagen: Wenn diese Aussagen und Zusagen wie Spots auf die Jugendlichen herableuchten, dann sind damit die unterschiedlichen Standpunkte angedeutet, denen Jugendliche begegnen und die sie selbst einnehmen können. Sie verweisen auf Botschaften der Gesellschaft, der Eltern, der Clique. Die Jugendlichen stehen gleichsam unter diesen Botschaften bzw. bewegen sich darin wie in einem Fluidum.

Im Text *»Zwischen Hoffnung und Ohnmacht ...«* kommt diese Sehnsucht nach dem *Mehr* des Lebens zum Ausdruck, das gefühlt und geahnt wird und das letztlich nie gestillt werden kann, weil es mehr ist als ein Bedürfnis. Ähnlich verhält es sich mit dem Gedicht »Sehnsucht nach dem Anderswo«.

Der Spot *53 % sehen eher ...* macht deutlich, dass die Grenze zwischen dem, was ich erhoffe, und dem, was ich befürchte, sehr nahe beieinander liegt. Ablenkung und Zerstreuung dienen u. U. dazu diese permanente Beunruhigung zu verdrängen.

Das Zitat von Augustinus *»Unruhig ist unser Herz ...«* gibt den dahinter stehenden Fragen: »Wo ist Rettung? Wo ist das Ziel unserer Sehnsucht?« eine religiöse Richtung und Dimension.

Der Glaube an sich selbst kommt in dem Spruch *»Lass dich durch das, was du bist, nicht täuschen ...«*

zum Ausdruck. Er ist wohl der wirksamste Schutz der Jugendlichen gegen alle Enttäuschungen und Frustrationen und ein wirkungsvoller Trostspender und Mutmacher.

Die Aussage »*Reisebegleiter gesucht*« ist doppeldeutig zu lesen. Hinter dieser Werbeanzeige steckt der Wunsch nach einem Wegbegleiter, aber auch die Sehnsucht nicht allein zu sein, die Hoffnung jemanden zu finden, »mit dem man gehen« kann.

Das *Gläserrücken* und die *Tierkreiszeichen* stehen für den Versuch, etwas über die ungewisse Zukunft erfahren zu wollen und deutet darauf hin, dass die Zukunft letztlich unverfügbar ist und Angst macht. Obgleich Fortschritt und immer neue Erkenntnisse die Skepsis gegenüber Traditionen und Althergebrachtem wecken, bleibt die ungebrochene Sehnsucht nach uralten Weisheiten und geheimnisvollen, okkulten Praktiken erhalten.

Entsprechend ambivalent verhält es sich mit der Jugendkultur selbst: Zum einen herrscht unter Jugendlichen der maßgebliche Zwang, Normen, Moden und Trends zu entsprechen, zum anderen bekommen sie gerade dadurch eine Ahnung davon, dass das Eigentliche des Leben nichts Äußerliches ist, sondern seinen Ort im Innern des Menschen hat. Zwar gibt es immer die Hoffnung auf eine Entwicklung zum Besseren, wie sie im Gedicht aus Afrika »*Verlache nie den kleinen Kern ...*« zum Ausdruck kommt. Aber es könnte auch eine ganz andere Entwicklung eintreten, eine, die in Sucht und Abhängigkeit führt, wie es im Liedausschnitt »Alkohol« von Herbert Grönemeyer anklingt.

Die elterliche, von Ärger und Sorge getragene Aussage »*Solange du die Füße unter meinen Tisch streckst*« gehört ebenso zur Erfahrungswelt der Jugendlichen.

Im *Bibelvers Joh 3,16f.* ist letztlich die Hoffnung auf Rettung und Heil durch Christus ausgedrückt.

Die *Bergtour* steht für die Sehnsucht nach Grenzerfahrungen und nach unverbrüchlicher Gemeinschaft und zuverlässigem Zusammenhalt.

## 2. Einsatzmöglichkeiten im RU

### Einen eigenen Standort finden
– Sch betrachten *Themenseite* 8-9 in Ruhe und lesen die Texte.
– Danach beantworten sie Fragen, wie z. B.:
* Welchen Eindruck hast du von dieser Seite? Wodurch spricht sie dich an? Worauf macht sie dich neugierig? Inwiefern regt sie dich an, dich mit den Themen zu beschäftigen?
* Suche dir drei Texte/Bilder aus und begründe, warum du sie gewählt hast!
* Ergänze den Satz: Die Disco ist ein Ort, wo ... (Nenne mindestens drei Beispiele)!

### Meine Disco gestalten
– Sch bringen diese Seite zum »Klingen«, indem sie Musiktitel mitbringen und vorstellen (vorbereitende Hausaufgabe).
– Während diese Musik läuft, gestalten Sch im Heft eine Seite nach dem Muster der Themenseite. Die Überschrift könnte lauten: »Meine Disco«. Sie können dabei Texte verwenden, die auf der Themenseite vorgegeben sind, sollten aber nach Möglichkeit eigene Texte schreiben oder Vorgegebenes zumindest mit eigenen Worten schreiben.

### Sehnsucht in Lied, Bild, Collage und Assoziationskette
– Sch hören das Lied: »Ich will raus (Sehnsucht 99)« von Kami und Purple Schulz.
* Von welchen Gefühlen ist im Lied die Rede?
* Werden bestimmte Gründe dafür genannt?
* Inwiefern ist das Lied ein Klagelied? Wird jemand/etwas angeklagt? Begründe!
* Inwiefern passt das Lied zum Titelbild?
– Sch lesen und bearbeiten AB 8.1.2 *Arbeitshilfen* S. 19 »Ich will raus«.
* Sch erstellen Sehnsuchtscollagen in EA, stellen sie sich gegenseitig vor und hängen sie im Klassenzimmer auf.
– Sch tauschen sich darüber aus und schreiben Assoziationen zum Wort Sehnsucht z. B.:

*Was fällt dir zu »Sehnsucht« ein?*

|   |   |   |   | S | O | M | M | E | R |   |
|---|---|---|---|---|---|---|---|---|---|---|
| F | A | M | I | L | I | E |   |   |   |   |
|   |   |   | Z | U | H | A | U | S | E |   |
|   |   |   |   | N | I | R | G | E | N | D | W | O |
|   |   | A | U | S | Z | I | E | H | E | N |
|   |   |   | M | U | S | I | K |   |   |   |
|   | F | U | R | C | H | T |   |   |   |   |
| B | E | R | Ü | H | R | U | N | G |   |   |
|   |   |   |   | T | R | A | U | M |   |   |

# Ich will raus / Sehnsucht 99

Ich weiß nicht, was es ist, warum fühl ich mich so leer?
Ich will mehr von mir als das, was ich schon sah und hörte
Verstörte Kreaturen überall
Der Verfall schleicht voran
Unaufhaltsam
Energieverschwendung, Kollektivverblendung, Wahn,
Keine Zeit, kein Raum, kein Traum
Ich muss dich verlieren
Um meine Angst nicht mehr zu spüren
Ich hab Heimweh, Fernweh, Sehnsucht
Ich weiß nicht, was es ist, Heimweh, Fernweh, Sehnsucht
Ich weiß nicht, was es ist

Ich weiß nicht, wer ich bin, wo soll ich denn noch hin?
Ich hab Angst, es ist tief in mir drin
Manchmal wein ich leise
Kannst du mich verstehen?
Niemand gib mir Antwort, wenn ich frage
Wonach darf ich mich sehnen?
Der Himmel ist nur schwarz, der Himmel ist nur leer
Ich sehe nach oben, keine Sterne mehr

Ich hab Heimweh, Fernweh, Sehnsucht
Ich weiß nicht, was es ist
Ich hab Heimweh, Fernweh, Sehnsucht
Ich weiß nicht, was es ist
Ich will nur weg, ganz weit weg
Ich will raus!
Warum hast du mich gebor'n, ich weiß nicht, wer ich bin
Bevor ich da war, war ich schon verlor'n
Ich weiß nicht, was es ist
Land der Henker, Niemandsland
Wo soll ich denn noch hin?
Das Paradies ist abgebrannt

Ich hab Heimweh, Fernweh, Sehnsucht
Ich weiß nicht, was es ist
Ich hab Heimweh, Fernweh, Sehnsucht
Ich weiß nicht, was es ist
Ich will nur weg, ganz weit weg
Ich will raus!

T/M: *Kami und Purple Schulz*

**Ideenseite 10-11**

Einzelne Impulse der *Ideenseite* werden in den *Arbeitshilfen* auf folgenden Seiten besprochen:

Aus Kindern werden Leute: S. 20
Meine Alltagswünsche einsammeln: S. 21
Ein Rätsel anschauen: S. 32
Glücksbringer / Die Wirkung von »Schmerztabletten ...« prüfen: S. 21

## Träumen – die Wirklichkeit sehen    **Deuteseite 12-13**

### 1. Hintergrund

**Träume als Entwicklungsimpulse**
»Träume sind Schäume« sagt der Volksmund und weist darauf hin, dass es einen unüberbrückbaren Gegensatz zwischen der Welt des Traumes und der Realität gibt. Anderseits ist das Träumen-Können ein essentielles Merkmal des Menschen, wie der aufrechte Gang. Wer am Träumen gehindert wird, z. B. durch permanenten Schlafentzug als Foltermethode, verliert den Verstand. Das Träumen ist offensichtlich notwendig, um die vielfältigen Tageseindrücke zu verarbeiten. Aber mehr noch: In seinen Träumen erfährt der Mensch einen Anruf von einer anderen, unbewussten Seite der Wirklichkeit, der ihm hilft, sein Leben ganzheitlicher wahrzunehmen und zu gestalten. Nicht selten weisen die Träume auf etwas hin, was verloren oder verdrängt worden ist, aber unbedingt zur Person dazugehört und integriert werden will. Dieses Eigentliche, dieses Wesentliche, gibt dem Leben Lebendigkeit und Wert. Im religiösen Kontext wird dieser Bereich mit dem Wort »heilig« umschrieben. Es verweist auf das, was uns *unbedingt* angeht und *unbedingt* wichtig ist.

**Was ist mir heilig?**
»Mir ist eigentlich nichts heilig außer Gott – und meinem Hund Belle, der ist mein Heiligtum, für den würd ich alles machen. Aber sonst?
Geld ist mir nicht heilig, man braucht es halt zum Leben. Heilig ist das, woran man glaubt, und man kann vielleicht an Gott glauben oder an Maria, aber nicht an Geld.
Ja, meine Wohnung und alles, was ich besitze, ist mir auch irgendwie heilig. Und meine Arbeit natürlich. Und meine Fußballfreunde vom Sechz'ger Stammtisch« (K.-H. Wendicke, Verkäufer der Obdachlosenzeitschrift BISS, seit zwei Jahren mit fester Wohnung, in: unterwegs 2001, Nr. 1).

### 2. Einsatzmöglichkeiten im RU

**Aus Kindern werden Leute**    *Ideenseite 10*
Dinge erzählen Geschichten:
– Sch benennen die einzelnen Gegenstände auf dem Foto.
– In PA oder KG tauschen Sch ihre Erfahrungen mit ihnen oder ähnlichen Gegenständen aus.
– Als vorbereitende Hausaufgabe: Sch werden aufgefordert zwei Gegenstände mitzubringen: einen, der als Kind für sie wichtig war, einen, der jetzt für sie wichtig ist.

**Über den eigenen Lebensweg nachdenken**
Sch werden angeregt, auf ihren Lebensweg zurückzublicken und sich auf all die Dinge zu konzentrieren, die für sie wichtig waren.
– Sie erinnern sich an Gegenstände, an denen Geschichten haften, die für sie wichtig geworden oder wichtig geblieben sind. Evtl. ist es ratsam diese Gegenstände vorher aufzuschreiben.
– Anschließend nehmen Sch Wolle und kleben ihre »Lebenslinie« auf ein großes Zeichenpapier. Dann formen sie, indem sie Wolle verschiedener Farben auswählen, für jedes wertvolle Ding ein kleines Objekt und befestigen es an der Lebenslinie.
– Sie beginnen mit den Dingen, die für sie am Anfang ihres Lebens wichtig waren und enden mit denen, die in letzter Zeit bzw. in der Gegenwart für sie wichtig geworden sind. Die Lebenslinie ergänzen sie evtl. durch Bilder und Zeichen. Sch werden angeregt, sich vor allem an Dinge zu erinnern, die ihnen Kraft und Freude gegeben haben!
– In KG stellen sie sich ihre Bilder gegenseitig vor und ziehen für sich eine Bilanz.
(Dieses »Bild« wird am Ende der Themeneinheit aufgegriffen und weitergeführt, vgl. zu *Stellungnahmen und Arbeitshilfen* S. 36. Es wird dann methodisch genauso verfahren, nur inhaltlich auf Zukunft hin angelegt. Die Lebenslinie wird umge-

ben mit »Dingen«, die Sch wichtig sind, die sie in Zukunft begleiten sollen. Beide Bilder werden zusammengeklebt.)
– Sch hören oder lesen das Märchen vom Weg des Wunderknaben AB 8.1.3 *Arbeitshilfen* S. 22. Es erzählt von kindlichen Allmachtsphantasien, von der Notwendigkeit des Abschiednehmens und des Reifens.

### Cluster zu »heilig ist mir ...« erstellen
Sch setzen Impulse von *Deuteseite* 12 um.
– *Weiterführung*: L liest nachfolgenden Text vor:

---
**Ein Mitbringsel – eine Geschichte zum Nachdenken**

»Die Mutter, vom Einkaufsbummel in der Stadt zurück, betrat die Wohnung. Claudia rannte ihr entgegen und begrüßte sie freudig: ›Hast du mir was mitgebracht?‹ ›Natürlich‹, antwortete die Mutter, ›sieh nur, diese Puppe habe ich dir gekauft. Sie kann sogar sprechen! Außerdem war sie im Preis herabgesetzt – Deine alte Puppe habe ich neulich zum Sperrmüll gebracht, sie war ja nicht mehr schön, hatte kaum mehr Haare auf dem Kopf und das eine Bein war nicht mehr richtig fest.‹ Claudia nahm die neue Puppe entgegen, aber sie konnte sich gar nicht richtig freuen. ›Na, Claudia, freust du dich denn nicht?‹ Claudia wusste nicht, warum sie auf einmal wütend war, sie warf die neue Puppe zu Boden und rannte in ihr Zimmer.

---

– Impuls zum Nachdenken: Ist Claudia undankbar?
– Sch verfassen einen ähnlichen Text.

### Die Wirkung von »Schmerztabletten ...« prüfen      Ideenseite 11
– Sch lesen das Gedicht zuerst für sich allein.
– Dann wird es mehrmals laut und mit Ausdruck gelesen.
– Sch denken über folgende Fragen nach: Ist man dann froh? Warum? Was braucht man, um froh zu sein? Welche Funktion hat der letzte Satz?
– Anschließend formulieren sie die im Gedicht erkennbare Haltung »Gegen alles gibt es ein Mittel!« in einer Art Merksatz. Sie beginnen z. B. mit: »Merke: ...« oder »Bedenke: ...« oder: »Freude im Leben ist ...«.
– Sch nehmen Stellung zu der im Merksatz festgehaltenen Überzeugung.

### Glücksbringer prüfen
– Sch bearbeiten AB 8.1.4 *Arbeitshilfen* S. 23 mit dem Text von Oliviero Toscani. Der Starfotograf war viele Jahre für die Werbung der italienischen Bekleidungsfirma Benetton verantwortlich. Er wurde bekannt, weil er auf Produktwerbung verzichtete und stattdessen mit schockierenden Fotos für Benetton warb.
*Die richtige Reihenfolge der Lückenwörter:* Werbung | Aas | Paradies | Jugend | saurer | Kratzer | braun gebrannten | fremd | luxuriösen | unbezahlbaren | Topform | lachend | weinen | singend | wunderbar | Gutaussehende | Monatsende | Problem | Krise | Arbeitslosigkeit | Kreditkarte | jetzt | später | Schönheitskuren | ohne | Sorgen | Krankheiten | Arztkosten | künstliche | verblödet |

– Sch beantworten folgende Fragen:
\* Nenne drei Kennzeichen dieser im Text beschriebenen Welt!
\* Was macht das Lebens lebenswert in dieser Welt?
\* Welches Wort ist verboten? Warum?
– Sch durchsuchen Zeitschriften nach Werbung und erläutern, mit welchen Sehnsüchten geworben wird.

### Meine Alltagswünsche einsammeln      Ideenseite 10
Sch sollen unterscheiden lernen zwischen Wünschen, die sie sich selbst und gegenseitig erfüllen können, und solchen, die im Moment oder auch zukünftig unerfüllbar sind.
Die Aufforderungen *Ideenseite* 10 regen an, das Erfüllbare kreativ in Angriff zu nehmen und so die Zufriedenheit und das Lebensgefühl der Sch zu steigern.
Manche Wünsche werden als Ersatz für Unerfüllbares durchschaut werden können und ihre Dringlichkeit verlieren.

### »Zeit« – ohne Netz und doppelten Boden leben?
– Sch überlegen sich Beispiele, die zeigen, dass die Vergangenheit bestimmend ist für Gegenwart und Zukunft (z. B. gute/schlechte Leistungen in der Schule, gegenwärtiger Zustand unserer Umwelt).
– L erzählt vom Zeitverständnis der biblischen Menschen und vergleicht es mit einem Ruderer. Welche Vorteile hat diese Vorstellung? Beispiele:
– Menschen, die fest verankert sind in ihren familiären Traditionen, gehen u. U. sehr sicher durchs Leben.
– Jemand, der weiß, woher er kommt und wohin er gehört, strahlt u. U. Sicherheit aus und kann sich selbst leichter annehmen.

# Es war einmal ein Wunderknabe

Es war einmal ein Wunderknabe, der im zartesten Alter schon die ganze Welt erkannte. Unter der Tür des Elternhauses wusste er über alles Bescheid und von weither kamen die Menschen, um ihn sprechen zu hören und seinen Rat zu holen. Er war zum Glück auch ein glänzender Redner und ließ den schwierigsten Fragen die größten Worte angedeihen und manchmal auch die längsten. Man wusste nicht, woher er sie hatte, wie es bei Wunderknaben so ist. Sie lagen ihm einfach im Mund. Sein Ruf ging in die Welt hinaus und bald wollte man überall von seinem Wissen profitieren.

So machte er sich auf die Wanderschaft und nahm sich vor die ganze Welt, über die er immer gesprochen hatte, nun auch zu berühren. Doch kaum eine Stunde von zu Hause kam er an einen Scheideweg, der ihn zwang, zwischen drei Möglichkeiten zu wählen, denn nicht einmal ein Wunderknabe kann zugleich in verschiedene Richtungen gehen. Er ging geradeaus weiter und musste dabei links ein Tal und rechts ein Tal ungesehen liegen lassen. Schon war seine Welt zusammengeschrumpft. Auch bei der nächsten Gabelung büßte er Möglichkeiten ein und bei der dritten und bei der vierten. Jeder Weg, den er einschlug, jede Wahl, die er traf, trieben ihn in eine engere Spur. Und wenn er auf den Dorfplätzen sprach, wurden die Sätze immer kürzer. Die Rede floss ihm nicht mehr wie einst, als er ins Freie getreten war. Sie war belastet von Unsicherheit über das unbegangene Land, das er schon endgültig hinter sich wusste.

So ging er und wurde älter dabei, war schon längst kein Wunderkind mehr, hatte tausend Wege verpasst und Möglichkeiten auslassen müssen. Er machte immer weniger Worte und kaum jemand kam noch, ihn anzuhören. Er setzte sich auf einen Meilenstein und sprach nun nur noch zu sich selbst: Ich habe immer nur verloren: an Boden, an Wissen, an Träumen. Ich bin mein Leben lang kleiner geworden. Jeder Schritt hat mich von etwas weggeführt. Ich wäre besser zu Hause geblieben, wo ich noch alles wusste und hatte, dann hätte ich nie entscheiden müssen und alle Möglichkeiten wären noch da.

Müde, wie er war, ging er dennoch den Weg zu Ende, den er einmal begonnen hatte, es blieb ja nur noch ein kurzes Stück. Abzweigungen gab es jetzt keine mehr, nur eine Richtung war noch übrig und von allem Wissen und Reden nur ein einziges letztes Wort, für das der Atem noch reichte. Er sagte das Wort, das niemand hörte, und schaute sich um und merkte erstaunt, dass er auf einem Gipfel stand. Der Boden, den er verloren hatte, lag in Terrassen unter ihm. Er überblickte die ganze Welt, auch die verpassten Täler, und es zeigte sich also, dass er im Kleiner- und Kürzerwerden ein Leben lang aufwärts gegangen war.

*Wer ist dieser »Wunderknabe«?*
*Warum wird er so genannt?*
*Was meint »Wanderschaft«?*
*Wie lange ist der Wunderknabe unterwegs?*
*Wie sieht er das Ziel seines Weges?*
*Ist er zufrieden?*

# Die _ _ _ _ _ _ ist ein parfümiertes Stück _ _ _

Halleluja! Treten Sie ein in die beste aller Welten, das _ _ _ _ _ _ _ _ auf Erden, das Reich des sicheren Erfolgs und der ewigen _ _ _ _ _ _. In diesem Wunderland mit immer blauem Himmel trübt kein _ _ _ _ _ _ Regen das glänzende Grün der Blätter und niemals verunziert ein _ _ _ _ _ _ die spiegelblanken Karosserien der Autos. Auf leergefegten Straßen fahren junge Frauen mit langen, _ _ _ _ _ _ _ _ _ _ _ _ _ _ _ Beinen in schimmernden Limousinen, die soeben aus der Waschanlage kommen. Unfälle, Glatteis, Radarkontrollen und geplatzte Reifen sind ihnen _ _ _ _ _. Wie Aale schlängeln sie sich durch die Staus der Großstädte, gleiten geräuschlos zu geräumigen Altbauwohnungen oder _ _ _ _ _ _ _ _ _ _ Wochenendhäusern mit _ _ _ _ _ _ _ _ _ _ Möbeln. Dort erwarten sie Opapa und Omama – natürlich in _ _ _ _ _ _ _ _. Die Kinder hüpfen _ _ _ _ _ _ _ _ um sie herum und sind außer sich vor Freude. Sie _ _ _ _ _ _ _ nicht mehr, bekommen nie Läuse oder Scharlach und sie stecken auch niemals die Finger in die Steckdose. Ihre Mami – zwanzig Jahre alt, kein Gramm Zellulitis und ohne einen Schwangerschaftsstreifen – wickelt _ _ _ _ _ _ _ die strammen Babypopos, die niemals vollgeschissen sind, sondern _ _ _ _ _ _ _ _ _ duften.
_ _ _ _ _ _ _ _ _ _ _ _ _ _ junge Banker empfangen Papi in ihren Bürolandschaften und versprechen ihm das süße Leben. Keine Engpässe mehr am _ _ _ _ _ _ _ _ _ _ _, Kredite, Finanzierungspläne, – kein _ _ _ _ _ _ _! Aufgeklärt, ach was: erleuchtet geht Papi nach Hause, jetzt ist Schluss mit der _ _ _ _ _ _, Schluss mit Entlassungen, _ _ _ _ _ _ _ _ _ _ _ _ _ _ _ _ _, Konkursverfahren. Mit seiner neuen _ _ _ _ _ _ _ _ _ _ _ gehört ihm die Welt. Keine schlaflosen Nächte mehr, es genügt, die Zauberkarte in den Traumautomaten zu schieben – lebe _ _ _ _ _ _, zahle _ _ _ _ _ _. Begeistert ruft er Mami an, die sich eine ihrer zahllosen _ _ _ _ _ _ _ _ _ _ _ _ _ _ in den Bergen oder an einem Palmenstrand (aber _ _ _ _ Eingeborene) gönnt.
Wozu sich _ _ _ _ _ _ machen? Braun gebrannte Vierziger kümmern sich um alles und versichern Sie gegen alle Risiken und alle _ _ _ _ _ _ _ _ _ _ _ _ – aber psst! dieses Wort ist hier verboten! Sie erstatten ihnen alle _ _ _ _ _ _ _ _ _ _ und sorgen dafür, dass Sie ihren Ruhestand in einem Landhaus mit nachgemachtem Fachwerk und altmodischem Kachelofen verbringen können. Diese idyllische Welt ist das _ _ _ _ _ _ _ _ _ _ und abgeschmackte Reich der Werbung, die uns seit bald dreißig Jahren _ _ _ _ _ _ _ _.

*Oliviero Toscani*

*Bitte an der richtigen Stelle einsetzen:*

braun gebrannten / Topform / später / Problem / künstliche / verblödet / Jugend / Sorgen / saurer / Arbeitslosigkeit / wunderbar / lachend / ohne / Kreditkarte / Aas / Paradies / Schönheitskuren / Krankheiten / Arztkosten / Werbung / unbezahlbaren / fremd / jetzt / Kratzer / singend / luxuriösen / weinen / Monatsende / Krise / Gutaussehende /

»Der Israelit sieht die früheren Zeiten als Gegebenheit *vor* sich, während wir meinen, sie als Vergangenheit *hinter* uns zu haben. Die Zukunft hingegen liegt für den Israeliten nicht *vor* ihm, sondern in seinem Rücken (`*ahar*). Nach Jer 29,11 sagt Jahwe: ›Ich kenne die Gedanken, die ich für euch plane, Pläne des Friedens und nicht des Unheils, dass ich euch gebe *aharit* und Hoffnung.‹ Mit *aharit* ist das Künftige als das Rückwärtige, das hinter mir folgt, bezeichnet. Eine ähnliche Anschauung vertritt ein schmaler Sektor des deutschen Sprachgebrauchs, der ›Vorfahren‹ und ›Nachfahren‹ kennt. Nach dieser Sicht bewegt sich der Mensch durch die Zeiten wie ein Ruderer, der sich rückwärts in die Zukunft bewegt: Er erreicht das Ziel, indem er sich orientiert an dem, was einsichtig vor ihm liegt; diese enthüllte Geschichte bezeugt ihm den Herrn der Zukunft« (Wolf, Hans-Walter: Anthropologie des Alten Testaments, München 1984, S. 134f.).

**»Mountainbiker«**
Das Foto zeigt eine Radfahrerin und einen Radfahrer, die in den Bergen unterwegs sind.
– Sch lassen sich durch dieses Foto anregen darüber nachzudenken, wodurch sie sich herausgefordert fühlen, über sich selbst hinauszuwachsen, Räume zu überwinden und an Grenzen zu gehen.
– Sch verfassen eine Erzählung (auch als Hausaufgabe), die eine Grenzsituation beschreibt, in welcher der Blick auf etwas ganz anderes gelenkt wird; in der deutlich wird, dass an Grenzen neue Erfahrungen gemacht und Einsichten gewonnen werden können. Sie gestalten ihre Erzählung mit einer Skizze, einem Foto oder malen ein Bild, in dem sie nur durch die Farbgebung ihre Erfahrung ausdrücken.

## 3. Weiterführende Anregung

**Religiöse Motive in der Werbung aufspüren**
Unter www.glauben-und-kaufen.de findet sich Interessantes zum Thema Religion und Werbung. Die Homepage wird betrieben von einem Projekt in Zusammenarbeit mit dem Bischöflichen Ordinariat Regensburg, das sich mit religiösen Motiven in Werbungen beschäftigt, sie untersucht und Deutungen für dieses Phänomen erarbeitet.
glauben+kaufen ist auch ein Archiv von Werbebotschaften, die religiöse Motive in Text und Bild verwenden. Im Oktober 1999 befanden sich etwa 450 Werbungen in diesem Archiv. Näheres unter folgender Anschrift: glauben&kaufen, c/o Hagen Horoba, Thalkirchner Str. 28, 80337 München.

## Mein Leben wagen – auf die Zukunft vertrauen — Deuteseite 14-15

### 1. Hintergrund

> **Bertolt Brecht (1898-1956)**
> Bertolt Brecht hieß eigentlich Eugen Berthold Friedrich Brecht und war als Schriftsteller und Regisseur tätig. Er gilt als einer der bedeutendsten Dramatiker der deutschen Literatur im 20. Jahrhundert. Brecht wurde am 10. Februar 1898 als Sohn eines Fabrikdirektors in Augsburg geboren. 1917 machte er Abitur. Anschließend studierte er Medizin in München. 1918 leistete er vorübergehend Kriegs- und Sanitätsdienst. 1923 wurde er Dramaturg an den Münchener Kammerspielen, 1924 am Deutschen Theater, Berlin. Ab 1924 lebte er als freier Schriftsteller in Berlin. Ende Februar 1933, als die Nazis an die Macht kamen, floh er über Österreich in die Schweiz, weiter nach Dänemark, England, Schweden, in die Sowjetunion und die USA (Kalifornien).
>
> Diese Exiljahre erwiesen sich als eine der produktivsten und erfolgreichsten Schaffensperioden Brechts. 1947 kehrte er nach Europa zurück. Da ihm die Einreisegenehmigung nach Westdeutschland von den alliierten Behörden verweigert wurde, übersiedelte Brecht nach Ost-Berlin (1949). 1951 wurde er mit dem DDR-Nationalpreis erster Klasse und 1954 mit dem Internationalen Stalin-Friedenspreis ausgezeichnet und avancierte nach seinem Tod zum Nationaldichter der DDR, wenngleich er nicht mit dem sowjetischen Idealschema des sozialistischen Realismus konform ging und deshalb in Osteuropa immer eine umstrittene Persönlichkeit blieb.

Das über die Seitengrenze geschriebene Gedicht soll die Aufmerksamkeit der Sch wecken: »Wo geht's weiter? Wie kann man den Text lesen?« Im Handeln

**Klebelinie**

Über den Rand schreibt man nicht!
Wie sieht das denn aus!?
Halt den Rand!
Ordnung muss sein.
Grenzen muss man anerkennen,
wo kommt man sonst hin?
Wo kommt man sonst hin,

*Wenn ich das höre ...*

*dann ...*

Kann man denn mit dem Fragen einfach aufhören?
Nur weil da eine Linie ist, die ein Ende setzt?

MEIN Leben fortschreiben,
mit dem Fragen weitermachen, mit dem Denken nicht aufhören,
konsequent fortfahren,
MEINE Linie beibehalten,
MEINEN Weg gehen ...
Sinn finden ...

*Das heißt für mich ...*

wird bereits der Inhalt des Gedichtes erfahren: Es ereignen sich manche Wunder, wenn man Grenzen überschreitet.

**Reinhold Messner**

Reinhold Messner wurde am 17. September 1944 in Südtirol/Italien geboren. Nach einem Technik-Studium war er kurze Zeit als Lehrer tätig. Er bezeichnet sich selbst als Grenzgänger, Autor und Bergbauer. Seit 20 Jahren gehört er zu den erfolgreichsten Bergsteigern der Welt, hat bei 3.500 Bergfahrten etwa 100 Erstbesteigungen durchgeführt, alle vierzehn Achttausender bestiegen, zu Fuß die Antarktis, Grönland der Länge nach, Tibet und die Wüste Takla Makan durchquert.

Zwischen seinen Reisen lebt Messner mit seiner Familie in Meran, wo er Bergbauernhöfe bewirtschaftet, Bücher schreibt und Vorträge vor Alpinisten, Touristikern, Wirtschaftsführern vorbereitet. Seit Juni 1999 ist er als Mitglied der Fraktion Grüne/Freie Europäische Allianz im Europäischen Parlament. Er ist Mitglied des Ausschusses für Regionalpolitik, Verkehr und Fremdenverkehr sowie des Ausschusses für Landwirtschaft und ländliche Entwicklung. Reinhold Messner war nie um Rekorde bemüht, ihm geht es um das Ausgesetztsein in möglichst unberührten Naturlandschaften und dem Unterwegssein mit einem Minimum an Ausrüstung. Den Möglichkeiten des Kommunikationszeitalters setzt er sein Unterwegssein als Fußgänger gegenüber und verzichtet auf Bohrhaken, Sauerstoffmasken und Satelliten-Telefon.

*Literatur:*
R. Messner: 13 Spiegel meiner Seele, München (Piper Taschenbuch) 1998. (Anlässlich seines 50. Geburtstags zieht R. Messner in 13 Geschichten ein Fazit seiner Erfahrungen in der Grenzzone zwischen Leben und Tod, zwischen Vortragssälen und Sandwüsten, Kinderzimmer und Eismeer.)
R. Messner: Die Grenzen der Seele wirst du nicht finden. Michael Albus im Gespräch mit einem modernen Abenteurer, Freiburg (Herder Spektrum) 1996
*Kontakt:* Büro Reinhold Messner, Europa-Allee 2, I-39012 Meran, Tel./Fax: 0039/473/221852,
www.Reinhold-Messner.de

## 2. Einsatzmöglichkeiten im RU

**Das Gedicht »Die Krücken« bearbeiten**

Sch lesen das Gedicht, übertragen es ins Heft und lernen es auswendig, sodass sie es frei vortragen können – »ohne Krücken«!

Was fällt dir an dem Gedicht auf? Was könnte mit Krücken gemeint sein? Was sagt der Kranke von sich? Welchen Rat gibt ihm der Arzt? Worauf könnte der Rat ›auf allen Vieren kriechen‹ hindeuten? Worin besteht die Therapie des Arztes? Worin besteht die Heilung? Was erkennt der ›Kranke‹ nach der Therapie, wenn er ›Hölzer‹ sieht?

**Zu Gedichten clustern**

Sch wählen eines von den Gedichten von Franz Kafka und Christine Boell aus, schreiben es ins Heft und gestalten die Seite mit ihren Assoziationen in Form eines Clusters.

---

**Clustern**

Ein Gedicht, ein Spruch wird auf ein großes Blatt geschrieben und eingekreist. Man notiert alle Gedanken, Ideen, Gefühle, die einem dazu einfallen. Diese Wörter werden wiederum eingekreist und mit verwandten Ideen und Gedanken verbunden. Auf diese Weise entsteht ein Gedankennetz, das in alle Richtung wächst.

Wichtig dabei ist, dass man alle Einfälle sofort niederschreibt und sich keine Gedanken über Ordnung und Struktur macht. Nachdem dieser Vorgang abgeschlossen ist, kann man sich daran machen, die Struktur mit Farbstiften zu gestalten. Dieses Clustering ist eine Art Stenografie unseres bildhaften Denkens, das intuitiv weiß, wohin es will, auch wenn es uns selbst noch nicht so ganz klar ist. Beim Clustering übernimmt zunächst einmal die rechte Gehirnhälfte die Führung. Dies lässt neue und nicht gefilterte Gedanken entstehen und eignet sich daher besonders, sich seiner selbst und dessen, was eine/n bewegt, bewusst zu werden.

---

**Über den Rand schreibt man nicht**

– Sch betrachten das Foto und lesen den Text.
– Sie setzen den Text in Beziehung zu den Seiltänzern, die auf einer sehr kleinen Grenze (Seil) gehen. Dabei im L-Sch-Gespräch über Gefahren und Chancen von Grenzen diskutieren.
– Sch bearbeiten AB 8.1.5 *Arbeitshilfen* S. 25 in EA und mit meditativer Hintergrundmusik.
Dieses Blatt wird zweimal geknickt und gefaltet und kann von den Sch, wenn sie das wollen, verschlossen ins Heft geklebt werden. Falls möglich Austausch in PA oder KG.

**Dem Drahtseil-Artist vertrauen?**

An Grenzen gehen, das Leben wagen bedeutet auch, sich zu trauen und vertrauen zu können. Dazu passt diese Geschichte über einen Drahtseil-Artisten:

# Hunger nach Leben – Gedanken eines Grenzgängers

»Ein Grenzgänger wollen Sie also sein, ein Pfadfinder, der die kalten, dunklen, einsamen Winkel seiner Seele erkundet.«

»Ja, ich bezeichne mich als Grenzgänger. Das ist ein Mensch, der am Rande des gerade noch Machbaren in der wilden Natur unterwegs ist. Mit eigenen Kräften. Ich suche das Extreme, bemühe mich jedoch, nicht umzukommen. Mein Tun wäre kein Grenzgang, wenn das Todesrisiko von vornherein ausgeschlossen wäre.«

»Sie setzen Ihr Leben aufs Spiel, um es zu retten?«

»Das ist kein Widerspruch. Für mich ist dieser Zusammenhang logisch. Ja, ich gehe zum Nordpol, weil es gefährlich ist, und nicht, obwohl es gefährlich ist. Aber ich will dabei nicht umkommen. Durchkommen heißt meine Kunst.«

»Können Sie mir erzählen, wann Ihre Neigung zu solchen eher wenig verbreiteten Künsten entstanden ist?«

»Ich kann es nicht genau aufschlüsseln und will auch nicht mein eigener Psychotherapeut sein. Ich vermute aber, dass es unter anderem mit meiner frühesten Jugend zu tun hat. Ich bin in einem engen Alpeneinschnitt aufgewachsen, ganz unten im Tal. Ich wollte aus dieser Enge heraus, wollte die Welt von oben sehen, wollte über den Rand des Tales hinausschauen. Als ich mit fünf Jahren meinen ersten Dreitausender bestieg, natürlich nicht alleine, sondern zusammen mit meinem Vater, bekam ich hinterher für meine Ausdauer und Geschicklichkeit viel Lob.

»Sie muten damit Ihrer Familie eine ganze Menge zu! Ist sie nicht ständig in einer Art Warte- und Abschieds- und Wiederkehrhaltung?«

»Sabine, die Frau, mit der ich seit Jahren lebe, hat mich kennen gelernt, als ich ein Grenzgänger war. Sie hat sich trotzdem mit mir zusammengetan. Und sie weiß – das gilt auch für meine Freunde und Verwandten –, dass ich ein vorsichtiger Mensch bin. Trotzdem, es kommen dann und wann Ängste auf. Bei Sabine, bei mir. Nicht jedoch bei den Kindern, denn sie sind noch zu klein. Meine Gefahren sind sichtbar, hörbar, fühlbar. Wer mich kennt, weiß, dass das, was ich mache, gefährlich ist. Gefahren aber bedrohen jeden einzelnen von uns. Sie gehören zum Leben wie der Tod.

»Sie wollen überleben, sagen Sie. Davon gehe ich auch aus. Und trotzdem behaupte ich, dass hinter diesem Grenzgängertum eine geheime Todessehnsucht steckt.«

»Ich behaupte das Gegenteil, kann es aber nicht beweisen. Todessehnsucht wird von Außenstehenden sehr gern in das Tun des Grenzgängers hineininterpretiert. Aber gerade, wenn jemand immer wieder an die äußerste Grenze geht, obwohl er Tragödien zu verkraften hat – ein Bruder von mir ist an einem Achttausender ums Leben gekommen, ein anderer in den Dolomiten tödlich abgestürzt, Freunde sind erfroren, an Erschöpfung gestorben –, lebt er doch Hunger nach Leben vor. Wie oft habe ich mit dem Rücken zur Wand gestanden! Wie oft habe ich keinen Ausweg mehr gesehen! Umzukommen wäre das Leichteste gewesen. Ich habe mich dagegen gewehrt. Also war es nicht Todessehnsucht, die mich antrieb. Mein Spiel heißt durchkommen. Nicht umkommen.

Wenn ich mich umbringen wollte, müsste ich nicht monatelang bei minus 40 Grad durch Grönland laufen oder unter höllischen Anstrengungen auf den Mount Everest steigen. Ich gehe weiter und behaupte, dass potenzielle Selbstmörder zum Leben zurückfänden, wenn sie sich derartigen Anstrengungen und Gefahren bei ihren Selbstmordversuchen aussetzten. Gefahr weckt Energie und Lebensfreude, wenn wir ihr Schritt für Schritt, in kleinen Dosierungen begegnen. In der Wildnis bemühen wir uns, trotz häufiger lebensgefährlicher Augenblicke nicht umzukommen. Kurz: Wenn ich mich umbringen wollte, dann nicht in der Antarktis, nicht am Nordpol und nicht am Mount Everest. Jetzt und hier wäre es einfacher.«

*Reinhold Messner bezeichnet sich selbst als Grenzgänger. Finde Erklärungen mit seinen Worten.
Setzt er sein Leben aufs Spiel, weil er sterben will?
Wer an Grenzen geht, braucht Unterstützung. Welche Rolle spielte der Vater für R. Messner?
Welchen persönlichen Vorteil zieht Messner aus seinen Grenzgängen?*

»In einer Kleinstadt trat ein Seilartist auf. Quer über den Marktplatz spannte er ein Seil. Die Passanten, die ihn dabei beobachteten, blieben stehen und blickten gespannt nach oben. Nach verschiedenen Kunststücken schob der Artist eine Schubkarre über das Seil. Die Menge klatschte begeistert Beifall. Dann verband sich der Artist die Augen und schob die Schubkarre erneut über das Seil. Jetzt jubelte die Menge ihm vor Begeisterung zu. Nach dem Applaus rief der Mann zu den Leuten hinunter und fragte sie, ob sie ihm das letzte Kunststück noch einmal zutrauten. ›Aber sicher‹, riefen die Leute ganz laut. Nun schaute der Artist einen der Zuschauer ganz fest an. ›Und Sie da, glauben Sie auch, dass ich das kann?‹ ›Natürlich, ohne Zweifel‹, rief er begeistert zurück, ›Sie schaffen das‹. ›Wenn Sie so viel Vertrauen zu mir haben‹, rief der Artist, ›dann kommen Sie doch bitte hoch und setzen Sie sich in meine Schubkarre, ich werde Sie behutsam hinüberfahren.‹ Da wurde es ganz still auf dem Marktplatz.«

– Sch erzählen die Geschichte zu Ende und formulieren ein Fazit.

**Einen Grenzgänger kennen lernen**

Einer, der immer wieder an »Grenzen der Erde« und seiner eigenen Belastbarkeit geht, ist der Alpinist Reinhold Messner.

– Sch erhalten AB 8.1.6 *Arbeitshilfen* S. 27, lesen das Interview mit dem Grenzgänger und erkunden seine Einstellung anhand der Fragen.
– Austausch zum Verständnis der Philosophie R. Messners zunächst in PA.
– Debatte über das Faszinierende oder Abstoßende dieser Haltung im Plenum.
– Sch diskutieren die Frage, inwiefern die Suche nach dem »Kick« zur Sucht wird.

**Ein Lied singen**

Sch erlernen und singen das Lied: »Meine engen Grenzen«, AB 8.1.7 *Arbeitshilfen* S. 29.

## 3. Weiterführende Anregung

**Einen Schulgottesdienst vorbereiten**

\* Mit den Elementen (Erzählung vom Seilartisten, Lied, Aphorismen von der Themenseite) lässt sich gut ein Gottesdienst oder eine Andacht zum Thema ›Neues wagen – meine Grenzen erweitern‹ gestalten, etwa vor Beginn des Praktikums oder vor den Ferien.

## Achtung: Sackgasse!     Infoseite 16-17

### 1. Hintergrund

**Statistische Zahlen zum Suchtverhalten in Deutschland**

Von der Deutschen Hauptstelle gegen die Suchtgefahren e.V. werden alljährlich im »Jahrbuch Sucht« die neuesten Statistiken zum Konsum von Alkohol, illegalen Drogen, Medikamenten, Nikotin, zu Essstörungen und pathologischem Glücksspiel veröffentlicht. Einige Angaben aus dem »Jahrbuch Sucht 2001«:

*Alkohol*
– Alkoholkranke: 2.500.000 (!) (davon ca. 30 % Frauen), im Vergleich dazu waren es 1950 ›nur‹ 200.000 (davon 8 % Frauen).
– Ca. 250.000 Jugendliche gelten als alkoholabhängig.
– Das Durchschnittsalter für den ersten Alkoholrausch liegt bei 15,4 Jahren.
– Wesentlich mehr Jungen (34,3 %) als Mädchen (9,1%) konsumieren regelmäßig Alkohol.
– Es gibt ca. 42.000 Alkoholtote jährlich.

*Illegale Drogen:*
– 250.000 - 300.000 Konsumenten.
– 1.812 Rauschgifttote (Stand 1999).

*Medikamente:*
– Es gibt ca. 1,5 Mio. Medikamentenabhängige (überwiegend Frauen).

*Tabak:*
– Verbrauch von 145 Mrd. Zigaretten, das sind sieben Mrd. mehr als im Vorjahr (Stand 1999).
– 28% aller über 15-Jährigen sind Raucher.
– Ca. 111.000 Todesfälle als Folge gibt es pro Jahr.

Wer gewöhnlich von Sucht spricht, denkt meistens an die oben genannten Süchte. Darüber hinaus gibt es eine Vielzahl nicht stoffgebundener Suchtformen

# Meine engen Grenzen

*T/M: Eugen Eckert/Winfried Heurich*
*Rechte: Studio Union im Lahn-Verlag*

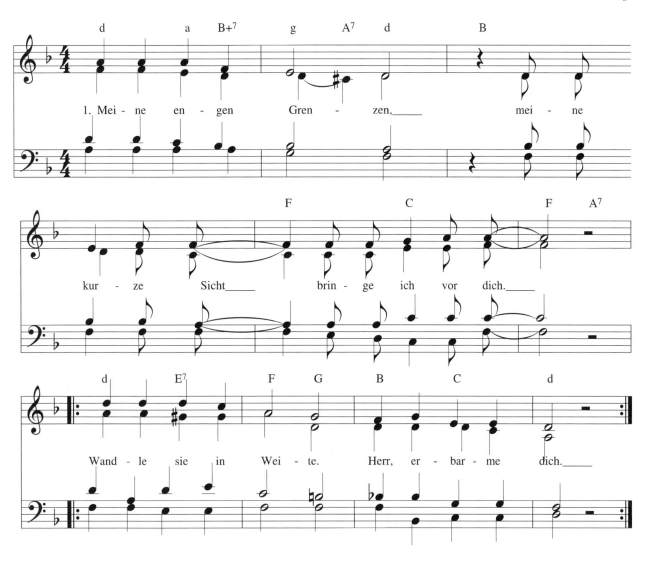

2. Meine ganze Ohnmacht,
   was mich beugt und lähmt,
   bringe ich vor dich.
   Wandle sie in Stärke. Herr, erbarme dich.

3. Mein verlor'nes Zutrau'n,
   meine Ängstlichkeit
   bringe ich vor dich.
   Wandle sie in Wärme. Herr, erbarme dich.

4. Meine tiefe Sehnsucht
   nach Geborgenheit
   bringe ich vor dich.
   Wandle sie in Heimat. Herr, erbarme dich.

Reli **8**.1.7

wie Spielsucht, Arbeitssucht, Esssucht; aber auch Liebe, Sexualität und Konsum können bei der Suche nach dem »Kick« zur Sucht werden – und nicht zuletzt die Religion:

### ›Religionssucht‹

Martin Buber hat sich ein Leben lang darum bemüht, den Menschen wieder einen Zugang zu Gott zu ermöglichen. Gerade er warnt aber vor einer Religion, die sich allzu wichtig nimmt, sich verselbstständigt und ihre Transparenz einbüßt. »Die Urgefahr des Menschen ist die Religion«, stellte Buber hellsichtig fest. Der heutige Mensch steht vor einer doppelten Gefahr: Zum einen ist er vom Religionsverlust bedroht, zum anderen kann er der Religion verfallen. Lehnt er jegliche Religion für sich ab, steht er in der Gefahr einer elementaren Taubheit und Blindheit, die einen Teil der Wirklichkeit ausklammert. Wenn er sich hingegen der Religion wie einer Droge hingibt, dann verfällt er in eine verführerische Faszination und steigert sich womöglich in eine rauschhaft und ekstatische Religiosität hinein. Religion ist eine Versuchung in zweifacher Hinsicht. Einerseits müssen und sollen Jugendliche heute ausprobieren, abwägen und experimentieren, andererseits kann es zu illusorischen Vorstellungen kommen, wenn das Gefühl der existentiellen Unsicherheit nicht mehr ausgehalten, sondern mit Religion ruhiggestellt wird. Buber hat darauf hingewiesen: »Es gibt nichts, was uns so das Antlitz des Menschen verstellen kann wie die Moral, und die Religion kann wie nichts anderes das Antlitz Gottes verstellen« (vgl. z. B. Leo Booth, Wenn Gott zur Droge wird. Missbrauch und Abhängigkeit in der Religion. Schritte zur Befreiung, München 1999).

In vielen neureligiösen Bewegungen und Psychogruppen wird die Sehnsucht der Menschen nach Beheimatung, Geborgenheit und Sinn ausgenutzt. Dass diese Sehnsüchte, wenn sie ein Ziel haben, auf das sie gelenkt werden, Menschen eine Hilfe sein und gegen Suchtgefährdung stark machen können, darauf weist der Spruch aus Jes 49,15-16 hin, der die Infoseite umrahmt. Er stellt für gläubige Menschen ein wesentliches Hilfsangebot dar!

## 2. Einsatzmöglichkeiten im RU

### Meine Abhängigkeiten checken

Sch sollen sich bewusst werden, wo sie gefährdet sind, in Sackgassen zu geraten. Die Offenheit wird erhöht, wenn L ankündigt, dass das Ergebnis dieser Bestandsaufnahme nicht preisgegeben wird. Auch als vorbereitende Hausaufgabe sinnvoll.

– Sch stellen in EA Vermutungen an: Welche Droge bzw. Sucht gefährdet mich am ehesten?
– Sch legen ein DIN A 4-Blatt mit 6 Spalten für jeden Wochentag an und notieren ihren Umgang mit der vermuteten Droge für jeden Tag.
* Wie viel Zeit verbringe ich vor dem Fernsehen, vor dem Computer, mit dem Gameboy?
* Esse ich regelmäßig? Wie viele Mahlzeiten esse ich am Tag und was?
* Wie viel Zeit verbring ich in Kaufhäusern und Musikgeschäften und was gebe ich aus?
* Wie viel Alkohol trinke ich – und was?
* Wie viel Zigaretten rauche ich?
* Nehme ich Medikamente? Welche, wofür oder wogegen, wie lange schon?
– *Weiterführende Anregung:* Sch zeichnen sich selbst »Im Bann der Droge/Sucht« und schreiben darum herum, was sie daran fasziniert, was sie abstößt und was ihnen bei der »Lösung« helfen könnte.

Eine Schülerin, 8. Klasse, zeichnete sich so im Bann der Spritze:

# Achtung: Sackgasse!

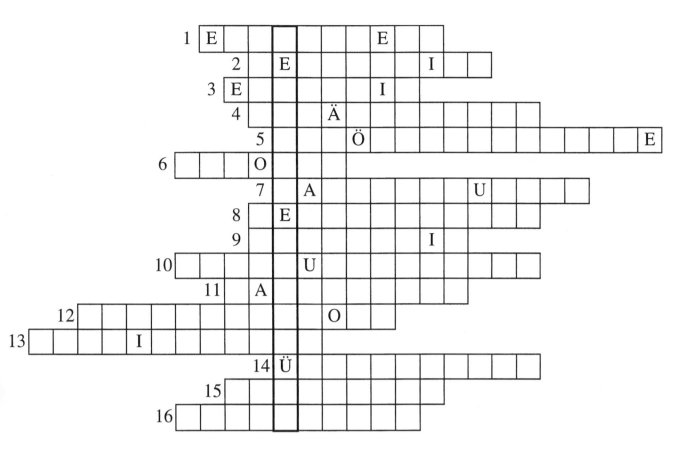

**Waagerecht**
1) Man kann dieses Gefühl haben, selbst wenn man mit vielen Menschen zusammen ist!
2) Eine Übung, die zu innerer Ruhe verhelfen kann, nennt man ...
3) Vielen Jugendlichen gehen gleichbleibende Alltagsaufgaben und Routine auf den Geist. Sie sind auf der Suche nach einem tollen ...
4) Sucht erkennt man durch körperliche und psychische ... von einem Stoff oder Verhalten.
5) Sie machen es Jugendlichen oft schwer, mit ihrem eigenen Körper zufrieden zu sein:
6) Bei dieser Droge steht das Rauscherlebnis nicht im Vordergrund:
7) Drogen können unsere Gefühle und ... massiv verändern.
8) Sucht ist nicht nur ein Problem des Einzelnen, sondern der ganzen ...
9) Alkoholismus ist eine im vollen Umfang anerkannte ...
10) Man kann sich in jeder Schule an sie wenden, wenn es Probleme gibt!
11) Eine Sucht, die entstehen kann, wenn man mit seinem Körper unzufrieden ist:
12) Es gibt sie - man muss sie nur annehmen!
13) Ein Grundbedürfnis jedes Menschen, das befriedigt werden will.
14) Darunter leidet jede/r 7. Jugendliche in Deutschland!
15) Hinter jeder Sucht steckt eine ...
16) Eine stoffungebundene Sucht:

**Senkrecht**
Der beste Schutz gegen jede Sucht ist ein gesundes ...

**Ein Thema wählen und vertiefen**
– Sch lesen die Texte der *Infoseite* 16-17 und bearbeiten dann AB 8.1.8 *Arbeitshilfen* S. 31.

*Lösungsworte:* Waagerecht: 1. Einsamkeit, 2. Meditation, 3. Erlebnis, 4. Abhängigkeit, 5. Schönheitsideale, 6. Nikotin, 7. Wahrnehmungen, 8. Gesellschaft, 9. Krankheit, 10. Beratungslehrer, 11. Magersucht, 12. Ratschläge, 13. Gemeinschaft, 14. Übergewicht, 15. Sehnsucht, 16. Spielsucht. Senkrecht: Selbstwertgefühl.

– Je nach Stand des Lernprozesses in der Klasse werden zu den einzelnen Bereichen weitere Informationen eingeholt und die Themen den vorherrschenden Interessen entsprechend vertieft.
* Zum Thema Alkohol: von Herbert Grönemeyer: »Alkohol« hören und interpretieren.
* Zum Thema Kaufsucht: von Herbert Grönemeyer: »Kaufen« hören und interpretieren.
– Sch deuten das die Doppelseite umrahmende Bibelzitat (Jes 49,15f.) in Hinblick auf die Überschrift: ›Achtung Sackgasse!‹
* Impulse zum Weiterdenken: Wovon spricht dieses Zitat? Inwieweit haben menschliche Nähe und Zuwendung mit Sucht zu tun? Kann die Zusage Gottes einem Jugendlichen bei seiner Absage an Drogen helfen?

**»Magersucht«**
Sch betrachten den Zerrspiegel *Infoseite* 17.
* Was denkt das Mädchen?
* Was denkst du über das Mädchen?
* Finde eine passende Überschrift!

**Einen Tag im Leben von Girlie kennen lernen**
Die kurze Erzählung »Weil sie es besser nicht versteht« der zeitgenössischen Schriftstellerin Sabine Peters macht die Zusammenhänge zwischen der individuellen Magersucht und den gesellschaftlichen Idealen von Disziplin, Effizienz und Leistung deutlich.
Für lesestarke Gruppen ist die Lektüre aufschlussreich.
* Sch lesen den Text AB 8.1.9 *Arbeitshilfen* S. 33
* und bilden zwei KG, die Tapetenrollen oder Computerpapierbahnen erhalten. Die eine KG schreibt in roter Schrift die Stichpunkte untereinander auf, die Girlies Verhalten, Ideale und Überzeugungen ausdrücken (ggf. begrenzt auf Substantive). Die andere KG notiert in blauer Schrift untereinander die Stichworte, die aus Politik und Wirtschaft stammen. Die Papierbahnen werden nebeneinander aufgehängt.
* Austausch im Plenum über den Titel: Was kann Girlie nicht besser verstehen?
* Ggf. Debatte über die Übereinstimmungen und den Zusammenhang zwischen krankem, krank machendem Gesellschaftsorganismus und kranken Individuen.

**Ein Rätsel anschauen**       **Ideenseite 11**
– Der Text lautet in Spiegelschrift: Dass die Vögel der Sorge und des Kummers über deinem Haupte fliegen, kannst du nicht ändern. Aber dass sie Nester in deinem Haar bauen, das kannst du verhindern. Sch sollen Zuversicht und Entschlusskraft entwickeln, ihrem Leben eine neue Richtung zu geben.
– Sch bearbeiten AB 8.1.10 *Arbeitshilfen* S. 35: »Dem Leben eine Richtung geben – den Blick wenden«, indem sie es ›übersetzen‹.
– Anschließend finden sie eine alternative Überschrift für den Text und ergänzen folgende Satzanfänge:
* Die Einstellung des Arbeiters ist ...
* Es gibt Menschen wie dieser Waldarbeiter, die ...
* Es kommt im Leben darauf an, dass ...
– Sie bringen diese Geschichte mit dem Text in Spiegelschrift in Verbindung.

## 3. Weiterführende Anregung

**Lieber high als stinknormal?**
Dieses Jugendbuch haben eine ehemals drogenabhängige Tochter, Lina Rahn, und ihre Mutter zusammen geschrieben. Für Lina gehörten Designerdrogen

# Weil sie es besser nicht versteht

Weil eine Wut an Girlie fraß. Girlie, die nur im Pass Janina Fischer hieß, könnte um sechs Uhr dreißig noch schlafen, es würde reichen, um sieben Uhr aufzustehen, damit sie rechtzeitig den Schulbus bekäme. Sie stand aber auf, nahm aus dem Kleiderschrank eine Flasche Cola light, trank, drückte die Fernbedienung, Traumfabrik Hollywood lief als Wiederholung. Vor dem Schirm starrend, nicht sehend, nicht hörend, begann sie gymnastische Übungen.

Englischtest heute, hoffentlich kann Jessica das Zeug, yes Mr. Menzner, boys and girls always do their homework after enjoying lunch with their parents, nur Girlie verzichtet täglich aufs Frühstück, fastet am Mittag, bleibt sie im Training. Ja, Mama, das Schulbrot, die Pause, nein Mama, mittags McChicken vor dem Schwimmen. Echt, Mama, mittags nach Hause kommen lohnt nicht. Einfach ein fester Wille. Wie hört sich denn ein Zentner an. Einfach der schlanke Staat ist angesagt. Girlie speckt ab auf fünfundvierzig, einfache Selbstbeherrschung. Schmarotzer haben keine Chance, krankfeiern gilt nicht mehr, es brät ein Kind im Fernsehn eine Maus, Girlie bleibt auf Diät. Kürzungen sind überall, die attraktiven Billiglohnländer. Nur wenn Sie regelmäßig gezielt Sport betreiben, wirkt Ihre Diät. Mama war als Mädchen auch schlank, sagt sie. Gertenschlank, sagt sie. Girlie bleibt auf Reduktionskurs. Sparpaket persönlich für sie zugeschnitten. Fotomodelle schwören auf viel Wasser ohne Kohlensäure. Feuchtigkeit von innen gegen Hunger. Wilder Hunger, sehr gut, wilder wild am wildesten, es sind Maschinen kontrolliert, feindseliges Objekt löst sich in Luft auf. Alle Eingänge überwacht und verschlossen, Grenzen dicht, schleicht keine unsichtbare Kalorie mehr ein, und wer gefasst wird, abgeschoben, Sarajevo, und in Tokio, New York die Covergirls, mit Springseil im Gepäck, auf ihren Reisen. Hüpfen ist effektiv und kostet nichts. Alles voll im Griff. Weiß nicht warum. Widerlich die breite Mama blau drückt Kippen aus neben dem Aschenbecher, nächsten Tag ein neuer Stoffaufkleber auf der Tischdecke aus Hungerland, cool Kids are clean, sind einfach rein, nie alt und gammelig werden. Es boomt mageres Frischfleisch, unbeschwert und leicht die junge Mode, süß die Mannschaft, Raumschiff Enterprise, Mädchen in süßen Uniformen. Folgen Sie, folgendes Thema: Unsere Risikogesellschaft, Risiko wie Raumschiff. Alle im Boot schnallen die Gürtel enger. Jung und schlank sieht lecker aus. Wirksame Methoden drillen unsichtbar, sehr wirksam, makellose Haut zart knabenhaft im Sonderangebot. Wer nicht rentabel ist, dient als Organspender im Weltall. Fitness lässt sich erzwingen. Muss Liegestützenkur von vorn. Grazil die Kampfmaschine unbesiegbar, jederzeit bereit zu jedem Einsatz. Mobile Friedensstreitkräfte, mit Drückebergern ohne Milde: Wer zuviel isst, tanzt in glühenden Schuhen bis zum Idealgewicht. Spaß für alle Zuschauer, ist einfach voll die Härte light. Gewichtsklauseln in den Verträgen der Models, Produktivität bedeutet größte Leistung unter Einsatz der geringsten Kosten. Minimal Input gleich maximal Output. Ist fit for fun das business. Los geht's und Klatsch. Girlie muss sich geschmeidig üben, Muskeln musizieren. Unschöne Körper unästhetisch, einfach Restmüll. Da capo das ganze Programm, einfach der volle Durchblick. Es walzen Weltallbesitzer die überflüssigen Fresser platt und bereiten aus deren Fleisch Big Macs. Gefressen werden oder gefressen werden. Erlebnisgesellschaft ultimativ. Lächelnde Mädchen sind gut abgerichtet, yes. Dressur for fun, erhöhte Chance im struggle. Ansporn zur Höchstleistung. Das Schwelgen in Superlativen, yes, Girlie übt unermüdlich, weniger ist mehr, der Intensivkurs Selbstbeherrschung, keine Macht den Drogen, einfach anstatt Essen einen Mix aus Übungen, einfach das Leben bis zum Umfallen ein fortgesetzter Kampf, nie hinter das zurück, was schon erreicht, nach vorn sich gegenseitig steigern setzt ganz neue Kräfte frei, für einsam langweiliges Leben, lange leere lange alte kalte Tage. Hochverrat, es wird geschossen, stehen bleiben. Ein Minuspunkt für Girlie. Als Denkzettel heute statt Abendessen Liegestützenkur verschärft, das Fleisch muss willig sein, der Geist muss stark bleiben, die Konkurrenz schläft nicht, nie nachgeben, marktfähig sein, frei jeder gegen jeden. Da fühlt man, dass man lebt.

*Sabine Peters*

zum Spaßhaben einfach dazu. Heute 19, erzählt sie die Geschichte ihres harten Ausstiegs mit eigenen Worten, ergänzt durch ausführliche Infoblöcke: Wo und warum beginnt die Sucht? Was können Angehörige und Freunde tun? Was, wenn die oder der Betroffene sich nicht helfen lassen will? Mit umfassendem Adressteil.

Ulla Rahn/Lina Rahn: Lieber high als stinknormal? Ein Buch über Drogen, 128 Seiten, München (Kösel) 2001.

# Meinen Weg versuchen

**Stellungnahmen 18**

## 1. Hintergrund

**Wolfgang Mattheuer (geb. 1927)**
Wolfgang Mattheuer wurde am 7. April 1927 in Reichenbach/Vogtland geboren. Nach einer Lithografenlehre besuchte er in Leipzig 1946/47 die Kunstgewerbeschule und von 1947 bis 1951 die Hochschule für Grafik und Buchkunst. Hier war er seit 1953 zuerst als Assistent, später als Dozent und seit 1965 als Professor tätig. Seit 1974 ist er freischaffender Künstler.
Mattheuer verfügt als figurativer Maler und Grafiker über verschiedene stilistische Darstellungsweisen, die er abhängig vom jeweiligen Thema einsetzt. Einflüsse des Expressionismus sind ebenso wie solche eines magischen Realismus bzw. der Neuen Sachlichkeit oder des Surrealismus erkennbar. Seine Bildaussagen sind zumeist metaphorisch oder sinnbildlich; er formulierte damit ein sich vom sozialistischen Realismus der DDR absetzendes Problembewusstsein (»Kritischer Realismus«).

**Wolfgang Mattheuer: Hinter den sieben Bergen, 1973**
170 x 130 cm, Öl auf Leinwand
20 Jahre nach der Entstehung des Bildes deutet Martin Pietsch im Jahr 1993 das Bild im Kontext der Wiedervereinigung beider deutschen Staaten. Das Resümee, zu dem Pietsch kommt, ist ambivalent. Als Ostdeutscher kennt er wie W. Mattheuer selbst die Sehnsucht nach dem Westen und 1993, vier Jahre nach der Wiedervereinigung, die Realität, die sich hinter den sieben Bergen verborgen hält. Pietsch weist darauf hin, dass Wolfgang Mattheuer selbst einen Hinweis für die Betrachter des Bildes gegeben hat und kritisieren wollte, dass man immer dort sein wolle, wo man gerade nicht ist. Er bringt das Bild mit einem Gedicht in Verbindung, das an den Prager Frühling erinnert, an den Einmarsch der Truppen des Warschauer Paktes 1968:

*Hinter den sieben Bergen spielt die Freiheit.*
*Hinfahren sollte man.*
*Sehen müsste man's*
*mit eigenen Augen,*
*das Schöne;*
*die Freiheit spielt mit bunten Luftballons.*
*Und andere fahren hin*
*mit Panzern und Kanonen.*

Doch letztlich ist das Bild ein Sehnsuchtsbild und somit zeitlos. Die stark befahrene rechte Straßenseite deutet an, in welcher Richtung die Erfüllung der Hoffnung gesucht wird. Doch der Weg dorthin ist weit. Und wenn auch die gut ausgebaute Straße kaum Zweifel darüber aufkommen lässt, ob die Richtung stimmt, lassen die Straßenschilder keine eindeutige Orientierung zu und geben keinen Hinweis, ob der eingeschlagene Weg zum Ziel führt. Verlaufen Hoffnungswege immer so geradlinig, sind sie immer so gut ausgebaut? Ist der Ort der Sehnsucht von weitem immer schon so gut zu erkennen, wie die der Freiheitsstatue ähnlichen Frau mit den Luftballons auf dem Bild, und der Blick darauf so unverstellt?

## 2. Einsatzmöglichkeiten im RU

**Sehnsuchtsbilder entdecken**
– Sch bringen alte Zeitschriften mit und suchen in KG Sehnsuchtsbilder heraus.
* Jede/r Sch schneidet drei verschiedene Motive aus, klebt sie in das Heft und schreibt dazu kurz den zentralen Gedanken bzw. ein Stichwort auf.
* Im Anschluss daran überlegt Sch in EA, welche Sehnsüchte er/sie selbst hat.
* Diese werden evtl. in der Klasse besprochen.
– *Bedenkenswert:* Möglicherweise äußern Mädchen und Jungen unterschiedliche Sehnsüchte; daher lohnt es, zunächst geschlechtshomogene KG zu bilden. Anschließend werden Gemeinsamkeiten und Unterschiede in der Klasse besprochen.

# Dem Leben eine neue Richtung geben – den Blick wenden!

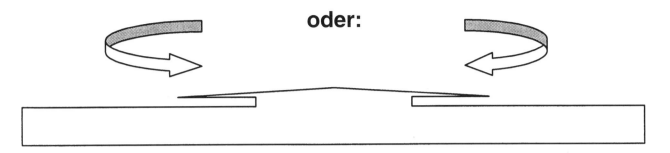

oder:

Eines Tages lief ich durch den Wald spazieren und sah einem Waldarbeiter dabei zu, wie er Baumstämme in kleine Stück zersägte. Er hatte noch eine alte Handsäge und man sah ihm an, wie er sich anstrengen musste, denn der Schweiß floss in Strömen.

hcaN reginie tieZ sed snehesuZ leif rim fua, ssad red retiebrA aj nie znag sefpmuts ttalbegäS ni renies egäS ettah. sIA hci nhi fuarad hcarpsna, muraw re nned sad ttalbegäS thcin nleshcew edrüw, etetrowtna re: »nieM retug nnaM, neuahcs eiS lamnie reih neben rim ned neßorg nefuaH tim nemmätsmuaB na, eid ssum hci ella sib negrom ni enielk ekcütS tgäsrez nebah.
nebualG eiS ad hcilkriw, hci ettäh hcua hcon tieZ, sad ttalbegäS zu nleshcew?«

\_\_\_\_ _____ \_\_\_\_ \_\_\_ _____ \_\_\_\_ \_\_\_ \_\_\_, \_\_\_\_ \_\_\_ _____ \_\_ \_\_\_ \_\_\_\_ _____ _____ \_\_ _____ \_\_\_\_ \_\_\_\_\_. \_\_\_ \_\_\_ \_\_\_ _____ _____, \_\_\_\_\_ \_\_ \_\_\_\_ \_\_\_ _____ _____ \_\_\_\_\_, _____ \_\_:

»\_\_\_\_ \_\_\_\_\_ \_\_\_\_, _____ \_\_\_ _____ \_\_\_\_ \_\_\_\_\_ \_\_\_ \_\_\_ _____ \_\_\_\_\_ \_\_\_ _____ \_\_, \_\_\_ \_\_\_\_ \_\_\_ \_\_\_\_ \_\_\_ _____ _____ \_\_\_\_\_.

_____ \_\_\_ \_\_ _____, \_\_\_ \_\_\_\_\_ \_\_\_\_ \_\_\_\_ \_\_\_\_, \_\_\_ _____ \_\_ _____?«

**Mindmap: Mein Leben lebendig leben**

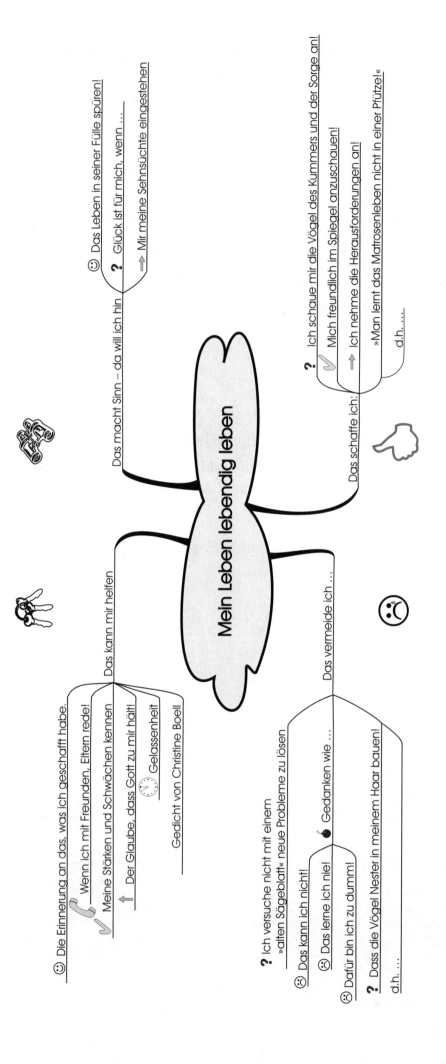

**Sehnsucht nach Freiheit**

Im Namen der Religion wurden in vielen Ländern Menschen ins Gefängnis gesteckt. Doch haben religiös motivierte Freiheitsbewegungen andererseits auch dazu beigetragen, wie in Osteuropa, dass ›Mauern‹ nieder gerissen wurden.

- Sch überlegen, wie es zu diesen Entwicklungen kommt: Inwiefern kann Religion Freiheitsbewegungen unterstützen?
- Sch überlegen, in welchen Situationen sie ein befreiendes Gefühl erlebt haben. Wer oder was hat sie ermutigt?
- Vielleicht finden Sch Lieder zum Thema, die von der Sehnsucht nach Leben handeln.

**Meinen Weg in die Zukunft versuchen**

- In Ergänzung der Anregung »Über den eigenen Lebensweg nachdenken« *Arbeitshilfen* S. 20 gestalten Sch ihren zukünftigen Lebensweg auf großem Zeichenpapier mit ihrer »Lebenslinie« aus Wolle und verschiedenen Objekten und Zeichnungen.
- Diese Gestaltung wird mit dem zu Beginn der Themeneinheit gestalteten Bild des eigenen Lebensweges zusammengeklebt.

**Mein Leben lebendig leben**

Als Vorschlag zur Ergebnissicherung und Zusammenfassung der Arbeitsergebnisse dient nebenstehende Mindmap. Es handelt sich um eine Anregung, die als TA mit den Aussagen der Sch gestaltet und aktualisiert werden muss.

## 3. Weiterführende Anregung

**Einen Gottesdienst zum Thema Sehnsucht gestalten**

Anregungen finden sich z. B. in:
Clemens Bittlinger/Fabian Vogt: Die Sehnsucht leben. Gottesdienst - neu entdeckt, München (Kösel) 1999 (Reflexionen, Texte und Anregungen werden entfaltet anhand von zwölf Ursehnsüchten der Menschen, nach Geborgenheit, Anerkennung, Vertrautheit, Vergebung, Wahrheit, Hingabe, Gemeinschaft, Glauben, Kommunikation, Erfahrung, Erhabenheit, Gestaltung)
Roland Breitenbach: Sehnsucht, die Leben heißt. Sechzehn etwas andere Jugendgottesdienste, Mainz (Grünewald) 1997

## Literatur

Bäuerle, Dietrich: Sucht und Drogen – Prävention in Schule, München (Kösel) 1996

Faltblatt »Sekten versprechen viel ...«, Erzbischöfliches Ordinariat München, Fachbereich Sekten- und Weltanschauungsfragen, Dachauer Str. 5/V, 80335 München, Tel. 089/5458130, E-Mail: sektenbeauftragter@erzbistum-muenchen.de

Groß, Werner: Sucht ohne Drogen – Arbeiten, Spielen, Essen, Lieben ..., Frankfurt 1990

»Hunger nach Leben«: Das Problemfeld »Essstörungen« im Rahmen des RU, Materialien für den RU an Gymnasien, hg. vom Kath. Schulkommissariat in Bayern, München 2000

Kaufen ist (k)ein Kinderspiel, hg. v. Katholische sozialethische Arbeitsstelle/Josef Bütz u.a., Hamm 1998 – die 28seitige Broschüre informiert in lockerer Form über Werbestrategien und Kaufentscheidungen, Markenbewusstsein bei Jugendlichen, Taschengeld und Kaufsucht. Mit Literatur und Adressen.

Seyfahrt, Kathrin: SuperSchlank!? Zwischen Traumfigur und Essstörungen, München (Kösel) 22000 – Jugendratgeber mit Informationen von Experten und zahlreichen Erfahrungsberichten betroffener Mädchen.

# 2 Kirche – (ausge)dient?

## Das Thema im Schülerbuch

Die diakonische Dimension der Kirche steht im Zentrum dieses Themenbereiches. Der Lehrplan hebt hier den Dienst der Kirche an den Menschen, besonders an denen, die schwach und auf fremde Hilfe angewiesen sind, hervor. Dabei sieht er einen Dreischritt vor, der von der Erfahrung der Pfarrgemeinde ausgeht und dann das Wirken der Kirche im gesellschaftlichen und im weltweiten Kontext betrachtet. Demzufolge gehen Sch der Frage nach der Aufgabe der Kirche im eigenen Lebensumfeld, innerhalb unserer Gesellschaft und im globalen, d. h. weltweiten Zusammenhang nach.

Mit Blick auf die Lebenswelt der Sch ist die »Kirche« wirklichkeitsnah zu untersuchen. In vielen Fällen wird aber nur von verkürzten Bezügen und Einblicken ausgegangen. Die Tatsache, dass Kirche oft nur in einer reinen Außenansicht mit Distanz und Vorurteilen wahrgenommen wird, spiegelt sich in der *Titelseite* (**19**). Historischer Bau und gegenwärtige Ausdrucksformen prallen aufeinander, werfen Fragen auf und zeigen Unstimmigkeiten. Offenheit gegenüber dem Thema wird somit gewährleistet.

Viele Sch begreifen ihre eigene kirchliche Sozialisation nur als bruchstückhafte Erinnerungen und Eindrücke, oft ohne Zusammenhang und Schwerpunkt. Diesem sehr indifferenten Verhältnis zur Kirche trägt die *Themenseite* (**20-21**) Rechnung. Anklänge an die eigene Kindheit, traditionelle Ausdrucksformen von kirchlicher Frömmigkeit, an Engagement und Angebote der Kirche schaffen Sch den Raum, in dem sie ein eigenes von Vollständigkeitsansprüchen freies »Bild« von Kirche aussprechen und entdecken können.

Anliegen der *Ideenseite* (**22-23**) ist es, dieses »Puzzle« ungeordneter eigener Erinnerungen und Zugänge durch handlungsorientierte Lernvorgänge zu differenzieren und auszubauen. Einstellungen zur Kirche, Imagefragen und konkrete Angebote lassen sich von den einzelnen Vorschlägen her erschließen, diskutieren und mit Themen auf den weiteren Doppelseiten verknüpfen.

Die *Deuteseiten* (**24-29**) zeigen verschiedene Akzente kirchlichen Wirkens auf und fordern zum Nachdenken heraus. Der Dienst der Kirche an notleidenden Menschen (**24-25**), die Frage nach Seelsorge in der heutigen Gesellschaft (**26-27**) und das Verständnis von Kirche, das sich in Sprache und Bild zeigt (**28-29**), wird auf diese Weise betrachtet und für den unterrichtlichen Prozess aufbereitet.

Auch die *Infoseiten* (**30-37**) zielen auf eine differenzierte Betrachtungsweise unterschiedlicher kirchlicher Erfahrungs- und Tätigkeitsbereiche. Die ersten beiden Doppelseiten rücken dabei die Jugend als solche in den Mittelpunkt; dabei wird kirchliches Engagement für Jugendliche (**30-31**) von Möglichkeiten und Beispielen jugendlichen Engagements in der Kirche (**32-33**) unterschieden. Die folgenden beiden Doppelseiten widmen sich den »weltweiten«, globalen Aufgaben der Kirche, dem Einsatz für Menschen in komplexen Notsituationen (**34-35**), der Einbindung kirchlichen Wirkens in die Eine-Welt-Frage (**36-37**). Jede der Doppelseiten zeigt Probleme und Lösungsansätze auf, die kirchliches Wirken exemplarisch verdeutlichen und Aspekte eigenen Betroffenseins durchschimmern lassen.

Die *Stellungnahmen* (**38**) motivieren Sch, über die Schwierigkeiten der Kirche in unserer Gesellschaft, also die Ausgangsfrage der *Titelseite*, nochmals zu reflektieren und eigene Wünsche und Erwartungen an die Kirche zum Ausdruck zu bringen.

## Verknüpfungen mit anderen Themen im Schülerbuch

*Kap. 1 Hunger nach Leben*: An die Sehnsucht nach Leben und die Bedürfnisse junger Menschen wird angeknüpft, um auf vielfältige Weise über kirchliche Seelsorge als Lebenshilfe nachzudenken. Für Angebote der Kirche wird der Lebenskontext erhellt und die Ausgangslage geklärt.

*Kap. 3 Miteinander gehen*: Das Thema »Liebe und Sexualität« spielt für Jugendliche eine zentrale Rolle und ist daher im Angebot kirchlicher Jugendarbeit von besonderer Bedeutung. Am Beispiel der Jugendseelsorge lässt sich das Thema gut entfalten. Sch erfahren dabei, dass sich Kirche ihrer Fragen und Probleme in offener und hilfreicher Weise annimmt.

*Kap. 4 Jüdisches Leben – Jüdischer Glaube*: Die Frage nach den Folgen der »Shoa« sensibilisiert Sch für die Gefahr des Versagens der Kirche und die notwendige Orientierung am Evangelium. Der Einsatz der Kirche für die Menschen wird an diesem geschichtlich schwer wiegenden Thema einer besonders kritischen Überprüfung unterzogen und ist somit auch als Mahnung angesichts heutiger Herausforderungen zu verstehen.

*Kap. 5 Die Schöpfung ist uns anvertraut*: Die Bedrohung der Schöpfung als globale Gefahr ist das durchgängige Thema des Kapitels. Sie korrespondiert mit dem weltumspannenden Auftrag der Kirche und zeigt den Auftrag als Weltkirche auch vor dem Hintergrund der Frage nach der Bewahrung der Schöpfung auf.

*Kap. 6 Was dem Leben Halt und Richtung gibt*: Kirchliche Seelsorge setzt an der Weg-Suche der Menschen an. Dies berührt Jugendliche ganz besonders. Das Kapitel zeigt Beispiele, wie sich Kirche für Menschen in Not engagiert.

## Verbindungen mit anderen Fächern

*Evangelische Religionslehre:* Im 5. Themenbereich lautet das Thema: »Verantwortung übernehmen – Dienste der Kirche an der Gesellschaft«. Im Mittelpunkt stehen die Aktivitäten der Diakonie und deren biblische Motive. Auch das mögliche diakonische Engagement Jugendlicher wird bedacht.

*Geschichte/Sozialkunde/Erdkunde:* In »Die Gemeinde als politischer Handlungsraum« ist auf das Engagement Jugendlicher in verschiedenen Bereichen einzugehen. Hier finden auch Beispiele kirchlicher Jugendarbeit ihren Platz.

*Kunsterziehung:* Sch veröffentlichen in einem Zeitungsprojekt selbst verfasste Nachrichten zu allgemeinen Themen und bereiten diese visuell auf. Dabei wird im Fachlehrplan ausdrücklich das Beispiel der »Dritten Welt« genannt, das in engem Bezug zu den Inhalten des Religionsunterrichtes aufgegriffen werden kann.

*Arbeitslehre:* Die persönliche Berufsorientierung der Sch steht in 8.3 im Mittelpunkt. Einige kirchliche Initiativen wenden sich gezielt an junge Menschen und deren Erfahrungen und Fragen zur Berufswahl und Arbeitswelt.

*Hauswirtschaftlich-sozialer Bereich:* In 8.4.2. geht es im Kontext sozialer Fragen um die Betreuung hilfsbedürftiger Personen im Lebensumfeld. Dies bietet verschiedene Berührungspunkte zu den sozialkaritativen Diensten der Kirche.

# Kirche – (ausge)dient?     Titelseite 19

## 1. Hintergrund

Das Foto auf der *Titelseite* zeigt das, was vielen Jugendlichen von ihrem Verhältnis zur Kirche noch übrig geblieben ist: ein kleiner Ausschnitt. Einige große Steinquader eines Kirchengebäudes sind da zu sehen – vermutlich aus einer Stadt. Darauf lassen die abgestellten Fahrräder und Mofas schließen, die scheinbar gewohnheitsmäßig vor der Kirchenfassade geparkt sind. Die Räder und Mofas verweisen auf jugendliches Publikum, über dessen Verbleib das Bild aber keinerlei Aussage zulässt.
Auffällig ist die an die Kirchenwand gesprühte Aufschrift: Sie lässt allerdings offen, ob der Schriftzug »kalte Kirche« oder »alte Kirche« lautet. Unabhängig davon wird aber deutlich, dass es sich um eine eher abwertende Aussage handelt, ohne Fragezeichen, salopp hingeschrieben.
Das Foto beinhaltet eine doppelte Erkenntnis: Altes begegnet modernen Lebensäußerungen und Gegenwart ist eingebunden in Geschichte. Das Moderne hat sich über das Traditionelle geäußert, eine Wertung steht im Bild. Damit greift die *Titelseite* die Kernaussage des Themenbereiches auf: Es geht um die 2000-jährige Kirche im Erfahrungsbereich heutiger Jugendlicher. Ob diese Begegnung zusammenhangslos, konfliktgeladen, voller Kontraste oder voller Gleichgültigkeit verläuft, bleibt dahingestellt. Es besteht Raum für offene Interpretationen.
Es geht aber auch um eine Stellungnahme, einen eigenen Standpunkt und erworbene Sichtweisen, über deren Ergebnis der Religionsunterricht zwar nicht verfügt, zu dessen Entstehung und Differenzierung er aber wesentliche Beiträge leistet. Dazu gehören fundierte Informationen, anhand derer die Meinungen und Urteile überprüft werden können.
Das Bild der *Titelseite* zeigt Wahrnehmungen plakativ und punktuell auf. Es lädt aber auch ein, nach dem Hintergrund zu fragen, den Rahmen zu weiten und den Blick zu schärfen.

## 2. Einsatzmöglichkeiten im RU

**Unterschiedlich wahrnehmen**

Sch werden zu einem kleinen Experiment eingeladen.

– Die Hälfte der Klasse wirft nur kurz (5 Sek.) einen Blick auf eine (vom L gefertigte) Folie vom Titelbild, während die andere Hälfte das Bild im Buch ausgiebig betrachtet (vielleicht sogar für einige Minuten in getrennten Räumlichkeiten).
– Beide Gruppen notieren ihre Wahrnehmungen. Die Auswertung erfolgt gemeinsam. Sch entdecken u. U. ausgesprochen interessante Unterschiede.
– Im UG wird darauf eingegangen, was bei der kurzen Betrachtung übersehen, was bei intensiverer Wahrnehmung deutlich wurde. Aus diesen Beobachtungen folgen weitere Überlegungen.

**Nach Motiven fragen**

Ein Sprayer hat sich mit zwei Worten an der Kirchenfassade verewigt.

– Wir kennen ihn nicht und er suchte auch eine (fragwürdige) Form der Anonymität. Was mag sein Motiv gewesen sein? Sch steht frei, für welche Leseart der Aufschrift sie sich entscheiden.
– Sie schreiben in KG ihre Variante in die Mitte eines Plakates. Um diesen Schriftzug herum formulieren Sch in Denkblasen mögliche Beweggründe für einen solchen Ausspruch.
– Als weitere Aufgabe bietet es sich an, plakative Alternativformulierungen zu finden, um die Aussage noch mehr zu pointieren und zu interpretieren.
– Die Ergebnisse der einzelnen KG bieten dann eine Vielzahl von Gesprächsanlässen, die zugleich den Standort der Sch in den Blick nehmen.

**Bildelemente sprechen lassen**

– Das Titelbild ist auf drei Elemente reduziert: den Kirchenbau, den Schriftzug, die Fahrräder und Mofas. Jede/r Sch kann in EA eines dieser Elemente sprechen lassen:

* Menschen haben vor langer Zeit eine Kirche erbaut, was wollten sie damit zeigen, was war ihr Motiv, welche Rolle sollte das Gebäude spielen ...?
* Jemand hat diese Kirche mit einer provozierenden Schrift versehen, was will er damit ausdrücken, was bewegt ihn dazu, welche Gedanken hat er sich evtl. gemacht ...?
* Mofas und Fahrräder stehen vor der Kirche. Was tun die Besitzer vermutlich, welche Interessen bewegen sie vielleicht, womit beschäftigen sie sich möglicherweise ...?

– Im Gespräch tragen Sch je nach Wahl ihre Überlegungen zusammen, die Vielschichtigkeit des Fotos kann dadurch deutlicher werden. Der Spannungsbogen verdeutlicht sich und Verstehensprobleme treten klarer zutage.

**Eigene Wertungen äußern**

Im Graffiti wird Kirche mit einem Adjektiv bedacht, ob »alt« oder »kalt« steht offen. Doch in den Einschätzungen der Sch sind auch ganz andere Adjektive denkbar.

– Auf einem Plakat gruppieren Sch in KG Adjektive um das Wort »Kirche«, die sie für passend und treffend halten.
– Die Ergebnisse der KG werden verglichen; Adjektive, die öfter vorkommen, werden speziell mit Farbstift gekennzeichnet.
– Im Gespräch werden die gefundenen Adjektive auch eingeteilt (abwertend, negativ, positiv, gleichgültig ...).

## 3. Weiterführende Anregung

**Kirchen von außen wahrnehmen**

In der Freizeit oder auch im Unterrichtsgang werden Sch aufgefordert, andere Beispiele für die Außenansicht von Kirchen bewusst wahrzunehmen, evtl. der Pfarrkirche am Ort oder auch verschiedener Kirchen der näheren Umgebung. Gezielte Beobachtungen sind möglich:

– In welcher Umgebung steht die Kirche, was finden wir, wenn wir einmal um das Gebäude herumgehen? Können wir Spannungen oder Kontraste beobachten? (parkende Autos an der Fassade, Müllreste, Aufkleber ...)
– Wie gehen Menschen an diesem Gebäude vorbei?
– Die Wahrnehmungen der Sch schaffen eine Variation zu dem Titelbild und eröffnen einen weiteren Zugang zur Frage nach der Stellung der Kirche in der heutigen Gesellschaft. Vielleicht gelingt es sogar den Sch, selbst treffende Fotos zu machen.

**Themenseite 20-21**

## 1. Hintergrund

Sch haben normalerweise kein geschlossenes und abgerundetes Kirchenbild. Der Großteil der Sch verfügt jedoch über bruchstückhafte Erinnerungen und Erlebnisse: vom Kindergottesdienst, der Erstkommunion über die Firmung zu punktuellen Begegnungen. Da liegen positive und negative Einzelerfahrungen und -erinnerungen, Vorurteile und Beobachtungen wie unverbundene Puzzleteile nebeneinander. Diese verhelfen quasi wie ›Gucklöcher‹ zu einem Blick auf Erfahrungen mit der Kirche.

Im Hintergrund des Bildes sind »zerbrochene« Teile eines Kirchengebäudes zu sehen. Sie weisen darauf hin, dass viele Menschen ein ›gebrochenes‹ Verhältnis zur Kirche haben und nur noch einen Teilaspekt der kirchlichen Wirklichkeit sehen. Was einst wie fest gefügt erschien, hat sich in einzelne Teile aufgelöst. Menschen erleben Kirche oft nur mehr rudimentär.

Mit den Bruchstücken des Kirchengebäudes lassen sich verschiedene Erfahrungsbereiche der Kirche und punktuelle Begegnungen und Erinnertes ergänzend assoziieren. Liedverse aus traditionellem und jugendbewegtem Liedgut der Liturgie vermitteln Erinnerungen an Erlebnisse in Fest- und Jugendgottesdiensten. Piktogramme der Gottesdiensttafeln an Ortseingängen machen auf äußerliche Hinweise auf die Kirche aufmerksam. Das Foto einer Wallfahrt und die Notiz von einem Jugendgottesdienst zeigen Formen kirchlicher Frömmigkeit, die auf ganz unterschiedliche Einschätzung stoßen. Schriftzüge kirchlicher Hilfswerke öffnen den Blick für eine zentrale Aufgabe der Kirche, die auch im folgenden Teil des Kapitels eine hervorgehobene Rolle spielen wird. Die Zeichnung eines Klingelbeutels thematisiert eine viel und gern diskutierte Frage: die Kirche und das Geld. Karikaturen bieten Anlass, über ganz unterschiedliche Erscheinungsbilder und Einschätzungen von Kirche nachzudenken, und ein im Nazarener-Stil gehaltenes Erinnerungsbild an die Erstkommunion ermöglicht Rückblicke auf die eigene kirchliche Sozialisation. Schließlich schafft ein kurzer statistischer Hinweis Gesprächsanlass über die Rolle der Kirche in der Gesellschaft und die religiöse Wirklichkeit in unserem Umfeld.

**Jugend und Kirche**

Jugendstudien und religionssoziologische Erhebungen beinhalten fortlaufend das Verhältnis der Jugend zur Kirche. Dabei werden u. a. untersucht: jugendliche Einstellungen zum Kirchenbesuch, Moralvorgaben, wie Jugendliche kirchliche Glaubwürdigkeit bewerten, bis hin zur zahlenmäßigen Entwicklung der kirchlichen Jugendarbeit. Dabei ist vor einseitigen Fixierungen zu warnen, denn »das« Verhältnis der Jugend zur Kirche gibt es nicht.

Komplexe Wirklichkeiten erfordern differenzierte Betrachtungsweisen. Schnelllebigkeit und Vielgestaltigkeit jugendlicher Lebens- und Meinungsäußerungen erfordern Vorsicht und Zurückhaltung beim Beurteilen von Situationen.

Dennoch lassen sich grundlegende Tendenzen nicht übersehen. Der Prozess der Säkularisierung hat die kirchliche Praxis der Sch nachhaltig beeinflusst, die Beteiligung am sozialen Leben der Kirchengemeinde und am kirchlichen Ritus nahm kontinuierlich ab. Ein erheblicher Bedeutungsverlust der Kirche für die persönliche Prägung und Lebensgestaltung ist unverkennbar: »Insgesamt haben wir eine Entwicklung hinter uns, die den (christlichen) Kirchen wenig Chancen belässt, unter den derzeitigen Bedingungen und in den bisherigen Formen Einfluss auf die junge Generation zu gewinnen.«

In Fragebereichen, die auf die religiöse Praxis zielen und weniger enge Kirchlichkeit assoziieren, ergeben sich anders gelagerte Untersuchungsergebnisse. Betrachtet man Längsschnittstudien zu Fragen der Gebetspraxis und zum Weiterleben nach dem Tod, ist sogar eher von einer Zunahme jugendlicher Religiosität auszugehen (vgl. Hilger, Jugendliche und ihre Religiosität). Die Schwierigkeit für den Religionsunterricht besteht darin, diese Formen subjektiver Religiosität in ein institutionell verantwortetes Fach einzubinden und den Blick des Unterrichts dafür zu öffnen.

Das zweite Leitthema der achten Jahrgangsstufe lenkt die Aufmerksamkeit gezielt auf die soziale Wirklichkeit der Kirche im Lebensraum der Sch und hat daher stärker mit dem Problem jugendlicher Distanz zur Kirche zu rechnen.

## 2. Einsatzmöglichkeiten im RU

**Puzzleteile sammeln**
– Die Puzzle-Struktur der *Themenseite* lädt dazu ein, diese zur didaktischen Struktur beim Einsatz dieser Seite zu machen:
* Einzelerfahrungen werden bedeutsam.
* Assoziationen bieten Gesprächsanlässe.
* Punktuelle Einblicke prägen oftmals Meinungen.
* Fragmente schaffen Anknüpfungspunkte.
* Vereinzelte Erinnerungen ermöglichen Schülerorientierung.

**Ein Klassenpuzzle zum Thema
Kirche zusammentragen**  Ideenseite 22

Das Patchwork der *Themenseite* lässt sich durch Sch selbst erstellen. Bilder und Erinnerungsstücke, Fotos aus einer »kirchlichen Vergangenheit«, Pressenotizen, Hinweise auf die Kirche am Ort, Begegnungen aus den letzten Jahren – es bietet sich eine Vielzahl von Anknüpfungspunkten, Sch zu einem aktiven Beitrag anzuregen. Dabei dient es dem Unterrichtsprozess, wenn die Elemente biografischen Charakter haben (wo bin ich der Kirche begegnet, meine Erinnerung, ein Foto aus meinem Album, meine Meinungsäußerung ...).

**Mind-Map »Kirche« erstellen**

Die Methode des Mind-Mapping bietet die Möglichkeit, Vorkenntnisse zu ordnen, Zusammenhänge und Probleme zu erkennen und Akzente zu setzen. Sie bietet eine alternative Möglichkeit, das Mosaik der *Themenseite* aus eigener Sicht zu erstellen.

- Sch schreiben auf kleine Karteikärtchen oder Zettel (jede/r mindestens vier) Stichworte, Assoziationen zur ›Kirche‹. Evtl. zeichnen sie auch etwas dazu.
- Die Begriffe werden im Plenum gelesen und auf dem Boden ausgelegt. Auf einem großen Plakat mit dem Kernbegriff »Kirche« versucht die Klasse nun, die einzelnen Kärtchen zuzuordnen. Dabei sind Hauptäste und Zusammenfassungen nötig (z. B. Personen, Kindheitserinnerungen, Urteile, Erfahrungen mit dem Gottesdienst, Religionsunterricht ...).
- Es liegt nahe, die Kärtchen zunächst nur auf das Plakat zu legen, um Veränderungen, neue Zuordnungen etc. noch relativ lange zu ermöglichen.
- Im letzten Schritt wird dann alles fixiert. Eine Diskussion über die vorherrschenden Assoziationen und Meinungen verhilft dazu, dieses Meinungsbild besser einzuschätzen.

**Kirche und ich – eine Bestandsaufnahme**

Die verschiedenen Einschätzungen und Zugangsmöglichkeiten zum Thema werden gezielter angegangen.

- Auf einem vorgegebenen Formular (vgl. AB 8.2.1 *Arbeitshilfen* S. 43) erhalten Sch die Möglichkeit, zu konkreten Erfahrungsbereichen ihren Bezug zur Kirche zu formulieren.
- Die Zielrichtung der verschiedenen Bezugsfelder schließt dabei assoziative Elemente ein, wie zurückliegende Erinnerungen, aktuelle Erfahrungen und eigene Einstellungen.
- Sch füllen das Arbeitsblatt zunächst in EA aus und legen es anonym im Klassenzimmer aus bzw. hängen es an einer Leine auf.
- Nach Betrachten der Ergebnisse wird die formale Struktur des AB auf die Tafel übertragen oder als Folie gezeigt. Im Gespräch werden in den einzelnen Feldern häufig genannte Äußerungen gebündelt.

**Das Bild der anderen wahrnehmen**

Der Zugang wird auf kommunikative Weise angebahnt, indem nicht nur eigene Assoziationen, sondern auch die Eindrücke und Erfahrungen der anderen aufmerksamer betrachtet werden. Methodisch wird dies folgendermaßen aufgebaut:

- Jede/r Sch betrachtet die Doppelseite etwa drei Minuten still für sich.
- In PA wird gegenseitig ein Interview geführt mit folgenden o. ä. Fragen: Welches Element ist für dich am auffälligsten? Was verbindet sich mit deinen eigenen Erlebnissen? Was ist dir völlig fremd? Kannst du Bekanntes mit einzelnen Elementen in Verbindung bringen?
- In KG oder in der gesamten Klasse berichten Sch von ihren Interviews.
- Als Hausaufgabe führen Sch das durchgeführte Interview mit einer Person ihrer Wahl.

**Eine Presseschau anfertigen**  Ideenseite 22

Das Puzzle einer »Kirchenansicht« wird aus der distanzierten Betrachtungsweise der Medien erstellt, indem Sch Hinweise, Berichte, Materialien mit kirchlichem Hintergrund aus den ortsüblichen Medien sammeln und darstellen. Dabei ist nicht nur an Print-Medien, sondern auch an Lokalsender von Radio und Fernsehen und Internetauftritte zu denken (z. B. Homepage der Pfarrgemeinde, Orts-Nachrichten im Internet ...).

**Kirche ist ...**  Ideenseite 23

Assoziationen und Ansichten der Sch werden durch Fertigstellen der Satzanfänge kurz und prägnant für den Unterricht herangezogen. Dabei steht es völlig offen, ob Sch diese in ihrem Heft notieren, auf drei Plakaten zu je einem Satzanfang, oder ob aus den einzelnen Aussagen eine Sammlung für alle Sch erstellt wird.

**Kirche – vieldeutig**

Die Karikatur Ivan Steigers (AB 8.2.2 *Arbeitshilfen* S. 45) eröffnet eine zusätzliche Gelegenheit, das Kirchenthema in seiner Vielschichtigkeit anzugehen, es differenziert wahrzunehmen und eine Betrachtung zu eröffnen.

- Die Zeichnung wird in ihre beiden Hälften geteilt und die Hälften werden nach Zufallsprinzip an Sch verteilt, die einzelne Stichworte zu ihrem Bild formulieren.

**Wenn ich an die Kirche denke ...**

**Ich erinnere mich an Begegnungen mit der Kirche ...**

**Wie mir Kirche in meiner Umgebung begegnet ...**

**Das erwarte ich von der Kirche ...**

– Diese werden unterschiedlich ausfallen und es wird im Gespräch klar: Sch haben verschiedene Bilder bearbeitet.
– Anschließend erhalten Sch die ganze Karikatur. Im Gespräch wird die unterschiedliche Akzentuierung und die Absicht des Zeichners erarbeitet.

## 3. Weiterführende Anregung

**Gemeindeleben überprüfen**

Je nach Sch-Situation und Örtlichkeiten wird der Versuch unternommen, das allgemeine Puzzle der *Themenseite* auf die konkrete Situation vor Ort hin zu überprüfen. Dies motiviert Sch zu einer Begegnung mit der kirchlichen Wirklichkeit in ihrem Lebensraum. Es steht offen, ob einzelne Sch arbeitsteilig oder in Gruppen oder als kleines Projekt einzelne Anspielungen der *Themenseite* konkretisieren, z. B.: Wie sieht es mit dem Kirchenbesuch in unserer Gemeinde, in unserem Ort aus? Jugendgottesdienste, Wallfahrten ... Was gibt es bei uns? Wie werden in unserer Gemeinde die Aktionen der einzelnen Hilfswerke durchgeführt? Welche Summen bringt die Gemeinde dafür auf? Mit welchen Veranstaltungen begegnet uns die Gemeinde?

In diesem Zusammenhang ist es auch gut möglich, die auf der *Ideenseite* 22 vorgeschlagene Presseschau einzubauen. Die Ergebnisse werden dann in der Klasse bewertet.

## Ideenseite 22-23

Die Vorschläge der *Ideenseite* werden auf folgenden Seiten in den *Arbeitshilfen* erläutert:

Ein Klassen-Puzzle zusammentragen: S. 42
Trans-Fair: S. 72
Einen »Ortsplan Kirche« erstellen: S. 54
Eine Presseschau anfertigen: S. 42
Kirche ist ...: S. 42
Wir sprechen mit: S. 65
Einen Slogan finden: S. 48

## Kirche auf der Seite der Menschen — Deuteseite I 24-25

### 1. Hintergrund

Kirche sucht sich ihre Aufgaben nicht aus. Sie hat einen unverwechselbaren Auftrag, den sie aus der biblischen Grundlegung ihres Tuns erhält. Aus ihrer Verbundenheit mit Jesus Christus erwachsen für die Kirche Ausrichtung (Ziele) und Identität ihres Handelns. Die Sendung, zu den Menschen zu gehen und sich vor allem um die Leidenden, Beladenen und Hilfsbedürftigen zu kümmern, gehört zum unverzichtbaren Selbstverständnis der Kirche.

**Diakonie als Grundauftrag der Kirche**

Die christliche Gemeinde ist durch Jesus begründet als geschwisterlicher Verband von Dienerinnen und Dienern, die den Dienst Jesu an den Menschen und für die Menschen mit- und nachvollziehen. Die karitative Diakonie gehört von den neutestamentlichen Anfängen an bis zur Gegenwart zur Selbstverwirklichung der christlichen Gemeinde. Sie ist als Lebenszeichen jeder Gemeinde nicht zu ersetzen.

Die Aufgaben einer diakonisch ausgerichteten Kirche wandelten sich im Laufe der Geschichte, entsprechend der wechselnden Anforderungen an sie und den örtlichen Gegebenheiten. In allen Epochen der Kirchengeschichte gehörte aber der »Dienst der rettenden Liebe« (Johann Hinrich Wichern) zu den unverrückbaren Kennzeichen kirchlicher Wirklichkeit. Viele große Beispiele tätiger Nächstenliebe sind überliefert, ganz zu schweigen von dem Ausmaß solidarischer Zuwendung zu den Notleidenden, das sich unbemerkt und in Stille zu allen Zeiten vollzog. Im II. Vatikanischen Konzil hat die Kirche vor allem in ihrer Pastoralkonstitution über die Kirche in der Welt von heute (»Gaudium et spes«) ihren Dienstauftrag bedacht und »bietet der Menschheit« die Mitarbeit an einer gerechten und solidarischen Gemeinschaft an, ohne Macht zu beanspruchen, sondern einzig gemäß dem Auftrag, »zu dienen, nicht sich bedienen zu lassen«.

# Kirche – vieldeutig

Reli 8.2.2

**Radierung »Stacheldraht«**
Um den stark vergrößerten Bildausschnitt eines Stacheldrahtes herum – Sinnbild für Leid, Gefangenschaft, Entrechtung – vermittelt die *Deuteseite* Motive und Ansatzpunkte kirchlichen Liebesdienstes in der Welt. Biblische und theologische Anstöße begegnen Sch in Text, Bild und Lied. Zwei Fotografien bahnen reale Eindrücke von der Notwendigkeit und der Möglichkeit des Dienstes am Menschen an. Sch lesen auf dieser Seite nach, worum es für Christen in entscheidender Weise geht. Sie beziehen diese grundsätzlichen Aussagen auf konkrete Situationen. Dies schafft eine Ausgangsbasis dafür, auf der einen Seite im kirchlichen Handeln mehr zu entdecken als puren Aktionismus und auf der anderen Seite den kirchlichen Auftrag nicht nur allgemein zu betrachten, sondern ihn auf reale menschliche Notsituationen hin zu erfassen.

> **Thomas Zacharias (geb. 1930)**
> Thomas Zacharias, emeritierter Münchner Kunstprofessor, ist vielen Religionslehrkräften vor allem als Schöpfer der »Farbholzschnitte zur Bibel« bekannt. Der Verfasser zahlreicher Publikationen zu Kunstgeschichte und Kunstvermittlung schuf Anfang der 90er Jahre einen Zyklus von Radierungen zur Bibel, aus dem das Bild *Deuteseite* 25 stammt.

**Thomas Zacharias: Ich bin hungrig gewesen, Radierung**
Im quadratischen Feld hockt eine unbekleidete Gestalt, die den BetrachterInnen den Rücken zukehrt. Menschliches Schicksal ist ihr auf den Rücken geschrieben. Das Gesicht bleibt unbekannt. In der Abwendung und Namenlosigkeit vermittelt die Gestalt einen unpersönlichen Eindruck. Auch Beziehungslosigkeit wird spürbar. Vieles der ›ausbuchstabierten‹ Not bleibt unsichtbar. Fragen bleiben offen. Doch ist die Beschädigung des Lebens unübersehbar. Denn das Leid ist »buchstäblich« in den Rücken eingeritzt. Ohne die Person von Angesicht zu Angesicht zu erkennen, wird uns beim Betrachten erlittene Not und Schmerz unmittelbar bewusst. Mag das Leid auch anonym sein, es steht doch unmittelbar vor unseren Augen.
Die Worte auf dem Rücken der Gestalt zitieren die Gerichtsrede Jesu aus Mt 25. Die Identifikation des Weltenrichters mit all den genannten Leiden der Menschen wird prägnant in künstlerischer Form verdichtet. Der Anspruch Jesu an seine Jünger ist zum Greifen nahe, erschreckend konkret und unausweichlich.

## 2. Einsatzmöglichkeiten im RU

Im Unterrichtsprozess liegt es nahe, die zwei Aspekte der *Deuteseite* methodisch-didaktisch fortzuführen: den Anspruch, die Motivation kirchlichen Handelns in der Welt und die Lebenssituationen der heutigen Menschen, in denen Hilfe nötig und möglich ist.

**Dem namenlosen Schicksal ein Profil geben**
Das Bild der Bettlerin zeigt eine unbekannte Frau. Wir wissen nichts von ihr – wie so oft, wenn uns Menschen in ihrer Bedürftigkeit begegnen. Sch sind eingeladen, dem namenlosen Schicksal ein Profil zu geben.
– Jede/r Sch erhält einen Zettel, auf den sie oder er mit großen Buchstaben das Wort »Vielleicht ...« schreibt. Dann gibt es etwa fünf Minuten Zeit, Mutmaßungen über das Schicksal der abgebildeten Person anzustellen. Was mag alles geschehen sein, welche Geschichte steht hinter diesem Leben?
– Die beschrifteten Zettel werden im Sitzkreis oder auf einem Plakat um eine Kopie des Fotos gesammelt und gemeinsam gelesen. Ein zunächst evtl. nur flüchtiger Blick wird nun durch vertiefte Gedanken überwunden, die Bedürftigkeit eines Menschen differenzierter bedacht, auf Hintergründe hin reflektiert und gewinnt so an Realität.
– In der Auswertungsphase werden ggf. auch Vorurteile (»Die verdienen mit Betteln eine Menge Geld«, »selbst schuld«) aufgegriffen und besprochen.

**Den Stacheldraht in seiner Symbolhaftigkeit erschließen**
– Mit einem mitgebrachten Stück Stacheldraht regt die L ein vertieftes Nachdenken über das Gestaltungssymbol der Seite an.
– Sch betrachten den Draht, betasten ihn und sprechen darüber. Es wird deutlich, wie verletzend er ist. Assoziationen und konkrete Verknüpfungen bieten sich an: Gefangenenlager sind umzäunt, Stacheldraht war typisch für Konzentrationslager, Flüchtlinge verhedderten sich in den Zäunen. Was eigentlich für das Vieh gedacht ist, wird zur Einengung von Menschen missbraucht.
– Vielleicht ist es möglich, dass Sch ein Stück Stacheldraht auf ein Blatt zeichnen und es mit Begriffen über menschliche Notlagen (gefangen, eingesperrt, verletzt, gehetzt, entwürdigt ...) umgeben. Als markante Akzentuierung wird in die Darstellung das Jesuswort Lk 4,18 eingearbeitet.

# Sprechende Hände

## Gefangenschaft vertieft deuten

Das Lukas-Zitat formuliert die Entlassung der Gefangenen als wesentliche Aufgabe des Messias, in dessen Nachfolge die Kirche gerufen ist. Was dies heißt, wird im Unterrichtsverlauf vertieft.

- Um begrifflich zu differenzieren und ein besseres Verstehen zu erreichen, wird die Sprachkompetenz erweitert.
- Mit welchen Worten drücken wir Gefangensein noch aus? Welche Umschreibungen passen? Eine solche Wortfeldübung kann im UG an der Tafel genauso stattfinden wie in KG auf kleinen Plakaten.
- Die Auswertung ermöglicht L, den Sch ein vielfältiges Verständnis von Gefangenschaft zu eröffnen (z. B. Abhängigkeit, Sucht, Zwang, Hemmungen, Gruppendruck, Unvermögen, Schuld, Armut ...).
* In einem weiteren Schritt lesen Sch das Jesus-Zitat an der Tafel oder auf Folie, wobei die Worte »Gefangenen« und »Entlassung« durch Leerräume ausgelassen sind. Alle Sch versuchen nun in EA, das Zitat mit Ersatzformulierungen fertig zu stellen. Diese Umformulierungen werden grafisch gestaltet und im Klassenzimmer aufgehängt.

## Ein Konzilswort ins Bild umsetzen

Das eindringliche und viel sagende Anfangszitat aus der *Pastoralkonstitution über die Kirche in der Welt von heute* ist in ein sinnvolles Bild umzusetzen. Dabei steht es offen, ob Bildmaterialien aus Zeitschriften, Kalendern oder Schülerzeichnungen verwendet werden.

- Zunächst werden Bilder von Menschen gesammelt bzw. angefertigt, die in dem Konzilstext ausdrücklich erwähnt werden: Menschen mit ihren Freuden und Ängsten, besonders Arme und Bedrängte. Aber auch von den »Jüngern Christi« ist die Rede: Mitarbeiterinnen und Mitarbeiter der Kirche, doch letztlich auch jede/r Getaufte, die oder der als Christ den Namen Christi trägt.
- Mit den Sch ist nun eine Form der Gemeinschaftsarbeit auf einem Plakat zu planen (evtl. auch in Gruppen): Wie werden die einzelnen Bilder angeordnet, in welcher Beziehung ...?
- Besonders die Einfügung der Bilder der »Jünger Christi« ermöglicht eine sehr konkrete Sicht des Auftrages der Kirche: Sie darf von den Menschen in ihren Lebenssituationen nicht abgewandt sein, ihnen auch nicht erhaben gegenüberstehen. Im Grunde wird sie sich mitten unter die Menschen in ihrer Bedürftigkeit ansiedeln, also den Menschen in Not »zur Seite« stehen.

## Jesusworte grafisch gestalten

Die Jesus-Zitate sprechen für sich. Sie kommen aber in kreativer Arbeit von Sch auf Tonpapier-Bögen (DIN-A3) noch zu einem eigenen Ausdruck. Dabei arbeiten Sch nach ihrer Vorstellung, z. B. Worte auslassen und durch Bilder ersetzen, das Zitat grafisch ausgestalten und einzelne Worte besonders hervorheben bzw. durch hervorgehobene Gestaltung deuten (z. B. geringste Brüder winzig klein schreiben, Gefangene in Buchstaben in Form von Stacheldraht etc.), illustrierende Fotos aus Zeitungen suchen ... Evtl. finden Sch weitere passende Zitate, die umgesetzt werden (z. B. Joh 13,35; Joh 15,12; Mk 2,17).

## Einen Slogan finden  Ideenseite 23

Werbesprache ist Sch sehr bekannt und motiviert sie zu eigenen Sprachschöpfungen.

- Sch stellen die gesamte Doppelseite (oder auch einen einzelnen Aspekt) unter einen Slogan.
- Bei der Besprechung der Vorschläge erfolgt eine Reflexion auf das Grundmotiv kirchlichen Handelns.
- Sch wählen drei der Vorschläge als beste Slogans aus und gestalten diese als Gemeinschaftsarbeit auf Plakaten optisch wirkungsvoll (evtl. Zusammenarbeit mit dem Kunstunterricht).

## Hände sprechen

Sch werden eingeladen, das Bild der Hände einige Minuten bei leiser Musik zu betrachten.

- Dann lassen sie in PA die beiden Personen, zu denen die Hände gehören, auf AB 8.2.3 *Arbeitshilfen* S. 47. einen stummen Dialog führen. Es ist zweitrangig, ob es sich um Gedanken oder Aussprüche handelt.
- Es bietet sich an, über Motive, Erfahrungen und Bedürfnisse vertiefend zu sprechen. Sch, die dazu bereit sind, lesen ihren Dialog der Klasse vor. Im UG werden Situationen besprochen, in denen diese Haltung stummer Nähe besonders wichtig ist (z. B. Krankheit, Trauer, Sterbebegleitung ...).

### Käthe Kollwitz (1867-1945)

Unter den Künstlerinnen des 20. Jahrhunderts ragt Käthe Kollwitz heraus, die in Königsberg i. Pr. als Tochter eines Predigers der dortigen freireligiösen Gemeinde geboren wurde. Sie zeichnet eine hohe Sensibilität für das soziale Elend ihrer Zeit aus. Krieg und Hunger, Arbeiter- und Frauenelend spielen in ihrem Werk, insbesondere in ihren sozialkritischen Radierungen und Zeichnungen, eine zentrale Rolle.

# Zertretene

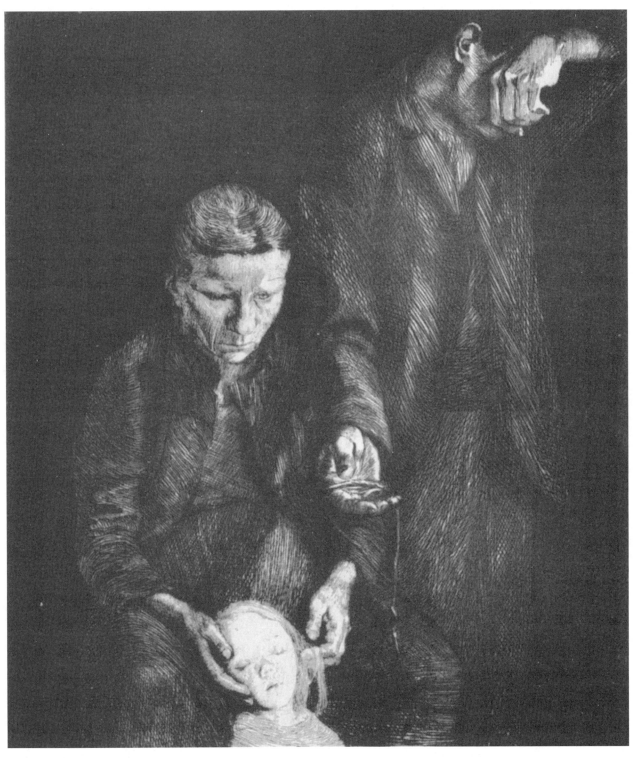

*Käthe Kollwitz, etwa 1912, 24 x 19,5 cm*

Reli **8**.2.4

**Käthe Kollwitz: Zertretene, Radierung, um 1912**

Das Bild »Zertretene« (Radierung und Kaltnadel, 24 x 19,5 cm, AB 8.2.4 *Arbeitshilfen* S. 49) war ursprünglich Teil einer größeren Druckplatte, von der es abgetrennt wurde.

Es zeigt eine Arbeiterfamilie in sozialer und persönlicher Not. Mit gesenktem Blick hält die Mutter wie erstarrt das blasse Gesicht eines schlafenden Kindes in den Händen. Der Mann, an die Wand gelehnt und das Gesicht verborgen, reicht der Frau einen Strick mit Schlinge, Ausdruck bodenloser Verzweiflung. Das triste und düstere Bild vermittelt eine verdichtete tief sinnbildliche Darstellung menschlicher Not. Vielschichtig eröffnet es Fragen zu sozialem Abstieg, unglücklichen Verstrickungen, Abhängigkeit, Verlust der Würde, Perspektivlosigkeit. Dank seiner gestalterischen Dichte hilft das Bild, den Bezug zu menschlicher Not und die Frage nach dem Umgang der Kirche mit solcher Not zu vertiefen, auch über zeitgebundene Bezüge hinaus.

– Nach einer ersten Wahrnehmung des Bildes sind Sch für die Gesichter und Hände auf dem Bild zu sensibilisieren.
– Vermutungen über die Situation, Deutungen zu Mimik und Gestik eröffnen ein Gespräch über verschiedene Themen menschlicher Not. Der hingehaltene Strick will ausweglose Schicksale beachten lehren.
– Folglich wird es möglich, die Textzitate auf der Buchseite neu zu buchstabieren und in einem veränderten Kontext zu deuten.

## 3. Weiterführende Anregung

**Die »Caritas« vor Ort erkunden**

An vielen Orten und in vielen Pfarrgemeinden engagieren sich Menschen im diakonischen Auftrag der Kirche.

– Sch legen eine Informationssammlung über diakonische Dienste der Pfarrgemeinde(n) am Ort an und stellen sie evtl. als Wandtafel aus. Die Nachdrücklichkeit des kirchlichen Auftrags wird vor der eigenen Haustüre entdeckt.
– Denkbar ist ein Unterrichtsgang zu einer kirchlichen Einrichtung (oder arbeitsteilig in mehrere Einrichtungen), eine Einladung von Sachausschuss-Vorsitzenden oder -Mitarbeiter(inne)n und/oder eine Auswertung örtlicher Informationsmaterialien. Von Kindergärten über Hausaufgabenhilfen, Hortgruppen und offenen Jugendtreffs bis zu Krankenbesuchsdiensten, der Betreuung von Obdachlosen, Strafgefangenen und Angeboten für Seniorinnen und Schwangerschaftsberatungsstellen lernen Sch ein breites Spektrum kirchlichen Engagements für die Menschen kennen.

## Tag und Nacht unterwegs  Deuteseite II 26-27

## 1. Hintergrund

Es gehört zum Selbstverständnis der Kirche, sich »mit der Menschheit und ihrer Geschichte wirklich engstens« verbunden zu wissen (II. Vatikanum). In ihrem Auftrag, die empfangene Heilsbotschaft »allen auszurichten«, sieht sich die Kirche herausgefordert inmitten der Lebenswelt, in der sie sich auf ihrer Pilgerschaft bewegt. Kirche kann sich die Welt, in der sie ihrem Auftrag nachfolgt, nicht aussuchen. Sie ist aufgerufen, sich um die Menschheitsfamilie in der jeweiligen Gegenwart zu bemühen, mit ihren Erfolgen und Misserfolgen, ihren Chancen und Gefahren. Dieser Auftrag und seine Konsequenzen in den konkreten Lebensumständen der Zeit werden auf dieser Seite angesprochen. Ein *Text* bezieht sich in dichterischer Sprache auf den Arbeitsalltag eines Seelsorgers. Den Auftrag der Kirche setzten lebendige Menschen an konkreten Orten um. Er äußert sich in ihren Lebensgeschichten. Gottesdienst und Diakonie, Treffen mit Kindern und Greisen, Meditation und Bestattung, Wirken nach außen und Gedanken nach innen vermitteln ein facettenreiches Bild der seelsorgerlichen Tätigkeit der Kirche. Die Grundvollzüge der Kirche bleiben keine programmatischen Begriffe, sondern gerinnen zu begreifbaren Einzelereignissen und Begegnungen. Da spricht nicht bloß ein »Seelsorge-Manager«, sondern einer, der sein Handeln hinterfragt, der sich nicht außen vor lässt. Sch begegnen Bekanntem und Fremdem. Sie entdecken Anknüpfungspunkte zu eigenen Erfahrungen und Impulse zum Nachfragen.

Dem konkreten Text steht ein *Kunstbild* mit abstrahierenden und symbolischen Akzenten gegenüber. Was im Text detailliert und auf einzelne Momente konzentriert erscheint, wird im Bild auf eine grundsätzlichere, allgemeinere Sicht hin verarbeitet. Befassen sich Sch im Text mit Orten, Personen,

# Der etwas andere Kalender

| Zeit | Begebenheit | „Stimmung" | Fragen |
|---|---|---|---|
| 6.00 | | | |
| 7.00 | | | |
| 8.00 | | | |
| 9.00 | | | |
| 10.00 | | | |
| 11.00 | | | |
| 12.00 | | | |
| 13.00 | | | |
| 14.00 | | | |
| 15.00 | | | |
| 16.00 | | | |
| 17.00 | | | |
| 18.00 | | | |
| 19.00 | | | |
| 20.00 | | | |
| 21.00 | | | |
| 22.00 | | | |
| 23.00 | | | |

Begebenheiten und Anlässen, nachvollziehbar und vorstellbar, so wird im Bild die Frage nach dem Hintergrund, dem inneren Motiv aufgeworfen. Die Absicht des Lehrplans, auf das Wirken der Kirche im Lebensraum aufmerksam zu machen, wird auf dieser Doppelseite ebenso aufgegriffen, wie die Intention, die Kirche von ihrem Selbstverständnis her besser zu verstehen.

### Diether Kunerth (geb. 1940)

Diether Kunerth ist in Freiwaldau/Sudetenland 1940 geboren und lebt heute in Ottobeuren. Nach dem Diplom, das er als Meisterschüler von Prof. Heinrich Kirchner an der Akademie der Bildenden Künste in München erwarb, kehrte er dem Kunstbetrieb der Großstadt den Rücken. Als freischaffender Künstler zeigt er große Experimentierfreude als Bildhauer und Maler. Massive Farb-Eruptionen, erzählende Bilder, ornamentale Poesie und ruhige abstrakte Kompositionen finden sich in seinem vielseitigen Werk. Als Schöpfer einer Technik, die er »land-light-painting« nennt, nimmt er die Natur als Unterlage für eine unmittelbar eingefügte Malerei. Durch die Fotografie dokumentiert er diese Installationen, die Sehgewohnheiten irritieren, oftmals Gegensätze schaffen und eine spannende Begegnung von Schöpfung und menschlicher Ausdruckskraft eröffnen. Diether Kunerth ist Träger zahlreicher Kunstpreise; seine Bilder stellt er bei vielen internationalen Ausstellung aus. Im Jahr 2000 schuf er für eine 20-bändige Millenniumsedition das Werk »Documenta« als Titelbild. Das Gemälde war während der EXPO 2000 in Hannover ausgestellt. Im November 2000 wurde Diether Kunerth mit dem »Bernhard-Strigel-Preis« der Stadt Memmingen ausgezeichnet.

### Diether Kunerth: Christus im Steinfeld

Das Bild von Diether Kunerth – ein so genanntes »land-light-painting« – heißt »Christus im Steinfeld«. Der Ort: ein nächtlicher Steinbruch, wo Steinbrocken vermischt mit Abfällen, Bauschutt und Metallrohren herumliegen. Von dort blickt eine Jesusfigur aus dem Vordergrund her. Das Bildnis ist auf Transparentfolie gemalt. Die Figur wirkt scheu und verletzbar, ohne Ausdruck von Macht und Aktivität steht sie in der unwirtlichen Umgebung. Das Bild erhält seine Spannung aus dem Kontrast: Auf der einen Seite das Dunkel und der Steinbruch, eine beklemmende Szenerie, für viele Menschen auch zum Sinnbild von Gefangenschaft und Zwang geworden. Kälte und Einsamkeit sprechen aus dieser Umgebung, eine düstere Chiffre für Lebenserfahrungen der Verlassenheit, des Ausgeliefertseins, der Heimatlosigkeit. Auf der anderen Seite das Angesicht Jesu, ein wohlwollender Blick, der Intimität und persönliche Wärme ausstrahlt. Er ist gegenwärtig inmitten dieser unpersönlichen Umgebung, scheint selbst unter ihr zu leiden und bringt aber eine wesentliche Veränderung in die Szenerie. Da ist jemand, der uns anschaut. Da ist einer, der auch in widrigen Verhältnissen nahe ist. Er schenkt Ansehen und ermöglicht Beziehung, Licht kommt ins Dunkel. Die Figur geht nicht aus der Umgebung hervor. Sie ist eigens in diese Situation gekommen, die Darstellung auf Folie verdeutlicht dies.

Den Steinbruch mit seiner Atmosphäre hat der Künstler vorgefunden. Die Christusfigur mit ihrer Ausstrahlung hat er bewusst und gezielt an diesem Ort platziert. Die Welt und die Lebensumstände der Menschen, zu denen die Kirche kommt, findet sie vor, sie sind gegeben. Die Veränderung der Lebenssituation, die konkrete Begegnung mit diesen Menschen ist gewollt. Durch die Person Jesu Christi findet sie eine klare Orientierung.

Wenn die Gemeinsame Synode der Bistümer Deutschlands fordert, dass der Weg der Kirche mitten durch die Lebenswelt der Gegenwart mit ihren Erfahrungen führen müsse, so bieten die beiden Elemente dieser *Deuteseite* einen mehrdimensionalen Zugang zu diesem wichtigen Aspekt kirchlichen Lebens. Sch nehmen die Herausforderungen der Kirche in der Gegenwart wahr und entdecken zugleich Anknüpfungspunkte, die Kirche als Weg-Begleiterin in vielfältigen Lebenssituationen einschließlich der Krisen kennen zu lernen.

## 2. Einsatzmöglichkeiten im RU

### Einen etwas anderen Kalender anlegen

Als aktive Auseinandersetzung der Sch mit dem Text von Martin Gutl wird ein mehrschichtiger Kalender angelegt (Ab 8.2.5 *Arbeitshilfen* S. 51).

– Im zeitlichen Verlauf eines Tages tragen Sch zunächst die einzelnen Stationen des Textes mit eigenen Worten in Kurzform ein (z. B. 9.00 Uhr: Besuch Nervenheilanstalt ...).

– In einem zweiten Durchgang werten sie die einzelnen Begebenheiten emotional, indem sie die jeweilige Zeile mit Farben kommentieren (z. B. gelb: schön, heiter ... rot: anstrengend, herausfordernd ... grün: Kraft empfangen, wichtig ... grau: problembeladen, traurig). Hierbei wird Sch eigene Gestaltungsfreiheit gegeben.

# Gedanken bei einem Requiem

Heute nachmittag haben die Glocken geläutet und ich wusste – der Klatsch im Supermarkt hatte mir's zugetragen –, der Pfarrer ist gestorben. Heute trägt die Gemeinde ihren Pfarrer zu Grab und so sehr sie ihn vorher missachtet – von nun an war er der Beste auf Erden. Er hat Kuypers geheißen, stammte aus Holland, sprach andere Mundart, blieb einsam hier, aß im Gasthof »zur Post«, denn er hatte nicht einmal eine Haushälterin. Man habe ihn strafversetzt, hieß es, wegen einer Liebschaft in Eimuyden. Dacht ich's doch! Vielleicht hat er seine Liebe zum Leben bekundet, indem er ein Kind in die Welt gesetzt, das hat nicht sollen sein. Als Makel, als Schmach und Vergehen hat man die Gesundheit seiner Seele verkannt und ihn gekränkt, sodass der Tröster ihm fortan in der Gestalt des Weingeistes erschien.

Einmal stand er neben mir am Schalter auf der Bank und ich sah, wie er mit zitternden Händen den Ertrag der sonntäglichen Kollekte einzahlte. Ich hätte ihn ansprechen können, ausgleichend an Zuwendung und Freundlichkeit, was ihm gefehlt, denn er hätte der Seelsorge bedurft. Aber ich war kein Seelsorger, nur ein Bankkunde, so blieb der Augenblick leer und das Verhängnis nahm seinen Lauf, ging über ihn hin, neben mir her.

Nun läuten die Glocken, es ist vollbracht und mir bleibt die Trauer um einen Fremden, der mich die Trägheit meines Herzens sehen lässt. Den Kanarienvogel hat die Schwester aus dem Kindergarten übernommen, die einmal wöchentlich nach dem Pfarrer gesehn, ihm die Wohnung in Ordnung gebracht und die den Toten gefunden. Ein junge Frau, sie hatte Tränen in den Augen, hat im Supermarkt erzählt, sie hat gesehn, wie Leute im Nebenhaus auf dem Balkon eine Taube angelockt, gefangen, in eine Tüte gesteckt und dann in der Tüte mit einem Hammer erschlagen haben. Nun sind die Glocken verstummt.

*Theodor Weissenborn*

---

*Der Schriftsteller denkt über einen Seelsorger nach. Von welchen Schwierigkeiten und Problemen ist die Rede?*
*Wir erfahren etwas über den verstorbenen Pfarrer und über seine Umgebung. Sprecht über diese Darstellungen.*
*Welche Veränderungen in der beschriebenen Umgebung wären wünschenswert? Versuche Bezüge zu den Anliegen kirchlicher Seelsorge zu finden.*

- Schließlich notieren Sch, auch in PA, zwei bis drei wichtige Fragen, die sich aus dem Text ergeben.
- In KG vergleichen Sch ihre Kalenderblätter und erörtern ihre Fragen.

**Eigene Erfahrungen austauschen**
Mit dieser Übung erhält das Nachdenken über kirchliche Seelsorge einen starken Realitätsbezug und erfährt zugleich eine Horizonterweiterung.
- Sch erhalten den Auftrag, den Text langsam still durchzulesen und dabei ein, zwei Begebenheiten zu notieren, bei denen sie selbst schon dabei waren.
- Dazu schreiben sie ihre Erinnerungen auf (wie es war, wer dabei war, wie alt sie waren, woran sie sich noch erinnern, welchen Eindruck sie hatten).
- Einzelne Sch lesen den Text nochmals abschnittsweise laut, um sich dann zu ihren Notizen zu äußern.

**»Seelsorge« kennen lernen**
Der Text ist Anlass, die Begegnungen, Verpflichtungen und vielfältigen Tätigkeiten örtlicher SeelsorgerInnen näher zu betrachten.
- Mit dem Pfarrer oder einem/r Mitarbeiter/in des Seelsorgeteams wird der Text besprochen. Vergleiche zu deren Tätigkeiten bieten sich an.
- Sch stellen in ihrem Heft einen Tagesablauf der befragten Person textlich dar.

**Ein Bild in KG erkunden**
- In kleinen Sitzkreisen versammeln sich Sch mit dem Buch und betrachten zunächst leise das Bild.
- Auf dem Boden liegt in jedem Sitzkreis ein Plakat mit kurzen Gesprächsanlässen.
  Z. B. Mir fällt auf ..., Ich frage mich ..., Der Künstler will mit diesem Bild ..., Auf den ersten Blick dachte ich an ..., Ich denke an ..., Im Vordergrund fällt auf ..., Im Hintergrund fällt auf ...
- Jede/r Sch greift mindestens einen Impuls auf und äußert dazu eine Beobachtung, eine Meinung.
- Ein/e Sch achtet in jeder Gruppe darauf, dass jede/r sich äußert und mehr als die Hälfte der Impulse aufgegriffen wird.
- Über wichtige Beobachtungen wird dann noch im Plenum gesprochen.
  *Alternative:* Zu den einzelnen Impulsen werden Äußerungen als TA gesammelt und im Heft gesichert.

**Christus an unseren Lebensorten**
Die künstlerische Idee des Bildes regt Sch – evtl. gemeinsam mit dem Kunstunterricht – zu eigenem kreativen Schaffen an.
- Die Grundidee ist, ein Christusbild an Lebensorten unserer Umgebung zu suchen und zu fotografieren.
- Es ist auch denkbar, selbst eine Folie in entsprechender Umgebung zu malen, ein Jesusposter oder ein anderweitig gestaltetes Bild (Aquarell, Plakat, Collage aus Jesusbildern ...) in einem interessanten Kontext zu installieren. Der Kreativität der Sch stehen viele Möglichkeiten offen. Motive sind z. B. Christus auf dem Friedhof, im Schulhaus, vor dem Jugendtreff, im Altenheim, auf der Straßenkreuzung, am Bahnhof.

**Einen »Ortsplan Kirche« erstellen**   Ideenseite 23
Das Engagement der Kirche in der Lebenswirklichkeit der Sch hat auch seine Orte und Gebäude. Mit der Aktion von der *Ideenseite* ergeben sich bei den Sch neue Erkenntnisse über die Präsenz der Kirche und die Verschiedenartigkeit ihrer Tätigkeit. Damit verändert sich die »Landkarte der Einstellungen«.

**Gedanken bei einem Requiem**
Der Text des Schriftstellers Theodor Weissenborn (geb. 1933, Mitglied des internationalen PEN-Clubs, zahlreiche Literaturpreise, international bekannt v. a. durch psychiatriekritische Hörspiele) verdichtet in schlichter Alltagssprache die Spannung zwischen kirchlichem Anspruch und Lebenswirklichkeit der Menschen. Die Thematik des Bildes von Diether Kunerth wird hier literarisch verarbeitet. Es bietet sich an, den Text (AB 8.2.6 *Arbeitshilfen* S. 53) mit den Sch zu lesen. Die Fragen zum Text dienen als Gesprächsimpulse oder als Arbeitsaufträge.

## 3. Weiterführende Anregung

**Im Internet recherchieren**
Da immer mehr Klassenzimmer einen Zugang zum Internet haben, suchen Sch zur Überschrift der Buchseite »Tag und Nacht unterwegs« weiteres Material im Internet, das auch zu anderen Seiten des Buches gut passt. Es bieten sich die Homepages von Pfarrgemeinden, des Seelsorgeamtes der jeweiligen Diözese oder verschiedener kirchlicher Verbände an.
- Einzelne Sch stellen ihre Ergebnisse in Kurzreferaten der Klasse vor.
  *Internetadressen:*
  Augsburg: www.bistum-augsburg.de
  Bamberg: www.erzbistum-bamberg.de
  Eichstätt: www.ku-eichstaett.de/BISTUM
  München: www.erzbistum-muenchen.de
  Passau: www.bistum-passau.de
  Regensburg:
  www.kath.de/bistum/regensburg/index.ktm
  Würzburg: www.bistum-wuerzburg.de

# Eine Kirche – viele Bilder

**Deuteseite III 28-29**

## 1. Hintergrund

»Kirche« als Thema der Theologie stellt Sch und L vor einen komplexen Sachverhalt, der mit vielen Verständnis- und Einstellungsproblemen behaftet ist. Auch der Katholische Erwachsenenkatechismus der Deutschen Bischöfe stellt fest, dass kaum eine andere Glaubensaussage so viel Unverständnis und Widerspruch erntet. Im unterrichtlichen Alltag wird diese Problematik bei vielen Sch offenbar. Nicht selten herrschen Vorurteile vor und ein großes Unverständnis tut sich auf.

Bildworte für die Kirche sind ein Versuch, im Vergleich und in der Metapher wichtige Aussagen zum Verständnis der Kirche anschaulich mitzuteilen. Auch zeigen die (Sprach-)Bilder vom 3. Jh. bis zur Gegenwart, dass sich Vorstellungen wandeln. Dabei steht jeder Bildvergleich vor dem Problem, dass er nur einen Aspekt der zu bedenkenden Wirklichkeit berücksichtigt. Eine buchstäbliche Übertragung des Bildes führt häufig zu Einseitigkeiten und Missverständnissen.

### »Kirche – Gemeinschaft der Herausgerufenen«

Menschen folgten dem Ruf Jesu und vertrauten auf seine Verheißung vom nahen Gottesreich. Die »Herausgerufenen« (= ekklesia) machten sich auf den Weg, um als gläubige Gemeinschaft für diese Verheißung offen zu sein und die Botschaft von der Liebe Gottes und der Lebensfülle in die Mitte ihres Zusammenlebens zu stellen. Diese Gemeinschaft entwickelte im Laufe der Zeit ihre Strukturen mit Regelungen für den Gottesdienst, die Sakramente und das Leben im Geiste des Evangeliums. Die Erinnerung an Jesu Worte und Taten und die Feier des Herrenmahles waren zentrale Bezugspunkte der frühen Kirche. Schriften des Neuen Testamentes richteten sich an diese jungen Gemeinden, hatten ihren Ort in der Feier des Gottesdienstes und in der Bewältigung wichtiger Fragen.

Wer sich mit »Kirche« theologisch auseinandersetzt, findet verschiedene Zugänge. Kirche begegnet den Menschen, auch denen, die in Distanz stehen oder die Kirche ablehnen, auf unterschiedlichen Erfahrungsebenen.

1. Als Gemeinschaft mit Strukturen, Traditionen, Gesetzesregelungen, Normen und konkreten gesellschaftlichen Erscheinungsformen ist Kirche zur *Institution* geworden. Sie bildet eine soziologische Größe, die man mit empirischen Vorgehensweisen untersucht, die auch für Sch äußerlich wahrnehmbar ist.

2. Als Gemeinschaft, die sich von ihrem Auftrag her zum *Dienst am Menschen* berufen weiß, wird sie als Lebenshilfe und psychologische Stütze erfahrbar. Menschen stellen sich elementare Lebensfragen. Sie werden durch Krisen erschüttert, suchen Sinn und Orientierung und bedürfen des Trostes und der Begleitung. In all dem findet konkrete Begegnung mit der Kirche statt. Davon erzählen viele Menschen und teilen eigene Erfahrungen mit.

3. Weil sich die Kirche von Jesus berufen weiß und in der Verbindung mit ihm ihre Mitte erkennt, geht das Verständnis gläubiger Menschen über diese sichtbaren Ebenen hinaus. In der Glaubenstradition wird die Kirche als weiterlebender Christus gedeutet. Sie erhält damit *sakramentalen Charakter*, d. h. ihre Wirklichkeit ist Zeichen für das Wirken von Vater, Sohn und Geist. In dem, was sie verkündet und tut, soll sich der Wille Gottes, allen Menschen das Heil zu schenken, erfahrbar ausdrücken. Diese geheimnisvolle Mitte der Kirche wird nicht mehr ausschließlich von Menschen »gemacht« und geplant. Daher wird von der Kirche auch als Mysterium gesprochen.

4. Um dieses Geheimnis der Kirche besser zu verstehen, werden seit jeher Bildvergleiche herangezogen: Das *»Volk Gottes«*, das als »pilgernde Kirche« mit den Menschen unterwegs ist und als gläubige Gemeinschaft (Communio) Gottesdienst feiert, das Glaubenszeugnis ablegt und geschwisterlichen Dienst leistet, wurde zum zentralen Bild der Kirche und im II. Vatikanischen Konzil verkündet.

Texte und Bilder der *Deuteseite* eröffnen den Sch Zugänge zu einem tieferen Verständnis von Kirche. Angesichts eines wenig ausgeprägten Abstraktionsvermögens von Hauptschülern gewähren Bildvergleiche eine schülergerechte Annäherung an theologisch komplexe Gedankengänge. Die einzelnen Elemente greifen bewusst auf Aussagen und Darstellungen unterschiedlicher Epochen zurück. Dies unterstützt die Auswahl und es wird damit ein geschichtsbewusster Blick auf wesentliche Grundlagen der Kirche erreicht. Die einzelnen Textelemente, oft nur auszugsweise wiedergegeben, sind eingerahmt von zwei Bildern.

### »Ausgießung des Heiligen Geistes« (um 1375)

Das mittelalterliche Bild des Osnabrücker Altars stellt das Pfingstereignis dar, das nach alter Tradition die Geburtsstunde der Kirche ist. Der Kreis als vollendete Form prägt das Bildnis. Die Jünger und Maria sind im Kreis versammelt. Der runde Tisch erinnert an die Form der Hostie, ebenso der Kreis, den die Taube mit sich bringt. Mit diesen Bildelementen wird der Gemeinschaftscharakter der Kirche, der im eucharistischen Mahl seinen tiefsten Ausdruck findet, in den Mittelpunkt gerückt. Verbundenheit spricht aus dem gesamten Bild. Die Jünger sind geeint am Tisch Jesu Christi. Er ruft sie zur Gemeinschaft, die gestärkt und getragen wird vom Geist Gottes. Zwischen jedem einzelnen am Tisch und der Mitte besteht eine Verbindung (zum Mund). Ein wichtiges Geschehen kommt von außen, wird in den Kreis der Jünger hineingetragen, damit sie es aufnehmen und weitertragen.

> **Günter Uecker (geb. 1930)**
> Der weit über Deutschland hinaus bekannte und inzwischen emeritierte Kunstprofessor der Düsseldorfer Kunstakademie, Günter Uecker, wurde am 13. März 1930 in Wendorf, Mecklenburg, geboren. Der Künstler begann nach Abschluss seines Kunststudiums sich mit Strukturbildern zu beschäftigen. Er gründete die Künstlergruppe ZERO mit und trat schließlich mit genagelten Spiralbildern hervor. Bühnenbilder, Dokumenta-Teilnahme und die Fortschreibung der Nagelobjekte in unterschiedlichen Raumbezügen haben ihm schließlich die hochachtungsvolle Bezeichnung »Nagelkünstler« eingebracht. Die Nägel verwendet er nicht als rein formales Element, sondern auch um Leid und Martyrium eindringlich auf den Punkt zu bringen.

### Günter Uecker: Chichicastenango, 1980

Die Installation »Chichicastenango« von Günter Uecker greift ähnliche Grundgedanken auf. Das Objekt wurde ursprünglich für den Katholikentag 1980 in Berlin geschaffen und steht heute als Dauerleihgabe in der Pax-Christi-Kirche in Krefeld. Vor einem ausgespannten Tuch und drei Nagelbalken steht ein Holzboot, das innen mit Nägeln gespickt und damit unbetretbar gemacht wurde. Zahllose Hände haben auf dem Boot ihre Spuren hinterlassen. ›Chichicastenango‹ ist der Name eines Indio-Heiligtums in Guatemala. Es ist seit der Missionierung auch Ziel von WallfahrerInnen und war in den 70er Jahren Schauplatz von Massakern an aufständischen Landarbeitern, Laienkatecheten und Priestern. Die einzelnen Elemente des Objektes lassen vielfältige Assoziationen und Deutungen zu. Das Boot, eigentlich Ort der Rettung, wirkt hier verletzend, auch Hinweis auf das Martyrium vieler in der Schicksalsgemeinschaft hilfesuchender Menschen. Das Tuch lässt sich verstehen als Segel oder Hoffnungszeichen, aber auch als trennender Vorhang vor einer anderen Wirklichkeit. Unterwegssein und leidvolle Geschichte, Solidarität und Passion, Hoffnung und Scheitern: Günter Uecker ruft mit dem Boot den satten Teil der Welt zu Barmherzigkeit und Nächstenliebe auf.

### Texte der Deuteseite

Unterschiedliche Gestaltungsformen prägen die Texte. Kirchlicher Lehrtext als offizielle Verlautbarung steht neben moderner Lyrik, hymnische Sprache neben biblischer Textgestalt. Liedgut aus der Liturgie und Zeugnisse der Kirchengeschichte ergänzen sich. So bahnt die *Deuteseite* eine Reihe von Wegen, auf denen Sch sich der schwierigen Thematik nähern können.

## 2. Einsatzmöglichkeiten im RU

### Bildworte umsetzen

Um nicht auf der rein sprachlichen Ebene zu bleiben, werden verschiedene Methoden eingesetzt, damit die Sch für den Bildgehalt einzelner Texte aufmerksam werden. Sch setzen mit Wasser- oder Wachsmalfarben ein Bildwort gestalterisch um, evtl. großflächig auf einem großen Plakat (etwa 5-6 Sch an einem Plakat).

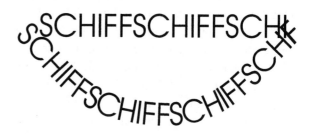

### Sprach-Bilder entwerfen

Die beiden originellen Wortschöpfungen des Schweizer Pastors Kurt Marti regen an über das Kirchenverständnis zu sprechen (AB 8.2.7 *Arbeitshilfen* S. 57).

* In dem Gedicht »ekklesia« wird der Gemeinschaftsgedanke, das Anliegen der menschlichen Verbundenheit im Namen Jesu interpretiert und als Lebenshilfe – von der Einsamkeit zur Gemeinschaft – verstanden.
* Der Text »sich öffnen« bringt die untrennbare Verbindung von Gottesbeziehung und Zuwendung zur Welt zum Ausdruck.
– Die Text-Bilder ermuntern, eigene bildlich gestaltete Formulierungen über die Kirche zu entwerfen.

# Mein Text-Bild entwerfen

ekklesia

dieleutedieleutedieleutedieleute
dieleutedieleutedieleutedieleute
dieleute           dieleute
dieleute   einsam   dieleute
dieleute           dieleute
dieleutedieleutedieleutedieleute
dieleutedieleutedieleutedieleute

»wo zwei oder drei
in meinem namen
zusammenkommen«

↓

gemeindegemeindegemeindegemeinde
gemeindegemeindegemeindegemeinde
gemeinde           gemeinde
gemeinde   gemeinsam   gemeinde
gemeinde           gemeinde
gemeindegemeindegemeindegemeinde
gemeindegemeindegemeindegemeinde

*kurt marti*

sich öffnen

*kurt marti*

## Ein »Kirchenlied« singen

Sch des 8. Jahrganges singen mitunter nur sehr ungern. Mit Unterstützung einer CD (z. B. *Reli: Lieder,* München (Kösel) 2000, Nr. 7: Ein Volk auf dem Wege), einfachen Rhythmus-Instrumenten und evtl. Musiklehrern ist es aber möglich, mit einer 8. Klasse zu singen. Der Grundgedanke des Textes (z. B. Gemeinsam als Volk unterwegs sein, Gemeinde als Schiff) wird im Miteinander aus vielen Stimmen ein Lied: Je mehr sich beteiligen, desto besser wird es.

## Bildsprache entfalten

In Anlehnung an den zweiten Arbeitsauftrag *Deuteseite* 28 (Versucht eigene Bildworte ...) steht eine Textgestaltung offen, in der Sch vorgefundene und eigene Bilder für die Kirche so genannten Antibildern gegenüberstellen, um damit zum Ausdruck zu bringen, was Kirche sein soll und was nicht. Dieses Vorgehen ist als EA, PA und KG möglich.

*Beispiel:*

| Schiff | a | Schlucht |
| Volk | b | Dunkle Höhle |
| Insel | e | Labyrinth |
| Rettungsring | r | verschlossene Türe |
| Zuflucht | n | Graben |
| helfende Hand | i | platzender Luftballon |
| offene Arme | c | Gewicht am Fuß |
| Netz | h | Last |
| Familie | t | Gift |

## Ein Bild des Mittelalters betrachten

– L skizziert zunächst nur eine formale Vereinfachung der auffälligen Bildstruktur.

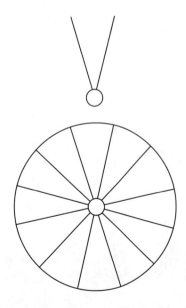

Assoziationen werden zum Rad mit Speichen, zur Mitte und den ausgehenden Strahlen geäußert.

– Das Bild *Deuteseite* 28 wird in Stille betrachtet. Die formale Struktur wird wiederentdeckt. Von der Mitte geht ein Strahl zu jeder Person am Tisch. Diese werden zu einer gemeinsamen Mitte hin verbunden. Die Taube als Symbol des Hl. Geistes bringt diese einende Mitte, ein Anklang an das pfingstliche Sprachenwunder.

– Nochmals besprechen Sch nur die formale Vereinfachung. Im Gespräch werden wichtige Aussagen über die Kirche in dieser Darstellung zusammengefasst (z. B. vielfältige Ausstrahlung und doch eine Mitte, Verbindung in Gemeinschaft, Versammlung um etwas, das von »außen« kommt).

## Einer modernen Installation begegnen

– L schreibt die einzelnen Beobachtungen und Bildelemente einzeln in großer Schrift auf Blätter (z. B. festgenageltes Tuch, Nägel, Handabdrücke, Boot, Balken ...).

– Die Blätter werden auf verschiedenen Tischen ausgelegt. Sch gehen zu leiser Musik umher und notieren auf einzelnen Blättern Stichworte, die ihnen zum jeweiligen Element einfallen (z. B. Tuch: abdecken, zudecken, Tisch, Vorhang ...; Boot: schwimmen, Urlaub, Rettungsboot ...; Nägel: spitz, Werkzeug, gefährlich, Folter ...).

– Im UG werden die Blätter so angeordnet, dass sie zur Installation passen (also z. B. Nägel zum Boot, Tuch an Balken, Tuch hinter Boot etc.). Über neue Verbindungen, Widersprüchlichkeiten und Auffälligkeiten sprechen. L lässt hier Hintergrundinformationen einfließen.

– Anhand der Liedzeile »Ein Schiff, das sich Gemeinde nennt ...« weitet sich das Gespräch nochmals aus, das Bild deutet Schicksale, Hoffnungen, Erfahrungen an ... Diese haben mit dem Auftrag der Kirche zu tun.

## Bilder verschiedener Epochen vergleichen

– Die Klasse wird in zwei Hälften geteilt: Die eine formuliert bezeichnende Stichworte zum mittelalterlichen Bild, die andere zur modernen Installation (bei kleineren Klassen geschieht dies an den beiden Außentafeln füreinander uneinsehbar, bei größeren in PA und anschließendem Sammeln auf zwei Plakaten oder Folien).

– Ein Vergleich ergibt sehr unterschiedliche, teils gegensätzliche Eindrücke. Es zeigen sich zwei Pole des Kirchenverständnisses. Anhand der anderen Seiten des Kapitels ordnen Sch nun Bilder, Berichte, Eindrücke etc. dem einen oder dem anderen Kirchenbild zu und gelangen so zu einem differenzierteren Kirchenverständnis.

*Bild-Beispiele für den Vergleich:*

| Ein Bild aus dem Mittelalter | Eine Istallation aus der Gegenwart |
|---|---|
| rund | verletzend |
| harmonisch | verlassen |
| verbunden | unterwegs |
| zugewandt | Schmerzen |
| Versammlung | Sehnsucht |
| Gebet | umhergetrieben |
| ... | ... |

**»Kirche« in einem Gedicht thematisieren**

Das knappe Gedicht von Reiner Kunze *Deuteseite 28* bringt in dichtester Weise ein ursprüngliches und doch oft vergessenes Kirchenbild zum Ausdruck: Schutz und Geborgenheit, ohne Menschen vereinnahmen zu wollen.
– Das Gedicht wird in mehreren Schritten erschlossen:
* Wer da bedrängt ist ...: Sch vermuten zu diesem Satz, sammeln Bedrängnisse, formulieren den Satz weiter.
* Fortsetzung: findet mauern, ein dach und ...: Sch deuten die Bilder »Mauer« und »Dach« (Schutz, Wärme, Geborgenheit, Versteck, Heimat etc.). Was könnte noch kommen, was dem »und« ... folgt?
– Sch lesen das ganze Gedicht nun erst im Buch und vergleichen mit den eigenen Vermutungen. Eine wichtige Information gibt der Titel des Gedichtes: Es geht um die Kirche, ihr Dasein für die Bedrängten.
– Sch finden in einem letzten Schritt weitere passende Bildworte für die Kirche (s. Arbeitsauftrag), die der Aussage des Gedichtes entsprechen.

Reiner Kunze legt Wert auf die Feststellung, dass er in der Rechtschreibreform der deutschen Sprache eine Reihe von Verordnungen mit sprachschädigender und sinnentstellender Wirkung sieht. Wegen schwerwiegender Auswirkungen auf das Verständnis von Sprache hat er einen Abdruck seiner Texte nach den neuen Regeln grundsätzlich abgelehnt. Die Verwendung von »ss« an Stelle von »ß« und ähnliche Anpassungen sind nicht Grund seiner Ablehnung der Rechtschreibreform und wurde daher für den Abdruck auf S. 28 ausnahmsweise gestattet. Wir danken dem Autor für sein Entgegenkommen.

## 3. Weiterführende Anregung

**Das »Kirchenbild« im Kirchenbau entdecken**

Die gesamte Baugeschichte von Kirchen orientiert sich immer wieder am Verständnis von Kirche, das in einer Epoche oder in einer Lebenssituation von Gemeinden im Vordergrund stand und steht (in *Reli 5*, Kap. 5 und *Arbeitshilfen* 5.5.5 finden sich dazu verschiedene Hinweise). Da sind:
Die ›**Wegkirchen**‹: Der lange Mittelgang symbolisiert das pilgernde Gottesvolk.
Die ›**Zeltkirchen**‹: Darin wird die Wanderschaft Israels ausgedrückt.
Die ›**Burgkirche**‹: Sie erscheint als Sinnbild für Schutz und Uneinnehmbarkeit.

– Und viele andere Beispiele der Kirchenbaugeschichte lassen sich finden. Geeignetes Bildmaterial von Urlaubsreisen, aus Kirchenführern etc. liefern hier vielfältige Beispiele.
– Noch eindringlicher ist es sicher, vor Ort zwei bis drei verschiedene Kirchen zu besuchen und ihr ›Bild‹ von Kirche zu erschließen.
– Anschließend benennen Sch vorrangige Gestaltungselemente für eine Kirche von heute. Besteht die Gelegenheit, eine moderne Kirche zu besuchen, bietet sich vielerlei Gesprächsanlass.

# Kirche für die Jugend │ Infoseite I 30-31

## 1. Hintergrund

**Kirchliche Jugendarbeit kennen lernen**

Kirchliche Jugendarbeit hat seit dem Zweiten Weltkrieg tief greifende Veränderungen inhaltlicher und struktureller Art erlebt. Familiärer und gesellschaftlicher Wandel, Bedeutungsverlust der Kirchen und ein völlig verändertes Freizeitverhalten stellt die kirchliche Jugendarbeit der Gegenwart vor schwierige Aufgaben. In allem Wandel bleibt es aber ein Ziel der Kirche, durch die Jugendarbeit Dienst an der Jugend zu leisten (vgl. Synodenbeschluss »Ziele und Aufgaben der kirchlichen Jugendarbeit«). Der einzelne Jugendliche und die Gesellschaft sind Adressaten der kirchlichen Jugendarbeit, die sich als gesellschaftliche Diakonie versteht.

Die *Infoseite I* nimmt solche kirchlichen Dienste an Jugendlichen in den Blick. Dabei finden Sch zwei Beispiele vor, die ihren Lebenssituationen und speziellen Fragen nahe kommen. Sie lernen kirchlichen Einsatz für Jugendliche kennen, der vermittelt, dass sie Adressaten kirchlicher Jugendarbeit sind, dass der Kirche wichtig ist, was sie bewegt.

Da ist das authentische Beispiel der jungen Griechin Akile, die über das Kolping-Bildungswerk in Augsburg einen Weg in eine erfolgreiche berufliche Laufbahn findet. Dies zeigt Sch des 8. Jahrgangs, bei denen Berufsfindung eine wichtige Rolle spielt, wie sich Kirche auch dafür einsetzt, dass Jugendliche mit verminderten Chancen in die Arbeitswelt integriert werden.

Das Projekt der CAJ zur Frage der Jugendarbeitslosigkeit weist auf einen Bereich kirchlicher Jugendarbeit hin, der auch jene nicht vergisst, die beruflich scheitern oder aus anderen Gründen als Jugendliche arbeitslos werden.

Während das eine Beispiel ein konkretes Hilfsangebot dokumentiert, spielt beim Labyrinth der Jugendarbeitslosigkeit der Aspekt der Selbsthilfe und der Bewusstseinsbildung eine stärkere Rolle. Dies verdeutlicht, dass auch dort, wo es keine schnellen und nachvollziehbaren Lösungen gibt, in der Gemeinschaft der Kirche gemeinsam nach Wegen gesucht wird und die betroffenen Personen auf Solidarität setzen können.

**Die internationale Kolpingbewegung**

Im Lexikonteil des Schülerbuches findet sich eine kompakte Information über Adolph Kolping und die Weiterführung seines Werkes bis in die heutige Zeit. Aus dem ursprünglichen Gesellenverein, der sich um das Wohl der wandernden Handwerksburschen kümmerte, wuchs in über 150 Jahren eine internationale Bewegung, die sich als »familienhafte und lebensbegleitende katholische Bildungs- und Aktionsgemeinschaft zur Entfaltung des Einzelnen in der ständig zu erneuernden Gesellschaft« versteht (Paderborner Programm der Kolpingbewegung). Das Kolpingwerk will sich an den Bedürfnissen und Interessen der Menschen in ihren konkreten Lebenssituationen orientieren und Hilfe für deren personale Entwicklung leisten.

Die verschiedenen Angebote der Kolpingbewegung erstrecken sich von Kultur und Freizeit, Lebenswelt, über Beruf bis zu Gesellschaftspolitik. Gemeinschaftsleben in den Kolpingfamilien vor Ort, Freizeit- und Erholungsaktivitäten gehören zum Engagement der Kolpingbewegung ebenso wie zahlreiche berufs- und fortbildende Maßnahmen und internationale Initiativen.

Das Beispiel *Infoseite* 30 zeigt die Anstrengungen des Kolping-Bildungswerkes bezüglich der Bildung, die es als lebenslangen und ganzheitlichen Prozess versteht. Vielfältige Angebote zur beruflichen Ausbildung, Fort- und Weiterbildung und der Umschulung ließen das Kolping-Bildungswerk zu einem wichtigen gesellschaftlichen Bildungsträger werden. Jugendliche und Senioren finden dort Unterstützung ebenso wie berufliche Wiedereinsteiger, Ausländer und Personen, die Zusatzqualifikationen erwerben wollen. Auf der Basis christlichen Verständnisses und getragen vom Vorbild Adolph Kolpings steht die Entfaltung der Person im Mittelpunkt der Bemühungen.

**Die Christliche Arbeiterjugend CAJ und Pierre Cardijn**

Weil ihn die erbärmlichen Arbeitsbedingungen junger belgischer ArbeiterInnen schockiert hatten, rief der Priester Josef Cardijn die christliche Bewegung von Arbeiterjugendlichen ins Leben. Der belgische Priester wurde später zum Kardinal ernannt. Die Idee fasste nach dem Zweiten Weltkrieg auch in Deutschland Fuß und so kam es 1947 zur Gründung der CAJ Deutschlands.

Die CAJ versucht als Bildungs- und Erziehungsbewegung die Alltagserfahrungen junger ArbeiterInnen zu teilen. Jene möchte sie zur Erneuerung der Gesellschaft befähigen und ihnen zu einem Leben in Würde verhelfen. Sie will zur Suche nach und Vertiefung von Lebenssinn beitragen und ihre Solidarität mit der jungen Arbeiterschaft in der ganzen Welt zum Ausdruck bringen.

Mit dem bekannt gewordenen Dreischritt »Sehen – urteilen – handeln« will die CAJ ein aktions- und handlungsorientiertes Lernen initiieren. Dies setzt an bei »Basisgruppen«, die sich vor Ort regelmäßig treffen, Gemeinschaften bilden und alltagsorientiertes Handeln anzielen. Die Orientierung an ArbeiterInnen, die im Jugendalter sind, eine christliche Fundierung und eine internationale Perspektive gehören zu den Wesensmerkmalen dieser Jugendvereinigung. Im konkreten Umfeld der Sch finden sich auch andere Aktivitäten kirchlicher Jugendarbeit, wie sie auf der *Infoseite* 32/33 zu sehen sind. Gerade mit Blick auf die berufsorientierten Überlegungen, die im 8. Jahrgang eine große Rolle spielen (besonders in der Arbeitslehre), erscheint es sinnvoll, zwischen der Lebenssituation der Sch und dem kirchlichen Engagement in der Berufswelt Verbindungen zu knüpfen.

## 2. Einsatzmöglichkeiten im RU

**Ein Interview gestalten**
– Den informativen Text über Akile A. arbeiten Sch in ein fiktives Interview um.

# Parcours der Arbeitslosigkeit

Ziel des Parcours ist es, den Passanten, die durch den Parcours laufen, möglichst konkret die Situation von arbeitslosen Jugendlichen näher zu bringen.
Der Parcours besteht aus insgesamt sechs Stationen:

1. Start;
2. Arbeitsamt;
3. Sozialamt;
4. ABM-Stelle;
5. Warteschleife;
6. Firma xy.

Zu Beginn des Parcours bekommen die Passanten eine Ereigniskarte, auf der die Situation eines von Arbeitslosigkeit betroffenen Jugendlichen dargestellt ist.
Von diesen Ereigniskarten gibt es insgesamt fünf Stück, die verschiedene Situationen von Jugendlichen beschreiben.

Ereigniskarte:

»Du bist 21 Jahre alt und nach einer Ausbildung zum Elektriker bei der Bahn nicht übernommen worden. Nachdem Du zwei Monate arbeitslos warst, hast Du Deinen Zivildienst abgeleistet und bist nun auf der Suche nach einer neuen Stelle.«

❏ Nachdem die Passanten am **Start** die Ereigniskarte bekommen haben,
❏ gehen sie zum **Arbeitsamt**, wo ihnen ihre Situation von einem Sachbearbeiter kurz erläutert wird. Von dort werden sie zur nächsten Station
❏ z. B. **Firma** xy verwiesen. Hier findet dann beispielsweise ein kurzes Vorstellungsgespräch statt. Nach der erfolglosen Bewerbung führt der weitere Weg dann in die
❏ **ABM**-Maßnahme usw.

Die Passanten durchlaufen etwa vier Stationen und bekommen am Ende ein so genanntes Arbeits-Los, auf dem mögliche Perspektiven beschrieben sind.

Neben dem Parcours wurden auch
– ein Infostand über Jugendarbeitslosigkeit mit aktuellen Zahlen und Statistiken,
– Stellwände mit Forderungen etc. aufgebaut,
   um mit den Passanten nach dem Durchlaufen des Parcours ins Gespräch zu kommen.

Wir haben die Ereigniskarte und den Weg, den die Passanten im Parcours zurücklegen, auf der Grundlage tatsächlicher Erfahrungen und Erlebnisse von Jugendlichen beschrieben.

Die Zahlen und Statistiken haben wir uns vom Arbeitsamt besorgt und die Zahlen über arbeitslose Jugendliche aus der jeweiligen Region aufgearbeitet, um vor allem die Situation vor Ort deutlich zu machen.

* In KG formulieren Sch Fragen an Akile A., die sich aus dem Text heraus zwar frei formuliert, aber sachgerecht beantworten lassen.
* Die erstellten Interviews werden tatsächlich auf Kassette (oder auf Video) aufgenommen und anschließend in der Klasse angehört (angesehen). In der dialogischen Form wird die Tragweite des konkreten Angebotes des Kolpingwerkes verdeutlicht und veranschaulicht.

**Stufen eines Weges bauen**
– Sch setzen den Text in fünf Stufen bzw. Schritte des Weges von Akile A. um. Dabei wird deutlich, wie durch gezielte Hilfe die Chancen eines jungen Menschen erheblich verbessert werden.
* Die Stufen, auf denen das Kolping-Bildungswerk mitgewirkt hat, werden eigens farblich gekennzeichnet. Dies zeigt auch, dass Dauerbetreuung nicht das Prinzip der Hilfe ist, sondern sich die Angebote von Kolping als Hilfe zur Selbsthilfe verstehen lassen.

---

**Das Beispiel von Akile A.** *(Vorschlag für TA)*

  Modeschule München
  Verantwortliche Tätigkeit

 Weitere Ausbildung
 zur Schneiderin

 Zweijährige Ausbildung
 Stützkurse bei Kolping

 Einjährige Berufsvorbereitung
 bei Kolping

Kein Schulabschluss
Keine Deutschkenntnisse

---

**Jugendarbeitslosigkeit verstehen**
Zum besseren Verständnis der Jugendarbeitslosigkeit erarbeiten Sch in KG die Situation arbeitsloser Jugendlicher. Eine Zusammenarbeit mit dem Berufsberater oder SozialpädagogInnen aus dem örtlichen Umfeld wird hilfreich sein.

– Dazu beantworten Sch folgende Fragen in GA, z. B.: Wie sieht der Tag eines erwerbslosen Jugendlichen aus? Welche Fragen stellt er sich? Welche Gefühle bestimmen den Alltag? Mit welchen ganz konkreten Problemen hat man zu kämpfen?
Die Ergebnisse werden zusammengetragen und im Gespräch erörtert.

---

**TA: Jugendlich und arbeitslos**

| *Der Tag:* | *Die Fragen:* | *Die Probleme:* |
|---|---|---|
| – Viel Zeit | – Was soll ich heute tun? | – Langeweile |
| – Keine Aufgaben | – Was zähle ich bei den anderen? | – Minderwertigkeitsgefühle |
| – Bewerbungen, Jobsuche |  | – Belastete Beziehungen |
| – Wenig Abwechslung | – Wie finde ich einen Job? | – Finanzielle Engpässe |

---

**Sich über die CAJ – den besonderen Jugendverband informieren**
Da die CAJ bemüht ist, auf aktuelle Situationen Jugendlicher zu reagieren, ist es hilfreich, den Diözesanverband der CAJ direkt um Informationsmaterial anzugehen. Die Adressen finden sich im Lexikonteil des Schülerbuches. Aus dem Informationsmaterial der CAJ kann mehr über das Selbstverständnis des Verbandes erfahren werden. Auch aktuelle Aktionen werden daraus ersichtlich.

# »Ich krieg's allein nicht mehr geregelt!«

## Hallo!
Schwierigkeiten in Schule und Ausbildung, mit den Eltern oder andere Probleme hat jeder mal. Manche davon bekommst du selbst auf die Reihe, manchmal gehst du damit vielleicht zu Freunden, Angehörigen oder anderen vertrauten Menschen.

Manchmal aber möchte oder kann man sich nicht an solche Menschen wenden. Vielleicht, weil dir die Probleme so groß erscheinen, vielleicht aber auch, weil es einfach unangenehm oder peinlich ist.

Bei uns findest du Gesprächspartner mit einem offenen Ohr für deine Schwierigkeiten. Egal wie groß oder klein sie sind. Unsere Mitarbeiter hören dir erst mal zu und versuchen dann, mit dir gemeinsam eine Lösung zu finden. Vertraulichkeit ist selbstverständlich garantiert.

Auf der linken Seite siehst du einige Stichworte.
Per Klick auf einen Begriff bekommst du eine Liste weiterer Stichworte angezeigt, von denen eines deine Frage vielleicht schon genauer trifft.
Anschließend wird dir entweder eine Landkarte angezeigt, auf der du einen Ort in deiner Nähe auswählst.
Oder du siehst direkt eine Einrichtung mit Adresse und Telefonnummer, an die du dich wenden kannst.
Also, dann mal los!

http://www.kjf-augsburg.de/hilfen_kids/kids.html

## 3. Weiterführende Anregungen

**Den Parcours der Arbeitslosigkeit selbst darstellen und durchführen**

Die Anregung der CAJ wird an der Schule, bei einer Veranstaltung mit Eltern oder in anderem Rahmen von den Sch selbst umgesetzt.

– In der Auseinandersetzung mit der Situation arbeitsloser Jugendlicher gestalten Sch das Labyrinth und laden andere Personen zum Gang durch dieses Labyrinth ein.

* Die CAJ hat dazu einen Stationenlauf entwickelt, bei dem mit Ereigniskarten der Weg Jugendlicher nachempfunden wird (AB 8.2.8 *Arbeitshilfen* S. 61).
* Bei der Formulierung der Ereigniskarten konstruieren Sch – evtl. gemeinsam mit einem Berufsberater etc. – eigene Fälle.
* Die Rollen an den einzelnen Stationen übernehmen Sch, ihre Antworten und Verhaltensweisen werden vorbesprochen.
* Begleitend wird ein Informationsstand über Jugendarbeitslosigkeit bzw. des Arbeitsamtes oder des Kolping-Bildungswerkes organisiert.

**Eine Besichtigungsfahrt unternehmen**

An vielen Orten finden sich Einrichtungen des Kolping-Bildungswerkes. So wird – zumeist ohne große Entfernungen zurücklegen zu müssen – eine Einrichtung besichtigt, die den Sch das Angebot vor Augen führt und wo auf gezielte Fragen unmittelbar Antwort gegeben wird. Solch eine Besichtigungsfahrt wird auch unter fächerübergreifenden Aspekten geplant, durchgeführt und nachbereitet.

**Hilfsangebote für Kids und Jugendliche aufsuchen**

Ein wichtiger Träger kirchlicher Hilfsangebote ist die Katholische Jugendfürsorge mit Einrichtungen in allen bayerischen Diözesen. Auf der Homepage der KJF der Diözese Augsburg (www.kjf-augsburg.de/hilfe-kids/kids.html) finden Sch zahlreiche Hinweise auf Hilfsangebote für Jugendliche (vgl. AB 8.2.9 *Arbeitshilfen* S. 63).

* Nach einer gezielten Recherche werden der Klasse Beispiele in Kurzreferaten vorgestellt. Dies verdeutlicht, auf wie viele verschiedene Lebenssituationen die kirchliche Jugendfürsorge mit gezielten und qualifizierten Angeboten reagiert und wo sich in der Nähe des Schulorts Einrichtungen dieser Art finden.
– Ähnliches gilt für die Caritas und beispielsweise ihre Drogenberatung.

## Jugend in der Kirche — Infoseite II 32-33

### 1. Hintergrund

Kirche weiß sich nicht nur der Jugend und ihren Problemen gegenüber verantwortlich. Jugendliche haben ihren eigenen Platz in der Kirche. Sie sollen auf ihre Art und Weise Kirche mitgestalten. »Es wäre zuwenig, wenn die Kirche an der Jugend handelte. In der kirchlichen Jugendarbeit handeln die jungen Menschen selbst. Sie sind nicht nur Adressaten des kirchlichen Dienstes, sondern ebenso seine Träger« (Synodenbeschluss »Ziele und Aufgaben der kirchlichen Jugendarbeit«). Die Teilhabe Jugendlicher am Leben der Kirche, ihr aktives Mitwirken und Mitgestalten steht im Mittelpunkt dieser zweiten *Infoseite*, die zweifach unterteilt ist. *Infoseite* 32 geht es zunächst um die verbandliche Jugendarbeit der Kirche. Die hat im Bund der Deutschen Katholischen Jugend (BDKJ) ihren Dachverband und zeigt sich in zahlreichen Einzelverbänden an verschiedenen Punkten kirchlichen und gesellschaftlichen Lebens. Sch begegnen hier Trägern der Jugendarbeit, von denen sie einige in ihrem Umfeld vorfinden. Dies erlaubt direkte Kontakte, Erfahrungsaustausch und Informationen über das, was diese Jugendgemeinschaften leisten.

**Bundesweit organisiert: BDKJ – der Bund der Deutschen Katholischen Jugend**

Prälat Ludwig Wolker, der bekannte Generalpräses des Katholischen Jungmännerverbandes aus der Vorkriegszeit, wurde von den Deutschen Bischöfen nach dem Zweiten Weltkrieg erneut mit der Jugendarbeit beauftragt. Rund 80 Männer und Frauen kamen im März 1947 auf teils abenteuerlichen Wegen durch das zerstörte Deutschland nach Hardehausen bei Paderborn, um dort den BDKJ zu gründen. Schon nach wenigen Jahren zählte der Verband rund eine Million Mitglieder. Solidarität zur Kirche bei allen Veränderungswünschen und aktives Mitgestalten des demokratischen Gemeinwesens sind seitdem zwei Grundpfeiler der Arbeit des BDKJ. Interessenvertretung von Kindern und Jugendlichen, Kirchenpolitik, Jugendpolitik und Öffentlichkeitsarbeit sind Schwerpunkte der Tätigkeit als Dachverband der Jugendarbeit.

*Leitziele des BDKJ*
Die Selbstverwirklichung junger Menschen, eine menschenwürdigere Gesellschaft auf der Grundlage der Botschaft Christi und die Mitverantwortung für die Gesamtheit des Gottesvolkes bilden das Kernanliegen kirchlicher Jugendarbeit. Diese setzen die einzelnen Mitgliedsverbände in den Pfarreien und an anderen Orten um (vgl. Präambel). Zum BDKJ gehören derzeit 26 Diözesanverbände und 16 Jugendverbände (darunter benutzt die GCL dasselbe Logo für zwei verschiedene Verbandszweige, die M(ädchen)- und J(ungen)-GCL). Sie tragen die Anliegen kirchlicher Jugendarbeit in unterschiedliche örtliche Gegebenheiten und Situationen hinein. Schüler-, Student- und ArbeiterInnen werden durch eigene Verbände angesprochen, auch gesellschaftstypische berufliche und regionale Besonderheiten werden berücksichtigt. Ebenso zählen die klassischen Jugendverbände, ob Pfadfinder oder KJG, zum BDKJ, der damit in nahezu an fast jedem Ort als Ansprechpartner für Jugendliche präsent ist.

**Beispiele nicht-organisierter kirchlicher Jugendarbeit**
Infoseite 33 finden Sch dann Beispiele kirchlicher Jugendarbeit, die nicht verbandlich organisiert ist, sondern nur in einzelnen Pfarrgemeinden und Dekanaten ihre Aktivitäten entfalten: von lockerer Freizeitgestaltung in der Jugenddisco bis zur verantwortlichen Mitarbeit in Gremien, vom religiösen Erleben bis hin zur offenen Begegnung. Einzelne Erfahrungen von Sch bieten hier Anknüpfungspunkte ebenso wie das Programm der örtlichen Pfarrgemeinden. Kontakte zu Jugendlichen, die sich engagieren, sind denkbar, ebenso wie zu Jugendseelsorgern.
Die Doppelseite zeigt, dass unterschiedliche Interessen und Bedürfnisse junger Menschen in der Jugendarbeit der Kirche ihren Platz finden. Es wird deutlich, dass Kirche ein lebendiger Prozess ist, in den sich Jugendliche einbringen. Sie besagt auch, dass an vielen Orten das Engagement und der Beitrag Jugendlicher gefragt ist. Immer wieder vermittelt dies jungen Menschen nachhaltige Erfahrungen und Erlebnisse.

## 2. Einsatzmöglichkeiten im RU

**Einen Jugendverband näher erkunden**
Es liegt an der jeweiligen Situation vor Ort, welchen der Jugendverbände Sch näher kennen lernen können.
– In mehreren Schritten werden Informationen aktiv eingeholt:

* Erkundige dich, welcher Jugendverband in deiner Gemeinde/Nähe tätig ist.
* Beschaffe dir eine Kontaktadresse oder knüpfe persönliche Kontakte.
* Sammle Informationen über die Angebote des Jugendverbandes und führe evtl. ein Informationsgespräch.
* Fertige in KG oder EA ein Schaubild, ein Plakat, eine Wandzeitung über die verschiedenen Aktivitäten des Jugendverbandes an.
– Wenn mehrere Jugendverbände im Umfeld der Sch tätig sind, wird arbeitsteilig vorgegangen und ein Vergleich von zwei Gruppierungen durchgeführt.

**Wir sprechen mit ...**  Ideenseite 23
– Kirchliche Jugendarbeit hat ein Gesicht, in der Gemeinde und auch überregional.
* Vielerorts sind pastorale Mitarbeiter schwerpunktmäßig oder hauptamtlich mit Jugendarbeit befasst.
* Häufig bestehen eigene Jugendbüros.
* Der Besuch eines/einer verantwortlichen Mitarbeiters/in hat informativen Charakter; diese/r beantwortet vorbereitete Fragen der Sch und gestattet neue Einsichten.

**Ist kirchliche Jugendarbeit ... etwas für mich?**
Durch das Vervollständigen von Sätzen ordnen Sch die unterschiedlichen Angebote und Erfahrungen für sich selbst ein und bewerten diese.
– Beispiele für die Satzanfänge:
* Ich könnte es mir ganz interessant vorstellen...
* ... wäre mit Sicherheit nichts für mich
* Ich finde es langweilig ...
* Ich habe auch schon erlebt ...
* Ich kenne jemanden, der/die auch ...
* ... finde ich gut.

## 3. Weiterführende Anregungen

**Ein Jugendprogramm besorgen und sichten**
In vielen Dekanaten, teils auch in Gemeinden, wird regelmäßig ein eigenes Jugendprogramm veröffentlicht. Über das Pfarramt ist dies leicht zu beschaffen.
– Das Programm wird gesichtet und bewertet
* Was fällt uns auf?
* Das würde mich interessieren!
* Das finde ich langweilig!
* Ich weiß nicht, was das bedeutet.

**Junge Kirche mitgestalten**　　　Ideenseite 22

Im Kontakt mit Verantwortlichen der Gemeinde wird ein Versuch gestartet, Sch in einem Einzelfall zum konkreten Mitwirken am kirchlichen Leben vor Ort zu motivieren. Sie finden hier Gelegenheit, eigene Vorstellungen umzusetzen. Dabei sollte nicht zu viel erwartet werden; auch kleine Beiträge sind bedeutsam und vor allem ist auf Freiwilligkeit zu achten. Hier einige Anregungen, direkt mitzugestalten:

* Einzelne Beiträge in Wort oder Spiel in einem Gemeindegottesdienst (z. B. zu einem bestimmten Thema, in einer für die Jugendlichen wichtigen Frage).
* Mitwirken bei der Liedauswahl für einen Gottesdienst.
* Mitwirken bei der Musikauswahl einer Jugenddisco in den Gemeinderäumen.
* Einen Spiele-Nachmittag mit einer kirchlichen Jugendgruppe mitgestalten.
* In einem Schaukasten auf spezielle Fragen und Probleme Jugendlicher aufmerksam machen.
* Beitrag zu einer karitativen Aktion bzw. zu einem Eine-Welt-Projekt leisten (vgl. *Ideenseite 22, Infoseite 33*).
* Mitarbeit beim Seniorenprogramm.
* ...

**Kirche und Schule treten in Kontakt**

Vielleicht ist ja eine aktive Jugendgruppe, ein Jugendseelsorger oder ein Jugendverband bereit, mit einem gezielten Angebot an die Schule zu kommen und Sch die Möglichkeit zur Mitwirkung zu bieten. Dies könnte im Bereich der Schulpastoral angesiedelt sein, z. B. bei der Vorbereitung und Durchführung so genannter Frühschichten, bei Angeboten für die Morgenbesinnung und das Schulgebet in den Klassen, bei der Durchführung einer sozialen Aktion oder der gemeinsamen Vorbereitung eines Jugendgottesdienstes.

## Zusammenhänge erkennen – Verantwortung übernehmen　　　Infoseite III 34-35

## 1. Hintergrund

Der Auftrag der Kirche erstreckt sich nicht allein auf den Horizont des eigenen Lebensbereiches. Im Zeitalter der Globalisierung muss sich der Blick über den eigenen Kirchturm hinaus richten. Ausdrücklich betont das II. Vatikanische Konzil, dass es die »ganze Menschheitsfamilie mit der Gesamtheit der Wirklichkeiten« vor Augen hat. Dabei sind es vor allem die Not leidenden Menschen, die der Aufmerksamkeit der Kirche nicht entgehen dürfen. Weil der Weg zum Menschen »der erste und grundlegende Weg der Kirche ist« (Johannes Paul II.: Redemptor Hominis), muss sie sich stets der Situation der Menschen im täglichen Leben stellen. Das bewusste Wahrnehmen menschlicher Not und die Bereitschaft, Menschen in dieser Not beizustehen, gehört zum Wesen des kirchlichen Auftrags und macht an keinem Ort halt.

Sch für ›fremde‹ Notsituationen zu sensibilisieren ist wichtig. Diese Erweiterung des Horizontes ist im Lehrplan eigens vorgesehen. Die verbreitete Orientierung an persönlichem Konsum und zeitfüllenden Angeboten einer Spaß- und Freizeitkultur wird dabei nicht mit dem erhobenen Zeigefinger kritisiert. Einblick in fremde Lebensschicksale, bisher unbekannte Zusammenhänge und brennende Notlagen verändern Perspektiven von selbst, differenzieren Fragen und bieten neue Gesprächsinhalte.

Kirchliches Engagement an Brennpunkten menschlicher Not vermittelt Sch das Bewusstsein, dass Kirche eine Weltkirche und unser Erfahrungsbereich nicht der ›Nabel der Welt‹ ist. Andererseits vertieft es, worin der kirchliche Auftrag besteht, worauf es ankommt. Die Sicht auf die Kirche und ihre Angebote wird verkürzt, wenn ihr Dienst in vielen weltweiten Notlagen nicht zur Kenntnis genommen wird. Die Stellungnahme der Sch wird vordergründig ohne Wissen um diese Seiten kirchlicher Wirklichkeit. Und das Bewusstsein für die Realität des Lebens bleibt unvollständig ohne einen Blick auf weltweite Herausforderungen.

Der Vielzahl wegen ist jedoch eine Beschränkung auf beispielhafte Initiativen nötig, die typisch für das heutige Engagement der Kirche sind und an denen exemplarische Einsichten gewonnen werden, wie die von Sr. Lea Ackermann gegründete Initiative SOLWODI.

### SOLWODI

Die Ordensfrau Dr. Lea Ackermann gründete im Jahr 1985 die Hilfsorganisation SOLWODI e.V. (Solidarity with women in distress = Solidarität mit Frauen in Not) für Frauen in Not. Ausgangspunkt war das gleichnamige Zentrum eines Frauenprojektes in Mombasa. 1987 folgte die Vereinsgründung in Deutschland, mit Sitz in Koblenz und in Duisburg. Der gemeinnützige Verein hilft Frauen, die als Opfer von Menschenhändlern, Sextouristen und Heiratsvermittlern nach Deutschland kommen. Zugleich engagiert sich der Verein gemeinsam mit anderen Organisationen gegen das Ausbeuten und Misshandeln von Frauen in Afrika, Asien, Lateinamerika und Osteuropa.

Unterstützende Maßnahmen für betroffene Frauen und Aufklärung über die Probleme des organisierten Sextourismus gehören zu den Hauptaufgaben von SOLWODI. In Vernetzung mit vielen anderen Organisationen trägt der Verein zur Verbesserung der ökonomischen und politischen Situation betroffener Frauen bei. U. a. eröffnen berufsbildende Maßnahmen neue Chancen. Tagesstätten für Kinder, Beratung, Rechtsbeistand und Soforthilfen bilden das Standardangebot der Initiative.

Das Beispiel von SOLWODI dient dazu, die enge Verbindung anscheinend ferner Probleme mit unseren Lebensgewohnheiten zu erkennen. Sch lernen hier zu erkennen, dass unsere Lebensgewohnheiten verflochten sind mit Schicksalen entfernterer Länder. Als Initiative von Frauen für Frauen bietet SOLWODI ein eindrucksvolles Beispiel einer wichtigen Aufgabe der Kirche: den entschiedenen und solidarischen Einsatz für die Rechte der Frauen.

## 2. Einsatzmöglichkeiten im RU

### Probleme begreifen und Hilfsangebote ausforschen

Zur Verdeutlichung wird die Information von *Deuteseite* 35 in ein Tafelbild umgesetzt, das schrittweise erarbeitet wird:
* Sch erläutert in PA eines der Stichworte »Das sind die Probleme ...«. Was wissen wir darüber? Haben wir schon davon gehört? Mit welchen Problemen haben betroffene Frauen zu kämpfen?
– Die Probleme werden in der Mitte des TB in einem Kreis festgehalten.
– Sternförmig werden nun einzelne Hilfsangebote genannt. Um reines Aufzählen zu vermeiden, findet Sch zunächst zu den Bildern eine entsprechende Bezeichnung, die dann als Hilfebeispiel festgehalten wird.

*TA zu SOLWODI*

### Zusammenhänge der Not sehen

SOLWODI sieht die Not der Frauen, die Hintergründe dafür und ihre gesellschaftliche Verknotungen. Provozierende Äußerungen fordern Sch heraus, die Arbeit von SOLWODI zu reflektieren und im Zusammenhang gesellschaftlicher Entwicklungen zu sehen.
* Auf Folie oder Plakat stehen provozierende Äußerungen zur Thematik von SOLWODI.
– Sch suchen sich in KG eine Aussage aus, um sie zu diskutieren und ihre Meinung dazu niederzuschreiben.
– Im UG werden die Aussagen und Sch-Ansichten gesammelt: Das Gespräch weist auf wenig beachtete Zusammenhänge hin.

### Aussagen zu SOLWODI, die Diskussion erfordern:
* »Diese Probleme spielen sich in Afrika ab und nicht bei uns.«
* »Dieser Verein soll den Frauen in Not helfen und nicht Geld für Öffentlichkeitsarbeit ausgeben.«
* »Sexuelle Abenteuer haben noch immer zum Urlaubsvergnügen gehört.«
* »Viele Frauen wollen doch nach Deutschland, um einen deutschen Mann zu heiraten.«
* »Frauen in dieser Notlage brauchen akute Hilfe und keine Berufsausbildung.«

**Mit der Bibel arbeiten**

In Verbindung mit der *Deuteseite I* (24/25) hilft eine Bibelarbeit zu Mt 25,31-46, die Orientierung kirchlichen Handelns am Evangelium zu verdeutlichen.

– Sch betrachten die Radierung von Thomas Zacharias auf *Deuteseite* 25 und lesen still den Text im Evangelium.
* Impuls: Auf dem Rücken des Menschen stehen andere Dinge, wenn wir an die Frauenschicksale denken, denen SOLWODI begegnet. Sch sammeln Begriffe.
* Aufgrund dieser konkreten Notlagen wird der Text des Evangeliums neu geschrieben. So haben Sch den Text gestaltet:

> Ich hatte einen schlechten Ruf,
> ihr habt mich trotzdem angenommen,
> ich ekelte mich vor mir selbst,
> ihr habt mir Liebe geschenkt,
> ich wusste keinen Ausweg,
> ihr habt euch um mich gekümmert.
>
> Ich ging auf den Strich,
> ihr habt mich nicht verurteilt,
> ich war arbeitslos,
> ihr habt mir eine Ausbildung ermöglicht,
> ich hatte Heimweh,
> ihr habt für meine Heimkehr gesorgt.

**Ein Kunstbild »nachbetrachten«**

Das Bild »Christus im Steinfeld« *Deuteseite* 27 wird vor dem Hintergrund des Engagements von SOLWODI unter neuen Aspekten betrachtet.

– Im Gespräch werden die zwei Pole des Bildes, der dunkle, unfreundliche Steinbruch und die zugewandte, menschenfreundliche Gestalt Christi hervorgehoben.
– Sch gestalten nun auf einem Blatt die Grobumrisse des Bildes und beschriften diese vor dem Hintergrund der Informationen über die Not der Frauen und des Einsatzes von SOLWODI.

* In den Umrissen des Steinbruches steht dann z. B. Menschenhandel, Prostitution, Misshandlung, Arbeitslosigkeit, Demütigung ...
* In den Umrissen der Christus-Gestalt erscheinen z. B. folgende Begriffe: Schutz, Rechtshilfe, Berufsausbildung, Beratung, Geborgenheit ...
– Ein zusammenfassendes Gespräch kann die Aussage des Kunstbildes in konkrete Vorgänge übertragen und das Handeln einer kirchlichen Initiative für Not leidende Menschen vor einem geistlichen Hintergrund deuten.

## 3. Weiterführende Anregungen

**SOLWODI aktuell**

Unter www.solwodi.de kommt man zur Homepage von SOLWODI. Dort finden Sch den aktuellen Rundbrief des Vereins. Sch informieren sich über aktuelle Projekte und Herausforderungen und gewinnen ein differenziertes Bild von Frauenschicksalen. Die Stichworte zu einzelnen Hilfsmaßnahmen werden so konkretisiert und veranschaulicht.

**Sich kirchlich engagieren – auch für andere Zielgruppen**

– SOLWODI ist ein Beispiel von vielen. Ein Kontakt zu kirchlichen Hilfswerken (s. Lexikonteil: Adveniat, Caritas, Misereor, Missio) hilft vielen engagierten Initiativen im In- und Ausland zu begegnen.
* Sch holen selbst Informationen ein und werten sie für den Unterricht aus.
– Das Misereor-Projekt »Ein Haus der Liebe« (AB 8.2.10 (*Arbeitshilfen* S. 69) für alte Menschen ist solch ein Beispiel unter vielen. Die Problemlage alter Menschen in armen Ländern spielt in unserem Bewusstsein nur eine geringe Rolle. Die Aufmerksamkeit für solche kaum beachtete Notlagen ist ein wichtiger Beitrag für eine soziale Sensibilisierung.

## Kirche in einer Welt — Infoseite IV 36-37

### 1. Hintergrund

Auf dieser *Infoseite* wird das Engagement der Kirche gegen »Hunger« und für »gerechten Handel«, zwei der wichtigsten globalen Herausforderungen, in den Blick genommen. Der Konflikt zwischen Arm und Reich und die große Kluft zwischen hoch industrialisierten Ländern des Wohlstandes und den so genannten gering entwickelten Ländern beschäftigt die Weltpolitik und führt zuweilen zu dramatischen politischen Auseinandersetzungen.

In diesem Umfeld machtpolitischer Auseinandersetzungen und weit reichender wirtschaftlicher Interessen erscheint die Rolle der Kirche oft als gering und unbedeutend. Hinsichtlich der Bewusstseinsbildung und Realisierung konkreter Projekte kann die Kirche

# Misereor-Projekt: Ein Haus der Liebe

Die Altenarbeit im brasilianischen Recife hat einen Namen. Im Altenzentrum »Casa do amor« haben viele der obdachlosen alten Menschen auf den Straßen der Stadt eine Anlaufstelle. Kleidung oder Nahrungsmittel sind für die alten Frauen und Männer wichtig. Mindestens genauso wichtig: Menschen, die zuhören und Zeit haben, Menschen, die helfen, Selbstachtung wiederzugewinnen und die weiterhelfen bei alltäglichen Problemen.

Das Team der »Casa do amor« setzt auf Wiedereingliederung in familiäre und nachbarschaftliche Strukturen, wo immer es möglich ist.

Für andere ist das Haus ein Stück Heimat und Familie geworden, das Halt gibt – auch wenn es um ein menschenwürdiges Sterben geht.

Das in Zusammenarbeit mit der Ortspfarrei entwickelte Projekt hat Modellcharakter mit sozialpolitischer Brisanz. Die »Casa do amor« zeigt, wie dringlich alte Menschen auch an anderen Stellen der Millionenstadt Unterstützung brauchen.

**Von der Not alter Menschen in Brasilien:**

_____

_____

_____

**Ein Beispiel der Hilfe:**

_____

_____

jedoch ihre Position zu diesen Fragen unmissverständlich und glaubhaft zeigen. Diese machen die *Infoseiten* den Sch zugänglich.

Am Beispiel des *Hungers* werden Ursachen des »strukturellen« Hungers aufgezeigt, der nicht unumgängliches Schicksal ist, sondern Folge gewollter und oftmals sanktionierter Verhältnisse. Initiativen des Hilfswerkes Misereor weisen auf Wege hin, welche die Kirche in Solidarität mit den Hungernden der Welt geht.

Am Beispiel des *Welthandels* werden Sch auf ungerechte Strukturen als Ursache für die Verschärfung von Armut und Elend in armen Regionen der Welt aufmerksam gemacht. Zugleich stellen sich mit »gepa« und »TransFair« zwei Organisationen vor, die mittels gezielter Handelsmaßnahmen die soziale Situation von Menschen in der so genannten Dritten Welt tatsächlich verbessern.

### Das bischöfliche Hilfswerk »Misereor«

Misereor ist das Hilfswerk der KatholikInnen in Deutschland, ein Entwicklungsdienst für die Armen in den Ländern des Südens. Der Kölner Kardinal Josef Frings schlug den Deutschen Bischöfen 1958 die Durchführung einer Fasten-Aktion unter dem Motto »Misereor super turbam« (»Ich habe Mitleid mit den Menschen«) vor. Weit über 80.000 Entwicklungsprojekte wurden seit der Gründung unterstützt.

Misereor konzentriert sich in seiner Hilfe nicht auf Prestigeobjekte, sondern setzt auf überschaubare Maßnahmen, bei denen gemeinsam mit den Betroffenen unmittelbare Verbesserungen der Lebenssituation vor Ort erreicht werden. Die Menschen in den Entwicklungsländern werden mit ihrer Energie und ihren Fähigkeiten in die Projekte einbezogen. Die Hilfe zur Selbsthilfe und die Eigenverantwortung nehmen einen hohen Stellenwert ein. Einsatz für eine sozial und ökologisch nachhaltige Entwicklung in Nord und Süd, Initiativen in der Landwirtschaft, im Gesundheits- und Bildungswesen, Unterstützung kleiner Handwerksbetriebe, Förderung von Selbsthilfegruppen und das Engagement gegen Menschenrechtsverletzungen sind Schwerpunkte der Tätigkeit von Misereor. In Deutschland versteht sich das Hilfswerk als Anwalt der Armen und Ausgegrenzten. Mit einer umfassenden Öffentlichkeits- und Bildungsarbeit will es einen Beitrag zum Aufbau einer zukunftsfähigen Welt leisten. Die jährliche Fasten-Aktion, zahlreiche Medien, Arbeitsmaterialien und eigene Aktionen für Kinder und Jugendliche erlauben viele Ansatzpunkte, dem Hilfswerk Misereor und seiner Arbeit im Leben der Pfarrgemeinden und in der Öffentlichkeit zu begegnen.

### gepa

Im Jahre 1975 wurde die »Gesellschaft zur Förderung der Partnerschaft mit der Dritten Welt« in Wuppertal gegründet. Unter der Abkürzung »gepa« ist sie heute Erkennungszeichen für einen fairen Handel mit Entwicklungsländern und das weltweit größte Fair-Trade-Unternehmen. Neben den rund 800 Weltläden und Tausenden von Aktionsgruppen beliefert die gepa auch zahlreiche Großverbraucher und den Lebensmitteleinzelhandel mit fair gehandelten Lebensmitteln und handwerklichen Erzeugnissen. Rund 600.000 Familien sind als Kleinbäuerinnen, Imker und Handwerker Partner des Fairen Handelns und erhalten durch gerechtere Preise eine Chance, ein menschenwürdiges Leben aus eigener Kraft zu führen. Kirchliche Initiativen und Hilfswerke arbeiten eng mit der gepa zusammen.

gepa: Bruch 4, 42279 Wuppertal, Tel. 0202/26683-0

### TransFair-Siegel

Seit 1993 gibt es im deutschen Einzelhandel das TransFair-Siegel, das Produkte aus dem fairen Handel (z. B. Kaffee, Tee, Schokolade, Honig) kennzeichnet. TransFair, der Verein zur Förderung des Fairen Handels mit der »Dritten Welt«, will über ungerechte Strukturen des Welthandels informieren und durch ein Umdenken bei den VerbraucherInnen eine Verbesserung der Lebenssituation der Produzentenfamilien in armen Ländern erreichen. Die Organisationen der Kleinbauern sollen gestärkt werden, da sie für die betroffenen Menschen vielfältige Aufgaben zu erfüllen haben: von der Gewährleistung der Schulausbildung über die landwirtschaftliche Entwicklung bis zum Sichern des Trinkwassers und der Einrichtung des Gesundheitswesens. Der Faire Handel ist darauf ausgerichtet, eine nachhaltige Entwicklung in der Einen Welt zu erwirken. Daher spielt die ökologische Komponente bei den einzelnen Projekten eine wichtige Rolle. TransFair handelt selbst nicht mit Waren, sondern vergibt sein Siegel für fair gehandelte Produkte.

Unter den 36 Organisationen, die Träger von Trans-Fair sind, befinden sich zahlreiche kirchliche Gruppierungen, u. a. auch das Hilfswerk Misereor und der BDKJ.

TransFair: Remigiusstr. 21, 50937 Köln, Tel. 0221/942040-0, www.transfair.org

Im Unterricht ist die *Infoseite* über den Welthunger und den gerechten Handel in enger Verbindung mit der *Deuteseite* 24/25 zu sehen. Dort wird die Ausrichtung der Kirche am Wort Jesu thematisiert. Dort findet sich der Grund für den Einsatz der Kirche angesichts der Notlage von Menschen in den armen

Ländern. Die Texte und Bilder der *Deuteseite* 24/25 zeigen auf, dass das Engagement der Kirche für die Hungernden und Armen keine beliebige Aktivität ist, sondern im ursprünglichen Verständnis der Kirche wurzelt.

Trotz der globalen Dimension der aufgezeigten Probleme bietet die Doppelseite Sch Ansatzpunkte für eigenes Verhalten, wie sie z. B. durch eigenes Konsumverhalten oder durch Mitarbeit in Eine-Welt-Initiativen, auf die Notsituationen reagieren können. Dies verhindert das Gefühl allgemeiner Resignation angesichts übergroßer Probleme und fördert darüber hinaus das Verständnis des im Rahmen der Agenda 21 zitierten Mottos: global denken – lokal handeln.

## 2. Einsatzmöglichkeiten im RU

**Warum hungern Menschen?**

Nötige Sachinformationen über den Welthunger und seine Ursachen, wie in *Infoseite* 36 zu finden, lassen sich in Verknüpfung mit *Themenseite* 70/71 des Kapitels »Schöpfung ist uns anvertraut« sch-orientiert erarbeiten:
– Sch betrachten das Bild der hungernden Menschen auf *Themenseite* 71 und äußern sich dazu.
– Die Themenfrage »Hunger – warum?« wird in die Mitte der Tafel geschrieben. Sch schreiben ihre eigenen Erklärungen sternförmig um die Frage auf die Tafel.
– Die Sachinformation auf *Infoseite* 36 wird gemeinsam gelesen.
– In PA vergleichen Sch die Aussagen mit den eigenen Ergebnissen und stellen fest, welche wichtigen Erklärungen zu ergänzen sind.
– Im UG werden die Stichworte am Tafelbild ergänzt und als Hefteintrag gesichert.

**Kirchliche Standpunkte verdeutlichen**

– Die Zitate von Johannes Paul II. und Paul VI. sind für Sch der 8. Jahrgangsstufe nicht ganz einfach zu verstehen. Zum besseren Verständnis stellt L Kurzaussagen auf Folie zur Verfügung, deren Bezugsstelle in den Zitaten Sch suchen. Beispiele:
Mehr Rücksicht auf die Armen ist nötig.
Die Reichen Länder können nicht immer reicher werden.
Die Großen werden größer und die Kleinen sind die Verlierer.
Teure Produkte – billige Rohstoffe: So kann es nicht bleiben.
Zum heutigen System gehört es, dass Schwache auf der Strecke bleiben.
Neue, gerechtere Machtverhältnisse sind nötig.
– Nach dem Besprechen und Zuordnen der Kurzaussagen wird eine Verdeutlichung dieser Standpunkte der Kirche angestrebt. Sch suchen in einigen Tageszeitungen Berichte, auf die eine der Aussagen bezogen wird (z. B. Äußerungen der Weltbank, Nachrichten vom Weltwirtschaftsgipfel, Wirtschaftsnachrichten, lokale Initiativen zur Agenda 21).

**Projekte gegen den Hunger erforschen**

Das Engagement Misereors gegen den Welthunger ist an einem einzelnen Projekt gut zu veranschaulichen. Das Beispiel aus Benin (AB 8.2.11 *Arbeitshilfen* S. 73) zeigt übersichtlich auf, welche Probleme zu bewältigen sind, mit welchen Initiativen eine Besserung angestrebt wird, welche Rolle der Aspekt der Selbsthilfe spielt und mit welchen konkreten Finanzmitteln Misereor sich einbringt.
– L erläutert kurz, wo Benin liegt. (Benannt nach dem Fluss Ben'in, Gebiet um die so genannte Sklavenküste/Ostafrika).
– Gemeinsam wird der erste Teil des Textes gelesen, um die spezielle Problematik in Benin kennen zu lernen.
– Sch lesen nun für sich den weiteren Text. Sie sollen zu einem der Stichworte: »Problemlösung« »Aufwand« »Hilfe zur Selbsthilfe« Informationen aus dem Text gewinnen.
– Die Ergebnisse des arbeitsteiligen Vorgehens werden im Tafelbild dargestellt und von den Sch gesichert.

*Vorschlag für TA:*

| Das Problem: | Problemlösung: | Aufwand: | Hilfe zur Selbsthilfe: |
|---|---|---|---|
| – Abholzen der Wälder | – Wiederaufforstung | – Pflanzgut | – hohe Eigenleistung der Bauern |
| – Versteppung | – Beratungsprogramm | – Ausbildung | – finanzieller Beitrag der Betroffenen |
| – gefährdete Ernährung | – ökologisches Bewusstsein | – Arbeitsaufwand | – Entwicklungsprogramm |
|  | – Pflege und Unterhalt | – Gerätschaften |  |

**Bibelarbeit fortsetzen**
Die Arbeit mit dem Text Mt 25 kann sich wie ein roter Faden durch den Unterricht ziehen und ist in Fortsetzung der Bibelarbeit zur *Infoseite 34-35* denkbar.
Sch schreiben den Satz »Ich war hungrig« in großen Buchstaben auf ein Blatt. Bei leiser Musik versuchen sie in EA andere Worte und verwandte Sätze zu finden (z. B. Mir knurrte der Magen, Ich sah meine Kinder hungern, Ich wusste nicht, was meine Familie essen sollte).
– Diese werden im Gespräch ausgetauscht.
– In PA versuchen Sch nun mit zwei Farben Sätze zu finden, die mit »ihr« beginnen. Die beiden Farben sollen Hilfe und Achtlosigkeit unterscheiden (z. B. Ihr habt die Lebensmittel vernichtet, Ihr musstet Fastenkuren machen, Ihr habt das Verfalldatum verstreichen lassen, Ihr habt einfach weggeschaut. Aber auch: Ihr habt uns Hilfe geleistet, Ihr habt uns Wege aus dem Elend gezeigt, Ihr habt um unsertwillen verzichtet, Ihr habt eure Gewohnheiten geändert etc.). Die entstandenen Schriftplakate werden evtl. im Klassenzimmer aufgehängt.
– Die Orientierung am Wort Jesu wird durch den Text des Liedes »Brich mit dem Hungrigen dein Brot« aus dem Gotteslob Nr. 618 vertieft oder auch durch Anhören oder Singen des Liedes.

## 3. Weiterführende Anregungen

**»Eine Welt Internet Konferenz« (EWIK)**
Eine wahre Fundgrube bietet die »Eine Welt Internet Konferenz«, eine Arbeitsgemeinschaft verschiedener Verbände, Bildungseinrichtungen und kirchlicher Hilfswerke. Auf der ›Zentralen Einstiegseite zum Globalen Lernen‹ unter www.eine-welt-netz.de gelangen Sch zu einem Portal mit Links zu reichhaltigen Informationen. Hier wird stets über aktuelle Fragen informiert und werden Verbindungen zu zahlreichen Institutionen hergestellt. Sch fragen vielfältige Materialien ab. Die Informationen in *Reli 8* werden hier aktualisiert, auf spezielle Fragen hin konzentriert und ergänzt.

**Einen Weltladen besuchen**
An sehr vielen Orten bieten Weltläden oder ähnliche Einrichtungen TransFair-Produkte zum Kauf an. Ein Besuch in einem Weltladen vermittelt Informationen und Eindrücke:
* Er informiert über die Produktpalette und die Herkunft der angebotenen Waren.
* An einem Beispiel (z. B. Kaffee, Schokolade ...) sprechen Sch mit den MitarbeiterInnen des Weltladens über die Probleme des Weltmarkts und die Situation der Produzenten in den Entwicklungsländern.
* Sch holen Auskunft über Kundenverhalten, Umsatz und Akzeptanz in der Öffentlichkeit ein.
* Sch überprüfen eigene Einkaufgewohnheiten (z. B. Schreibwaren, Schulmaterial ...).
* Sch gewinnen Einblick in die Motivation von MitarbeiterInnen und sprechen mit ihnen darüber.
– Unter der angegebenen Adresse der »gepa« wird der nächst gelegene Weltladen erfragt.

**TransFair an der Schule**     Ideenseite 22
Das beschriebene Vorhaben lässt sich zusammen mit einem Weltladen oder einer Initiative der örtlichen Pfarrgemeinde gut durchführen. Dabei ist an den Rahmen eines Schulfestes, eines Elternsprechtages oder einer Projektwoche an der Schule zu denken. Sch wirken von der Planung des Vorhabens über die notwendigen Kontaktaufnahmen bis zur Organisation und Durchführung der Aktion in allen Schritten aktiv und selbstständig mit.
Ist ein größeres Projekt zu schwierig, wird bescheiden einmal eine gemeinsame »Teestunde« mit TransFair-Produkten durchgeführt (z. B. Tee und Honigbrote).
An Schulen, an denen Schulcafés oder Teestuben bestehen, wird die Verwendung fair gehandelter Produkte eingeführt.

**Sich an »Solidarität geht« beteiligen**
In verschiedenen Pfarrgemeinden beteiligen sich unterschiedliche Gruppen an der vom Hilfswerk Misereor initiierten Aktion »Solidarität geht«.
– Die TeilnehmerInnen der so genannten Hungermärsche suchen sich Sponsoren, die für jeden zurückgelegten Kilometer einen frei festgesetzten Preis bezahlen. Durch Kontrollstempel an Wendemarken erfolgt eine genaue Feststellung marschierter Kilometer.
– Vielleicht ist es möglich, dass sich Sch einer Klasse am Solidaritätsmarsch einer Pfarrgemeinde beteiligen oder während eines Schulfestes oder eines Wandertags eine solche Aktion geplant und durchgeführt wird. Eine Handreichung gibt es beim Hilfswerk Misereor.

**Kontakt zur Welthungerhilfe herstellen**
Der Kampf gegen den Hunger bedarf der Bündelung aller Kräfte: Die Deutsche Welthungerhilfe arbeitet als nichtkirchliche Organisation mit hoher Intensität an vielen Hilfsprojekten. Zur weiteren Information über das Problem des Welthungers und für Einblicke in konkrete Hilfsmöglichkeiten ist ein Kontakt zur Welthungerhilfe aufschlussreich.

# MISEREOR PROJEKT PARTNERSCHAFT

**Ernährungssicherung und Wiederaufforstung in der Erzdiözese Cotonou, Benin**

## Jede Pflanze ist eine Lebensquelle

»Indem wir unsere Wälder zerstören, bringen wir nicht nur die Jahreszeiten durcheinander, wir rufen auch die Dürre und Versteppung geradezu herbei ... Deshalb laden wir alle Christen und alle Menschen guten Willens ein, sich aktiv an der Wiederaufforstung unseres Landes zu beteiligen.« Mit diesem Aufruf der kirchlichen Zeitschrift »La Croix du Benin« begann 1985 ein umfassendes Wiederaufforstungsprogramm in der Erzdiözese Cotonou.

Benin liegt in der innertropischen Klimazone. Hier entsteht Regen durch Feuchtigkeit, die aus den Wäldern aufsteigt, sich in höheren Luftschichten abkühlt, kondensiert und sich schließlich abregnet. Für ausreichende Niederschläge müssten 33 Prozent des Landes bewaldet sein, tatsächlich sind es in Benin nur noch 18 Prozent. Doch nicht nur für den intakten Wasserhaushalt ist ein ausreichender Baumbestand lebensnotwendig: Ohne Wälder gibt es kein Brennholz zum Kochen, ohne Holz kann man keine Häuser bauen und ohne Obst gibt es keine Gesundheit.

\*\*\*

Seit Beginn des Projektes im Jahr 1985 wurden jährlich ca. 80.000 bis 100.000 Bäume gepflanzt, Windschutz-Hecken angelegt und der Aufbau vieler privater Baumschulen gefördert. An einigen Stellen sind mittlerweile wieder kleine Waldflächen entstanden. Dabei leisten die Bäuerinnen und Bauern einen erheblichen Beitrag zur Projektarbeit: Vorbereitung des Bodens, Ausheben der Pflanzlöcher, finanzielle Beteiligung beim Kauf von Pflanzgut, Transport der Pflanzen vom Dorf zu den Feldern und Unterhalt und Pflege der Baumschulen und Pflanzungen. Parallel zum Wiederaufforstungsprogramm führt das Entwicklungsbüro der Diözese auch ein ländliches Beratungsprogramm durch, mit dessen Hilfe sich im Laufe der letzten Jahre rund 60 örtliche Bauerngruppen organisiert haben. Fachleute unterweisen die jungen Bäuerinnen und Bauern in speziellen Kursen, bei regelmäßigen Besuchen und durch Anleitungen vor Ort in Fragen produktiver Anbaumethoden, Lagerhaltung, natürlicher Schädlingsbekämpfung und Vermarktung.

Für den Aufbau von Kleinprojekten wie Brunnenbau, Bau von Quellfassungen, Kauf von Maismühlen oder Ölpressen erhalten die Kleinbauern Zuschüsse, die jedoch immer eine finanzielle Eigenleistung der Bauern einfordert.

Beide Einzelprogramme wurden in ein umfassendes ländliches Entwicklungsprogramm integriert. Dabei soll vor allem das traditionelle Wissen der Menschen um die Bedeutung der Umwelt aufgearbeitet und der Wert von ökologischer Landnutzung auch für pastorale Programme in der Diözese – Stichwort: Bewahrung der Schöpfung – nutzbar gemacht werden.

| Misereor-Zusage: | € 170.000 |
|---|---|
| **Teilbeträge:** | |
| Fahrrad: | € 100 |
| Motorrad: | € 3.000 |
| Hacke: | € 15 |
| Gießkanne: | € 9 |
| Gerätezuschuss für einen Kleinbauern (Maismühle, Ölpresse u.Ä.): | € 50 |

Deutsche Welthungerhilfe, Adenauerallee 134, 53113 Bonn, Tel.: 0228/2288-0, www.welthungerhilfe.de.

**Literaturtipp: Mitmischen statt Rumhängen**
In diesem Jugendratgeber erzählen Jugendliche, wie viel Spaß ihnen soziales Engagement macht. Sie berichten von ihren Erfolgserlebnissen, wie sie sich über Berufswünsche klarer werden und neue Seiten und Fähigkeiten an sich kennen lernen. Der praktische Ratgeber zeigt, wo man sich überall engagieren kann und wie man den richtigen Bereich für sich findet. Mit Adressteil.
Kathrin Seyfahrt: Mitmischen statt Rumhängen. Warum soziales Engagement Spaß macht und sich lohnt, München (Kösel) 2001.

# Mehr als ein Museum — Stellungnahmen 38

## 1. Hintergrund

Die *Stellungnahmen* positionieren sich didaktisch zwischen dem Phänomen einer fremd und antiquiert erscheinenden Kirche und der Hoffnung auf eine Kirche, die Vertrauen verdient. Sie sprechen Sch dort an, wo sich Distanz und der Eindruck auftun, dass Kirche etwas Gestriges und Langweiliges ist. Sie fordern aber auch auf, sich mit dieser distanzierten Betrachtungsweise nicht zufrieden zu geben.

Im Verlauf des Kapitels wurde deutlich, dass in dieser Welt Engagement und Einsatz für Menschlichkeit und Gerechtigkeit nötig sind. Zugleich begegnen Sch einer Kirche, die sich diesen Situationen stellt und die Beiträge leistet, die den Menschen dienen. Nun sollen Sch aus ihrer jeweiligen Situation konkrete Wünsche an die Kirche artikulieren und so ihre eigene Position offen legen. Sch werden sich fragen, ob sie Kirche als Museumsstück betrachten, das bis in die eigene Kindheit hineinragt, oder ob sie Lebensbereiche erkennen, in denen Kirche für sie etwas bedeutet.

Das Gedicht des Priesters **Wilhelm Willms** (geb. 1930) betrachtet in provozierender Weise den Weg der europäischen Kirche in die Bedeutungslosigkeit. Mit der Metapher des leeren Schneckenhauses wird den großen Kirchenbauten – Sinnbilder für die große Geschichte der Kirche in Europa – eine bedrückende Leblosigkeit diagnostiziert. Die alte **Radierung** des Kölner Doms dient hier als Illustration: Die erhabene Majestät der Kirche scheint einer vergangenen Epoche anzugehören.

Nur die drei letzten Zeilen des Gedichtes lassen eine zum Schluss hin offene Deutung zu. Die Kirche als »kostbares Grab« wird in die österliche Sprache hineingenommen, doch das Erwachen des Helden – die Auferstehung – geschieht anderswo. Damit schließt das Gedicht. Die Frage nach dem Ort einer lebendigen Kirche bleibt der Stellungnahme und Überlegung der Leser überlassen.

Ganz anders der zweite Text: **Heinrich Fries** (1911-1998), der Jahrzehnte lang als wegweisender Wissenschaftler im Dienste der Kirche stand, äußerte im Alter von 86 Jahren seine Wünsche und Hoffnungen an die Kirche. In schlichter, teils beschwörender Sprache verbindet er darin seine Lebensbilanz mit seiner Vision von Kirche. Das abgedruckte Zitat greift viele Gedanken des gesamten Kapitels auf, von der Grundlegung kirchlichen Wirkens im II. Vatikanischen Konzil (*Deuteseite 24/25*) bis zu den Standpunkten der Päpste in Fragen der Weltwirtschaft (*Infoseite 36/37*). Es fasst entscheidende Gedanken zusammen und regt an, über eigene Wünsche nachzudenken. Dies hilft Sch am Ende, das eigene Bild von Kirche zu klären und Erwartungen und Ziele neu auszusprechen. Die Arbeitsaufträge geben Sch die Gelegenheit zu werten und Stellung zu beziehen.

## 2. Einsatzmöglichkeiten im RU

**Zustimmung und Widerspruch äußern**
Nach der Lektüre des Gedichts werden Sch aufgefordert, die provozierende Aussage des Gedichtes zu überprüfen.
– Dies geschieht dadurch, dass auf den zwei Flügeln der Tafel bestätigende und widersprechende Beobachtungen gesammelt werden. Sch schreiben diese in Stille selbst an eine der Tafeln, besprechen dies in KG oder tragen sie auch im UG bei.
– Aus der Gegenüberstellung der beiden Tafelseiten wird im Gespräch die eigene Einschätzung zur Lage und Stellung der Kirche geäußert.

*Vorschlag für TA:*

*Was den Text bestätigt ...*
– Immer weniger Menschen besuchen den Gottesdienst.
– Glaube spielt oft keine Rolle mehr.
– Junge Menschen wollen von der Kirche nicht viel wissen.
– Viele finden Kirche langweilig.
– ...

# Wenn das Brot, das wir teilen

*Text: C. P. März*
*Melodie: Kurt Grahl*
*Rechte: bei den Autoren*

1. Wenn das Brot, das wir tei-len, als Ro-se blüht und das Wort, das wir spre-chen, als

Lied er-klingt, dann hat Gott un-ter uns schon sein Haus ge-baut, dann wohnt er schon in un-se-rer

Welt. Ja dann schau-en wir heut schon sein An-ge-sicht

in der Lie-be, die al-les um-fängt, die al-les um-fängt.

2. Wenn das Leid jedes Armen uns Christus zeigt,
und die Not, die wir lindern, zur Freude wird, ...

3. Wenn die Hand, die wir halten, uns selber hält,
und das Kleid, das wir schenken, auch uns bedeckt, ...

4. Wenn der Trost, den wir geben, uns weiter trägt,
und der Schmerz, den wir teilen, zur Hoffnung wird, ...

5. Wenn das Leid, das wir tragen, den Weg uns weist,
und der Tod, den wir sterben, vom Leben singt, ...

*Was dem Text widerspricht ...*
– Christen engagieren sich in ihren Gemeinden.
– Die Kirche kümmert sich um Not leidende Menschen.
– In vielen armen Ländern steht die Kirche auf der Seite der Unterdrückten.
– Die Kirche versucht Jugendlichen zu helfen.
– ...

**Wünsche »an der Wäscheleine aufhängen«**
Die Aufforderung im Schülerbuch, eigene Wünsche an die Kirche auszudrücken, wird auf Zeichenpapier in kreativer Weise umgesetzt: mit Wasser- oder Fingerfarben, im Stil einer Collage, mit Zierschrift oder in gemalten Bildern. Hier lässt man Sch große Freiheit.
– Die Ergebnisse werden unkommentiert an einer Wäscheleine im Klassenzimmer aufgehängt (Absprache mit anderen Lehrkräften, um Störungen zu vermeiden!).
– Je nach Klassensituation äußern sich Sch, welche Arbeit ihnen besonders aufgefallen ist, welche Wünsche an die Kirche besonders deutlich ausgedrückt worden sind.

**Pro und Contra: Hat die Kirche eine Zukunft?**
Entsprechend der früheren Fernsehsendung bereiten zwei Sch oder auch kleine AGs aus der Klasse zur Leitfrage gegensätzliche Plädoyers vor.
– Bevor die Plädoyers verlesen werden, stimmen Sch geheim zur obigen Frage Pro oder Contra ab. Das Ergebnis wird bekannt gegeben.
– Nun erfolgen die vorbereiteten Statements. Anschließend befragen die beiden »Anwälte« oder auch die ganze Klasse die genannten »Experten« kritisch (z. B: Reli-L selbst, Pfarrer, ein/e pastoraler Mitarbeiter/in, ein/e Sch einer anderen Klasse, Jugendleiter/in, Lehrling).
– Die »Anwälte« oder ein »Moderator« des Spiels fassen die Argumente zusammen.
– Erneut kommt es zu einer geheimen Abstimmung. Die Ergebnisse werden verglichen, die Mehrheitsverhältnisse besprochen.

**Und was hat sich geändert?**
Verschiedene Anregungen in den *Arbeitshilfen* S. 42 *Themenseite* 20-21 forderten dazu auf, die Erfahrungen und Einstellungen der Sch zu ermitteln (z. B. Mind-Map, Kirche ist). Es bietet sich geradezu an, diese Äußerungen am Ende der Sequenz nochmals zu reflektieren.
– Mit Zeichen, Notizen oder Farben wird markiert,
* was sich bestätigt hat,
* welche Aussagen nach wie vor Bestand haben,
* wo neue Aspekte zu beachten sind,
* was so nicht mehr gesagt wird.
– Die Bearbeitung des Themas wird so wiederholt, vertieft und der Einfluss auf die Meinungen der Sch überprüft.

## 3. Weiterführende Anregung

**»Gottes Haus unter uns« entdecken und Lied singen**
Das Lied »Wenn das Brot, das wir teilen ...« (AB 8.2.12 *Arbeitshilfen* S. 75) fasst viele wichtige Gedanken des Kapitels zusammen und konzentriert die Sicht der Kirche nochmals auf wesentliche Aspekte. »Gottes Haus unter uns ...« als Element der *Stellungnahmen* 38 ist für die Wirklichkeit der Kirche ein geeignetes Sprachbild und macht auf seine Weise deutlich, was die Kirche in unserer Welt sichtbar machen soll.
Die einzelnen Strophen um diesen Refrain handeln vom Dienst der Gläubigen in dieser Welt, dem Dienst an Menschen in Not, dem Trost, der zu spenden ist, der Nähe, die geschenkt wird, und der Solidarität, die Not lindert.
Sch suchen für die einzelnen Strophen Beispiele aus dem gesamten Kapitel, in denen deutlich wird, auf welche Weise auch immer die Kirche unterwegs ist, diesen Auftrag zu erfüllen.

## Literatur

Beinert, Wolfgang (Hg.): Lexikon der katholischen Dogmatik, Freiburg 1987

Bibel und Kirche Heft 4/2001: Gemeindestrukturen im Neuen Testament

Deutsche Bischofskonferenz (Hg.): Katholischer Erwachsenenkatechismus. Das Glaubensbekenntnis der Kirche, Kevelaer/München 1985

Erzbischöfliches Ordinariat München (Hg.): Was Katholiken glauben. Information und Orientierung, München 1998

Gemeinsame Synode der Bistümer der Bundesrepublik Deutschland, Offizielle Gesamtausgabe, Freiburg 1976: Synodenbeschluss: Ziele und Aufgaben der kirchlichen Jugendarbeit

Hilger, Georg: Jugendliche und ihre Religiosität. Individualisierung und Pluralisierung als religionsdidaktische Herausforderung, in: Kath. Schulkommissariat in Bayern (Hg.): Der Lehrplan Katholische Religionslehre, Handreichungen, Einführung und Grundlegung, München 1997

Pesch, Rudolf: Die Diakonie der Gemeinde nach dem Neuen Testament, hg. v. Deutschen Caritasverband, Freiburg o. J.

# 3 Miteinander gehen

## Das Thema im Schülerbuch

Das Thema »Miteinander gehen« bezieht sich auf Punkt 8.3 im Lehrplan der achten Jahrgangsstufe. Die Themen Freundschaft, Partnerschaft, Liebe und Sexualität sind für Jugendliche in diesem Alter in hohem Maße relevant, da die Auseinandersetzung damit für die zentrale Entwicklungsaufgabe der Jugendlichen, nämlich den Aufbau einer autonomen Persönlichkeit bzw. die Identitätsfindung, eine große Rolle spielt. Die Jugendlichen erleben enorme körperliche Veränderungen, die sie zur Auseinandersetzung mit ihrer eigenen Geschlechtlichkeit bzw. ihrer Geschlechtsrolle herausfordern; gleichzeitig erwacht das Interesse am anderen Geschlecht und damit beginnt die Suche nach geeigneten Formen von Partnerschaft und sexueller Intimität. Das Aufwachsen in einer pluralistischen Gesellschaft stellt sie bei der Suche nach geeigneten Wertmustern und Sinnkriterien zur Orientierung ihres Verhaltens in Bezug auf Partnerschaft und Sexualität vor eine schwierige Aufgabe. Innerhalb der pluralen Gesellschaft steht das christliche Welt- und Sinndeutungsmuster in Konkurrenz mit einer Vielzahl anderer Lebensmuster und hat gerade in Bezug auf Fragen der Sexualmoral stark an Glaubwürdigkeit eingebüßt. Nicht selten entsteht in der Öffentlichkeit – nicht zuletzt durch die Darstellung der Medien – das Bild einer sexualpessimistischen oder gar -feindlichen Kirche. Es besteht die Gefahr, dass die Sexualität zum Störfaktor in der wachsenden Gottesbeziehung der Jugendlichen wird.

Die Darstellung von unterschiedlichen Sichtweisen und Einstellungen in *Reli 8* soll Sch zum Nachdenken und kritischen Hinterfragen ihrer eigenen Ansichten veranlassen. Durch biblische Aussagen kann den Sch gezeigt werden, dass kirchliche Positionen nicht immer sexualfeindlich sein müssen und dass die Bibel dazu ermutigt, Sexualität als kostbare Gabe zu verstehen, die der Achtung und Wertschätzung bedarf. Zentrale biblische Texte, wie der Schöpfungsbericht oder das Hohelied Salomos, zeigen, dass die jüdisch-christliche Tradition in ihrem Ursprung keineswegs so sexualfeindlich ist, wie es die Wirkungsgeschichte vermuten lässt. Sch sollen dahingehend sensibilisiert werden, dass Zuneigung, Zärtlichkeit und Sexualität Formen personaler Beziehung und Liebe sind und somit lebenslange Prozesse.

Die *Titelseite* (**39**) zeigt einen Jungen und ein Mädchen, mit ihren Rücken aneinander gelehnt, die auf einer Mauer sitzen und uns glücklich anschauen. Auf die Mauer ist der Satz »Ich liebe dich« gesprüht.

Die *Themenseite* (**40-41**) bietet verschiedene Aussagen und Bilder zu den Themen Aussehen, Liebe, Freundschaft, die zur Beschäftigung und Auseinandersetzung herausfordern.

Die *Ideenseite* (**42-43**) macht verschiedene Vorschläge, sich mit dem Themenfeld zu beschäftigen, indem Sch selbst kreativ werden.

Die *Deuteseite I* (**44-45**) thematisiert das Hohelied des AT, das mit seiner Aussage und seinen Bildern heute noch aktuell ist, u. a. mit einem Bild von Ernst Alt.

Die *Deuteseite II* (**46-47**) zeigt künstlerische Annäherungen an »Liebe«: eine poetische und eine malerische.

Die *Deuteseite III* (**48-49**) zeigt anhand einer eindrucksvollen Geschichte aus der Gegenwart und einer künstlerischen Darstellung aus dem 15. Jahrhundert, was wahre Liebe ist.

Auf der *Infoseite* (**50-51**) erfahren Sch Näheres über die Stellung von Mann und Frau nach der Genesis, über den ›Brief an die Jugend‹ eines Bischofs sowie Ansichten eines Ordenspriesters zu Liebe und Sexualität.

In den *Stellungnahmen* (**52**) sind verschiedene Aussagen über die Wertschätzung von Beziehungen und von Partnern zu lesen. Anhand dieser können Sch eigene Meinungen diskutieren.

## Verknüpfungen mit anderen Themen im Schülerbuch

*Kap. 1 Sehnsucht nach Leben – Sinn suchen:* Ggf. kann im Zusammenhang mit Lebensfreude, Lebensplänen und Sinnsuche auch Freundschaft thematisiert werden. Ein Gespräch über Körperbilder, Körperbewusstsein, Selbst- und Fremdwahrnehmung ermöglicht *Infoseite* 17.

*Kap. 5 Die Schöpfung ist uns anvertraut: Infoseite 83 informiert über die Schöpfungsberichte des Alten Testaments; in diesem Zusammenhang kann über die Gottebenbildlichkeit von Mann und Frau und deren gemeinsamen Auftrag zu schöpferischem Handeln gesprochen werden.*

## Verbindungen mit anderen Fächern

*Ethik:* Einen Freund, eine Freundin finden (8.2)
*Deutsch:* Im Jahrgangsthema »Miteinander reden und vor Zuhörern sprechen« (8.1.1) geht es u. a. darum, Aufgaben, Probleme und Konflikte besprechen zu lernen – wichtige Fähigkeiten für das Gelingen einer Partnerschaft.

## Miteinander gehen                                    Titelseite 39

### 1. Hintergrund

Vielleicht haben die beiden auf der Mauer sitzenden Verliebten den Satz »Ich liebe dich« selbst darauf geschrieben und das Foto von einem Dritten mit Absicht in dieser Pose aufnehmen lassen, damit ihre Haltung zueinander allen klar wird, die das Bild sehen; dann wäre das Bild eine Dokumentation ihrer Liebe. Die Liebe ist also die Basis des jungen Pärchens und die beiden (unter-)stützen sich gegenseitig, so wie sie dasitzen; würde eine/r weggehen, würde der oder die andere umfallen (öffentliche Demonstration individueller Gefühle). Achtung: Graffiti gelten als Sachbeschädigung, daher ist zu überlegen, welche anderen öffentlichen »Bekenntnisse« es gibt. Zwei Verliebte vertrauen darauf, dass sie miteinander gehen, d. h. füreinander da sind und sich gegenseitig unterstützen.

Bei der Beschäftigung mit dem Kapitelthema wird L den unterschiedlichen Entwicklungsstand in der jeweiligen Lerngruppe berücksichtigen: Es soll kein subtiler Zwang entstehen, Freundschaften einzugehen (vgl. dazu AB 8.3.1 *Arbeitshilfen* S. 87).

### 2. Einsatzmöglichkeiten im RU

**Clustern**
– Als Hinführung zum Thema bietet sich die Methode des Clustering an.
* Dazu werden KG von vier bis sechs Sch gebildet, die sich rings um einen DIN-A3- oder A2-Bogen Papier setzen, auf dem in der Mitte »Miteinander gehen« steht. Wem etwas dazu einfällt, schreibt es dazu und verbindet es mit einem Strich mit dem Begriff in der Mitte. Alle haben die Möglichkeit, zu jedem Wort auf dem Blatt etwas hinzuzufügen. Währenddessen wird nicht gesprochen.
* Danach werden die Plakate der einzelnen Gruppen verglichen. Evtl. gehen die Cluster in unterschiedliche Richtungen.

*Weiterarbeit:* Jede/r schreibt die Buchstabenfolge MITEINANDER GEHEN untereinander ins Heft und bildet ein eigenes 16-zeiliges Gedicht. Anregungen aus den Clustern können dazu aufgegriffen werden.

**Das Foto erschließen**
Sch betrachten das Foto und beschreiben es,
* wobei sie sowohl auf das Verhältnis der beiden abgebildeten Jugendlichen zueinander eingehen
* als auch auf die Aufschrift auf der Mauer, auf der die beiden sitzen (stützen Rücken gegen Rücken, schauen in dieselbe Richtung, neigen die Köpfe zueinander, lächeln).
– Dann wird der Bezug zum Kapitelthema »Miteinander gehen« hergestellt; Sch erklären, was sie darunter verstehen und was es bedeutet, einen Weg bzw. einen Teil des Lebenswegs miteinander zu gehen.
– Für einen meditativen Abschluss eignet sich nachfolgendes Gebet (aus: Thomas Dressel/Jutta Geyrhalter, Morgens um Acht. Rituale und Gebete für den Tagesbeginn in der Schule, München 2001, S. 103):

*Wir
Du und ich,
das ist etwas ganz Besonderes.*

*Wir müssen nicht unbedingt miteinander reden,
um uns zu verstehen.
Es reicht mir manchmal,
wenn ich dich spüre.
Wenn ich fühle,
da ist jemand bei mir,
der mich stützt.
Wenn ich weiß,
ich kann mich auf dich verlassen,
egal, wie ich gerade drauf bin.*

*Du und ich,
das ist etwas ganz Besonderes.*

*Eigentlich ist es doch mit Gott genauso, oder?*

# Total verliebt

**Vier Zeichen, an denen du merkst: Ich bin total verliebt**

1. Du findest, dass dein Vorname super zu seinem / ihrem Nachnamen passt.
2. Statt Hausaufgaben zu machen, sitzt du ständig über Nummerologiespielen und rechnest mit euren Namen die Liebesprozente aus.
3. Das Handy nimmst du sogar mit auf die Toilette, denn er / sie könnte ja anrufen oder eine SMS schicken.
4. Na klar: Und plötzlich spürst du Schmetterlinge im Bauch.

**Tipp: Irre Liebesgrüße**

Bunter Schal: *Genauso hänge ich an dir.*
Luftballon: *Ich flieg total auf dich.*
Schlüsselanhänger: *Ich hab dich in mein Herz geschlossen.*
Spielauto: *Ich fahr voll auf dich ab.*
Knallkörper: *Ich bin total verknallt in dich.*
Schokoriegel: *Ich hab dich zum Fressen gern.*

**Er liebt mich, er liebt mich nicht ...**
**Sie liebt mich, sie liebt mich nicht ...**

Das Gänseblümchen-Zupfen ist ein altes Spiel bei Verliebten:
»Er liebt mich.
Er liebt mich nicht ...«
»Sie liebt mich.
Sie liebt mich nicht ...«

Du kannst in die Blütenblätter Wörter eintragen, die dir ganz spontan zum Verliebtsein einfallen.

**»Signale der Liebe« erkunden**
Sch sammeln Eindrücke, wie Menschen Freundlichkeit und Liebe ausdrücken: zwischen Menschen ihres Alters, zwischen Erwachsenen und Kindern oder unter Erwachsenen.
– Sch bilden KG und notieren, wie man herausfinden kann, ob man von einem anderen Menschen gemocht oder geliebt wird.
* Woran kann ich erkennen, dass ich von meinen Eltern, von meinen Geschwistern geliebt werde?
* Woran kann eine Frau erkennen, dass sie von ihrem Mann geliebt wird, und umgekehrt?
* Wenn sich Menschen neu kennen lernen: Woran merken sie, dass der andere sie mag oder schätzt? Welche Zeichen benutzen sie? Wann benutzen sie welche Hinweise?
* Wenn ein Junge in ein Mädchen verliebt ist oder ein Mädchen in einen Jungen, wie zeigen sie das? Wie deutlich?
* Haben sich Sch vielleicht auch schon mal geirrt in ihrer Einschätzung?

*Weiterführung:* »Woran merke ich, dass ich verliebt bin, und wie kann ich es zeigen?« Je nach Klassensituation EA oder geschlechtshomogene KG. Als Anregung dient AB 8.3.2 *Arbeitshilfen* S. XX.

### Themenseite 40-41

## 1. Hintergrund

Die Doppelseite wird bestimmt von Bildern und Zeichen, die als Symbole für Liebe gelten; des Weiteren befinden sich Liebesgedichte, Aussagen zur Liebe, zum Verlust der Liebe und zum Aussehen auf dieser Themenseite.

**Eingeritztes Herz (40)**
Das vom Pfeil durchbohrte Herz greift die Vorstellung auf, dass der griechische Liebesgott Amor mit Pfeil und Bogen die Liebe ins Herz der Verliebten senkt. Ein in einen Baum eingeritztes Herz ist ein uraltes Zeichen, mit dem Verliebte ihrem Gefühl bis heute Ausdruck geben. In jedem Wald, in jedem Park lassen sich Bäume mit diesem Symbol finden, oft mit den Initialen oder den Vornamen der Verliebten versehen.

**Ich war noch nie so glücklich (40)**
Eine Erfahrung, wie Alexander sie in seiner Aussage schildert, haben sicher schon einige Sch hinter sich.

**Problem: Das Aussehen (40)**
Abbildungen wie diese sind in jeder Jugendzeitschrift zu finden, inklusive der Lösung der Problemchen durch geschickt eingesetztes Make-up. Oft wird das Aussehen als der wichtigste Faktor im Leben v. a. der jugendlichen Mädchen dargestellt.

**Ich finde mich hässlich (40)**
Wahrscheinlich können einige Mädchen die Aussage von Birgit nur allzu gut nachempfinden; doch damit wird gerade dem durch die Jugendzeitschriften vermittelten Bild, wie man sein soll, nachgeeifert. Dies sollte kritisch hinterfragt werden. Evtl. will L ergänzend das Foto vom Zerrspiegel von *Infoseite* 13 heranziehen.

**Gedicht »Ein guter Freund« (40)**
Das Gedicht über das, was Freundschaft für Alexandra Starr ausmacht und was daraus wurde, kann dazu genutzt werden, dass sich Sch über ihr eigenes Verständnis von Freundschaft klar werden.

**1 Kor 13,4-5 (40)**
Der große Lobpreis der Liebe im ersten Korintherbrief steht im Zusammenhang mit den Ausführungen des Apostels über die »Gnadengaben« (Kap. 12-14). Liebe wird hier als der unvergleichlich höhere Weg, als »Weg weit darüber hinaus« bezeichnet (1 Kor 12, 31b); sie ist mehr sogar noch als alle erdenklichen »Gaben«, die nach urchristlichem Verständnis als die höchsten Möglichkeiten christlichen Charismatikertums galten. Ekstatische, geistgewirkte Rede – ohne die Liebe sinnlos nichtiger Lärm; Prophetie, wundertätiger Glaube, Verzicht auf Hab und Gut um der Armen willen, Martyriumsbereitschaft – zu nichts nütze ohne die Liebe (1 Kor 13, 1-3).
Es ist mehr als eine poetische Stilform, dass Paulus von der Liebe als Subjekt des Handelns redet, nicht vom liebenden Menschen. Er versteht sie als eine göttliche Macht. Ihr Wirken ist dem, was der Mensch tut, entgegengesetzt und sprengt seine Möglichkeiten. Das hohe Lied der Liebe in 1 Kor 13 wird in drei Passagen unterteilt: In Vers 1 bis 3 geht es um die Nichtigkeit aller Charismen ohne die Liebe, in Vers 4 bis 7 spricht Paulus vom Wesen und Walten der Liebe und die Verse 8 bis 13 handeln von der Unvergänglichkeit der Liebe. Der Name Christus wird im Text nicht genannt, aber die Liebe, von der Paulus hier spricht, ist die Liebe Gottes, die durch die Hingabe Jesu Christi für die Menschen in unserer Welt wirksam geworden ist. Sie ist die grundlegende Frucht des Geistes, ohne die auch die höchsten Charismen nichts wert sind.

**Durch dich (41)**
Vielleicht kennen einige Sch das, was Corinna erzählt, aus eigener Erfahrung. In dem kurzen Gedicht wird Liebe und werden die Veränderungen, die sie bewirkt, anschaulich geschildert.

**Bild (41)**
Im Händchenhalten drückt sich die Nähe und Vertrautheit der zwei, die »miteinander gehen«, aus.

**Morgens und abends zu lesen (41)**
In dem Gedicht von Bertolt Brecht wird der Aspekt des Gebraucht-Werdens und Füreinander-da-Seins ironisch gebrochen. Der ersten Strophe wird man positiv gegenüberstehen. In der zweiten Strophe wird die Vorstellung – wie im Gebet oder bei der Medikamenteneinnahme zweimal täglich bewusst zu machen! – kritisiert, das eigene Leben werde »darum« wertvoller, schützenswerter. Im Gegenteil, so Brecht, diese Vorstellung führe zu Wahrnehmungsstörungen.

**Beatles-Liedzeile (41)**
In dieser Zeile des Liedes »When I'm sixty-four« (Sgt. Pepper's Lonely Hearts Club Band) wird ein heikles Thema angesprochen: Werden sich die jetzt so verliebten Partner auch noch im Alter lieben, wenn sie nicht mehr so gut aussehen, gebrechlich sind und der eine evtl. sich völlig um den anderen kümmern muss? Mit diesem Thema beschäftigen sich wohl nur sehr wenige junge Paare, obwohl auch dieser Punkt zur Lebensplanung mit einem Partner unabdingbar hinzugehört (Ehe und Familie sind LP-Themen in Klasse 9).

**Kerzen (41)**
Eigene Anliegen werden im Gebet vor Gott getragen. Dank für Freundschaft(en), Bitten um gutes Gelingen einer Freundschaft, um gutes Streiten und Versöhnen nach Streit werden in entzündeten Kerzen anschaubar. Die Stille in der Kirche erleichtert Reflexion und Besinnung.

**Keith Haring: Herz (41)**
Die schmerzhaften Seiten des Themas »Miteinander gehen« können auch anhand dieses Zeichens angesprochen werden. Amors Pfeil (40) ist zu einem Dolch geworden, das Herz blutet.

| **Keith Haring (1958-1990)** |
|---|
| Bekannt wurde der US-Amerikaner Keith Haring in den frühen achtziger Jahren durch seine Kreidezeichnungen, die er in der New Yorker U-Bahn mit raschen Strichen auf die schwarz überklebten Werbetafeln warf. Bereits 1984 war er in den angesehensten Museen und Galerien der Welt bekannt. Als er 1990 an den Folgen von Aids starb, hatte seine Kunst einen immens großen, internationalen Kreis von Bewunderern gefunden, unter denen sich Kinder, sozial Engagierte bis hin zu Medienstars und anderen großen Künstlern befanden. |

Haring erfand eine geistreiche, ausdrucksstarke Formensprache mit leicht wiedererkennbaren Elementen und allgemein verständlichen Symbolen wie Heiligenschein, Kreuz, Pyramide und Herz, die in unserem mediengeprägten Zeitalter unmittelbar anspricht.

## 2. Einsatzmöglichkeiten im RU

**Bilder anschauen und sich erzählen**
– Sch sehen sich die Bilder der Themenseite an. Die sich daraus ergebende Schwerpunktsetzung bestimmt den Verlauf der weiteren Unterrichtseinheit. Entsprechend wählt L aus den vielen nachfolgenden Ideen aus.
* Was drücken die Bilder der Doppelseite aus?
* Was haben sie miteinander zu tun?
* Haben einige Sch vielleicht selbst schon einmal ein Herz in einen Baum geritzt, Händchen gehalten? Wie haben sie als Verliebte ihren Gefühlen Ausdruck gegeben?
– Was sucht das Bild mit den »Problemzonen« in diesem Zusammenhang?
* Befolgen die Mädchen die Schminktipps in Mädchenzeitschriften? Wenn ja, warum?
* Was tun die Jungen für ihr Aussehen? Was ist ihnen wichtig?
– Wer kann sich vorstellen, eine Kerze/ein Teelicht in der Kirche für einen Freund, eine Freundin, eine Freundschaft anzuzünden?
– Welche anderen Zeichen als der Dolch im Herz für Liebeskummer und Herzschmerz lassen sich finden?

**Ich war noch nie so glücklich**
Von intensiver Verliebtheit erzählt der literarische Text über den Diskjockey Jonas. Verschiedene Themen klingen an: Freunde in der Clique, Aussehen, Musik, lässiges Auftreten und innere Unsicherheit, Selbstbefriedigung, zusammen schlafen. Jonas verwendet für seine ihn atemlos machenden Glücksgefühle eine Sprache, die von Stakkato-Sätzen und

Reimen einerseits, von poetisch-mythischen Sprachbildern und Metaphern andererseits geprägt ist. Vielfältige Anknüpfungsmöglichkeiten an Elemente des Kapitels bieten sich dadurch an (»zum Sprühen gut« – *Titelseite* 39; »Ich habe mich in deinem Blick verfangen« »Hast mich mit den Augen aufgesaugt« – *Deuteseite* 44; »und da springt das Einhorn in den Schoß der Jungfrau, und sie hat Macht über es, und es folgt ihr« und »Angst hat meine Freundin nicht« – *Deuteseite* 45; »Jonas. Mit Jessica zusammen hört sich das voll gut an.« – AB 8.3.2: Vier Zeichen, an denen du merkst, du bist total verliebt, usw. ).

– Sch erlesen den Text AB 8.3.3 *Arbeitshilfen* S. 83. Besser noch: L trägt ihn vor, dazu v. a. die Rap-Sprache im vorderen Teil vorher üben!
– Je nach Interessen bilden sich arbeitsteilige KG zu den o. g. Gesprächsthemen.
* In welcher Situation ist einer, der so spricht?
* Mit welchen Worten und Bildern können Sch etwas anfangen, mit welchen nicht?
* Woran merkt Jonas, dass Jessica ihn mag?
* Wie wird er sich gegenüber den Freunden in der Clique verhalten?
* Was wünschen Sch dem Jonas?
– Jede KG überlegt sich, welche Art von Musikstück zu dem von ihr besprochenen Thema passt und bringt ein Beispiel zur nächsten Stunde mit. Die wichtigsten Ergebnisse der KG-Arbeit, das können Erkenntnisse, Wünsche an Jonas und Jessica, Liebesgedichte, Beschreibungen ... sein, werden mit der passenden Musik unterlegt und den anderen KG vorgespielt.
– Vielleicht entsteht sogar ein gemeinsames Lied mit mehreren Strophen?

**Auch du kannst ein Gedicht schreiben ...**　　　　Ideenseite 42

– Die Liebesbotschaft von Corinna (41) und das Liebesgedicht von Bertolt Brecht können als Anregungen für eigene Gedichte dienen. Sie beginnen mit »Durch dich ... » oder mit »Der (oder: die), den (oder: die) ich liebe, hat mir gesagt, /Dass er (oder: sie) mich braucht. /Darum ...«

*Ergänzung:* Mit Elfchen dichten
Jedes Elfchen besteht aus elf Wörtern, die nach folgendem Schema angeordnet werden:
– 　　　　Ausgangswort, Titel
– – 　　　2 Wörter
– – – 　 3 Wörter
– – – – 4 Wörter
– 　　　　Schlusswort, Zusammenfassung, Fazit
Das Ausgangswort kann das Thema selbst, also Liebe sein, oder auch ein Aspekt des Themas.

**So bin ich ... Wer passt zu mir?**
Sch sollen sich ihrer womöglich vorbewussten Erwartungen an eine Partnerin, einen Partner bewusst werden und dazu eine Selbsteinschätzung mit erwünschten Eigenschaften/Fähigkeiten des Partners oder der Partnerin in Beziehung setzen.

– Sch besorgen im Sinne einer vorbereitenden Hausaufgabe ein Passfoto von sich selbst. Für Vergessliche kann L entweder eine Polaroidkamera mitbringen oder sie zeichnen anstelle eines Fotos ein Symbol für die eigene Person.
– Sch erhalten AB 8.3.4 *Arbeitshilfen* S. 85, kleben ihr Foto ein (oder malen ihr Symbol) und füllen das AB aus.
Zur Auswertung der zweiten Hälfte des AB werden die angekreuzten Eigenschaften durch Handheben in der gesamten Klasse ermittelt und in der vierten Spalte eingetragen, sodass jede/r Sch sich ins Verhältnis zur Klassengruppe setzen kann.
– In KG von drei bis vier Sch erbitten Sch Rückmeldung zu ihrer Selbsteinschätzung.
* Nehmen die Mit-Sch mich genauso wahr, wie ich mich vorgestellt habe?
* Empfinden die Mit-Sch meine Partnerwünsche als stimmig, passen sie zu mir?
– Je nach Offenheit und Vertrautheit innerhalb der Gruppe werden die Steckbriefe aufgehängt. Genügend Zeit geben zum Lesen und Vergleichen!

**Was mich bewegt**　　　　Ideenseite 42

– Die Aussagen von Alexander und Birgit spiegeln zwei gegensätzliche Erfahrungen wider.
* Was sagen Sch zu Birgits Fall? Ist wirklich das Aussehen allein dafür entscheidend, ob man einen Freund findet oder nicht? Was raten Sch Birgit?
– Mithilfe von mitgebrachten Leserbriefen aus Jugendzeitschriften werden die Themen von Leserbriefschreibern aufgelistet. KG wählen jeweils ein Thema aus, besprechen die dargestellten Probleme und sammeln Argumente und Ratschläge für einen Antwortbrief.
– AB 8.3.5 *Arbeitshilfen* S. 86 bietet die Grundlage für einen Antwortbrief zum Thema »Miteinander schlafen?«; das AB kann durch L verändert werden, je nachdem, welches Thema in der Klasse aktuell ist.

**Deine Liebestorte backen**　　　　Ideenseite 42
Im Gedicht von Alexandra Staar geht es um zerbrochene Freundschaft, um zerstörte Liebe. Am Anfang des Gedichts spricht Staar über das, was für sie einen guten Freund ausmacht. Wie denken Sch darüber? Was gehört zu einer Liebesbeziehung alles dazu? Dies stellen Sch in ihrer Liebestorte dar.

# Reich mir die Hand

Noch nie hatte ihn ein Mädchen so angesehen beim Tanzen, noch nie hatte eine ihn so umsprungen, noch nie war er ohne Freunde allein mit einer hinausgegangen bei einer Fete, hatte in einem Garten allein mit einer geflüstert. Ihre Mutter holte sie ab nachts um zwei. DJ Fischer hätte ins Haus zurückgehen können, in die Runde der Clique, hätte mit seinen Kumpels weiter trinken können, einer von ihnen, austauschbar. Er blieb draußen im nachtdunklen Garten, hockte sich auf die polstrig vermooste Wiese, er ließ seine Finger durch Gras und Moos tanzen.

Jessica. Hallújela Halléjula Hurra. Rap ist da. Eben erst saugst du mich mit den Augen auf. Eben erst pflückst du mich aus der Gruft, du pflückst den Rhythmus aus der Luft. Eben erst sind deine Schritte in Sandalen schön. Schön Gestöhn mit Jessica. Lachst du mich aus? Eben erst bist du um mich herum gesprungen. Fete so wie üblich mehr betrüblich. Äußerlich brüderlich. Wirklich aber jämmerlich. Dam dam dam. Sei kein Tier, und mach mir mal vier Bier. Gangsta's Paradise ist geil. Der durchgeknallte Malte lallte gestern vor den Schwestern voll beknackt und abgewrackt, echt Fakt. Pit hat sich gelassen seine Augenbraue piercen lassen, nicht zu fassen, ganze Massen, Serien von Leuten einer nach dem anderen gepierct, und alle an der Augenbraue. Fete so wie üblich. DJ wirft CDs ein. Coolio ist angesagt. Jessica. Eben erst fragst du, wie heißt du außer DJ noch. Finito mit Spruch mal eben. Das fragt sonst nie einer, das hast du mich noch nie gefragt. Jonas. Mit Jessica zusammen hört sich das voll gut an. Zum Sprühen gut. So dass es alle Autofahrer lesen können, auf die bridge sprühen vielleicht, und dann mit Mofa drunter durchrasen als Überraschung, sie hinter mir, sie hält sich fest. Eben erst habe ich die Sandalenriemen um ihre bloßen Knöchel gesehen. Eben erst ihre langsam flatternden Hände. Wie die Schmetterlinge im PC. Sie sieht überall glatt aus. Möchte man flüstern. Alles an dir ist schön. Ich habe mich in deinem Blick verfangen. Jonas nennst du mich. Klar kann ich knutschen und alles. Come on DJ, jetzt bist du dran, Hampelmann, mach den Mund auf, fahr die Schnecke aus. Dam dam dam. Ob Jonas küssen kann? Voll schön Gestöhn. Jessica Utopia, dein Mund war da. Keiner hat die Zeit gestoppt. Keiner hat gepeilt, ob es richtig war. Nur wir beide ganz allein für uns. Sonst immer oberlässig in der Clique. Logisch DJ im Geflimmer ohne einen blassen Schimmer, aber immer voll gut drauf, ich weiß nicht, noch wenig Ahnung, nur fummeln und wie es allein ist, es kitzelt, wird ein Horn, heiß in der Hand und rot, und nachher tut der Kopf weh, manchmal, und verklebtes Tempo. Blitze lodern süße Bilder. Hilfe. Süße. Jonas heiße ich. Ich zeige dir mein Zimmer, morgen, morgen schmücke ich mich schön, schöner als heute, mit der Glitzerweste, allen Ohrringen und allem. Das Einhorn ist ein kleines Tier, ähnelt einem Zicklein, hat aber einen scharfen Mut. Nicht vermag der Jäger ihm zu nahen, darum dass es große Kraft hat. Ein einzig Horn hat es, mitten auf dem Haupte. Wie aber wird es gefangen? Hast mich mit den Augen aufgesaugt. Man legt eine reine Jungfrau, schön ausstaffiert, in den Weg. Und da springt das Einhorn in den Schoß der Jungfrau, und sie hat Macht über es, und es folget ihr. Und die Clique sah ihn nicht mehr. Whenever I'm alone with you. Eben erst bin ich in deine Arme gestürzt. Ein kleines Tier möchte ins grüne Moos. Angst hat meine Freundin nicht. Eben erst hat sie mir Ja gesagt wie Jonas. Jessica. Was mache ich bloß? Noch reichlich wenig Durchblick, noch voll wenig Schimmer, schon riesig viel Zeit, eben erst fange ich wirklich an, mir dämmert's erst eben.

*Sabine Peters*

**Eifersucht ist eine Sucht?!**
- Sch beschreiben in PA oder KG möglichst detailliert das Phänomen Eifersucht (Situationen? Gedanken? Gefühle?) und versuchen eine Definition: »Eifersucht ist, wenn ...«
- Sch erhalten AB 8.3.6 *Arbeitshilfen* S. 87 und überprüfen ihre Einstellung anhand des Gedichts: Wo stimmen sie zu? Wo unterscheiden sie sich?
- Sch bereiten in zwei KG eine Pro-und-Contra-Debatte vor und führen sie durch zum Thema: »Eifersucht ist ein Zeichen für Liebe.«

**When I'm sixty-four**
- L spielt das Lied in der Klasse vor, wobei Sch gut zuhören und herauszubekommen versuchen, worum es geht.
- Sch erhalten den Liedtext AB 8.3.7 *Arbeitshilfen* S. 89; in leistungsstarken Klassen übersetzen Sch in KG und mit Wörterbüchern den Text, ansonsten erhalten sie gleichzeitig die Übersetzung. In der Klasse wird das Verständnis geklärt: Worum geht es in dem Lied genau, wer richtet in welcher Situation seine Worte an wen?

(Ein Mann fragt seine Partnerin, ob sie ihn noch lieben und brauchen wird, wenn sie beide älter und demzufolge äußerlich nicht mehr so attraktiv sind, wobei er sie darauf aufmerksam macht, dass auch sie älter wird. Der Sänger malt aus, wie das Leben im Alter sein wird: zwar nicht gerade aufregend, aber durchaus abwechslungsreich und von der gemeinsamen lebenslangen Partnerschaft und dem daraus resultierenden gegenseitigen Vertrauen positiv geprägt. Zum Schluss fordert er seine Partnerin auf, ihm schriftlich Antwort zu geben und dabei genau zu beschreiben, wie sie sich die Partnerschaft vorstellt und ob für sie das Miteinander-alt-Werden etwas Wünschenswertes ist.)

- Anhand dieses Liedes reflektieren Sch über die Grenzen und Chancen, den Wert lebenslanger Partnerschaften. Auch wenn im Jugendalter das Kennenlernen und Erproben erster Beziehungen im Vordergrund steht, werden Lebensentwürfe gern gedanklich »durchgespielt«.

**1 Kor 13 erarbeiten**
Das ganze Kapitel 13 des ersten Korintherbriefs kann wegen seiner Kürze problemlos im Unterricht gelesen werden.
* Im Sch-Gespräch wird auf die Vorrangstellung der Liebe vor allem anderen verwiesen.
* Passagen des Texts werden gemeinsam oder in KG umformuliert bzw. durch Beispiel-Geschichten konkretisiert, damit den Sch verständlicher wird, was Paulus meint.
* Sch teilen eine Seite ihres Heftes, schreiben in die linke Spalte eine Zeile aus dem Korintherbrief und in die rechte Spalte ihre »Übersetzung«.
* Vielleicht entsteht auch ein Klassenplakat mit vielen Beispiel-Sätzen.

## Ideenseite 42-43

Die Anregungen der *Ideenseite* 42-43 werden in den *Arbeitshilfen* im jeweiligen thematischen Zusammenhang auf folgenden Seiten besprochen:
Was mich bewegt ... S. 82
Auch du kannst ein Gedicht schreiben: S. 82
Deine Liebestorte backen: S. 82
Einen Blumenstrauß voller Zärtlichkeiten binden: S. 96
Szenen entwerfen: S. 90

## ... mit einem einzigen Blick deiner Augen — Deuteseite I 44-45

### 1. Hintergrund

**Das Hohelied**
Das Hohelied (Hld) im AT gehört zur Weisheitsliteratur und ist eine Sammlung von Liebesliedern. Die Entstehungszeit ist umstritten; in Frage kommen die frühe Königszeit, hier insbesondere die salomonische Epoche (10./9. Jahrhundert v. Chr.), die mittlere Königszeit (8.-6. Jahrhundert v. Chr.) oder aber die hellenistische Zeit (3. Jahrhundert v. Chr.). Die Endredaktion liegt auf jeden Fall in der hellenistischen Zeit. So, wie das Hld heute in der Bibel steht, wurde es erst bei der Endredaktion zusammengestellt.

# So bin ich ...

**Freizeit:**
Was mache ich in meiner freien Zeit?

**Eine gute Eigenschaft:**

**Lebenseinstellung:**
Wofür bin ich dankbar?
Was regt mich auf?

**Eine schlechte Eigenschaft:**

**Mein Berufswunsch:**

**Hobbys:**

Mein Passbild oder ein Symbol für mich

**Mein Lieblingstier:**

## ... Wer passt zu mir?

Welche Eigenschaften/Fähigkeiten soll sie/er haben?

|  | unverzichtbar | wichtig | nebensächlich | Anzahl in der Klasse |
|---|---|---|---|---|
| 1. schöne Haarfarbe haben | ☐ | ☐ | ☐ | _____ |
| 2. fleißig sein | ☐ | ☐ | ☐ | _____ |
| 3. ähnliches Alter | ☐ | ☐ | ☐ | _____ |
| 4. humorvoll sein | ☐ | ☐ | ☐ | _____ |
| 5. zuhören können | ☐ | ☐ | ☐ | _____ |
| 6. treu sein | ☐ | ☐ | ☐ | _____ |
| 7. ehrlich sein | ☐ | ☐ | ☐ | _____ |
| 8. ähnlicher Berufswunsch | ☐ | ☐ | ☐ | _____ |
| 9. meine Vorlieben teilen | ☐ | ☐ | ☐ | _____ |
| 10. streiten können | ☐ | ☐ | ☐ | _____ |
| 11. häuslich sein | ☐ | ☐ | ☐ | _____ |
| 12. viele FreundInnen haben | ☐ | ☐ | ☐ | _____ |
| 13. gut aussehen | ☐ | ☐ | ☐ | _____ |
| 14. viel Zeit für mich haben | ☐ | ☐ | ☐ | _____ |
| 15. sportlich sein | ☐ | ☐ | ☐ | _____ |
| 16. ähnliche Körpergröße | ☐ | ☐ | ☐ | _____ |
| 17. gerne ausgehen | ☐ | ☐ | ☐ | _____ |

# Brief einer Schülerin an das Dr. Sommer-Team der Zeitschrift »Bravo«

*Liebes Dr. Sommer-Team,*
*seit ein paar Monaten bin ich mit meinem Freund zusammen und wir verstehen uns total gut. Wir können über alles miteinander reden und schmusen total gern miteinander. Jetzt hat er mich gefragt, ob ich nicht mit ihm schlafen will – für mich wäre es das erste Mal.*
*Eigentlich will ich das schon, schließlich haben die meisten Mädchen in meinem Alter schon mal mit einem Jungen geschlafen, wir sind ja auch schon länger zusammen und ich bin auch total neugierig, wie es sein wird. Aber ich habe auch ein bisschen Angst, ob das für uns jetzt schon die richtige Entscheidung ist. Außerdem müsste ich mir die Pille verschreiben lassen und ich weiß nicht, ob meine Mutter mir das erlaubt. Könnt ihr mir einen Rat geben, was ich jetzt tun soll?!*

*Janine, 15 Jahre*

Verfasse einen Antwortbrief an Janine, in dem du ihr ein paar Anhaltspunkte gibst oder »Regeln« empfiehlst, nach denen sie ihre Entscheidung fällen sollte.

*Liebe Janine,*

## Ohne mich

Zurzeit begegnen mir nur solche:
Paare, die eng aneinander gekuschelt sind.
Paare, denen man von weitem schon ansieht,
wie verliebt sie sind.
Es ist, als müssten sie mir jetzt alle extra noch unter die Nase
reiben, dass ich solo bin.

Ohne mich!

Am besten wegschauen.
So tun, als wäre alles andere sowieso interessanter.
Einen auf cool machen.
Manchmal lässt es sich auch ganz gut an einer Flasche Bier
festhalten.
Oder an einer netten Fernsehshow.
Aber zu zweit wäre trotzdem alles schöner.

Ohne mich!

Noch bin ich nicht dabei, bei diesen Paaren.
Ob ich mal jemanden für mich finde?
Jemanden zum Kuscheln,
zum Reden,
zum Spazierengehen,
jemand, der voll auf mich steht!

Ohne mich!

Gott, kannst du da nicht ein bisschen nachhelfen?

Herr, ich habe niemanden, der mich versteht,
der mich so annimmt, wie ich bin.
Bei dem ich mich aussprechen kann.
Ich weiß nicht, wie ich mit meiner Einsamkeit fertig werden soll!
Herr, ich suche einen Freund, so wie du mein Freund bist.
Einen, der es gut mit mir meint.
Den ich mitten in der Nacht wecken kann,
um ihm das zu erzählen, was mir jetzt Sorgen macht.
Oder liegt es an mir, dass ich keinen Freund habe?
Bin ich zu anspruchsvoll?
Herr, ich bitte dich um einen Freund!
Lass mir aber zugleich noch etwas Zeit,
über Freundschaft nachzudenken.
Denn Freundschaft ist Geben und Nehmen.

## Ein Gespräch zwischen der Eifersucht und der Liebe

»Ich bin ein Teil von dir«, sagte die Eifersucht
in vorwurfsvollem Ton zu der Liebe.
»Warum versteckst du mich,
als würdest du dich für mich schämen?«

»Du bist kein Teil von mir«, erwiderte die Liebe,
»im Gegenteil, wir sind wie Tag und Nacht.
Du entspringst der Angst und dem Misstrauen.
Ich bin ein Kind der Freude und des Vertrauens.«

»Nein, ich bin deine dunkle Seite,
die du nicht wahrhaben willst.
Und ich gebe dir Kraft, um das Herz eines Menschen
zu kämpfen«,
behauptete die Eifersucht.

»Du gibst mir gar nichts«, erwiderte die Liebe,
»denn wenn du kommst, bin ich nicht mehr da.
Wann lernst du endlich:
Wer um das Herz eines Menschen kämpft,
hat es bereits verloren.
Denn ich, die Liebe, bin ein Geschenk.«

*Klaus Burba*

Im Hld fehlt jeder religiöse Gedanke. Es drängt sich die Frage auf, wieso das Buch dennoch kanonisiert wurde. Die *allegorisch-typologische Interpretation* geht davon aus, dass das Verhältnis von Mann (Bräutigam) und Frau (Braut) das Verhältnis von Jahwe und Israel bzw. in christlicher Tradition das Verhältnis von Christus und Kirche aussagt. Das allegorische Verständnis legt sich im Kontext der Heiligen Schrift durchaus nahe, denn das Verhältnis Gottes zu seinem Volk wird dort oft in Metaphern von Liebe und Ehe beschrieben. *Neuere Arbeiten* vertreten den Standpunkt, dass das Hld eine Sammlung von zunächst profanen Liebesliedern ist. Umstritten ist der Sitz im Leben. Dies war entweder die (siebentägige) Hochzeitsfeier oder die Lieder waren Lieder der Welt der Liebenden, die bei Gastmählern und Hochzeitsfeiern gesungen werden konnten.

Die Exegese will einerseits an dieser Einsicht festhalten, andererseits aber das Hld im kanonischen Kontext auslegen, ohne auf die traditionelle allegorische Interpretation zurückzugreifen. Setzt man das Hld in Bezug zur Paradieserzählung in Gen 2f., kann man seine Bedeutung so sehen, dass die erotisch-sexuelle Liebe zwischen Mann und Frau ein Weg ist, auf dem die Rückkehr ins Paradies möglich ist. Denn die Analogien zwischen dem Garten des Hld und dem von Gen 2f. lassen den Gang in den zunächst verschlossenen (4,12), sich dann aber öffnenden Garten und das Genießen seiner Früchte (4,16) als Wiederentdeckung des Paradieses verstehen. 7,11 ist dann als Aufhebung der Ungleichheit zwischen Mann und Frau zu deuten, die die Basis der Unterdrückung der Frau war. Wie ihr Begehren und ihre Leidenschaft auf ihn gerichtet sind, genauso richtet sich seine Leidenschaft und sein Begehren auf sie. Somit ist der fluchähnliche Zustand aufgehoben und die schöpfungsmäßige geschwisterliche Ebenbürtigkeit wiederhergestellt. Durch die Liebe ist die Rückkehr ins Paradies möglich.

Im AT wird normalerweise die Liebe zwischen Mann und Frau zum Zweck der Erzeugung von Nachkommenschaft in einer weitgehend patriarchalisch strukturierten Gesellschaft geschildert. Das Hld bildet eine Ausnahme; hier wird die erotisch-sexuelle Liebe zwischen Mann und Frau unabhängig von den durchaus legitimen Ansprüchen der Gesellschaft als Macht besungen, die ihren eigenen Gesetzen gehorcht. Die Berücksichtigung des Hld in der Heiligen Schrift kann die biblische Anthropologie und die Lehre von der menschlichen Sexualität vor einer patriarchalischen Fixierung, vor einseitiger Hinordnung auf die Erzeugung von Nachkommenschaft und vor Betonung rechtlicher Aspekte bewahren. Die Liebenden im Hld erfahren sich gegenseitig wie Gott und Göttin; dies ist kein beliebig austauschbares stilistisches Mittel, sondern Ausdruck der Erfahrung, dass der Liebe zwischen Mann und Frau eine göttliche Kraft innewohnt (8,6), die sich gerade auch in der unverwechselbaren Gestalt des Partners zeigt (6,8f.; 8,11f.). Es sind im Hld bereits Ansätze von dem, was man unter »personaler Liebe« versteht, zu finden – insofern kann das Hld zu einer kritischen Beurteilung von seelenloser Sexualität führen.

### Ernst Alt (geb. 1935)

Ernst Alt wurde 1935 in Saarbrücken geboren, heute lebt und arbeitet er als freischaffender Künstler, Grafiker, Maler und Plastiker in München. Er wuchs in der ländlichen, religiös-mythisch geprägten Agrarwelt der Großeltern im Hunsrück auf. Bereits während der Gymnasialzeit lebte er im bayerischen Voralpenland, wo die Berufsentscheidung fiel. Richtunggebend für Ernst Alts weitere Entwicklung war die Begegnung mit der Welt des Mittelmeerraums bei Reisen und längeren Aufenthalten in Florenz und Rom, in Griechenland und in Israel. Über seine Arbeit als Künstler sagt er: »Kunst ist Schlüsselsuche nach Verlorenem oder noch nicht gefundenem Paradies ... Bewusstes und Unbewusstes, Wirklichkeit und Traum haben in der Kunst fließende Grenzen. ... Kunst ist Erinnerung an Garten Eden und Insel Utopia, zugleich aber auch Nichtvergessen der Katastrophen und Tragödien in, hinter und vor uns.« Bei aller Emotion und Spontaneität sind die Bilder von Ernst Alt gekennzeichnet durch strenge Komposition und Genauigkeit in der Zeichnung; ein wichtiges Gestaltungsmittel ist die Hell-Dunkel-Komposition. Ernst Alt setzt sich mit den Grunderfahrungen menschlicher Existenz auseinander. Er bringt Lebenserfahrung und Traum, Anfechtung und Sehnsucht der Menschen ins Bild. Alle Erfahrungen – Freude und Leid – werden stets eingebunden in Lebhaftigkeit und Sinnlichkeit.

### Ernst Alt: Braut und Bräutigam – Hohes Lied (Wein)

50 x 64 cm, Feder, Aquarell, Schwamm, Oktober 1977

Das hymnisch-glutvolle Blatt ist der Versuch, die Fülle der Liebeslieder des Hohen Liedes mit ihren Symbolen der Liebe und Lust darzustellen. Der Untertitel des Bildes »Wein« bezieht sich auf die Darstellung der Szene in der Weinlaube und auf die Liebestrunkenheit, die mit dem Weinrausch verglichen wird: »Esst, Freunde, trinkt und berauscht euch an Liebe« (Hld 5,1).

T/M: *The Beatles*

# Wenn ich vierundsechzig bin

Wenn ich älter werde und meine Haare verliere
nach vielen Jahren
Wirst du mir dann noch einen Valentinsgruß senden,
Geburtstagsglückwünsche, eine Weinflasche?
Wenn ich fort wäre bis dreiviertel Drei,
würdest du die Tür abschließen?
Wirst du mich noch brauchen, wirst du mich noch füttern,
Wenn ich vierundsechzig bin?

Auch du wirst älter sein
Und wenn du das Wort sagst,
Könnte ich bei dir bleiben
Ich könnte mich nützlich machen, einen Kurzschluss reparieren,
Wenn dein Licht ausgegangen ist.
Du kannst am Kamin einen Pulli stricken
Sonntag morgens einen Ausritt machen
Im Garten arbeiten, das Unkraut jäten.
Wer könnte mehr verlangen?
Wirst du mich noch brauchen, wirst du mich noch füttern,
Wenn ich vierundsechzig bin?

Jeden Sommer könnten wir auf der Isle of Wight
Ein kleines Landhaus mieten, wenn's nicht zu teuer ist
Wir werden uns knapp halten und sparen –
Enkelkinder auf deinen Knien:
Vera, Chuck und Dave.
Schick mir eine Postkarte, schreib mir ein paar Zeilen,
Erklär mir deinen Standpunkt
Sag genau, was deine Meinung dazu ist
Mit freundlichen Grüßen, dein immer mehr schwindender
Gib mir deine Antwort, schreib mir einen Brief
Meine für immer
Wirst du mich noch brauchen, wirst du mich noch füttern,
Wenn ich vierundsechzig bin?

# When I'm Sixty-Four

When I get older losing my hair
Many years from now
Will you still be sending me a valentine,
Birthday greetings, bottle of wine?
If I'd been out till quarter to three
Would you lock the door?
Will you still need me, will you still feed me,
When I'm sixty-four?

You'll be older, too
And if you say the word
I could stay with you
I could be handy, mending a fuse
When your lights have gone
You can knit a sweater by the fireside
Sunday mornings go for a ride
Doing the garden, digging the weeds,
Who could ask for more?
Will you still need me, will you still feed me,
When I'm sixty-four?

Every summer we could rent a cottage
In the Isle of Wight, if it's not too dear
We shall scrimp and save
Grandchildren on your knee:
Vera, Chuck and Dave
Send me a postcard, drop me a line
Stating point of view
Indicate precisely what you mean to say
Yours sincerely, wasting away
Give me your answer, fill in a form
Mine for evermore
Will you still need me, will you still feed me,
When I'm sixty-four?

Reli **8**.3.7

*Bildbeschreibung:* Unter den schweren Trauben einer bergenden Weinlaube ist in spätsommerlichem Mittagslicht ein Paar im Liebesspiel versunken. Auf die Knie niedergelassen beugt sich der Mann über die auf ein Blumenlager gebettete Frau. Ihre Beine liegen angewinkelt über dem linken Arm des Mannes. Mit dem rechten Arm unterfängt der Mann ihren weit entblößten Oberkörper, während sie seinen Kopf durch einen Griff in sein dichtes schwarzes Haar wie eine reife Traube zu ihrem vor Verlangen geöffneten Mund herabzieht. Über Augen und Haar fließt ihr perlengeknüpfter Brautschleier hinab zu dem rechten stützenden Arm, wo in ihre Hand der Mann die Körner des aufgesprungenen Granatapfels rieseln lässt.

Das in kostbare, königliche Gewänder gekleidete Paar ist umgeben von Perlenschleier, Granatapfel, Lilie, Gazelle (mit Anklängen an ein Einhorn?) und Turteltaube, also mit Zeichen der Liebe und des zärtlichen Spiels, die der Szene etwas Märchenhaftes und Paradiesisches geben. Im Anschluss an die Liebeslyrik des Hohen Liedes preist das Bild in sinnenhaftem Ausdruck die Freuden der Liebe.

## 2. Einsatzmöglichkeiten im RU

**Sprache der Bilder**

Die Bearbeitung der Liebeslyrik im Hld soll Sch für bildliche Sprache, die allein dem Phänomen Liebe angemessen erscheint, aufschließen und sie zugleich dafür sensibilisieren, wie Liebe durch alle Sinne geht. In Klassen, die länger konzentriert lesen können, kann das Hld sogar ganz gelesen und ausführlicher besprochen werden. Ansonsten wird in PA je ein Kapitel gelesen. Kapitel 3 und 8 können unberücksichtigt bleiben, da sich in ihnen kaum bzw. keine bildhaften Vergleiche finden lassen.

*Aufgaben zur Texterschließung:*
– Das Hld formuliert seine Aussagen mithilfe von Bildern. Sucht verschiedene Bilder heraus!
– In den Bildern werden verschiedene Sinne angesprochen. Welche Beispiele findet ihr?
– Schreibe die für dich schönsten Stellen heraus und suche / fotografiere / gestalte selbst passende Bilder dazu. Die Anordnung von Fotos und Texten *Deuteseite* 44 bietet dir einen Gestaltungsvorschlag!

**Symbole erkunden**
– Sch betrachten genau das Gemälde von Ernst Alt, sammeln, welche Symbole der Maler verwendet hat und vermuten, erschließen ihre Bedeutung. Information durch L fließt ein oder Sch verwenden Symbollexika.
– Sch spüren die Stellen im Hld auf, die der Maler in seinem Bild umgesetzt hat. Sie schreiben die identifizierten Stellen auf Papierstreifen; diese werden auf eine Kopie des Gemäldes (Vergrößerung) geklebt.

**»Dürfte ich mal bei Johnny schlafen?« – Szenen entwerfen**   Ideenseite 43

Das Problem von Mutter und Tochter in der dargestellten Szenenfolge ist, dass sie gar nicht richtig miteinander kommunizieren. Am Anfang geht die Mutter zwar auf ihre Tochter ein, aber ohne sich ihr zuzuwenden, ohne sich wirklich in ihre Situation hineinzuversetzen. Dadurch kommt keine Diskussion mit Austausch von Argumenten zustande. Nach kurzer Zeit schweift die Mutter ganz ab – ob die Wäsche sie wirklich mehr interessiert als die Frage ihrer Tochter? Sie versteckt sich hinter dem »kleinen« Problem mit der Wäsche, weil ihr das angesprochene »große« Thema zu heikel ist und sie tatsächlich keine Argumente für ihren Standpunkt hat.

* Nachdem Sch dem Kommunikationsproblem der beiden auf den Grund gegangen sind, berichten sie, ob es ihnen mit ihrer Mutter oder einem anderen Menschen manchmal ähnlich geht.
* In KG entwerfen Sch eine Szenenfolge aufgrund ihrer Erfahrungen – misslungene und gelungene Beispiele sind willkommen – und zeigen sie anschließend vor der Klasse.

# Was es ist                                    Deuteseite II 46-47

## 1. Hintergrund

**Erich Fried (1921-1988)**
Erich Fried wurde am 6.5.1921 in Wien geboren und starb am 22.11.1988 in Baden-Baden. Nach dem Einmarsch deutscher Truppen in Wien organisierte der jüdische Gymnasiast eine Widerstandsgruppe; nach dem Tod seines Vaters infolge eines Gestapo-Verhörs verließ Fried Österreich; nach seiner Ankunft im Londoner Exil begann er zu schreiben. 1941 erschienen erste Prosaskizzen

und Gedichte; glühende Bekenntnisse zur Menschenliebe, die zugleich zum politischen Kampf gegen Unterdrückung verpflichtete. Fried verstand Literatur als Waffe gegen politische Indifferenz und gegen Unrecht. Vor allem ab den Sechziger Jahren griff er aktuelle Ereignisse auf um sie zu politischer Lyrik zu formen, die entschieden gegen Herrschaft, Unterdrückung und Ausbeutung Partei nimmt (»und VIETNAM und«, 1966). Der Dichter rang um politische wie poetische Wahrheiten, konzentrierte sich dabei auf das Medium Sprache und nutzte Silbentausch, ungewohnte Reihungen, Wortneuschöpfungen und Zeilenbrechungen, um neue Einsichten zu ermöglichen.

In seinem wohl bekanntesten Gedicht »Es ist was es ist« (1983) stellt Fried dar, dass es für oder gegen die Liebe keine Argumente geben kann; wenn man sich verliebt hat, können alle vernunftgesteuerten Gedanken nichts dagegen ausrichten.

### Elvira Bach (geb. 1951)

Elvira Bach wurde in Neuenhain im Taunus geboren. Von 1967 bis 1970 besuchte sie die Staatliche Glasfachschule Hadamar und studierte bis 1979 an der Hochschule der Künste in Berlin. Nebenbei arbeitete sie beim Theater. Einzel- und Gruppenausstellungen und die documenta 7 (1982) in Kassel machten die heute international anerkannte Künstlerin bekannt. Elvira Bach lebt und arbeitet in Berlin.

Im Berlin der Siebzigerjahre entdeckt das »Mädchen vom Lande« den eigenen Stil. Sie bleibt künstlerisch eine Einzelgängerin. Sie gehört einer Generation an, die sich vom intellektualistisch-analysierenden Selbstverständnis der Künstler der Fünfzigerjahre ab- und subjektiven, menschlich-sinnlichen Qualitäten in der Malerei zugewandt hat. Malen bedeutet für sie vorrangig »sich selber malen«. Einem ihrer frühen Bilder gab sie den Titel »Immer Ich«. Das ist Programm. Konsequent und ausschließlich bringt sie ihre Position als Frau, Mutter und Mensch zum Ausdruck: »Ich finde es gut, mich auszustellen ... zu zeigen, ich bin da ... als Mensch«. Sicher spielt eine Rolle, dass sie durch ihre Zwillingsschwester von klein auf mit ihrem Konterfei konfrontiert wurde und um ihre Individualität in besonderer Weise ringen musste.

Nach der Ausbildung an der Kunsthochschule (»verkrampft, verdreht und zugemalt«) entstehen zunächst Stillleben: Ansammlungen aus roten Lippenstiftmündern, weich fallendem Haar, hochhackigen Schuhen und Damenbeinen, Puzzles aus gebrochenen Herzen, Badewannen, Strumpfhosen, punkigen Kleidungsstücken und Autoschlüsseln. Alles landet wild komponiert auf der Fläche. Ab 1979 fügen sich die Versatzstücke der Weiblichkeit zur *Ersten Frauengestalt*, einem großformatigen Gemälde (157 x 50 cm). Seither malt Elvira Bach in unbändiger Bilderlust das Leben, die großen und kleinen Wahrheiten des Alltags. Berichtet wird von der Lust und den Sinnen, dem Scheitern und auch dem Kampf. Von der Begierde, vom Essen und vom Trinken, vor allem aber von der Liebe und der Sehnsucht. Man meint das rasante Tempo der Großstadt in Bachs heftigem Strich und grellen Farben, vor allem der beiden Farben Rot und Blau, zu sehen. Ab 1984, der Geburt ihres ersten Kindes, und nach einer Reise nach Afrika, in die Heimat ihres Mannes und Vaters ihrer Kinder, werden die Farben satter, dunkler, erinnern an rote Erde und fast schwarzen Staub. Ende der Neunzigerjahre werden die gemalten Frauen abgeklärter, sie erscheinen verwurzelt, im Einklang mit sich selbst. Auch kommen sie nicht mehr aus dem Nichts, sondern betreten reale Innenräume, die Küche, das Bad, vollziehen Alltäglichkeiten (nach: Tanja Fiedler, Lebensfarben des Immer-Ich, in: Kat. Elvira Bach. Kinder, Küche, Kunst, hg. v. Friedrich W. Kasten, Köln 1999, S. 21-23).

### Elvira Bach: Amore, 1980

Das 165 x 130 cm große Bild trägt seinen Titel in sich: AMORE ist mit großen Lettern und in leuchtendem Gelb-Grün auf dunkle Kacheln gemalt. Doch der vermeintlich eindeutige Titel erscheint zweideutig, weil das Wort getrennt geschrieben als A MORE, getrennt durch eine freigehaltene Kachel, in die Nähe des Wortes »Moral« rückt. »Liebe« und »Moral« – wie passen die zusammen? Beides ergibt eine hochexplosive Mischung, die sich schlecht in den Flaschen von Gesetzesvorschriften unter Verschluss halten lässt; sie könnte sich daraus, wie der Geist aus der Flasche, unkontrolliert selbst befreien und ein chaotisches, Grenzen sprengendes Spiel beginnen. Liebe und Moral? Liebe ohne Moral? Moral ohne Liebe? Beider Verhältnis war, seit Menschengedenken, ein gespanntes.

In knalligem Rot, mit energisch hingeworfenen Strichen, purzeln hier ein Herz, da ein roter Mund, ein Frauenbein in hochhackigem roten Schuh, ein gefülltes Rotweinglas übereinander; hinter all dem sind vier Frauenhände zu sehen, die wie Katzenfüße zu schleichen scheinen; drei greifen nach unten aus, eine nach oben, gerade auf die freie Kachel zwischen A und MORE; von den roten Fingernägeln rinnt zum Teil die rote Farbe herunter wie Blut. Ein geradezu aggressives Durcheinander von Elementen, mit denen man Weiblichkeit, weibliches Verliebtsein assoziiert – etwas Kraftvolles, Sprengendes ist da im Gange. Das alles sind wohl Erinnerungsfetzen an eine leidenschaftliche, erotisch dichte Situation, vielleicht bei einem Glas Wein – unterm Tisch ein wippendes Damenbein, überm Tisch keck bemalte Lippen. Ein Rotweinglas kippt. Was zeige ich von mir? Was verberge ich? Da sind zum einen Symbole der Außenfassade zu sehen (Schuh, bemalte Lippen, Rotwein) und andererseits Symbole der wirklichen Gefühle, die sich dahinter verbergen (Herz und Hände).

Oder sind die Elemente Ausdruck von Verletztheit? Das Herz wird mit Füßen getreten, die gespreizten Hände wirken wie plattgedrückt an der gekachelten Wand, über dem Mund ein ausgerufenes »A«. Welche Lesart auch immer man bevorzugt, hier ist »mit Herz und Hand«, d. h. ganz und gar eine Frau involviert. Was die Künstlerin hier ins Bild bringt, ist der Wirbel weiblicher Gefühle, gepaart mit bewusst inszenierter weiblicher Selbstdarstellung, ein stürmisches Kreisen von Liebe, Lust, Bewegung einerseits und dem Bedürfnis nach Zärtlichkeit und Zuneigung andererseits. Das ist Lebensintensität in der Spannung von Offensive und Defensive (vgl. Kat. Elvira Bach, hg. v. Marianne Jochimsen, München 1990). Das Gemälde von Elvira Bach ist als Folie 8 enthalten in *Reli: Folien. Bilder aus dem Unterrichtswerk Reli 5 – 10*, München 2001 (Kösel-Verlag, Best-Nr. 50672).

## 2. Einsatzmöglichkeiten im RU

**Liebe ist ... Erkundungen im Schreibgespräch**

Eine Annäherung an den Begriff »Liebe« wird in einem Schreibgespräch zu Zitaten bekannter Persönlichkeiten möglich. Der Vorteil dieser Methode liegt darin, dass die Beiträge in der Regel besser überdacht sind als in der mündlichen Diskussion; auch weniger Redegewandte äußern sich in kurzen Sätzen oder Stichworten.

L schreibt auf große Papierbögen jeweils eines der unten folgenden Zitate. Jede KG von vier bis sechs Sch bekommt einen Bogen.

– Jede/r Sch wählt einen Stift in einer anderen Farbe und gibt einen Kommentar zu dem Zitat ab; es können auch Anmerkungen der MitschülerInnen schriftlich kommentiert werden. Während der ganzen Zeit des Schreibgesprächs darf nicht gesprochen werden!
– Sch überlegen in den Gruppen, welche Gedanken sie der gesamten Klasse mitteilen wollen.
– Abschließend folgt das Gespräch mit Präsentation der Ergebnisse in der Klasse: Was verstehen Sch unter Liebe?

---

Liebe ist erst dann Liebe,
wenn keine Gegenliebe erwartet wird.
*Antoine de Saint-Exupéry*

Liebe ist
den anderen so zu nehmen,
wie er ist.
*K. Grove*

Einen Menschen lieben
heißt einwilligen
mit ihm alt zu werden.
*Albert Camus*

Liebe, die nicht Tat wird,
ist keine Liebe.
*Ricarda Huch*

Gegen große Vorzüge eines anderen
gibt es kein Rettungsmittel als die Liebe.
*Johann Wolfgang von Goethe*

Ein Irrtum, welcher sehr verbreitet
und manchen Jüngling irreleitet,
ist der, dass Liebe eine Sache,
die immer nur Vergnügen mache.
*Wilhelm Busch*

---

**Was es ist**

– Vor dem Lesen des Fried-Gedichts »Was es ist« *Deuteseite* 46 erhalten Sch AB 8.3.8 *Arbeitshilfen* S. 93, auf dem die Wörter »was es ist« gelöscht sind.
* Sch finden in KG eine passende Ergänzung der Verszeilen.
* Die »Lösungsblätter« der Sch werden aufgehängt und verglichen. Sch überlegen dabei, was die Auffassung der Liebe wohl von den Auffassungen der anderen (Vernunft, Berechnung, ...) unterscheidet

## Sachliche Romanze

Als sie einander acht Jahre kannten
(und man darf sagen: sie kannten sich gut),
kam ihre Liebe plötzlich abhanden.
Wie andern Leuten ein Stock oder Hut.

Sie waren traurig, betrugen sich heiter,
versuchten Küsse, als ob nichts sei,
und sahen sich an und wussten nicht weiter.
Da weinte sie schließlich. Und er stand dabei.

Vom Fenster aus konnte man Schiffen winken.
Er sagte, es wäre schon Viertel nach vier
und Zeit irgendwo Kaffee zu trinken.
Nebenan übte ein Mensch Klavier.

Sie gingen ins kleinste Café am Ort
und rührten in ihren Tassen.
Am Abend saßen sie immer noch dort.
Sie saßen allein und sie sprachen kein Wort
und konnten es einfach nicht fassen.

*Erich Kästner*

## Was ist es?

Es ist Unsinn
sagt die Vernunft
Es ist
sagt die Liebe

    Es ist Unglück
    sagt die Berechnung
    Es ist nichts
    als Schmerz
    sagt die Angst
    Es ist aussichtslos
    sagt die Einsicht
    Es ist
    sagt die Liebe

Es ist lächerlich
sagt der Stolz
Es ist leichtsinnig
sagt die Vorsicht
Es ist unmöglich
sagt die Erfahrung
Es ist
sagt die Liebe

und welche Vorstellungen von Liebe jeweils zugrunde liegen.
- Sch lesen nun das Fried-Gedicht *Deuteseite* 46:
* Was könnte der Dichter mit der ständigen Wiederholung des Gleichen meinen? (Unabänderlichkeit, Macht der Liebe, positiv gestimmte, gelassene Haltung, vertrauensvolle Offenheit.)
* Wie verändert sich für Liebende die Sicht der Dinge?
* Macht Liebe blind? Oder sehend?

**Ein Bild ergänzen – sich im Bild ausdrücken**
Das Gemälde von Elvira Bach ist als Folie Nr. 8 enthalten in *Reli: Folien*, München (Kösel) 2001, Best.-Nr. 3-466-50672-7 (dort weitere Anregungen).
- Sch benennen die Einzelelemente des Bildes und deuten deren Symbolgehalt.
- Sch schreiben in EA eine kurze Erzählung, zu der sie das Gemälde inspiriert, und geben ihr einen Titel. Wer mag, liest sie vor.
- Sch malen ein »aufmüpfiges«, sinnenfrohes Bild in kräftigen Farben (Rot und Blau?) von sich selbst. Sie können dazu auch lediglich Symbole, die für die eigene Person stehen, verwenden.

**Anfang und Ende – einen Vergleich anstellen**
Ein Gedicht, das man dem von Fried gegenüberstellen kann, ist Erich Kästners (1899-1974) »Sachliche Romanze« AB 8.3.9 *Arbeitshilfen* S. 93. Hier geht es nur indirekt um die Liebe, denn sie ist den Partnern »abhanden gekommen«. Damit können die Hauptgründe für das Scheitern von anfangs glücklichen Beziehungen herausgefunden werden: mangelnde Kommunikation, unzureichendes gegenseitiges Interesse und zu geringe Anteilnahme am anderen, an seiner Person.
- Nach dem Lesen des Gedichts schildern Sch ihre Eindrücke.
* Was halten sie von dem Titel? Drückt dieser nicht eigentlich einen Widerspruch aus oder kann eine Romanze sachlich sein?
* Kann Liebe plötzlich abhanden kommen, wie ein Gegenstand?
* Sind die beiden nicht zumindest teilweise selbst Schuld an ihrer Situation, wenn z. B. er nur dabei steht, während sie weint, anstatt zu trösten?
* Welche Bedeutung hat die dritte Strophe? Warum geht das Paar aus, erhoffen sie sich etwas Bestimmtes davon? Kann das Beibehalten des äußeren Rahmens den Verlust der Liebe überdecken?
* Ist die geschilderte Sprach- und Fassungslosigkeit vielleicht ein Grund für das Scheitern der Beziehung?

## Als Mann und Frau schuf er sie                       Deuteseite III 48-49

### 1. Hintergrund

Anhand der *Kurzgeschichte* von Eva Hönick »Ein unbedeutender Vorfall« wird eindrucksvoll erzählt, was wahre Liebe ist, die vor einer Behinderung nicht Halt macht. Dadurch, dass das junge Pärchen so sympathisch geschildert wird, identifiziert man sich mit den beiden und erschrickt, wenn die Autorin von der Behinderung der jungen Frau erzählt. Durch das Fehlen beider Arme ist die junge Frau in ihrem Leben extrem eingeschränkt, kann nichts ohne Hilfe machen: nicht essen, sich nicht waschen, sich nicht anziehen oder sich nicht die Nase putzen – bei allem muss ihr geholfen werden. Es ist nicht selbstverständlich, dass sich ein junger Mann gefunden hat, der sein Leben mit ihr verbringen möchte; mit einer »normalen« Partnerin hätte er es doch viel leichter. Er erntet mit seiner Liebe zu einer Behinderten vermutlich auch viel Unverständnis. Doch durch solche Argumente lässt er sich wohl nicht von seiner Partnerin abbringen. Für ihn zählen offensichtlich wirklich die wahren Werte und nicht das Image. Seine Freundin kann sich glücklich schätzen, einen Menschen wie ihn gefunden zu haben, und sicher sein, dass er sie wirklich liebt, so wie sie ist, sie als Person; denn wäre dem nicht so, hätte er es mit einer anderen Freundin leichter.

### Liebespaar im Feld
Aus Tacuinum Sanitatis, Frankreich, 15. Jh.
Ein »Tacuinum Sanitatis« entspricht etwa einem Handbuch für Heilkunde bzw. Heilkräuter, ist also eine Art Gesundheitsbuch. Dasjenige, dem dieses Bild entnommen ist, enthält Abbildungen von Heilpflanzen nach folgendem Schema: In der Mitte ist im Großformat die jeweilige Heilpflanze dargestellt, darunter ist ihr Name notiert. Links und rechts davon steht sich ein Paar gegenüber, umgeben von kleineren Abbildungen derselben Pflanze in einem anderen Entwicklungsstadium. Die Paare tragen exquisite, detailliert gezeichnete Kleidung, von Blatt zu Blatt variationsreich ausgestaltet, einschließlich der Frisuren und des Kopfputzes bei den Damen und den Herren.

Dieses Bild zeigt eine ausgewachsene Fenchelstaude mit ihrem ein bis zwei Meter hohen, bläulich bereiften Stängel und vielfach gefiederten, in feine Abschnitte zerteilten Blättern. An den kleineren Fenchelpflanzen demonstriert der Maler, dass es sich um ein Doldengewächs mit gelblichen Blüten handelt. Der Fenchel war wegen seines Duftes und kostbaren Öles sehr beliebt. In der Volksmedizin diente er nach einer antiken Überlieferung (Plinius: Nat. hist. 20,93) vor allem gegen Augenkrankheiten; daher verstand man ihn als Symbol für geistige Klarsicht. Da er angeblich bei Schlangen, die ihn fressen, die Häutung hervorruft, galt er auch als Sinnbild periodischer Erneuerung und Verjüngung. Das Mittelalter sah im Fenchel vor allem eine Pflanze, die den bösen Zauber abwehrte und vor Wollust bewahrte. Dem entspricht die Darstellung des Paares. Unter der Fenchelstaude begegnen sich ein Mann und eine Frau, gekleidet in elegante, wallende Gewänder aus schwerem Stoff, er in Blau, sie in Rosa. Die Darstellung entspricht dem, wie man sich im Mittelalter in höfischen Kreisen die Begegnung zwischen Liebenden vorstellte: Man kommt sich nahe, leichte Berührungen an Hals und Wange werden gezeigt, doch gesittet; man trifft sich im Garten, liebkost sich und enteilt wieder, jede/r in das eigene Gemach. Auch wenn sich die Szene im Rahmen der damaligen gesellschaftlichen Konvention abspielt, so spricht doch gerade aus den sparsamen Gesten des Paares innige Zärtlichkeit, kein Besitzergreifen.

## 2. Einsatzmöglichkeiten im RU

### Einen unbedeutenden Vorfall kennen lernen
– Nach dem Lesen der Kurzgeschichte sollte man eine kurze Pause machen, um die Geschichte wirken zu lassen.
– Dann beschreiben Sch ihre Eindrücke:
* Was denken sie über das junge Pärchen?
* Finden es Sch gut, dass der gesunde junge Mann mit einer Gehandicapten zusammen ist, die den ganzen Tag seine Aufmerksamkeit und Hilfe braucht?
* Wie sieht wohl der Alltag der beiden aus?
* Ob der Mann vielleicht manchmal ausgelacht wird, weil er mit einer Behinderten zusammen ist?
* Was können die beiden tun, um die einseitige Abhängigkeit auszugleichen?
* Können sich Sch vorstellen, einen behinderten Partner zu haben? Oder was wäre, wenn der jetzige Freund/die jetzige Freundin durch einen Unfall plötzlich behindert wäre?

### Wahre Liebe
Eine weitere Möglichkeit, sich darüber klar zu werden, was »wahre Liebe« ist, ermöglichen Zugänge in KG-Arbeit:
– Jede KG (vier bis sechs Sch) sitzt um einen Tisch, in dessen Mitte ein DIN-A3-Blatt liegt, auf dem steht: »Ich kann von einem Menschen glauben, dass er mich wirklich gern hat, wenn ...« Jede/r Sch äußert sich schriftlich dazu, auch mehrere Male. Dabei wird nicht gesprochen.
* Eine andere Variante bildet der Ausgangssatz »Ich hätte ernste Bedenken, ob mein Freund / meine Freundin wirklich zu mir steht, wenn ...«
– Die Ergebnisse werden in der Großgruppe vorgestellt und diskutiert.

### Darum brauche ich deine Freundschaft
Auch anhand der Texte von Saint-Exupéry AB 8.3.10 *Arbeitshilfen* S. 97 kann eine Reflexion über das, was Freundschaft wirklich ausmacht, und über das Wesen der Liebe, für die innere Werte zählen und die auch Verantwortung übernimmt, in der Klasse stattfinden.
– Was halten Sch von der Aussage Saint-Exupérys, dass sich Freundschaft hauptsächlich dadurch auszeichnet, dass man sich »ungeschminkt« zeigen kann?
– Was bedeutet der Satz »Man sieht nur mit dem Herzen gut«? Zählt nicht doch vor allem das Aussehen?
– Was verstehen Sch darunter, dass man verantwortlich ist für das, was man sich vertraut gemacht hat?

### Eine Partnerschaftsspirale gestalten
Für diese Gestaltungsaufgabe sind festeres Papier oder leichter farbiger Karton, Scheren, Faden und Reißwecke zum Aufhängen nötig. Ruhige Musik unterstützt die Gestaltungsarbeit.
– Sch schneiden eine kreisförmige Scheibe aus dem Karton und schreiben in Spiralform auf der Vorderseite Sätze über ihre Erwartungen an eine/n Freund/in auf: »Zu dir kann ich kommen, wenn ich ...«.
– Erst wenn alle ihre Scheibe beschriftet haben, fordert L sie auf, den Karton umzudrehen. Sch schreiben nun die gleichen Sätze, diesmal aber in Bezug auf sich selbst als Freund/in: »Zu mir kannst du kommen, wenn ...«.
– Sch schneiden entlang ihrer spiralförmigen Sätze, sodass sie ihre Spirale aufhängen können. Wo wird sie einen angemessenen Platz finden?

**Liebespaare vergleichen**
- Das Bild ist enthalten in *Reli: Folien* als Folie 9.
- Sch vergleichen die Darstellungen von Paaren im Kapitel (*Titelseite* 39, *Deuteseite* 45, *Infoseite* 50, *Infoseite* 51, *Stellungnahmen* 52) und versuchen, die Atmosphäre der Bilder ins Wort zu bringen. Ein Ziel ist es, anhand der Bilder ein Gespür für das breite Spektrum zwischen drängender Leidenschaft einerseits und sanfter Zärtlichkeit andererseits zu bekommen und die Sprachlosigkeit abzubauen.
- Danach klären sie, welche Erfahrungsweisen von Liebe und Zärtlichkeit ihnen zugrundeliegen. Dabei wird klar werden, wie auch der Umgang in unseren intimen Beziehungen gesellschaftlich vermittelt ist. Vielleicht können Sch auch kritisch wahrnehmen, welche Tendenz heute, auch durch die mediale Vermittlung, von klein auf in Kindern und Jugendlichen vorgeprägt wird.
- Die Bilderschließung in *Reli: Folien* (Folie 9) enthält u. a. den Hinweis auf ein schönes Liebeslied aus den Carmina Burana »Kume, kum, geselle min«, das Sch entweder als Gedicht lernen oder – ggf. in Zusammenarbeit mit der Musiklehrkraft – anhören und zu singen lernen.

**Einen Blumenstrauß voller Zärtlichkeiten binden**  **Ideenseite 43**
- Sch überlegen in EA Formen der Zärtlichkeit, greifen ggf. dazu auf die Sprache zurück, die sie in Zusammenhang mit der Bilderschließung (s. o.) eingeübt haben, schreiben Eindrücke, Handlungen, Gesten in einen Blumenstrauß.
- Die Sträuße werden in KG oder durch Aushang und gemeinsame Betrachtung im Plenum verglichen.
- Für eine stille Vertiefung werden sie in ihren Umrissen ausgeschnitten und auf farbigen Karton geklebt (ruhige Musik!) und können im Rahmen einer Ausstellung auch einem größeren Publikum gezeigt werden.

# Ein Geschenk des Himmels  Infoseite 50-51

## 1. Hintergrund

> **Bein von meinem Bein**
> Erst seit der Erschaffung der Frau ist vom Mann die Rede. Zu Beginn der Schöpfungserzählung erfahren wir zunächst vom Menschen *(adam)*; Adam ist im Hebräischen ein Kollektivbegriff und bezeichnet die Menschen in beiden Geschlechtern. Die Namensgleichheit mit dem hebräischen Wort Erde *(adamah)* weist auf Ursprung und Bestimmung der Menschen hin: Sie sind der Erde zugeordnet, müssen sie bearbeiten, sie ist ihr natürlicher Lebensraum. Von Mann *(iš)* ist nach der Erschaffung der Frau *(išah)* die Rede. Die Wortbildung sagt etwas über die enge Bindung von Mann und Frau aus.

Leider hat der Satz »Bein von meinem Bein« bzw. die Vorstellung von der Erschaffung der Frau aus der Rippe in der Kirche schon früh zu Missverständnissen geführt. Man folgerte bereits in einer Gemeindeordnung zu Beginn des 1. Jahrhunderts (1 Tim 2,11-14) daraus, dass der Mann über der Frau stehe, weil er angeblich zuerst erschaffen wurde und die Frau nur ein Teil von ihm sei.
Heute können wir dank wissenschaftlicher Erkenntnisse diese aus verschiedenen Gründen irrige Vorstellung korrigieren.

Der Erzähler dieser Schöpfungsgeschichte hat verschiedene Überlieferungen aus der Umgebung des frühen Israel verarbeitet. In diesen Kulturen und bei den Israeliten bedeutete die Rippe anderes als für uns heute:
1. Die Rippe erinnerte wegen ihrer gebogenen Form an die Gestalt der Mondsichel. Diese war für die alten Hebräer ein Symbol der Fruchtbarkeit.
2. Bei Ausgrabungen in Jericho fanden Archäologen menschenförmige Tonfiguren. Diese enthielten im Innern einen menschlichen Knochen oder ersatzweise ein Stück Holz oder den Stängel einer Pflanze. Die Forscher vermuten deshalb, dass die Figuren verstorbene Ahnen darstellen. Jede Figur war um einen Knochen des Verstorbenen herumgebaut. Das Knochenstück sollte offenbar die Verbindung zwischen dem Toten und seinem Bild herstellen. Es garantierte, dass der Verstorbene in der Abbildung anwesend war. So ähnlich muss man sich die Erschaffung der Frau aus der Rippe vorstellen: Die Rippe, um die die Frau »herumgebaut« ist, beweist, dass sie ebenso Mensch wie der Mann ist. Beide Geschlechter sind von Anfang an Mensch und daher gleichrangig und gleichwertig.
3. Der Name »Eva« ist ursprünglich kein Eigenname, sondern bedeutet »Mutter aller Lebenden«. Da die erste Frau sowohl mit »Rippe« wie auch mit »Leben« in Zusammenhang steht, ist auch eine Ableitung aus der sumerischen Sprache möglich.

## Darum brauche ich deine Freundschaft

Darum, mein Freund, brauche ich so sehr deine Freundschaft.
Zu dir kann ich kommen,
ohne eine Uniform anziehen oder einen Koran hersagen zu müssen;
kein Stück meiner inneren Heimat brauche ich preiszugeben.
In deiner Nähe brauche ich mich nicht zu entschuldigen.
Dein Jasagen zu dem, was ich bin,
hat dich gegen Haltung und Bekenntnis nachsichtig gemacht,
sooft es nötig war.
Ich weiß dir Dank dafür, dass du mich so hinnimmst, wie ich bin.

*Der christliche Flieger und Dichter Antoine de Saint-Exupéry zu seinem muslimischen Freund*


## Man sieht nur mit dem Herzen gut

Und der kleine Prinz kam zum Fuchs zurück.
»Adieu«, sagte er ...
»Adieu«, sagte der Fuchs.
»Hier ist mein Geheimnis. Es ist ganz einfach:
Man sieht nur mit dem Herzen gut.
Das Wesentliche ist für die Augen unsichtbar.«
– »Das Wesentliche ist für die Augen unsichtbar«,
wiederholte der kleine Prinz, um es sich zu merken.
»Die Zeit, die du für die Rose verloren hast,
sie macht deine Rose so wichtig.«
»Die Zeit, die ich für meine Rose verloren habe ...«,
sagte der kleine Prinz, um es sich zu merken.
»Die Menschen haben diese Wahrheit vergessen«, sagte der Fuchs.
»Aber du darfst sie nicht vergessen.
Du bist zeitlebens für das verantwortlich,
was du dir vertraut gemacht hast.
Du bist für deine Rose verantwortlich ...« –
»Ich bin für meine Rose verantwortlich ...«,
wiederholte der kleine Prinz, um es sich zu merken.

*Antoine de Saint-Exupéry*

Die Sumerer lebten zwischen 4500 und 1750 v. Chr. im heutigen Süd-Irak. Den Namen ihrer Göttin NIN-TI kann man sowohl mit »Rippe« als auch mit »Leben« wiedergeben.

### Frida Kahlo (1907-1954)

Als Magdalena Carmen Frieda Kahlo Calderón wurde Frida Kahlo am 6. Juli 1907 als dritte von vier Töchtern der Mexikanerin Matilde Calderòn y Conzáles und des Deutschen Wilhelm Kahlo in Mexiko geboren. Ihr Vater war Fotograf und schulte ihr Auge. 1913 erkrankte sie an Kinderlähmung, der rechte Fuß blieb leicht verkrümmt. Als eines von 35 Mädchen unter 2000 Schülern besuchte sie eine höhere Schule zur Vorbereitung auf das Studium; sie wollte Medizin studieren. Achtzehnjährig wurde sie bei einem Straßenunglück schwer verletzt. Zeitlebens hatte sie unter den Folgen zu leiden. Bis 1950 wurde sie sieben Mal an der Wirbelsäule operiert, Monate ihres Lebens verbrachte sie in Krankenhäusern. Während ihrer Genesungszeit begann sie an einer eigens hergestellten Staffelei zu malen. Mit schonungslosem Blick malte sie den Ort ihrer Schmerzen, ihren Körper. Als Ursache für die große Anzahl ihrer Selbstdarstellungen gab Frida Kahlo selbst als Antwort: »Ich male mich, weil ich so oft alleine bin und weil ich mich auch am besten kenne.« In der Malerei kann sie dem Tod entkommen, sich selbst und ihre Umwelt neu entdecken. Ihre Bilder sind auch Ausdruck ihrer Liebe zur Natur, zu den Tieren, zu Farben und Früchten, zu allem Positiven, das sie umgab, und sind Ausdruck des Dankes und gleichzeitig Bestätigung der Lebensfreude.

1928 trat sie in die Kommunistische Partei Mexikos ein und traf dort Diego Riviera wieder, der in ihrer Schule ein Wandbild gemalt hatte. Die beiden heirateten am 21. August 1929. Der über zwanzig Jahre ältere Diego Riviera (1886-1957) war einer der bekanntesten Maler Mexikos. Frida Kahlo erlitt drei Fehlgeburten und litt sehr darunter, wohl nie ein Kind bekommen zu können. Riviera hatte ständig Geliebte, darunter auch die Schwester Frida Kahlos, worüber diese nur schwer hinwegkam. Durch die Vermittlung Rivieras kam 1937 Leo Trotzki ins Exil nach Mexiko. Trotzki wohnte zunächst bei dem Künstlerehepaar und Frida Kahlo begann eine Liebschaft mit Trotzki. Sie erlebte 1940 seine Ermordung aus nächster Nähe. Ende 1939 wurde die Ehe von Kahlo und Riviera geschieden. Im Dezember 1940 heirateten sie jedoch ein zweites Mal. Frida Kahlo wurde 1943 Lehrerin an einer Kunstschule. 1953 fand die erste Einzelausstellung ihrer Werke in Mexiko statt, sie konnte liegend an ihr teilnehmen. Ihr rechtes Bein war bis zum Knie amputiert. 1954 erkrankte sie an Lungenentzündung; sie starb am 13. Juli. Das so genannte Blaue Haus, in dem Frida Kahlo geboren wurde und gestorben ist, wurde von Diego Riviera dem mexikanischen Volk übergeben. Heute ist in ihm das Frida-Kahlo-Museum untergebracht.

**Frida Kahlo: Selbstbildnis als Tehuana oder Diego in meinen Gedanken, 1943**
Öl auf Hartfaser, 46 x 61 cm

Selbstbildnisse sind Bestandteil des Werks von Frida Kahlo durch die 28 Jahre ihrer Malerei. Dabei hat sie sich schon früh von europäischen Vorbildern gelöst und sich zum »Mexicanismo« bekannt, dem nach der Revolution in den Zwanziger Jahren gegen die ausländischen Einflüsse formulierten mexikanischen Nationalstolz. Die Volkskunst Mexikos, deren indianische Tradition, populäre Votivtafeln mit religiösem Charakter, christliche Märtyrer- und Heiligendarstellungen, auch Vorbilder aus der spanischen Kolonialzeit (z. B. Schriftbänder), fließen in ihre Kunst ein und führen zu der Verschmelzung von Wirklichkeit und Fantasie als zwei Bestandteilen der Realität in ihrer Kunst.

Während die Brustporträts bis Ende der Dreißigerjahre selten mit Schmuckelementen, außer mit dem um den Kopf gelegten Haarzopf, versehen sind, werden ab 1938 die Haare zunehmend mit dicken Bändern durchflochten oder mit Blumenschmuck und Elementen der mexikanischen Volkskunst dargestellt. Das Gemälde *Infoseite* 50 von 1943 zeigt die Künstlerin in der schmuckvollen Tracht der selbstbewussten Frauen vom Isthmus von Tehuantepec, die sie nach der Heirat mit Riviera vorzugsweise trug. Die Tehuana-Tracht, die mit ihrem bodenlangen Rock auch die Möglichkeit bot, das etwas zu kurze und dünnere rechte Bein zu verbergen, stammt aus einer Region im Süd-Westen Mexikos, in der noch heute matriarchale Traditionen fortbestehen und deren ökonomische Struktur die Dominanz der Frauen zeigt. In dieser im Vergleich zu anderen ländlichen Regionen Mexikos relativ wohlhabenden Handelszone ist die vom Machismo geprägte Gesellschaftsstruktur, die in ganz Mexiko vorherrscht, weniger stark ausgeprägt. Die Tracht wurde schon in den Zwanziger Jahren zum bevorzugten Kleidungsstück auch der mexikanischen intellektuellen Städterinnen, die sich auf ihre Kultur besannen. Damit ent-

# Impulskarten rund um die Beziehungskiste

| | |
|---|---|
| Wie wird aus Freundschaft Liebe? | Was soll man tun, wenn das Mädchen ungewollt schwanger wird? |
| Bis zu welchem Alter sollte man mit jemandem geschlafen haben? | Sollte man mit verschiedenen Partnern schlafen, um Erfahrungen zu sammeln? |
| Ist in einer Beziehung alles erlaubt, was Spaß macht? | Gehören Sex und Liebe auf jeden Fall zusammen? |
| Findest du es gut, wenn dein Partner schon viel Erfahrung in Beziehungen gesammelt hat? | Gilt man unter Gleichaltrigen mehr, wenn man einen Freund / eine Freundin hat? |
| Wie soll man sich verhalten, wenn der andere fremdgeht oder fremdgegangen ist? | Was soll ich tun, wenn der andere Schluss macht, ich aber noch an ihm hänge? |
| Wie kann ich merken, ob der andere es ernst meint? | Wie kann ich jemanden kennen lernen, auch wenn ich eher schüchtern bin? |
| Woran scheitern Beziehungen? | Wer kümmert sich um die Verhütung? |
| Kann man auch ohne Sex einen festen Freund / eine feste Freundin haben? | Wie geht es weiter, wenn das erste Verliebtsein vorbei ist und der Alltag kommt? |

sprach Kahlo auch den Vorstellungen Diego Rivieras. Er sah in der Tracht der mexikanischen Landbevölkerung die »Verkörperung aller nationalen Herrlichkeit«.

Dass im Selbstbildnis der Ehemann auf der Stirn gemalt erscheint, hat auch mit dem Einfluss der altmexikanischen Mythologie auf das Werk Frida Kahlos zu tun. Sie ist vom Dualismus zwischen dem weißen Gott (der Sonne, dem Tag, des Sommers, des Südens, des Feuers) und seinem Widersacher, dem schwarzen Gott (der untergegangenen Sonne, der Nacht und des Sternenhimmels, des Winters, des Nordens, des Wassers) geprägt. Dieses Prinzip der Zweiteilung des Universums, der Zweiheit in der Einheit kennzeichnet zahlreiche Werke der Künstlerin und setzt sich in diesem Bild bis in ihre eigene Person fort (vgl. Andrea Kettenmann, Selbstdarstellungen im Spiegel mexikanischer Tradition, in: Frida Kahlo. Das Gesamtwerk, hg. v. Helga Prignitz-Poda u. a., Frankfurt 1988, S. 23-33).

## 2. Einsatzmöglichkeiten im RU

**Wer in meinen Gedanken?**
Sch erschließen gemeinsam mit L den dreistufigen Aufbau des Selbstbildes von Frida Kahlo: Zu sehen ist: 1. Das Gesicht der Malerin, 2. das Gesicht ihres Mannes in ihren Gedanken, 3. der Blumenhaarschmuck und die Tracht, die sich wie Wurzeln mit der überindividuellen und über das Paar hinausgehenden Kultur und Tradition verbinden.

– Sch malen 1. sich selbst im Zentrum eines solchen dreigestuften Bildes, 2. durch wen sie in ihren Gedanken beeinflusst und geprägt sind und 3. welche Traditionen und Personen sie nähren und mit wem sie in Verbindung stehen.

– Mit Blick auf das Thema Partnerschaft und Sexualität gewichten sie entweder durch Farbgebung oder Größenverhältnisse, wie viel Raum sie selbst und wie viel Raum ihr Partner einnimmt oder einnehmen soll.

**»Dürfte ich eigentlich mal bei Johnny schlafen?« – Szenen entwerfen**  Ideenseite 43
Der bereits S. 90 entfaltete Impuls kann auch im thematischen Zusammenhang der *Infoseite* bearbeitet werden.

**Als Bravo-Team eine Anfrage beantworten**
Auch an dieser Stelle kann AB 8.3.3 *Arbeitshilfen* S. 86 mit den zugehörigen Erläuterungen S. 82 eingesetzt werden.

## Das hört der Spaß auf  Stellungnahmen 52

### 1. Hintergrund

Die *Stellungnahmen* bieten verschiedene Abschlussmöglichkeiten des Kapitels. L wird auswählen, was am besten zum Verlauf der Unterrichtseinheit passt. Imbkes *Bildgedicht* thematisiert den Beginn von Verliebtheit, Freundschaft, Partnerschaft; der Dialog der *Briefchen*-Schreiber und das *Gedicht* von Lothar Zenetti thematisieren Vorstellungen davon, »unberührt« in die Ehe zu gehen bzw. die Aufgabe, mit den Vorerfahrungen von Beziehungspartnern zurechtzukommen; die *Skulptur* von Keith Haring mit dem Titel »Boxers« gibt Gelegenheit, nicht nur das Sich-Verlieben, sondern auch das Sich-Entlieben zu thematisieren.

### 2. Einsatzmöglichkeiten im RU

**Schülerbriefchen lesen**
– Um was geht es in dem Briefchen?
– Kennt ihr solche Diskussionen?
– Was haltet ihr von den Positionen der beiden? Wem würdet ihr eher zustimmen?
  Der Junge, der offensichtlich nichts mit dem Mädchen zu tun haben will, will sich vermutlich vor Enttäuschungen, vielleicht auch vor Eifersucht schützen.
* Wie können sich die Partner in Liebesbeziehungen enttäuschen?
* Wie steht es um Eifersucht gegenüber vorhergehenden Freunden/Freundinnen?
* Dürfen Jungen sexuell freizügiger sein als Mädchen oder nicht?

**Abschied nehmen**
Die Skulptur von Keith Haring heißt »Boxers«. Zwei streiten sich, schlagen sich und treffen sich in »Kopf und Bauch«.

- Sch erhalten zwei Vergrößerungen der Skulptur. In EA beschriften sie die erste gemäß ihren Erfahrungen: Welche »Schläge« treffen besonders hart am Ende einer Freundschaft?
- Sch überlegen in KG, wie eine Trennung möglichst gut verlaufen kann.
* Welche Verletzungen sind zu vermeiden?
* Welche sind vielleicht unvermeidlich?
- Sch schneiden die beiden Figuren so aus, dass die rote und die blaue jeweils möglichst erhalten bleibt (kleben!) und ziehen die beiden Figuren so weit auseinander, dass die schlagenden Arme vor dem Körper des Kontrahenten enden. Sie schreiben ihre Arbeitsergebnisse – versöhnende Gesten, tröstende Worte, positive Botschaften – in die Figuren.

**Impulskarten rund um die Beziehungskiste**
Mithilfe den Impulskarten AB 8.3.11 *Arbeitshilfen* S. 99 führen Sch in KG ein Gespräch über heikle Fragen bzw. oftmals strittige Punkte in Partnerschaften und äußern eigene Ansichten.
- Dazu kopiert L die Impulskarten, schneidet sie zurecht und teilt jeder KG von vier bis sechs Sch einen umgedrehten Stapel aus. Ein/e Sch nimmt die erste Karte vom Stapel, liest vor und nimmt selbst Stellung zu dem Gelesenen. Danach äußern andere ihre Meinung dazu.

## 3. Weiterführende Anregungen

**Lektüretipps: Verlieben – Lieben – Entlieben**
Sieben Geschichten rund um die Titelthemen finden sich in
Timm von Klotzek/Rudolf Spindler (Hg.): Verlieben – lieben – entlieben, Kiepenheuer & Witsch, Köln 2001, 208 S.
Eine Geschichte wird z. B. in drei Kapiteln aus der Sicht dreier Menschen erzählt, die sich in einer Bar begegnen, sich beobachten und ihre Gedanken übereinander machen.

**friends 4 you. Alles über Freundschaft**
Einen Freundschaftstauglichkeitstest und Antworten auf viele Fragen um das alte und immer wieder neue Thema Freundschaft gibt dieser Jugendratgeber von Petra Göttinger, Kösel-Verlag, München 2000.

**Beziehungen im Film erleben**
Film: Und tschüss. Kurzspielfilm, 6 Minuten, BRD 1993
Regie: Walter Feistle
Bezug über: Katholisches Filmwerk, Ludwigstraße 33, 60327 Frankfurt/M., Tel. 069/971436-0, Fax: -13, www.filmwerk.de
Dieser Film der Hochschule für Fernsehen und Film, München, erhielt 1994 den Publikumspreis beim Internationalen Studentenfestival mit dem Prädikat »Besonders wertvoll«.
Ein Reigen junger Paare am Bahnhof ist zu sehen. Trennungen, Wiedersehen, Kennenlernen, Abschied für immer. Kurze Momentaufnahmen erzählen ganze Beziehungsgeschichten.

# 4 Jüdisches Leben – jüdischer Glaube

## Das Thema im Schülerbuch

Jesus war Jude! Diese Tatsache ist heute Vielen geläufig. Doch fangen damit die Fragen erst an. Wie stand Jesus zu seiner jüdischen Religion? Warum sind wir Christen, wenn Jesus Jude war? Wie sind Altes und Neues Testament aufeinander bezogen? Welches Verhältnis hat die Kirche zum Judentum? Am 13. April 1986 unterstrich Papst Johannes Paul II. beim Besuch der römischen Synagoge die theologische Erkenntnis, dass die Juden unsere älteren Glaubensbrüder sind. Damit betonte er die Trendwende der katholischen Kirche im Verhältnis zum Judentum seit dem II. Vatikanum. Seitdem ist dazu in vielen Gremien und Verlautbarungen der Kirche Grundlegendes und Richtungweisendes gesagt worden. Trotz hervorragender Sach- und Arbeitsbücher zu diesem Thema ist allerdings immer noch viel zu wenig an der Basis angekommen. Das vorliegende Kapitel stellt sich dieser »Übersetzungsarbeit«. Es will Sch, die eher gegenwartsbezogen fragen, anhand einer exemplarischen Vorgehensweise an Grundaspekte der jüdischen Religion und elementare Fragen des jüdisch-christlichen Dialogs heranführen.

»Türen öffnen, das ist gut – was versuchte ich anderes.« Dieser Ausspruch Marc Chagalls steht gleichsam wie ein Leitsatz über dem gesamten Kapitel.
Die *Titelseite* (**53**) bringt mit seinem Bild »Der Geigenspieler« den Sch eine Welt nahe, in der Armut und Bedrückung, Lebensfreude, Musik und Tanz untrennbar miteinander verbunden sind. Die jüdische Religion ist Ausdruck von Freude und Zuversicht. Die darin gründende Liebenswürdigkeit sollten Sch erspüren lernen.

Die *Themenseite* (**54-55**) führt drei Motive ein, die im Kapitel weiter entfaltet werden:
1. Das Thema *Jüdisches Leben – jüdischer Glaube* wird Sch in einer gegenwartsbezogenen Weise vorgestellt, so wie es heute durch bekannte Personen, durch Sprache, Denkmäler und Werbung an sie herantritt.
2. Mit dem Satz von Papst Johannes Paul II. »Wer Jesus begegnet, begegnet dem Judentum« klingt ein weiteres Motiv dieses Kapitels an: Jesus, der Jude, Sch bekannt aus Religionsunterricht und Katechese, wird ihnen als Schlüssel zur jüdischen Religion vorgestellt.

3. Außerdem wird an Vor- und Grundwissen angeknüpft, das Sch meist durch Schule und Katechese mitbringen (z. B. Zehn Gebote).

Die *Ideenseite* (**56-57**) zeigt unterschiedliche Zugänge auf, sich dem Thema biblisch und zeitgeschichtlich zu nähern. Eine Mauer bildet dabei den Hintergrund dieser Seite. Sie steht symbolisch für all das Trennende, das sich im Laufe von Jahrhunderten zwischen Juden und Christen gestellt hat. Gleichzeitig wird durch die grafische Gestaltung deutlich: Wer den Anregungen der *Ideenseite* folgt, das heißt sich mit dem Judentum und seiner Geschichte befasst, kann die Mauer aufbrechen und einen unverstellten Zugang zu dieser Religion gewinnen.

Die *Deuteseite I* (**58-59**) zeigt am Beispiel der jüdischen Gemeinde in Regensburg jüdisches Leben in Deutschland heute. Der Brief von »Evelyn« stammt aus einem Lesebuch, das der Zentralrat der Juden in Deutschland herausgegeben hat. Er macht deutlich, dass sich jüdische Jugendliche vielfach über ihre Religion identifizieren, aber auch, von welchen Ängsten sie in Deutschland begleitet werden.

Auf der *Deuteseite II* (**60-61**) wird der Tatsache Rechnung getragen, dass das Judentum eine Buchreligion ist. Lesen und Lernen haben im Judentum einen charakteristisch hohen Stellenwert. Auf dem Gebiet der Literatur hat es das jüdische Volk zu Höchstleistungen gebracht. In vielen Geschichten und Anekdoten ist die Weisheit zu spüren, die den Juden selbst in ausweglosen Situationen die Kraft gegeben hat, den Glauben an das Gute und die Hoffnung auf Erlösung nicht aufzugeben. Die Fähigkeit, über sich selbst zu schmunzeln und zu lachen, zeugt von dieser lebensbejahenden Einstellung der Juden.

Die »Schoa« erreicht die Grenze dessen, was einem Volk widerfahren kann. Auf der *Deuteseite III* (**62-63**) verarbeitet ein Zeitzeuge auf seine Weise in Text und Bild die Erinnerung daran. Dadurch tritt das Grauen der Schoa an Sch heran. Diese Zumutung ist ernst zu nehmen. Es braucht einen angemessenen Rahmen und die innere Bereitschaft, sich dieser Wirklichkeit auszusetzen.

Auf der *Infoseite I* (**64-65**) zeigt der Text »Wusstest du eigentlich?« die tiefe Verwurzelung Jesu in seiner jüdischen Religion. Die rechte Seite informiert, wie es zur Entfremdung und später zur Ablehnung des Judentums durch die Kirche gekommen ist.

In geschichtlichen Dimensionen betrachtet ist die Zeit vom Ende des Zweiten Weltkrieges bis heute relativ kurz. Die *Infoseite II* (**66-67**) deutet an, wie sich in dieser Zeit das Verhältnis der Kirche zum Judentum grundlegend gewandelt hat. Entscheidend für diese Trendwende waren Päpste, deren Lebenswege sich mit dem Leiden des jüdischen Volkes gekreuzt haben.

Die *Stellungnahmen* (**68**) bringen ein konstitutives Element der jüdischen und christlichen Religion an die Sch heran. Beide Religionen sind von der Geschichtsmächtigkeit ihres Gottes überzeugt. Deshalb gilt es auf die Geschichte zu achten und aus ihr zu lernen, damit sich durch Menschen ausgelöste Katastrophen nicht wiederholen.

## Verknüpfungen mit anderen Themen im Schülerbuch

*Kap. 1 Hunger nach Leben*: Wenn das Leben unerträglich wird, kein Sinn erkennbar ist, welche Lebens-Wege gibt es dann angesichts von Ohnmacht und Not?

*Kap. 2 Kirche (ausge)dient?*: Die *Infoseite* 32/33 »Jugend in der Kirche« kann verglichen werden mit *Deuteseite* 58/59 über jüdische Jugendliche in der Synagoge.

*Kap. 5 Die Schöpfung ist uns anvertraut*: Die biblischen Schöpfungstexte sind gemeinsame Grundlage von Juden und Christen (*Infoseiten* 80-83).

*Kap. 6 Was dem Leben Halt und Richtung gibt*: Die Mutter Jesu, das Urbild der Kirche – eine Jüdin! (*Infoseite* 97). Propheten nehmen Stellung: Sie deuten Geschichte und erheben ihre Stimme für das Leben! (*Infoseite* 96).

## Verbindungen mit anderen Fächern

*Evangelische Religionslehre:* Der Themenbereich 8.3 (Einander besser verstehen – Glaube und Leben der Juden) ist in hervorragender Weise für eine Kooperation geeignet.

*Ethik*: Desgleichen gilt für Themenbereich 8.5 (Glaube und Leben im Judentum).

*Deutsch:* Jüdische Anekdoten oder chassidische Geschichten werden erarbeitet und/oder frei erzählt (8.1.1). Als Klassenlektüre wird z. B. das Buch »Sternkinder« oder andere Jugendliteratur zur Schoa empfohlen (8.2.2).

*Geschichte/Sozialkunde/Erdkunde*: Die Ereignisse des Ersten und Zweiten Weltkrieges sind Gegenstand des Unterrichts (8.7). Es bietet sich an, in Absprache mit der Geschichtslehrkraft, ergänzend zu den Inhalten Entrechtung, Verfolgung und Vernichtung der Juden zu arbeiten.

*Musik*: Das Thema 8.4 (Bewegung und Ruhe in der Musik) sieht vor, Beispiele aus verschiedenen Musikkulturen kennen zu lernen (8.4.3) und entsprechende Tänze zu erlernen (8.4.1); es bietet sich an jüdisches Liedgut anzuhören, einzustudieren und zu interpretieren und israelische Kreistänze zu erlernen. Themenbereich 8.2 (Musik provoziert) regt das Singen und Hören von Liedern mit provozierenden Inhalten aus Geschichte und Gegenwart an (8.2.1) und nennt den polnischen jüdischen Komponisten Penderecki als einen, der die Hörerfahrungen im 20. Jh. revolutionierte (8.2.2). Wenn »Die drei Jünglinge im Feuerofen« als Werkausschnitt gewählt wird, ergeben sich Kooperationsmöglichkeiten.

# Jüdisches Leben – jüdischer Glaube     Titelseite 53

## 1. Hintergrund

Mit dem Judentum begegnet Sch die Wurzel des Christentums. Da die wenigsten Sch Juden und Jüdinnen aus persönlichen Begegnungen kennen oder in ihrem unmittelbaren Lebensumfeld jüdische Religion und Kultur erleben, ist ihnen das Judentum eher fremd.

Durch das Bild »Der Geigenspieler« werden Sch zunächst in eine ihnen unbekannte jüdische Welt eingeladen, die angefüllt ist mit Lebensfreude, Musik, Festlichkeit, Nachdenklichkeit und Menschlichkeit: die Welt des »Schtetl«, des osteuropäischen Judentums, in der die jüdische Religion zu einer einzigartigen Blüte gefunden hatte. Diese Welt gibt es heute nicht mehr. Sie hat der Nationalsozialismus im Zuge seiner Rassenideologie vernichtet. Gleichwohl sind noch Spuren erhalten geblieben, denen es wert ist nachzugehen. Damit erhalten Sch einen Schlüssel zum besseren Verständnis dieser Religion an die Hand.

Die Bildbetrachtung führt durch das inszenierte Weggehen in eine andere Welt. Dadurch schafft sie zunächst Distanz, weist Sch aber zugleich in das Thema ein: Durch die Begegnung mit einer zunächst fremden Lebenswelt lernen Sch Menschen mit ihren Lebensvorstellungen und Glaubensüberzeugungen kennen, damit Vorbehalte abgebaut werden. Erst wenn dieser Schritt vollzogen und der Mensch hinter seiner Religion erkennbar wird, können Sch die eigentliche Dimension erfassen, welche die unheilvollen und schrecklichen Ereignisse in der jüdischen Geschichte für den Einzelnen bedeutet haben.

Vieles, was die eigene Meinung und die eigene christliche Religion betrifft, muss dabei gegen den Strich gebürstet, neu buchstabiert und mit anderen Augen gesehen werden.

### Marc Chagall (1887-1985)

Marc Chagall wurde in Witebsk, Weißrussland, geboren. Als Ältester von neun Kindern wuchs er in sehr ärmlichen Verhältnissen auf. Seine Mutter schildert er als dominierende Persönlichkeit, die sich auf die Kunst zu überleben verstand. Sein Vater war Kaufmannsgehilfe in einer Heringshandlung und nach Ansicht von Marc als Verkäufer eher ungeeignet. Prägend für die religiöse Entwicklung war neben der jüdischen Lebenswelt des Dorfes Marc Chagalls Großvater. Er war Vorsteher und Prediger der jüdischen Gemeindeschule.

Kunst spielte in der Familie Chagalls keine Rolle. Dafür fand die russisch-jüdische Herkunft und seine Abstammung aus ostjüdischer, chassidischer Tradition in der Kunst Chagalls ihren unverwechselbaren Niederschlag. Durch ein Stipendium erhielt er 1910 die Chance nach Paris zu ziehen und sich künstlerisch weiterzubilden. Die europäische Metropole Paris erlebte er als Schock. Von Heimweh geplagt, sehnte er sich in seine Heimat zurück. Seine Bilder aus dieser Zeit (u. a. »Der Geigenspieler«) spiegeln diese Erinnerungen wider.

»Die innere Bindung Chagalls an seine Heimatstadt, sein Empfinden, ein russischer Maler zu sein, prägen sein Werk bis zum Tode. Immer wieder finden sich die Häuser, die Menschen und Szenerien der Jugend als Ort und Schauplatz innerer Ereignisse in seinen Bildern, ›es scheint mir, dass ich fern von der Heimat ihr näher war, näher als viele andere, die dort lebten‹« (in: Kat. Marc Chagall. Kunsthalle der Hypo-Kulturstiftung München, 23.3.-30.6.1991, München (Hirmer) 1991).

Marc Chagalls jüdischer Glaube war der Motor seines künstlerischen Strebens und Schaffens. Ob vor oder nach Auschwitz – immer sind seine Bilder von seiner persönlichen Geschichte geprägt; doch er erzählt sie so, dass sie über das Schicksal eines Einzelnen hinaus weisen und Ausblicke auf das Schicksal der gesamten Menschheit ermöglichen. Nicht zuletzt diese Tatsache sichert ihm seinen einzigartigen Rang in der Kunstgeschichte des 20. Jahrhunderts.

### Marc Chagall: Der Geigenspieler, um 1912

Etwa im Alter von 25 Jahren malte Marc Chagall das Bild »Der Geigenspieler«. Aus Geldmangel zog er in ein billigeres Atelier in der Künstlersiedlung La Ruche. In diesem Viertel von Paris fanden viele osteuropäische Künstler ihre Wahlheimat. Chagall schrieb:

»Als ich in der ›Ruche‹ meine Bilder malte, war ich sehr arm. Zum Arbeiten benutzte ich eine Tischdecke, meine Bettlaken und sogar die Rückseite meines Nachthemdes.«

In der Mitte des Bildes ist ein Geigenspieler zu sehen. Seine rechte am Herzen ruhende Hand hält den Bogen, mit dem er über die Geige streicht. Mit seinem rechten, etwas verkürzten Fuß steht er auf dem weißen Dach eines Hauses, aus dessen Schornstein Rauch aufsteigt; mit seinem linken auf einem erdkugelähnlichen grün-gelben Hügel. Sein Mantel ist weiß, bis auf eine braune schürzenähnliche Fläche. Die Stiefel sind ebenfalls erdverbunden braun. Sein Gesicht mit verbogener Nase und schiefem Mund ist grün, eines seiner Augen dreieckig. Unter dem Weiß des Hutes dringt bereits ein Rot hervor, wie es sich auch auf der Geige findet. Sein Kopf ist zur Seite geneigt und ruht auf der Geige, die er mit seiner linken Hand mehr umarmt als spielt.

Auf der linken Bildhälfte blicken drei im Profil dargestellte Gesichter in Richtung Fiedler. Sie stehen am äußeren Rand der Erdkugel und tragen grüne Strümpfe, eine rotgrün gepunktete Jacke und Hüte; ihre Gesichter sind weiß.

Im mittleren Bereich des Bildes sind Gebäude mit weißen Dächern zu sehen, die allesamt aus dem Schwarz des Hintergrunds hervorragen. Der braune Kirchturm auf der rechten Bildseite tritt deutlich hervor und vor dem weißen Feld, durch das sich Fuß-

# Der Geigenspieler

spuren ziehen, sieht man, dass das Braun von einem roten Schimmer durchleuchtet wird.

Im oberen Teil des Bildes, in den der Geiger mit seinem grünen Kopf hineinragt, sind ein Kirchturm und zwei Häuser zu sehen. Das rechte Haus hat geöffnete Fenster und gibt den Blick auf einen rot erleuchteten Innenraum frei. Hinter den Häusern erheben sich schwarze Wolken, die von einem Engelwesen gleichsam geöffnet werden, wobei zartes Himmelsblau am Horizont sichtbar wird.

Rechts unten am Bildrand bietet ein Baum einigen Vögeln Nahrung.

**Deutungsmöglichkeiten des Bildes:**

*1. Biografisch:* Auf diesem Bild kommt die Heimat Chagalls in Witebsk zum Vorschein. Witebsk hatte 1887, dem Geburtsjahr Chagalls, ca. 60.000 Einwohner, russisch-orthodoxen, jüdischen und römisch-katholischen Glaubens. Von seinem Elternhaus aus konnte Chagall die kleine Prokrowskaja-Kirche sehen, die er in vielen Bildern zu seinem Wahrzeichen von Witebsk gemacht hat. Es ist gut möglich, dass es sich auch in diesem Bild um dieses christliche Wahrzeichen von Witebsk handelt. Evtl. lässt die braun-rötliche Färbung des Kirchturms die Deutung zu, dass hier Gott sein Anwesen hat, wenngleich die Kirche nicht die Farbe Gold trägt. Auch die Figur des Geigers trägt auf allen Bildern Chagalls autobiografische Züge: Als Kind wollte Chagall Geiger werden. Besonders beeinflusst hat ihn diesbezüglich sein Onkel Neuch, den er auf einem seiner Bilder auf dem Dach seines Elternhauses malte. Vermutlich waren die beengten Wohnverhältnisse der Grund dafür. Die Geige ist darüber hinaus für Chagall ein Bildzeichen, mit dem er immer wieder zum Ausdruck bringt, dass Musik die Welt bewegt und verändert. Christoph Goldman weist darauf hin, dass Chagall gerade auf Bildern mit einer apokalyptischen Weltverdunkelung diese Geige hell leuchtend und mit warmer Farbgebung malt und sie daher als Ausdruck für Chagalls eigenen Mut angesehen wird, mit dem er als Maler seinen Protest zum Ausdruck bringt und ein Hoffnungszeichen setzt.

*2. Jüdische Lebenswelt:* Das Weiß deutet auf die langen, kalten und schneereichen Winter in Weißrussland hin. Über der Trostlosigkeit des langen Winters spielt der Fiedler Geige und unter seiner Musik wird es grün und die Kirschblüte kündet den beginnenden Sommer. Die Tauben sind Symbol des Friedens und darüber hinaus in der chassidischen Tradition Sabbatsymbol. Der Geiger selbst ist von der Kälte (Weiß) zur Hälfte erstarrt, wird aber getragen vom Braun, vom Erdhaften und Alltäglichen. Gerade die Heiligung des Alltags war das Grundanliegen der chassidischen Frömmigkeitsbewegung, die seit ca. 1750 eines ihrer Zentren in Witebsk hatte. Nicht nur die Freude, das Singen und Tanzen waren, laut des jüdischen Religionsphilosophen Martin Buber, die sichtbaren Zeichen dieser Gottesgegenwart, sondern die Einwohnung Gottes (hebr. *Schechina*) inmitten des Alltags, des Unreinen. Nach dieser Glaubensauffassung gibt es keinen Ort, wo Gott nicht zu finden wäre. Am Menschen allein liegt es, ob er ihn einlässt. Die verdichtetste Form dieser Spiritualität erlebte Chagall in der Feier des Sabbat (hebr. *Schabbat*). Er sprach einmal davon, dass die Zärtlichkeit der Mutter und die Reinlichkeit der Schwester ihn die Feierlichkeit des Sabbat habe erleben und der Sabbat ihn habe überleben lassen. Insofern liegt die Deutung nahe, dass Chagall die Vorbereitung auf den Sabbat durch den gelbfarbenen Giebel und den rauchenden Kamin ins Bild gesetzt hat.

*3. Jüdische Frömmigkeit:* Dieses Thema setzt sich fort. Die Gestalt des Geigers scheint zwischen zwei Welten zu vermitteln. Die eine Welt ist gekennzeichnet durch den Hügel, das Haus und den Kirschbaum; die andere Welt ist all das, was sich über dem Hügel bzw. hinter dem Geiger befindet: Häuserfassaden, Kirchen, eine schwarze Fläche, die am oberen Bildrand in schwarze Wolken übergeht und von einem Engel aufgerissen wird, sodass ein weißlich gefärbtes Blau zum Vorschein kommt. Der Geiger vermittelt diese Welt, die den Sabbat heiligt und durch diese Heiligung bereits hineingenommen ist in Gottes zukünftige Welt, an die Welt draußen, die noch erstarrt ist und unter Hass, Gewalt und Pogromen zu leiden hat und in der das jüdische Volk noch im Exil leben muss. Vermutlich deuten die Fußspuren im Schnee auf den Ashasver-Juden hin, der ewig-heimatlos durch die Welt streifen muss. Aber selbst dieser Welt der Finsternis und der Kälte verkündet der Engel im oberen Bildrand, dass die Finsternis weicht und sich Hoffnung zeigt.

*3. Farb- und Formsymbolik:* Die Bewegung im Bild verläuft von unten nach oben. Der Fiedler steht sowohl auf dem Dach als auch auf der Halbkugel. Dieser untere Bereich ist von den Farben und Motiven her durchweg positiv gehalten: Gelb als die Farbe des Göttlichen und Grün als die Farbe des Lebendigen dominieren, das Weiß bzw. der Schnee ist in der Nähe des rauchenden Kamins bereits am Schmelzen. Der gelbe Giebel des Hauses deutet auf eine göttliche Atmosphäre im Innern hin, wie im Übrigen auch der rauchenden Kamin auf Wärme und Zuhausesein hinweist. Der Baum im unteren rechten Bildrand, über den Hügel in die Finsternis hinragend, kündet mit seinen Blüten bereits von einer neuen Zeit.

# Tzen Brider

*trad. jiddisch*

2. Acht brider senen mir gewesn,
   hobn mir gehandlt mit ribn.
   Ejner is fun unds geschtorbn,
   senen mir geblibn sibn.
   Sibn brider senen mir gewesn,
   hobn mir gehandlt mit gebecks.
   Ejner is fun unds geschstorbn,
   senen mir geblibn seks.

   Oj, Schmerl mit dem fidele,
   Tewje mitn bas,
   schpiltssche mir a lidele
   ojfn mitn Gas!
   Oj, oj, oj, oj, oj, oj, oj, oj.

3. Seks brider senen mir gewesn,
   hobn mir gehandlt mit schtrimpf.
   Ejner is fun unds geschtorbn,
   senen mir geblibn finef.
   Finef brider senen mir gewesn,
   hobn mir gehandelt mit bir.
   Ejner is fun unds geschtorbn,
   senen mir geblibn fir.

   Oj, Schmerl mit dem fidele, ...

4. Fir brider senen mir gewesn,
   hobn mir gehandlt mit hej.
   Ejner is fun unds geschtorbn,
   senen mir geblibn draj.
   Draj brider senen mir gewesn,
   hobn mir gehandlt mit blaj.
   Ejner is fun unds geschtorbn,
   senen mir geblibn tswej.

   Oj, Schmerl mit dem fidele, ...

5. Tswej brider senen mir gewesn,
   hobn mir gehandlt mit bejner.
   Ejner is fun unds geschtorbn,
   bin ich mir geblibn einer,
   Ejn bruder bin ich mir gewesn,
   hob ich mir gehandlt mit licht.
   Schterbn tu ich jeden tog,
   wajl tsu esn hob ich nit.

   Oj, Schmerl mit dem fidele, ...

| | |
|---|---|
| ribn | Rüben |
| gebeks | Gebäck, Backwaren |
| schtrimpf | Strümpfe |
| bir | Bier |
| hej | Heu |
| blaj | Blei |
| bejner | Knochen |

*Textübersetzung:*
Zehn Brüder sind wir gewesen,
haben wir gehandelt mit Leinen.
Einer ist von uns gestorben,
sind wir geblieben neun.
Neun Brüder sind wir gewesen,
haben wir gehandelt mit Frachtgut.
Einer ist von uns gestorben,
sind wir gewesen acht.

Ach, Schmerl mit der Geige,
Tewje mit dem Bass,
spielt mir ein Lied
mitten auf der Straße.

## 2. Einsatzmöglichkeiten im RU

**Impulse zur ersten Bildbegegnung**

Vor der Bildbetrachtung wird Sch mitgeteilt, dass das Bild »verschlüsselt« ist, durch die gemeinsame Betrachtung aber die verschiedenen Bildzeichen »zu entschlüsseln« und eine »Tür zu öffnen« ist, die den Zugang zu einer fremden, aber nicht weniger faszinierenden Welt eröffnet.

**Sehen und Hören einüben**

*Hinweis:* Das Bild ist als Folie Nr. 33 in der Folienmappe *Reli: Folien*, München 2001, Kösel-Verlag, Best.-Nr. 3-466-50672-7, enthalten.

- Sch werden aufgefordert, das Bild in aller Ruhe zu betrachten und auf sich wirken zu lassen.
- Während des ersten Betrachtens wird ein Musikstück eingesetzt. Um in die Welt des Bildes einzuführen, ist ein Klezmer-Stück mit freudig-melancholischer Stimmung geeignet.
- Anschließend schreiben Sch ihre ersten Eindrücke nieder, indem sie vorgegebene Satzanfänge weiterschreiben, wie z. B.: Wenn ich die Musik höre, denke ich ... Der Geiger ist ... Die Welt, aus der diese Musik kommt, ...
- Nach einer gemeinsamen Deutung des Bildes schreiben Sch ihre Eindrücke und Gedanken um den Geiger auf AB 8.4.1 *Arbeitshilfen* S. 105: Was könnte er denken, fühlen? Was und wen möchte er mit seiner Musik bewegen? Welche Fragen könnten ihn beschäftigen? Welche Fragen habe ich an ihn?
- Dieses Blatt eignet sich auch zur Gestaltung eines Hefteintrages.

**Alternativ: Bildfolie betrachten**

- Bei dieser Betrachtung der Folie Nr. 33 aus *Reli: Folien* wird der Geiger mit einem Papier, das auf seine Umrisse zurechtgeschnitten ist, abgedeckt.
- Mit den Sch werden zuerst die Bildzeichen um den Geiger herum betrachtet. Dadurch wird die Figur des Geigers in ihrer zentralen Bedeutung noch deutlicher wahrgenommen und werden die Bezüge zur Umgebung hervorgehoben.

## 3. Weiterführende Anregungen

**Jüdische Lieder singen**

- Jiddisches Scherzlied »Tzen Brider« von AB 8.4.2 *Arbeitshilfen* S. 107 singen.
- »Schabossim und Lojbgesang«: Schüler singen jiddische Lieder, Musik CD: Edition Künstlertreff, Wuppertal.
- »The singing clarinet« oder »klezmer chamber music«, von Giora Feidmann, dem »König des Klezmer«, der diese Musik weltweit bekannt gemacht hat.
- A Genejwe (Ein Diebstahl), Schulfunksendung mit jiddischem Lied und Informationen über die Lebensweise osteuropäischer Juden; zu beziehen bei: Staatl. Landesbildstelle Südbayern, Am Stadtpark 20, 81243 München (auch für den Musikunterricht).

**Klezmer-Musik kennen lernen**

Ab etwa dem 15. Jahrhundert trugen Volksmusikgruppen (*Klezmerim*) in den osteuropäischen jüdischen Ghettos (*Schtetl*) bei Synagogengottesdiensten und bei weltlichen Festivitäten schriftlich aufgezeichnete Musik vor. Heute bezeichnet Klezmer einen Musikstil und den Musiker, der diese Musik macht. Klezmer-Musik wurde von allen Kulturen der Welt beeinflusst und sie hat alle Kulturen der Welt beeinflusst. Klezmer ist eine Musik, die tanzt, singt und die Freude und Trauer des Lebens zum Ausdruck bringt. Eine Musik, so fruchtbar und vielfältig wie die osteuropäische jiddische Kultur, aus der sie entstanden ist. Für viele ist Klezmer-Musik eine Weltsprache der Seele, die zum friedlichen Miteinander der Menschen beiträgt.

**Marc Chagall vorstellen**

- Interessierte Sch bereiten ein Kurzreferat über das Leben Marc Chagalls vor
- oder präsentieren ein weiteres seiner Bilder mit einer kurzen Interpretation – ggf. in Zusammenarbeit mit dem Kunstunterricht.

### Themenseite 54-55

## 1. Hintergrund

Ging die Blickrichtung des Titelbildes eher vom Sch weg, auf eine andere, fremde Lebenswelt hin, so nimmt die *Themenseite* Sch und ihre Lebenswelt in den Blick: Wie begegnet ihnen das Judentum heute?

**Spuren jüdischen Lebens und Glaubens entdecken**

*1. Zugang durch Personen:* Sch erfahren das Judentum in der Regel nicht als lebendige Religionsgemeinschaft. Dafür gibt es meist zu wenige Begegnungsmöglichkeiten. Dabei erfolgt das gegenseitige

Kennenlernen dort am nachhaltigsten, wo echte Begegnungen mit jüdischen Menschen gelingen. Wo immer die Möglichkeiten gegeben sind, sollten sie gesucht werden! Die *Themenseite* stellt vier Personen vor, die geeignet sind, das Interesse und die Neugierde der Sch zu wecken: Steven Spielberg, Marilyn Monroe, Albert Einstein und Anne Frank. Durch ihre Lebensbilder sollen Sch Kontakt mit dem Judentum bekommen. Gleichzeitig lernen Sch, dass es unterschiedliche Grade der Anbindung an die jüdische Religion gibt und die jüdische Volkszugehörigkeit anders als bei Christen eine große Rolle spielt.

*2. Vorwissen wachrufen:* Aus der Grundschulzeit bringen Sch biblisches Grundwissen mit (z. B. Josefs-Geschichte, Exodus, Paschafest, Zehn Gebote), das es in Erinnerung zu rufen gilt. Auch in der 5. Jahrgangsstufe haben sie im Themenbereich »Dem Weg Jesu auf der Spur« jüdisches Leben und das Land Israel kennen gelernt.

Sch werden aufhorchen, wenn sie hören, dass die ihnen bekannte Form der Zehn Gebote in der Bibel nicht zu finden ist und diese im AT und auch in der jüdischen Tradition nicht die Bezeichnung »Zehn Gebote« tragen. Das Judentum und die Bibel sprechen vom »Dekalog« (griech.: *deka* = zehn und *logoi* = Worte), dem »Zehnwort«. Für das Judentum war und ist der Dekalog vor allem Wegweisung und Heilsbotschaft und nicht ein autoritärer Pflichtenkatalog, zu dem er in der christlichen Lehre oftmals geworden ist. Darüber hinaus ist festzuhalten, dass in den beiden biblischen Überlieferungen (Ex 20, 1-7 und Dtn 5,6-21) vom Sabbat und nicht vom Sonntag die Rede ist. Der Ruhetag ist ein weiterer Hinweis auf die enge Verwandtschaft der Christen mit der Religion der Juden.

*3. Begegnungen mit dem Judentum erkennen:* Außer durch biblisches Vorwissen aus Schule und Katechese, bekannte Menschen jüdischen Glaubens und persönliche Begegnungen tritt das Judentum vor allem durch Zeitungsberichte, Filme, Denkmäler, Friedhöfe, Gebäude, Sprache, Werbung an Sch heran. Den wenigsten wird bewusst sein, dass sie hier Zeugnissen des Judentums begegnen. Die Vielgestaltigkeit der Spuren jüdischen Lebens in unserer Kultur ist aber in hervorragender Art und Weise dazu geeignet, das Interesse der Sch für diese Religion zu wecken.

*4. Regionale Bezüge herstellen*: Die *Themenseite* will anregen, dass sich Sch dieser Spurensuche stellen und sie vor Ort vertiefen. Denn, so H. Halbfas, »jede Schule bewegt sich in einem Umfeld, das voller konkreter Materialien steckt, bunter, farbiger, eindrucksvoller als es je ein Schulbuch wiedergeben kann.«

Die Beschäftigung mit Zeugnissen jüdischen Lebens in der Region verdeutlicht Sch, dass das Judentum nicht nur in fernen Ländern, sondern im Heimatort zu Hause war oder zu Hause ist. Sch sehen, dass hier Juden und Jüdinnen in der Nachbarschaft gelebt, gearbeitet, gebetet, sich gefreut und gelitten haben, gequält und umgebracht worden sind.

Ein Religionsunterricht, der nicht nur die kognitive Seite des Themas behandeln will, sondern dem es darum geht, Offenheit, Achtung und Verständnis gegenüber dem Judentum anzubahnen, ist auf einen lebensgeschichtlichen und lebendigen Bezug geradezu angewiesen. Halbfas hat dies in seinem Konzept der Regionalen Religionsdidaktik ausführlich erläutert:

»Ein Schulunterricht, der seine Sch nicht mit objektivem Wissen konfrontieren will, also zu einem Wissen, zu dem die meisten keinen persönlichen Bezug aufnehmen, so dass es auch nicht zu einwurzelnden Lernprozessen kommt, ist zwangsläufig auf Inhalte angewiesen, zu denen Sch in lebensgeschichtlichen Beziehungen stehen. Ein solcher Unterricht wird stets die Regionalität seiner Schüler in den didaktischen Ansatz mit hineinzunehmen.«

In vielen Städten und Gemeinden Bayerns ist dazu reichlich Gelegenheit gegeben.

Das Foto zeigt ein *Mahnmal*, das an die im August 1938 von den Nationalsozialisten gesprengte Hauptsynagoge von Nürnberg erinnert. Der Gauleiter Frankens, Julius Streicher, wollte vor dem kommenden Reichsparteitag die Synagoge, die er wegen ihres orientalischen Baustils als Schandfleck für Nürnberg bezeichnete, aus dem Stadtbild entfernen.

*5. Hellhörig werden für die Sprache:* Einen weitere Schnittstelle zur jüdischen Kultur und Geschichte ist die Sprache. In der deutschen und der jüdischen Sprache lässt sich die lange Zeit des Zusammenlebens anschaulich verfolgen. So hat die deutsche Sprache eine ganze Reihe von Wörtern aus dem Hebräischen aufgenommen. Einige Beispiele:
»Schmiere stehen«: (hebr. *schmira* = Wache stehen). Oder: »Pleite« machen (hebr. *plejta* = Flucht); »Moos« (hebr. *ma'oth* = kleine Münzen).
Auch »großkotzig« stammt aus dem Jiddischen: kozn (hebr. *katzin* = Richter/ Fürst).
Der »Gutbetuchte« stammt aus hebr. *betuach* (= sicher) oder »Beisl« aus hebr. *beth* (= Haus). Das »Kaff« kommt aus dem Hebräischen: *kfar* (= Dorf). »Hals und Beinbruch« stammt aus dem hebräischen Glückwunsch: *hazlacha* (= Erfolg) und *beracha* (= Segen).

Weitere Beispiele sind »Knast« (hebr. *knas* = Strafe), »dufte« (hebr. *tow* = gut), »meshugge« (hebr. *meshugah* = verrückt), »Mishpoche« (hebr. *mishpachah* = Familie), »Maloche« (hebr. *malakha* = Arbeit, Werk), »eine Macke haben« (hebr. *maka* = Schlag).

Die Sprache der Juden, soweit sie nicht das Hebräische war, hat umgekehrt sehr viel mehr von der Sprache der deutschen Bevölkerungsmehrheit aufgenommen. Bis zur Schoa sprach die große Mehrheit der osteuropäischen Juden »jiddisch«. Jiddisch ist das mittelhochdeutsche Wort für Jüdisch. Um das Jahr 1900 sprachen mehr als sieben Millionen Menschen diese Sprache. Sie war bis in unsere Gegenwart die wichtigste Verkehrs- und Literatursprache der Juden. Heute ist Jiddisch eine vom Aussterben bedrohte Sprache.

## 2. Einsatzmöglichkeiten im RU

### Bilder betrachten
Bei der ersten Betrachtung der *Themenseite* empfiehlt sich folgende Vorgehensweise:
- Betrachten der Seite in EA :
  * Was kenne ich? Was erkenne ich wieder?
  * Das ist mir rätselhaft:
  * Mich würde interessieren ...
- Anschließender Austausch der Ergebnisse und Festlegen der Fragen nach dem Grad des Interesses. Je nachdem, ob arbeitsteilig in KG oder mit der Gesamtklasse gearbeitet wird, wendet man sich diesen Themenschwerpunkten zu.
- Ziel der Arbeit mit der *Themenseite* ist es, in einem ersten Schritt Motivation zu wecken, Bekanntes auszusprechen und Unbekanntes in Fragen zu formulieren. Je nach Klassensituation und Interesse wird mithilfe der weiteren Seiten das gewählte Thema vertieft.

### Jüdische Zeitrechnung kennen lernen
Das Werbeplakat für die Expo 2000, auf dem zwei orthodoxe Juden zu sehen sind, bezieht seine Wirkung daraus, dass zwei bekannte Ereignisse (Weltausstellung Expo in Hannover und neues Jahrtausend) mit der jüdischen Zeitrechnung verknüpft wurden.
*Impulsfrage an die Sch:* Was ist des Rätsels Lösung? Im Lexikon S. 108 unter dem Stichwort ›jüdische Zeitrechnung‹ finden Sch dazu Näheres.
- Sch erproben die Umrechnung an einigen markanten Beispielen: ihr Geburtsjahr in jüdischer Zeitrechnung? das kommende Jahr, ihr Schulabschluss?

### Eine Mesusa erforschen
- Sch lesen das »Sch'ma Israel« (Dtn 6,4-9). Dabei erfahren sie von L, dass sich dieses Gebet in Pergament geschrieben in der Mesusa an den Türpfosten jüdischer Häuser befindet.
- Anschließend schlagen sie Mt 22,38-40 nach. Sie schreiben die Verse ins Heft: den alttestamentlichen Teil von rechts nach links, den neutestamentlichen von links nach rechts.
- L-Sch-Gespräch über die gemeinsame Basis in Judentum und Christentum.

### Man muss sich erinnern
- Das Zitat des Rabbiners A. Hertzberg greift ein Grundmotiv des Themenbereichs auf. Darüber hinaus wird es um die Frage erweitert »Oder wie sie heute leben?« und findet seine Aktualisierung auf der *Deuteseite I* 58, nämlich nicht nur die Schoa zu erinnern, sondern auch lebendiges jüdisches Leben heute kennen zu lernen.
- Gibt es jüdische Mitschüler oder Lehrer, die bereit wären, über ihre Religion und Glauben zu erzählen oder ein Kurzportrait von sich erstellen zu lassen?

### Israel erkunden      Ideenseite 57
- Nicht zu vergessen sind die Angehörigen der Sch. Haben sie eine Pilgerreise ins Heilige Land gemacht und können von ihren Reiseeindrücken erzählen?
- Sch stellen einen Diavortrag über Land und Leben der Juden in Israel zusammen.

### Spuren im Alltag entdecken      Ideenseite 56
Die örtlichen Gegebenheiten bezüglich der vergangenen oder gegenwärtigen jüdischen Kultur sind sehr unterschiedlich. *Themenseite* 54-55 zeigt u. a. eine Synagoge, ein Mahnmal, Straßennamen.
- Sch erkunden ihren Ort in einer AG (als Hausaufgabe) oder in der Klasse (als Unterrichtsgang). In den größeren Städten Bayerns gibt es mittlerweile organisierte Stadtführungen zur jüdischen Lokalgeschichte.
- Nähere Informationen sind beim Verkehrsamt erhältlich oder im Internet unter www.juden.de.

### Stars befragen      Ideenseite 56
- Sch erhalten (AB 8.4.3 *Arbeitshilfen* S. 111) und tragen Informationen über Steven Spielberg, aber auch über Albert Einstein und Marilyn Monroe in GA oder als vorbereitende Hausaufgabe zusammen. Dabei nehmen sie das Lexikon zur Hilfe. Im Internet gibt es darüber hinaus unter den Stichworten »Steven Spielberg«, »Albert Einstein« und »Marilyn Monroe« bei den üblichen Suchmaschinen ein reichhaltiges Informationsangebot.

# Bilder aus der Albtraumfabrik

**Berlin, 10. September – Steven Spielberg in Deutschland:** Das hätte vor fünf, sechs Jahren eine hübsche Aufregung bei den Filmschaffenden der Republik gegeben. Er war der Mann, der die Saurier ins Jetzt herübergeholt hatte und E.T., er war der Held der Spezialeffekte. Aber dann hat er »Schindlers Liste« gedreht und 60 Millionen Dollar des Gewinns genommen, um die *Shoa Foundation* zu gründen, die Holocaust-Überlebende interviewt. Und deshalb ist es nun ein ganz politischer Auftritt geworden. Im ehemaligen KZ Sachsenhausen ist Spielberg zuerst. Er rauscht mit einer Limousine hinein, sodass man ihn nicht sieht. Wie wird er sein, wenn er herauskommt? Ganz Star? Ganz gedämpft? Er hält seine übliche Baseballmütze in der Hand und hat eine Kippa auf, die jüdische Kopfbedeckung. Er geht zögernd zum Pult, das vor dem Eingang steht, und trägt sich in das Ehrenbuch ein, nicht lässig, nicht betont wichtig, sondern mit der freien Hand sich an den Hals fassend, den Daumen links, die übrigen Finger rechts von der Gurgel. Leise Geste. Und vor ihm brüllen die Fotografen jemanden nieder, der ihnen vor die Linse kommt, so laut, als stünden sie bei Hertha hinterm Tor. Es ist ihr Geschäft.

Ah, haben Kritiker gesagt, für Spielberg ist doch auch alles Geschäft. Erst hat er Millionen harte Dollar gemacht und dann hat er sie mit seiner Moral weichgespült. Was stellt er denn mit seiner Foundation an? Seine 2000 Interviewer haben jetzt in 55 Ländern mit 47 000 Überlebenden gesprochen und alles wird audiovisuell abrufbar sein, eine Shoa-Industrie, in deren Strom man vergessen wird, dass sechs Millionen Geschichten nicht erzählt werden können.

Sollen ruhig sein, die Leute. Hätten Spielberg bei seiner Diskussion in der Berliner Schule sehen und hören müssen. Sie heißt Sophie-Charlotte-Gymnasium und ist wer-weiß-warum ausgesucht worden. Weil schon Markus Wolf da war und die Schüler hart, aber fair diskutiert haben. Weil viele Schüler wunderbar Englisch können. Weil 1933 in der Gegend 30 000 Juden gelebt haben.

Steven Spielberg bietet seine Weltpremiere: die erste CD-Rom, auf der man sich in das Schicksal von vier Überlebenden des Holocaust klicken kann. Sie heißen Silvia, Bert, Sol und Paula. Spielberg steht vorn in der Aula, deren Leinwand zu einem riesigen Videobildschirm umfunktioniert ist. Er drückt die Maus und holt damit Bert hervor, der wiederum aus mehreren Schichten besteht: Kindheit, Pogromnacht, die Zeit nach dem Krieg. Spielberg ist nicht der Techniker, der sich an den faszinierenden Möglichkeiten der neuen Medien ergötzt. Er erläutert mit rauer Stimme. Ruhig. Er steht hier nicht für das Spiel, sondern für den Inhalt, zu dem er selbst ja spät gekommen war, sehr spät.

»Ich habe jahrzehntelang versucht mein Judentum zu verdrängen«, hat er einmal gesagt. Und seine Familie hinderte ihn nicht daran. In einer nichtjüdischen Gegend bemühte sie sich um Unauffälligkeit. Nur manchmal funktionierte das nicht. »Schmuul«, rief der Großvater einmal Steven, der mit Freunden Fußball spielte. Schmuul ist sein hebräischer Name. »Redet der mit dir?«, fragten seine Freunde. »Keine Ahnung«, erwiderte er.

*(Süddeutsche Zeitung, 11. September 1998)*

– Anschließend stellen Sch ihre Ergebnisse der Klasse in Form von Kurzportraits vor. AB 8.4.4 *Arbeitshilfen* S. 113 dient als Zusammenfassung und Hefteintrag.

Das Kurzportrait wird nach folgenden Punkten gegliedert: a) Kurze Lebens- und Berufsbeschreibung, b) Einstellung zur jüdischen Religion, c) Beschreibung dessen, was diese Person interessant macht.

**Wer war Anne Frank?**

– Sch erstellen ein Kurzportrait. Nähere Information finden sie im Lexikon.
* »Das Tagebuch der Anne Frank« gibt es als Taschenbuch, Film und Hörspielausgabe (Deutsche Grammophon GmbH, Hamburg). Evtl. in Zusammenarbeit mit der Deutschlehrkraft als Klassenlektüre.

---

**Zehn Regeln für einen guten Vortrag**

Hinweis zur Präsentation der Kurzporträts: Sch beachten die zehn Regeln für einen guten Vortrag von Heinz Klippert:

1. Als erstes tief einatmen, die Luft etwa vier Sekunden anhalten und dann langsam ausatmen. Das beruhigt.
2. Festen Stand suchen und Körperhaltung straffen (Wohin mit den Händen?).
3. Die Zuhörer in aller Ruhe anschauen und den Blick langsam schweifen lassen (Ich bin hier der Experte!).
4. Das Thema nennen und den Aufbau des Vortrages überblickartig erläutern (Überblick vermitteln).
5. Die Zuhörer mit einem interessanten Einstieg hellhörig machen und für den Vortrag gewinnen (sie z. B. direkt ansprechen).
6. Frei und lebendig reden und argumentieren, damit niemand einschläft (Mimik und Gestik einsetzen).
7. Die Rede so gestalten, dass die Zuhörer sich angesprochen fühlen (Lebensnahe Beispiele und Anregungen, rhetorische Fragen).
8. Stimme und Tonlage so variieren, dass die Ausführungen unterstrichen werden (Der Ton macht die Musik!).
9. Ruhig mal kleine Pausen lassen und Wiederholungen einlegen; das macht die Rede eindringlicher (Zuhörer brauchen Zeit zum Verschnaufen und zum Nachdenken).
10. Am Ende einen guten »Abgang« sichern, denn der letzte Eindruck bleibt auf jeden Fall haften (Das muss nicht unbedingt etwas Witziges sein).

---

**Verdienstkreuz für Spielberg**

Berlin (KNA) – Bundespräsident Roman Herzog hat dem amerikanischen Filmproduzenten Steven Spielberg das Große Verdienstkreuz mit Stern des Verdienstordens der Bundesrepublik Deutschland überreicht. Spielberg habe mit seinem Film „Schindlers Liste" neue Maßstäbe für den Umgang mit dem sensiblen Thema Holocaust gesetzt, sagte Herzog im Schloß Bellevue in Berlin. Der Film habe gezeigt, daß die persönliche Verantwortung des einzelnen niemals erlösche und er zum Handeln verpflichtet sei.

**Jüdische (Film-)Personen oder gefilmtes jüdisches Milieu erinnern**

Sch überlegen, welche jüdischen (Film-)Personen oder Spielfilme, in denen jüdisches Milieu gezeigt wird, sie noch kennen.

* *Musical Anatevka*: Der Originaltitel »Fiddler on the Roof« spielt auf Chagall an, bei dem der Geiger ein wiederkehrendes Motiv ostjüdischen Lebens ist.
* *Yentl*: Die Jüdin Barbara Streisand spielt eine Jüdin, die sich als Mann verkleidet, um die Thora studieren zu dürfen.
* *Independence Day*: Ein Jude rettet die Welt vor den Außerirdischen.
* *Sanfte Augen lügen nicht*: Eine New Yorker Polizistin verliebt sich in einen chassidischen Juden.
* *Schindlers Liste*.
* *Kalmans Geheimnis*: Eine Studentin arbeitet in einer orthodoxen jüdischen Familie, bis ein tragischer Unfall ihr Leben für immer verändert.

**Die Bedeutung jüdischer Wörter finden**

– Sch erhalten AB 8.4.5 *Arbeitshilfen* S. 115 und ergänzen die deutsche Bedeutung der Wörter aus dem Jüdischen zunächst in EA.
– Sie tauschen sich in PA aus und vervollständigen ihre Liste.
– Wer kannte die meisten Wörter? Klären der offen gebliebenen Wortbedeutungen im Plenum.

**Sprache zum Klingen bringen**
**Lied »Hine matov«**                 **Ideenseite 57**

Wie faszinierend und schön die hebräische Sprache ist, lässt sich beim Singen des Liedes »Hine matov« erleben. Der Text von Ps 133,1 ist ein Wallfahrtslied Davids und ein Lob auf die brüderliche Eintracht; er lautet übersetzt: Seht doch, wie gut und schön es ist, wenn Brüder in Eintracht miteinander wohnen.

# Kurzporträts bekannter jüdischer Menschen

Wer war Anne Frank?

**Das Zehnwort besprechen**
- Sch lesen Ex 20,1-11. L erläutert, dass das, was wir gemeinhin als »Gebote« bezeichnen, für die Israeliten Folgen, Reaktionen auf die vorausgegangene Befreiungserfahrung waren (»du wirst ...«).
- Je zwei Sch erhalten eine Weisung und besprechen für sich,
* was sie bedeutet
* welche Folgen sie für die und den Einzelnen
* und für die Gemeinschaft hat.
- Zusammentragen im Plenum

## 3. Weiterführende Anregung

**Eine Gedenkstätte besuchen**
Das Foto eines Mahnmals in Nürnberg sensibilisiert zum einen den Blick für Gedenktafeln und Denkmäler am eigenen Wohnort. Es kann zum anderen Interesse wecken, einmal eine Gedenkstätte in der Nähe aufzusuchen. Vielleicht ist eine gut vorbereitete Klassenfahrt oder ein Angebot für Interessierte möglich. Adressen und Kontaktmöglichkeiten sind zu finden in: Bundeszentrale für politische Bildung: Gedenkstätten für die Opfer des Nationalsozialismus. Dokumentation Bd. I, Bonn ²1995.

## Ideenseite 56-57

Die Impulse der *Ideenseite* werden in den *Arbeitshilfen* auf folgenden Seiten besprochen:

Spuren im Alltag entdecken: S. 110
Stars befragen: S. 110
Radio hören: S. 118
Erklärungen finden: S. 118
Israel erkunden: S. 110
Typisch, typisch!: S. 130
Hebräisch sprechen: S. 112
Lied »Hine Matov«: S. 112

## 1. Hintergrund

**Die Mauer in den Köpfen wahrnehmen – und abbauen**
Das Hintergrundbild einer Mauer deutet die Schwierigkeiten im jüdisch-christlichen Verhältnis an.
Aber: ›Ohne Verständnis der jüdischen Welt kein unverstellter Zugang zu Jesus!‹ (H. Halbfas)
»Die bis jetzt herangebildeten Lehrergenerationen haben ihre Orientierung alle in einer Theologie gefunden, die strukturell antijüdisch geprägt ist ... während jene, die gerade dabei sind, sich aus solcher Tradition zu befreien, auf lange Sicht noch keine Mehrheit ausmachen dürften. Christologie, Liturgie und Kirchenlehre entwickelten sich in bewusster Absetzung vom Judentum, selbst das Gottesbild arbeitet mit dem Kontrast eines zornigen, rächenden Gottes im Alten Testament und dem Abba Jesu als dem Gott der Liebe. Das Judentum hat durch alle Jahrhunderte hindurch den Christen immerfort als negative Kontrastfolie für ihre eigene Glaubensdarstellung gedient. Bereits in den Evangelien entwickelte sich das Feindbild, und es hat bis heute seine didaktische Notwendigkeit offensichtlich bewahren müssen. Die Frage, wie sich das Christentum selbst verstehen lernt, wenn es dieses in seine Gesamtgeschichte eingebundene Feindbild überwindet, wird nur mit Zukunftsentwürfen zu beantworten sein« (in: H. Halbfas, Lehrerkommentar 5, S. 220).
Einem anderen Menschen zu begegnen, heißt auch mit seinen Augen sehen zu lernen. Dass Juden ganz anders auf die christliche Hinwendung der letzten Jahrzehnte reagieren könnten, als wir dies vielleicht erwarten und wünschen, ist sehr ernst zu nehmen:

**Christen und Juden nach der Schoa**
Stellen wir uns einen Menschen vor, der drei W-Merkmale hat, d. h. er ist weiß, westlich und wohlhabend. Er ahnt, dass seine eigene Kultur sanierungsbedürftig ist. Er weiß nicht, was er seinen Kindern an Lebensorientierung mitgeben soll außer der trostlosen Devise: »Das Leben ist kurz, also versuchen wir, noch schneller an Geld zu kommen!«
Unser Mensch ahnt, dass, was man früher einmal »Seele« genannt hat, heute ein dunkles Loch ist, eine Leerstelle, eine Lücke. Einst waren die Menschen bemüht, in diesem Raum den Geist Christi wohnen zu lassen. Neue Geister haben nun seinen Platz eingenommen.
So macht er sich auf, um den Geist Christi zu entdecken. Er sucht auch in seiner eigenen Geschichte nach Spuren des wahren Gottes, der nicht in seine Geschichte von Herrschaft und Unterdrückung verwickelt ist. Er sucht in Europa eine Stadt auf, wo es noch Juden gibt, besucht dort einen weisen Rabbi und sagt: »Bei euch Juden suche ich den wahren Gott. Jahrhundertelang habt ihr als verfolgtes und unterdrücktes Volk Gott bezeugt; ihr habt bezeugt, dass der wahre Gott kein Gott der Herrscher und Unterdrücker ist. Jetzt habe ich neu entdeckt: Dieser Gott ist auch mein Gott!«

# Jiddischer Sprache auf die Spur kommen

Barras

bedeppert

beschummeln

dufte

Ganove

Kaff

Kittchen

kläffen

Kluft

Macke

Massel

meschugge

mies

Mischpoke

mogeln

Moos

Pinke

pleite

Ramsch

Reibach

schachern

Schlamassel

schnorren

schofel

Schussel

Stuss

Tohuwabohu

vermasseln

zocken

*Kennst du die Bedeutung?*

Unser Mann erfährt eine kühle Reaktion: »Jahrhundertelang habt ihr nichts von uns wissen wollen. Ihr habt euch schon so viel von uns angeeignet, ohne uns zu fragen: unsere Bibel, unsere Verheißungen, unsere Geschichte im Altertum. Jetzt wollt ihr auch noch in unsere Geschichte seit dem Ende des zweiten Tempels eindringen. Aber es ist nicht eure Geschichte. Ihr habt unsere Leiden nicht erlitten. Im Gegenteil: Ihr wart die Ursache unsres Leidens.«

Unser Mann antwortet: »Aber wir sind doch eure Kinder. Das Christentum ist doch aus dem Judentum hervorgegangen. Können Eltern nicht ihren Kindern verzeihen?«

Der Weise lächelt und sagt: »Welche Eltern werden es nicht tun!« Doch dann wird er wieder ernst und fügt hinzu: »Bedenke: Die Eltern haben gerade einen Mordanschlag überlebt, den – um es vorsichtig auszudrücken – die Kinder hätten verhindern können.«

Unser Mann kehrt zurück. Er hat verstanden: Gott hat eine besondere Geschichte mit seinem Volk, das eine lange Leidensgeschichte hinter sich hat. Aber das ist nicht seine Geschichte. Vielmehr trennt ihn seine Geschichte von dieser Geschichte (nach Gerd Theißen, Die offene Tür, S. 50-52).

## 2. Einsatzmöglichkeiten im RU

**Einblicke hinter die Mauer gewinnen**
- Sch assoziieren, warum eine Mauer als Hintergrund dieser Seite zu sehen ist.
- Was verändert sich, wenn man sich ernsthaft und interessiert mit den Ideenbausteinen befasst?
- Darüber hinaus kann man am Ende der Unterrichtseinheit auf diese Seite zurückkommen: Hat sich durch unsere Beschäftigung mit dem Judentum etwas verändert? Was genau? Was ist mit der »Mauer in den Köpfen« gemeint?

## 3. Weiterführende Anregungen

Eine wichtige Rolle im Verständigungsprozess zwischen Christen und Juden spielt die Vielfalt des musikalischen Ausdrucks (Vokal- und Instrumentalmusik), der je nach regionaler Herkunft (Böhmen, Spanien, Arabien) und Funktion (Liturgie, Volkslied u. a.) in der jüdischen Kultur seit jeher eine zentrale Rolle spielt und ureigene Züge trägt. Vielfach beruhen die Liedtexte auf biblischen Texten. Tänze zeigen sich dabei als ein zentrales ethnisches (Diaspora/Ghetto-Situation), religiöses wie familiäres Bindeglied. Sie werden u. a. als »israelische Tänze« auf dem Markt angeboten. Zumeist sind es Gruppentänze voller Rhythmus und Leben (Inhalt) und gut für junge Leute geeignet.

**Lied: »Höre Israel« singen**
Auch in Zusammenarbeit mit dem Musikunterricht und für Schulgottesdienste verwendbar: der zweistimmige Satz »Höre Israel« für Schulchor und Schulgottesdienst, in: Hubertus Halbfas, Religionsbuch für das 5/6 Schuljahr, Düsseldorf, S. 42.

**Tanz: »Hava nagila« tanzen**
Dieses Lied repräsentiert die Musik Israels wie kaum ein anderes. Es ist der wohl am weitesten verbreitete Tanz Israels und ein Ausdruck von Lebensbejahung und Lebensfreude.
Die Musik ist chassidisch und stammt von Abraham Zvi Idelsohn. Der Text stammt aus dem Alten Testament: »Auf, jubelt und freut euch, auf, singt, erhebt euch, ihr Brüder, mit fröhlichem Herzen« (Jesaja 12,3).

*Tanzbeschreibung:*
*Aufstellung:* geschlossener Frontkreis
*Fassung:* V-Position oder T-Position
*Takt:* 4/4 Takt, Schrittfolge bezieht sich auf Tanzrichtung
*Zählzeit:* Schrittfolge: wird während des ganzen Tanzes wiederholt:
Seitwärtsschritt nach links – rechts kreuzt hinter links – Seitwärtsschritt nach links – linkes Bein federt nach, dabei schwingt das rechte Bein vor das linke – Seitwärtsschritt nach rechts – rechtes Bein federt nach, dabei schwingt das linke Bein vor das rechte.

# Jüdisches Leben in Deutschland

## 1. Hintergrund

### Rückblick auf die jüngere Geschichte

Das Anliegen der *Themenseite*, Sch mit dem heutigen Judentum in Kontakt zu bringen, findet auf der *Deuteseite I* seine Fortführung. Sie trägt der Tatsache Rechnung, dass sich die jüdische Gemeinschaft in Deutschland im Umbruch befindet. Um diese Veränderung deutlich wahrnehmen zu können, ist ein Rückblick auf die jüngere Geschichte hilfreich:

Die jüdischen Gemeinden in Deutschland setzten sich nach 1945 zusammen aus

* Juden, deren Vorfahren schon vor 1933 in Deutschland gelebt und die die Schoa überlebt haben.
* Juden, die ausgewandert waren und zurückgekehrt sind.
* Juden, die aus Osteuropa stammen und nach Deutschland eingewandert sind.

Die dritte Gruppe war die zahlenmäßig stärkste. Diese gründete nach 1945 die jüdischen Nachkriegsgemeinden. Ihr Leben war stark von den Schreckens-Erinnerungen an die Schoa bestimmt. Die Metapher »Wir sitzen auf gepackten Koffern« brachte das Lebensgefühl dieser Generation auf den Punkt.

Mit der Wiedervereinigung der Bundesrepublik Deutschland und dem Zusammenbruch der Sowjetunion veränderte sich die Struktur der jüdischen Gemeinden in Deutschland grundlegend. Deutschland und die Sowjetunion (bzw. deren Nachfolgestaaten) schlossen 1989/90 Verträge mit dem Ziel ab, die überalterten jüdischen Gemeinden in Deutschland wieder mit neuem Leben zu erfüllen. Bis dahin lebten auf dem Gebiet der (alten) Bundesrepublik rund 28.000 Jüdinnen und Juden, in den fünf neuen Bundesländern nicht einmal vierhundert.

Etwa 5.000 Personen pro Jahr dürfen seither unter der Voraussetzung, dass sie jüdischen Glaubens sind, als so genannte Kontingentflüchtlinge ausreisen. Am 1. Januar 1997 zählte die jüdische Gemeinde in Deutschland 61.200 Mitglieder. Im Jahr 2000 waren sind es bereits über 90.000 mit steigender Tendenz. Die jüdische Gemeinde in Deutschland ist damit zur drittgrößten in Westeuropa geworden!

### Jüdisches Glaubenswissen ist verloren gegangen

Die Integration dieser Zuwanderer aus den Staaten der GUS stellt für die jüdischen Gemeinden eine große Herausforderung dar. Denn dort war die jüdische Abstammung keine Frage der Religion, sondern der Nationalität. Der jüdische Glauben durfte nicht ausgeübt werden. Bei vielen Zugewanderten ist jüdisches Glaubenswissen infolge des Verbots der Religionsausübung in kommunistischen Ländern nur noch in Ansätzen vorhanden, bei anderen gar nicht. Der Rabbiner der jüdischen Gemeinde in München, Itzack Ehrenberg, kennt diese Situation. Der gebürtige Israeli und Vater von fünf Kindern kam aus Wien nach München. Er sagt: Früher regelte der Rabbiner das religiöse Leben. Früher waren alle religiös. Heute ist es meine Aufgabe, Juden zur Religion zurückzubringen. Es ist eine schwierige Aufgabe.

### Neue jüdische Identität entdecken

Durch Zuwanderung und Generationenwechsel innerhalb der jüdischen Gemeinschaft setzt sich ein neues Selbstverständnis durch, das sich von der Befindlichkeit und der Identität der Juden in den ersten vier Nachkriegsjahrzehnten deutlich unterscheidet: Nach Markus Krah ist Mitte der Neunzigerjahre die jüdische Gemeinschaft offener und öffentlicher, vitaler und dynamischer, pluralistischer und weniger vom Holocaust bestimmt, »deutscher« und entspannter in Deutschland als je zuvor seit 1945.

Damit verbunden ist auch eine veränderte Einstellung zur Schoa. Bislang definierten sich Juden immer wieder über die Schoa und nicht über ihr Judentum. Marion Kaplan, eine auf das jüdische Leben in Deutschland spezialisierte New Yorker Historikerin, schreibt: »Die Juden, die nach dem Krieg geboren wurden, suchen nach einer Identität, in der sie sich wohl fühlen. Daher suchen sie nach einer kulturellen Identität, die auch ein Gegengewicht zu einer rein negativen, auf den Holocaust bezogenen Identität sein könnte.«

Den Stellenwert der Schoa werden diese Tendenzen nicht verändern, aber es wird eine andere Richtung eröffnet: Positive Gegenwarts- und Zukunftsthemen werden wichtiger. Ganz auf dieser Linie liegt die Aussage des Rabbiners Arthur Hertzbergs (*Themenseite* 54): »Man muss sich erinnern: Aber woran müssen wir uns erinnern? Nur, wie sechs Millionen Juden gestorben sind? Oder wie sie gelebt haben?«

### Bilder aus der jüdischen Gemeinde in Regensburg

Die Bilder und Texte *Deuteseite* 59 stammen aus dem Bildband »Schabbat Schalom. Juden in Regensburg – Gesichter einer lebendigen Gemeinde«. Zwei Journalisten haben ein Jahr lang den Alltag und die Festtage der Gemeinde in Wort und Bild festgehalten. Sie dokumentieren Gesichter und Geschichten einer lebendigen jüdischen Gemeinde, die sich fünfzig Jahre nach Kriegsende in einem Umbruch befindet, der durch die Zuwanderung jüdischer Glaubensgeschwister aus den Ländern der ehemaligen Sowjetunion gekennzeichnet ist. Darüber hinaus wollen sie zeigen, wie Juden heute leben und womit sie zu kämpfen haben. Der Vorsitzende der Kultusgemeinde Regensburg hofft, dass dadurch ein breiter Dialog mit der christlichen Umwelt möglich wird und dass der vielerorts anzutreffenden Unwissenheit, wie Juden heute leben, begegnet werden kann. Nicht zuletzt sollen dadurch tief sitzende Vorurteile abgebaut werden.

»Fragen Sie die Leute in der Fußgängerzone, was ihnen zum Thema Juden in Deutschland einfällt. Und Sie hören zu 99 Prozent spontan: sechs Millionen Juden.« Dieser Ausspruch des jüdischen Schriftstellers Raphael Seligmann bei einer Diskussion zum Holocaust-Gedenktag macht eines deutlich: Wie Juden starben, wissen die meisten, wie Juden leben, die wenigsten.

## 2. Einsatzmöglichkeiten im RU

### Jüdischen Alltag in Regensburg kennen lernen

- Bevor Sch die Seite betrachten, werden sie gefragt: Was müsste man zeigen, wenn man einem Außenstehenden christliches Leben in unserer Gemeinde »XY« näher bringen wollte? (die Kirche, den Gottesdienst, den Religionsunterricht, gläubige Menschen).
- Sch betrachten *Deuteseite* 59 in EA, schlagen die gekennzeichneten Begriffe im Lexikon und die Seitenverweise nach.
- Sie formulieren drei Fragen zu Aspekten, die ihnen auffallen. Dies ist auch als vorbereitende Hausaufgabe möglich!
- Sch beschreiben mit eigenen Worten, was sie auf den Fotos sehen, äußern ihre Eindrücke, benennen Unbekanntes und stellen Fragen, die an der Tafel festgehalten werden.
- Die AB 8.4.6 und 8.4.7 *Arbeitshilfen* S. 119 und Arbeitshilfen 121 mit Hintergründen zu den einzelnen Fotos werden arbeitsteilig erarbeitet. Jede KG gibt das Gelesene mit eigenen Worten wieder. Ein/e Gruppensprecher/in stellt die jeweilige/n Person/en und Ereignisse der Klasse vor.
- *Alternativen:* Jede KG verfasst zu jedem Foto eine zweiminütige Kurzreportage, die sie auf Kassette aufnimmt. (Jüdische) Musik als Untermalung nicht vergessen!
- Denkbar wäre es auch, dass jede/r Reporter/in seine Reportage frei vorträgt, gestützt auf Stichworte, die auf Kärtchen notiert sind, und dabei das Mikro nur in der Hand hält.
- Die einzelnen Reportagen werden auch auf Video aufgezeichnet und anschließend (evtl. von einer Jury) ausgewertet. Die Idee »Erklärungen finden« von *Ideenseite* 56 kann ebenfalls in die Reportage einbezogen werden, braucht aber längeren Vorlauf.

### Radio hören – hellhörig werden   Ideenseite 56

Seit Ende der Vierzigerjahre sendet der Bayerische Rundfunk die religiöse Feier der Israelitischen Kultusgemeinde in Bayern: jeden Freitag um 14.45 Uhr auf Bayern 2.
* Ein oder zwei Sch nehmen sie auf und verfassen einen Aufsatz: Was man von dieser Sendung, die von Juden für Juden gemacht ist, über das Judentum erfährt.
- Sie stellen diese Sendung mit Hörbeispielen der Klasse vor.

### »Chuzpe«: Juden machen Radio – auch für Nichtjuden!

Jeden ersten Sonntag im Monat um 9.00 Uhr auf der Frequenz M 94,5. Die Radiosendung heißt »Chuzpe – das junge jüdische Magazin aus München«. Das jüdische Magazin informiert und füllt Wissensdefizite über Juden und ihr Leben heute in Deutschland mit verständlichem und kompetentem Grundlagenwissen. Das besondere Interesse der Sendung besteht darin, das Verständnis zwischen Juden und Nichtjuden zu fördern. Trotz dieses thematischen Anspruches soll die Sendung jung und spritzig sein und Freunde von anderer und außergewöhnlicher Musik und Kultur ansprechen. Gut drei Viertel der Sendung besteht aus Musik mit jüdischen Facetten. Dazu zählen Klezmer, israelische Rockmusik und Songs von jüdischen Interpreten aus aller Welt. ›Chuzpe‹ beschäftigt sich mit Judentum, jüdischem Leben, Festen und Gebräuchen, dem christlich-jüdischen Dialog, jüdischen Einrichtungen und Bildungseinrichtungen in Deutschland sowie mit dem Holocaust und seinen Folgen.
Einen Mitschnitt der Sendung kann man unter folgender Adresse anfordern:
Redaktion Chuzpe, Oettingenstr. 67, 80538 München, Tel: 089-21782405 oder Fax: 089-21782496.

### Erklärungen finden   Ideenseite 56

Das Hintergrundbild der Mauer (vgl. *Arbeitshilfen* S. 114) hat eine weitere Bedeutung: Der Fall der Mauer und die Einheit Deutschlands waren Sinnbild für das Ende einer in zwei Blöcke geteilten Welt und der Beginn einer neuen Epoche. Dieser geschichtliche

# Jüdisches Leben in Regensburg

**Zum Beispiel: Boris**

Der russische Einwanderer Boris war Kraftfahrer in einem Lebensmittelkombinat in Leningrad. Seit Mai 1994 ist der kräftige Mann mit dem gutmütigen Herzen in der Gemeinde das Mädchen für alles: Der Vierzigjährige baut die Hütte an Sukkot, kehrt den Hof, richtet den Tisch für den Kiddusch nach dem Schabbat-Gottesdienst. Doch die meiste Zeit hält er sich im Gebetshaus auf. Der Vorstand meint, ihr Synagogendiener tue des Guten zuviel. Boris Aronov, der Schammes, kann nicht aus seiner Haut. Es gibt Leute, die sind im Wirtshaus geboren, und man merkt es ihnen an, ein Leben lang. Boris ist in einer Synagoge in diese Welt gekommen. Oder, genauer gesagt, gleich daneben, im Hause seines Großvaters. Der lebte Wand an Wand mit dem Gebetshaus der Juden von Duschanbe. Er war Mazzabäcker, verkaufte koscheres Fleisch und galt als heiliger Mann. Als Großvater vor zehn Jahren starb, trat Boris in die großväterliche Spur, den Weg der Tora. »Ich immer Tora«, verkündet er sein einfaches Lebensprinzip. »Nicht links, nicht rechts. Ich immer gerade.« Gute Menschen erkennt Boris seitdem auf den ersten Blick. »Wenn Mensch Gott im Herzen, gut. Schau mal Leute ins Gesicht. Wenn Gott im Herzen, gut. Baruch haschem.« Das Schicksal oder die russische Bürokratie wollten es so, dass der Mann, der so an seiner Familie hing, jetzt vollkommen von ihr abgeschnitten ist. Vater, Mutter und seine vier Brüder leben in Brooklyn, New York. Mutter ruft nachts aus Brooklyn bei Boris an, wenn sie den Rat ihres Ältesten braucht. Er kann seine Pflicht, für die Eltern zu sorgen, nur telefonisch erfüllen. Das schmerzt. Doch: »Baruch haschem.« »Einzige Freund – Gott. Baruch haschem. Gott sein Dank.«

# Jüdisches Leben in Regensburg

**Zum Beispiel: Jenny – keine Vorliebe für fromme Jungs**

»Die Frommen sind absolut nicht hübsch.« Das kommt bei dem zurückhaltenden Mädchen wie aus der Pistole geschossen. »Die Schläfchenlocken und der lange Bart, naa!« Allein beim bloßen Gedanken schüttelt sie sich. Jenny Danziger ist, bis auf ihre Vorliebe für Spaghetti mit Zimt, ein ganz normales Mädchen von fünfzehn Jahren, das sich für das Thema Freundschaft interessiert. Ein frommer Jude würde in diese Kartei gar nicht erst aufgenommen. Sie ist im Pindl-Gymnasium die einzige Jüdin in der Klasse. »Die Religion spielt eigentlich keine so große Rolle für mich im Freundeskreis.« Vater und Großvater haben sich hier als Pelzhändler eine Existenz aufgebaut, immer mit einem Gefühl von Rest-Unsicherheit. Die dritte Generation von Juden im Nachkriegs-Regensburg lebt frei von Angst. »Ich denke nicht, dass so etwas noch einmal kommt. Ich fühl mich hier sicher«, sagt Jenny. Damals, bei der Einschulung an der Grundschule am Sallerner Berg hatte sie der Rektor sogar persönlich begrüßt. Er sagte: »Und heuer haben wir das erste Mal ein jüdisches Mädchen an der Schule.« Freundschaft kennt für sie keine religiösen Grenzen. Die meiste Zeit ist Jenny mit ihren christlichen Freundinnen aus der Grundschulzeit am Sallerner Berg zusammen. Im Sommer 1997 war Jenny mit ihren zwei besten Freundinnen Steffi und Elena sogar im Club-Urlaub auf Mallorca. Ihre jüdischen Freunde trifft sie bei gegenseitigen Familienbesuchen an den Feiertagen und jeden Mittwoch beim Religionsunterricht in der Gemeinde. Neun Jahre schon Hebräisch und Religion! Die ersten Jahre, Ende der Achtziger, waren noch quasi Privatunterricht. Jetzt kommen um die 40 schulpflichtige Kinder und Jugendliche zum Unterricht in verschiedenen Klassen. Seit ihrer ersten Sunde hat Jenny viele Lehrer kommen und gehen gesehen. Und jeder neue Lehrer fing bei Null an. Jenny seufzt: »Immer wieder hebräisches Aleph – Bet und Feiertage ...«

Prozess hatte einschneidende Folgen auch für die jüdischen Gemeinden in Deutschland. Ihre Zusammensetzung und ihr Alltag haben sich seither grundlegend verändert.

Wer die Gegenwart verstehen will, muss die Vergangenheit kennen. Dieser Satz gilt grundsätzlich für jedes Volk, jede Religion und jede Person. In der Begegnung mit Juden gewinnt er nicht selten an Dringlichkeit.

Anhand folgender Jahreszahlen verschaffen sich Sch einen groben Überblick:

1933: Machtergreifung Hitlers:
vgl. »Maßnahmen gegen die Juden« M 32, in Handreichungen 8, Teil 1, hg. vom Kath. Schulkommissariat in Bayern.

1945: Ende des Zweiten Weltkriegs:
vgl. *Infoseite* 66 »Die Schoa und ihre Folgen für die Kirche«; im Internet: Holocaust Statistik unter: http://machno.hbi-stuttgart.de/Schoanet/statis/statis.htm.

1989: Fall der Mauer, Abkommen mit der GUS über Aufnahme von Juden:
z. B. Anfrage beim Zentralrat der Juden in Deutschland; Internet: www.juden.de oder www.israelnetz.de oder www.hagalil.com.

**Brief von »Evelyn« lesen**
* Sch lesen den Brief *Deuteseite* 58 in EA, nachdem ihn L vorgelesen hat.
– Nicht verstandene Begriffe werden benannt und geklärt.
– Anschließend wird so verfahren, wie es in den Arbeitsanweisungen beschrieben ist:
* »Ich habe keine krumme Nase ...« Diese Angst von »Evelyn« ist durch Rückgriff auf einen Text aus dem antisemitischen Kinderbuch »Der Giftpilz« zu erklären, in dem damals gezielt Vorurteile gelehrt und zum Hass auf Juden erzogen worden ist (AB 8.4.8 *Arbeitshilfen* S. 123).

*Das Buch »Der Giftpilz«*
»Der Giftpilz« wurde 1938 von Ernst Hiemer, einem ehemaligen Volksschullehrer, als ein Buch für Kinder und Erwachsene verfasst. Hiemer war Hauptschriftleiter des Wochenblattes »Der Stürmer«. Die Bilder stammten von Philipp Ruprecht, der unter dem Pseudonym »Fips« auch die Karikaturen im »Stürmer« zeichnete. Die Geschichten im »Giftpilz« sollten bereits im frühen Alter die Kinder zum Hass auf die Juden erziehen.

**Vom Schabbat hören**
– L liest die Erzählung »Das Schönste ist der Schabbat« von Miriam Solomon, Religion in der Grundschule, Bd. 1, München 1990, Kösel-Verlag, vor.
– Sch sammeln, was ihnen am Sonntag gefällt und verfassen evtl. eine eigene Erzählung.

## 3. Weiterführende Anregung

**Filme zum Thema anschauen**
* Film »Shalom« aus der Reihe Moskito: Junge Juden in Deutschland schildern ihre Erfahrungen, sprechen über ihr Verhältnis zum Holocaust und zur Religion, berichten von jüdischen Festen und vom Gemeindeleben.
* Film: »Hitlerjunge Salomon«: Die authentische Geschichte eines jüdischen Jungen, der es schafft als Hitlerjunge den NS-Terror zu überleben.

## Literatur

De Vries, Anne: Jüdische Riten und Symbole, Wiesbaden ⁶1990

Ich bin, was ich bin, ein Jude – Jüdische Kinder in Deutschland erzählen, Köln 1995

Moosburger, Uwe: Schabbat Schalom. Juden in Regensburg: Gesichter einer lebendigen Gemeinde, Regensburg 1998

Serotta, Edward: Juden in Deutschland heute – Eine fotografische Reise, Berlin 1996

# Jüdisches Leben in Regensburg

**Zum Beispiel: Jüdischer Religionsunterricht**

Schinkenbrot mit Butter, Rahmbraten mit Spätzle, Schweinebraten und Knödel: Das alles ist für jüdische Buben und Mädchen tabu, da rituell unrein. Dass in der Welt der Süßwaren auch so manches nicht ganz koscher ist, erfahren die kleinen und großen Kinder bei Marcus Schroll in der Religionsstunde. Denn das Thema Speisegebote steht auf dem Stundenplan. Und da trifft es sich aus pädagogischer Sicht ganz gut, dass so ein elfjähriger Bub ein Päckchen Goldbären mitgebracht hat. »Die packst du mal lieber weg«, sagt der Religionslehrer. »Da ist nämlich Gelatine drin. Und die steht in der Liste verbotener Speisen.« Der Bub gehorcht. Aber vorher greift er sich noch einen Mund voll Bärchen und grinst breit. Der Lehrer geht mit einem Körbchen voll schwarzer und blauer Seiden-Kippas von Schulbank zu Schulbank. Schulzeit ist Gottesdienstzeit. Und jedes männliche Wesen dokumentiert dies, in dem es sich ein kreisrundes Käppchen aufsetzt. Der Puls des Judentums schlägt am lebendigsten dort, wo gelernt wird. Jeden Mittwoch Nachmittag kommt Marcus Schroll nach Regensburg. ... Der gebürtige Weidener ist kaum größer als seine Schüler und setzt sich doch zu den Kleinen in die Bank, um auf Augenhöhe zu gehen. »Gott will, dass wir bei allem, war wir zum Mund führen, an ihn denken«, erklärt Schroll den Gedanken hinter den jüdischen Speisegesetzen. Nach den zwei Schulstunden für die Kleinen kommen die für die Großen: ein Unterschied wie Tag und Nacht. Schroll provoziert zu Beginn gleich ein Aha: »Das erste Gebot, das Gott den Menschen gegeben hat, war, wer weiß es? Ein Speisegebot. Aber von dem Baum der Erkenntnis des Guten und Bösen sollst du nicht essen, sagte Gott zu Adam im Paradies. Habt ihr Kritik an dieser Stelle?« Schroll wartet auf Reaktionen. »Das ewige Leben ist sehr langweilig«, sagt ein Junge mit Zahnspange. Damit scheint für ihn das Thema »Speisegebote« erst mal abgehakt.

---

# Jüdisches Leben in Regensburg

**Zum Beispiel: Am Festtag in der Synagoge**

In der Synagoge riecht es nach Staub und altem Holz. Und einmal im Jahr nach Frühling. Dann ist der Tag der frischen Birken- und Buchenzweige. Katholische Seelen fühlen sich an Fronleichnam erinnert, wenn die Straßen mit frischem Grün geschmückt sind. »Jetzt san's noch frisch«, sagt die Gemeindesekretärin. Elsa Aronova, die Frau des Hausmeisters, hilft ihr beim Schmücken für Schawuoth, das jüdische Wochenfest zur Erinnerung an die Übergabe der Zehn Gebote am Berge Sinai ... Danny Morag, der neue Kantor, steht an der Synagogentür und wünscht mit junger, warmer Baritonstimme jedem Gemeindemitglied »Chag Sameach«, einen »schönen Feiertag«. Das Abendgebet ist kurz. Nach 15 Minuten riecht man schon das Ende nahen. Danny Morag wendet sich zur Gemeinde und singt den hebräischen Segen über ihr. Die erste Nacht von Schawuoth ist nach frommem Brauch eine Zeit der Vorbereitung auf Gottes Geschenk der Tora. Religiöse Juden erwarten es betend, fastend und in sexueller Enthaltsamkeit, wie damals das Volk Israel in der Wüste die Gesetzestafeln erwartete. Als die Zehn Gebote verlesen werden, erhebt sich die ganze Gemeinde, Julius Wolfenhaut, der pensionierte Lehrer aus Tschernowitz, der über seine sibirische Verbannung ein Buch geschrieben hat, wird zur Tora aufgerufen. Bei seinem ersten Aufruf in der Regensburger Gemeinde, wissen Beobachter, sei er so gerührt gewesen, dass er Tränen der Freude geweint habe. Auch jetzt ist der alte Herr sehr aufgeregt. Es ist eine große Ehre, an dem Tag, als Gott seinem Volk das Gesetz gab, zur Tora aufgerufen zu werden. ... Das jüdische Wallfahrtsfest Schawuoth heißt Wochenfest, weil man ab dem zweiten Pessachabend 49 Tage, also sieben Wochen, zählt. Die Parallele zum christlichen Ostern und Pfingsten ist unübersehbar ...

# Jüdische Lebensweisheit

## 1. Hintergrund

### Den Alltag heiligen

»Ich habe den Herrn stets vor Augen« – dieser Satz aus dem Psalm 16 ist für das Judentum programmatisch. Georg Fohrer schreibt in »Glaube und Leben im Judentum«: »Wichtig ist dabei das Wort ›stets‹. Denn weder das regelmäßige Gebet noch der Besuch des Gottesdienstes, weder das Halten des Sabbats, noch das Feiern der Feste, weder das Toralernen noch die Ausführung religiöser Handlung allein machen das jüdische Leben aus, sondern erst darüber hinaus die Formung des ganzen Lebens durch den in der Tora – im weitesten Sinn des Wortes genommen – ausgedrückten göttlichen Willen.«

Dieser Durchdringung des Lebens dienen die Gebetsriemen (*Teffilin*), die Schaufäden (*Zizit*) am Gebetsmantel (*Tallit*), die *Mesusa* an den Türpfosten, die Speisegesetze (*Kaschrut*). Ihr Ziel ist es, den Alltag zu heiligen.

Der jüdische Religionsphilosoph Martin Buber (1878-1965) hat beschrieben, wie sich bei ihm dieses Streben nach religiöser Durchdringung des Alltags vollzogen hat:

»In jüngeren Jahren war mir das ›Religiöse‹ die Ausnahme. Es gab Stunden, die aus dem Gang der Dinge herausgenommen wurden. Die feste Schale des Alltags wurde irgendwoher durchlöchert. ... Das ›Religiöse‹ hob einen heraus. Drüben war nun die gewohnte Existenz mit ihren Geschäften, hier aber wartete Entrückung, Erleuchtung, Verzückung, zeitlos, folgenlos. Das eigene Dasein umschloss also ein Dies- und ein Jenseits und es gab kein Band außer jeweils dem tatsächlichen Augenblick des Übergangs. Die Unrechtmäßigkeit einer solchen Aufteilung des auf Tod und Ewigkeit zuströmenden Zeitlebens, das sich ihnen gegenüber nicht anders erfüllen kann, als wenn es eben seine Zeitlichkeit erfüllt, ist mir durch ein Ereignis des Alltags aufgegangen, ein richtendes Ereignis, richtend mit jenem Spruch geschlossener Lippen und unbewegten Blicks, wie ihn der gängige Gang der Dinge zu fällen liebt.

Es ereignete sich nichts weiter, als dass ich einmal, an einem Vormittag nach einem Morgen ›religiöser‹ Begeisterung, den Besuch eines unbekannten jungen Menschen empfing, ohne mit der Seele dabei zu sein. Ich ließ es durchaus nicht an einem freundlichen Entgegenkommen fehlen, ich behandelte ihn nicht nachlässiger als alle seine Altersgenossen, die mich um diese Tageszeit wie ein Orakel, das mit sich reden lässt, aufzusuchen pflegten, ich unterhielt mich mit ihm aufmerksam und freimütig und unterließ nur, die Fragen zu erraten, die er nicht stellte. Diese Fragen habe ich später, nicht lange darauf, von einem seiner Freunde – er selber lebte schon nicht mehr (er fiel zu Anfang des Ersten Weltkriegs) – ihrem wesentlichen Gehalt nach erfahren, erfahren, dass er nicht beiläufig, sondern schicksalhaft zu mir gekommen war, nicht um Plauderei, sondern um Entscheidung, gerade zu mir, gerade in dieser Stunde. Was erwarten wir, wenn wir verzweifeln und doch noch zu einem Menschen gehen? Wohl eine Gegenwärtigkeit, durch die uns gesagt wird, dass es ihn dennoch gibt, den Sinn.

Seither habe ich jenes ›Religiöse‹, das nichts als Ausnahme ist, Herausnahme, Heraustritt, Ekstasis, aufgegeben oder es hat mich aufgegeben. Ich besitze nichts mehr als den Alltag, aus dem ich nie genommen werde. Das Geheimnis tut sich nicht mehr auf, es hat sich entzogen oder es hat hier Wohnung genommen, wo sich alles begibt, wie es sich begibt. Ich kenne keine Fülle mehr als die jeder sterblichen Stunde an Anspruch und Verantwortung. Weit entfernt davon, ihr gewachsen zu sein, weiß ich doch, dass ich im Anspruch angesprochen werde und in der Verantwortung antworten darf, und weiß, wer spricht und Antwort heischt.

Viel mehr weiß ich nicht. Wenn das Religion ist, so ist sie einfach alles, das schlichte gelebte Alles in seiner Möglichkeit der Zwiesprache.«

### Orthopraxie – Glauben in der Lebenspraxis

Die starke Orientierung der jüdischen Religion am rechten Leben (Orthopraxie), am konkreten Handeln der Menschen in Situationen, die sie herausfordern, hat zur Entstehung einer spezifisch jüdischen Lebensweisheit geführt, die sich in Sprichwörtern, Redensarten und Geschichten niedergeschlagen hat. Die ethischen Forderungen des Judentums treten nie allgemein an den Einzelnen heran, sondern sie sind immer auf ein Beispiel, auf eine konkrete Situation bezogen, anschaulich und den Handelnden vor eine Einscheidung stellend.

Die chassidischen Geschichten, die Martin Buber gesammelt, sprachlich geformt und philosophisch interpretiert hat, stellen ein beredtes Beispiel für die jüdische Lebensweisheit dar.

> ### Die Chassidim
> Die Chassidim (hebr. *die Frommen*) sind orthodoxe Juden in der Tradition einer Erweckungsbewegung, die im 18. Jahrhundert wie ein Fieber religiöser Begeisterung in der Schtetl-Welt ausgebro-

# Woran man den Juden erkennt

In der 7. Knabenklasse des Lehrers Birkmann geht es heute recht lebhaft zu. Der Lehrer erzählt von den Juden. Und das interessiert die Jungen ganz besonders. Lehrer Birkmann hat auf die Tafel Bilder von Juden gezeichnet. Die Buben sind begeistert. Selbst der Faulste unter den Schülern, der „Schnarch-Emil", ist ganz bei der Sache und schläft nicht, wie dies in anderen Unterrichtsstunden so häufig der Fall ist. Herr Birkmann ist aber auch ein feiner Lehrer. Alle Kinder haben ihn gern. Am meisten aber freuen sie sich, wenn der Lehrer vom Juden erzählt. Und das kann Herr Birkmann meisterhaft. Er hat in seinem Leben die Juden genau kennen gelernt. Und er versteht es, das alles so spannend zu schildern, dass die Buben am liebsten jeden Tag „Judenstunde" hätten. Lehrer Birkmann blickt auf die Uhr. „Es ist gleich zwölf Uhr", sagt er „wir wollen nun zusammenfassen, was wir in dieser Stunde gelernt haben. Wovon haben wir gesprochen?" Alle Kinder heben den Finger. Der Lehrer ruft den Karl Scholz auf, einen kleinen Knirps in der ersten Bank. „Wir haben darüber gesprochen, woran man den Juden erkennt." „Gut! Nun erzähle einmal darüber!"

Der kleine Karl greift nach dem Zeigestock, geht hinaus zur Tafel und deutet damit auf die Zeichnungen. „Den Juden kennt man meistens an seiner Nase. Die Judennase ist an ihrer Spitze gebogen. Sie sieht aus wie ein Sechser. Daher nennt man sie 'Judensechser'. Gebogene Nasen haben auch viele Nichtjuden. Aber bei ihnen ist die Nase nicht unten, sondern schon weiter oben gebogen. So eine Nase heißt man Hakennase oder Adlernase. Sie hat mit der Judennase nichts zu tun." „Recht so!" sagt der Lehrer. Der Lehrer ruft einen anderen Schüler auf. Er heißt Fritz Müller und ist der Beste in der ganzen Klasse. Fritz geht zur Tafel hinaus und erklärt: „Die Juden sind meistens klein bis mittelgroß. Sie haben kurze Beine. Auch ihre Arme sind häufig sehr kurz. Viele Juden haben auch krumme Beine und Plattfüße. Sie haben oft eine niedrige, schiefe Stirne, man sagt dazu 'fliehende' Stirne. Viele Verbrecher haben so eine Stirne. Auch die Juden sind Verbrecher. Ihre Haare sind meistens dunkel und oft gekräuselt wie beim Neger. Ihre Ohren sind sehr groß und sehen aus wie der Henkel einer Kaffeetasse." Der Lehrer wendet sich an die Schüler. „Passt mal auf, Kinder! Warum sagt denn der Fritz immer: 'viele Juden haben krumme Beine' – 'oft haben sie eine fliehende Stirne' – 'meistens sind ihre Haare dunkel'?" Nun meldet sich Heinrich Schmidt, ein großer, kräftiger Junge in der letzten Bankreihe, zu Worte. „Nicht jeder hat diese Kennzeichen. Mancher hat keinen richtigen Judensechser, dafür aber richtige Judenohren. Mancher hat keine richtigen Plattfüße, dafür aber richtige Judenaugen. Es kommt vor, dass mancher Jude auf den ersten Blick überhaupt nicht als Jude zu erkennen ist. Mitunter gibt es sogar Juden mit blonden Haaren. Wenn wir Juden mit Sicherheit von den Nichtjuden auseinander kennen wollen, dann müssen wir schon genau hinschauen. Aber wenn man gut aufpasst, dann merkt man sofort, ob man es mit einem Juden zu tun hat." „Sehr gut!" lobt der Lehrer. „Und wenn ihr auch im Leben draußen gut aufpasst und die Augen offen haltet, dann werdet ihr nicht vom Juden getäuscht werden." Dann geht der Lehrer zum Pult und wendet die Tafel um. Auf der Rückseite ist ein Spruch geschrieben. Die Kinder lesen ihn laut vor:

> Aus eines Juden Angesicht
> Der böse Teufel zu uns spricht,
> Der Teufel, der in jedem Land
> Als üble Plage ist bekannt.
>
> Wenn wir vom Juden frei sein sollen
> Und wieder glücklich, froh sein wollen,
> Dann muss die Jugend mit uns ringen,
> Den Judenteufel zu bezwingen.

Aus dem antisemitischen Kinderbuch *Der Giftpilz*, Nürnberg 1938

chen war. Der Chassidismus war in allen Berufen und Schichten vertreten, fand aber gerade in den verarmten Bewohnern des Schtetl seine Anhänger. Die Bewegung entwuchs aus einer tiefen Sehnsucht, bei der die Menschen das wesentliche Gefühl genießen wollten, »Gottes Geschöpfe« zu sein. Jeder hatte seinen Alltag mit Hingabe und Freude zu erfüllen. Beim innigen Gebet wollte und sollte man die Mühen des täglichen Lebens vergessen. Motto der Chassidim war eine Weisheit, die uns an Aussagen des ›positiven Denkens‹ erinnert:

»Wer die Traurigkeit und Sorgen über sich gewinnen lässt, der errichtet eine Barriere zwischen sich und seinem Gott; ... und wer gesündigt hat, kann jederzeit umkehren; ewiges Lamentieren oder schlechtes Gewissen hindert den Menschen geradezu daran, sein Leben zukünftig besser zu gestalten.«

Ein wesentliches Merkmal des Chassidismus war die Aufhebung religiöser Wertunterschiede zwischen rabbinischen Funktionären, Gelehrten und dem einfachen Volk. Jeder Fromme, egal welchen Standes, konnte – mittels seiner aufrichtigen Glaubenskraft – die Stufe eines Zaddiks, eines Gerechten, erreichen. Die Zaddikim besaßen Ansehen und Ausstrahlung.

**Der jüdische Witz – Spiegel des Denkens**

Mit dem jüdischen Witz verhält es sich wie mit den chassidischen Geschichten: Auch er ist ein Spiegel des Denkens. Der jüdische Witz ist ein kluger, ein gescheiter Witz, hintersinnig und lehrreich. Auffallend ist die Fähigkeit zur Selbstironie, die er offenbart. Die geistige Kraft, die aus ihm spricht, drückt der Jude Johannes Bergammer so aus:

---

**Der Juden Witz**

Ist nicht, wie ihr glaubt, ein Gedankenblitz.
Er ist ein Tor,
Durch das man Opfer trägt wie nie zuvor,
Er zeigt den Bruch:
Die Göttlichkeit und irdischen Widerspruch.
Ich weiß, ich fiel
Und kann doch nicht vergessen fernes Ziel.
Ich bin begrenzt
Und werde weiter, als ich find, ergänzt
Vor Gottes Sitz.
Der Witz der Juden ist – bei Gott – kein Witz.
Erhabenheit

---

Ist einen Schritt vom Lächerlichen weit,
Den Schritt von Gott.
Den geht kein Mensch ... Das weiß von ihm der Spott
Und dieses Lachen, mitten aus der Zeit,
Ist einen Schritt nah an Erhabenheit.

---

## 2. Einsatzmöglichkeiten im RU

Diese Seite braucht, um in rechter Weise erschlossen zu werden, positive Aufgeschlossenheit seitens der Sch. Wenn es gelungen ist, die Liebenswürdigkeit der jüdischen Religion – wie zur *Titelseite* näher beschrieben vgl. *Arbeitshilfen* S. 103 f. – zu verdeutlichen, dann sind die Voraussetzungen geschaffen, um die hintergründige Weisheit der Texte auf dieser Seite zu verstehen.

**Den Film »Sanfte Augen« kennen lernen**

Das Foto aus dem Film »Sanfte Augen lügen nicht« ist ein erster Blickfang, der das Interesse der Sch weckt und hilft, die fremdartige Welt des chassidischen Judentums nicht reflexartig abzuwehren.

– Sch erzählen, worum es in diesem Film geht, der immer wieder im Free-TV zu sehen ist.
– Oder: Ein Sch, der vorab von L dazu aufgefordert wurde, erzählt den Film seinen MitschülerInnen in Form eines Kurzreferates.

**Jüdische Vergangenheit erkunden**

– Die Sachinformation *Deuteseite* 60 oben wird selbstständig erarbeitet.
– Folgende Fragen dienen als Arbeitsaufträge:
\* Weshalb verließen viele Juden im Mittelalter Deutschland?
\* Was ist ein Schtetl?
\* Was ist Jiddisch?
\* Wo wird diese Sprache heute gesprochen?

**Die Geschichte »Das Stammeln« durchleuchten**

Vor einer Erstbegegnung mit der Geschichte »Das Stammeln« werden folgende Begriffe Sch nahegebracht: Rabbi, Zaddik, Chassidim, Tefillin. Dies erleichtert das Verstehen der Geschichte. Darüber hinaus ist es hilfreich, wenn der Text zuvor von L mit den Augen und Ohren der Sch gelesen wird. Daraus ergeben sich evtl. weitere Verständnisschwierigkeiten, die im Vorfeld auszuräumen sind.

– Die chassidische Geschichte »Das Stammeln« wird zuerst von L erzählt.
– *Alternative:* Sch hören Martin Buber auf der Hörkassette: »Wo ich gehe – du!«

– Anschließend lesen Sch den Text und folgen den Arbeitsanregungen.
* Die Aussagen, die in dieser Geschichte über Gott gemacht werden, gestalten Sch als Hefteintrag oder als Plakat (z. B. Gott blickt uns ins Herz, nicht auf den Mund; bei Gott kommt es nicht darauf an, dass ich schön reden kann).
– Die Geschichte soll ruhig mehrmals von den Sch ausdrucksstark gelesen werden.

**Die freie Rede üben**
– Diese Doppelseite eignet sich als Impuls, dem Erzählen Raum zu geben.
– Sch werden angeregt, sich die Geschichte »Das Stammeln« anzueignen und sie frei zu erzählen.
– Das Witze-Erzählen üben Sch in vorbereitender Hausaufgabe ein.

**Redehemmungen abbauen**
Dabei hilft das »Suggestiv-Rezept« von Heinz Klippert. Um vorhandene Ängste und Beklemmungen abzubauen, wird es nötig sein, den Glauben der Sch an ihre Fähigkeiten gezielt zu stärken. Sie erkennen, dass die Redewendung »Glaube versetzt Berge« in gewissem Sinn auch für persönliche Bewährungsproben gilt, wie sie freies Erzählen vor der Klasse darstellt (s. Kasten rechts).

**Sprichwörter weiterschreiben**
Die Sprichwörter auf der Seite eignen sich zum kreativen Weiterschreiben auf Plakat oder als Hefteintrag. Z. B. Schlimmer ist eine böse Zunge als eine böse Hand, denn ...
*Weitere Sprichwörter* (in: Halbfas, Lehrerhandbuch 5, S. 290):
Wenn es im Herzen bitter ist, hilft im Mund kein Zucker.
Ein Lügner muss ein gutes Gedächtnis haben.
Mit Lügen kommt man weit, aber nicht zurück.
Niemand tut anderen etwas, nur sich allein.
Nicht immer ist das Schöne gut, aber immer ist das Gute schön.
Wohnte Gott auf Erden, würden ihm die Menschen die Scheibe einschlagen.
Dem Zuschauer ist nichts zu schwer.

## 3. Weiterführende Anregung

**Jüdische Lebensweisheit: Legenden, Sprichwörter und Witze**
Die jüdische Tradition zeichnet sich besonders dadurch aus, dass sie Lebensweisheit lebendig erzählt weitergibt, u. a. mit Witz und Humor und der

---

**Ich kann reden!**

Ich kann reden! Das weiß ich ganz genau. Ich rede so oft, und immer komme ich gut durch. Immer fällt mir etwas Sinnvolles ein. Ich werde den Faden schon nicht verlieren. Und wenn doch, dann ist das auch nicht schlimm, denn das passiert schließlich den anderen auch. Nur Ruhe bewahren, dann fließen und sprießen die Gedanken ganz schnell wieder.

Ich habe keine Angst. Nein! Vor wem denn auch. Ich habe mich gut vorbereitet; ich weiß Bescheid. Wenn ich rede, dann bin ich der Experte. Viele andere können mir nicht einmal das Wasser reichen. Und wenn ein bisschen Lampenfieber da ist – was soll's?! Das ist normal und macht mich nur noch leistungsfähiger.

Ich atme tief durch, halte die Luft etwa vier Sekunden an und atme dann ganz langsam aus, bevor ich mit dem Reden beginne. Das beruhigt und strafft den Oberkörper. Ich bemühe mich, nicht zu schnell zu reden, denn das fördert nur die Hektik. Ich bremse gelegentlich mein Sprechtempo und lasse auch schon mal eine kurze Pause. Das ist für mich gut – und für meine Zuhörer auch!

Meine Gedanken sind klar und gut verständlich. Meine Körperhaltung spiegelt mein Selbstvertrauen. Ich spreche deutlich, natürlich! Meine Stimme ist kräftig. Ich habe keine Scheu, die Mit-Sch selbstbewusst anzuschauen, meinen Blick ruhig schweifen zu lassen – von einem zum anderen. Ich spreche ruhig und locker, freundlich und lebendig. Ich will überzeugen, und ich kann überzeugen! Ich bemühe mich. Ich arbeite an mir. Und mehr kann niemand von mir verlangen.

Reden ist besser als Schweigen. Davon bin ich überzeugt. Reden muss sein, damit ich im Leben Erfolg habe. Wer nicht reden kann, der wird schnell untergebuttert. Nein, mit mir nicht. Ich will mich bewähren. Ich will es mir und anderen zeigen, dass ich kein Feigling bin und dass ich schon die richtigen Worte finden werde.

Ich muss ja nicht perfekt sein! Wer ist schon perfekt!? Reden kann man immer nur versuchen. Und je häufiger ich es versuche, umso besser und routinierter werde ich. Ich bin auf dem besten Wege ein guter Redner zu werden. Meine Mit-Sch werden staunen, wie gut ich reden kann. Reden können ist ein Hochgenuss!

Erkenntnis, dass man aus allem das Beste machen kann – ändern kann man ja doch nicht viel oder gar nichts.
* Jüdische Sprichwörter und Witze in: Robert Hess: Die Geschichte der Juden, RTB 4110, Reinbek 1999
* Landmann, Salcia: Die klassischen Witze der Juden, München 1998
* Waller, Angelika/Wolff, Gerry: CD Jüdische Witze, Berlin 1999
* Kap. »Die jüdische Einstellung zum Unglück« und »Jüdische Weisheit« in: Tworuschka, Maria u. Udo (Hg.): Symbole der Weltreligionen. Vorlesebuch für Kinder von 8-14, Lahr/Kevelaer 1996
* Wo ich gehe – du! Martin Buber liest chassidische Legenden, Hörkassette, DKV, München
* Hacohen, Shmuel A.: Ratlos war der Rabbi nie. Chassidischer Humor, TB, Gütersloh 1998

# Erinnerungen an die Schoa   Deuteseite III 62-63

## 1. Hintergrund

Das *Gemälde* »Das Grauen« stammt vom jüdischen Künstler Adolf Frankl, der Auschwitz-Birkenau überlebt hat. In seinen Bildern konfrontiert er die Betrachtenden mit dem Schrecken und dem Wahnsinn des Lagerlebens aus der Sicht des Betroffenen. Der *Text* »Wie ich meine Bilder auf die Leinwand bringe« gewährt uns Einblick in das Innenleben Frankls beim Malen seiner Bilder.

Wenn Sch bisher etwas über jüdisches Leben und jüdischen Glauben kennen gelernt haben, dann merkt diese/r auf dieser Seite, dass es ein Ereignis gibt, von dem alle Juden unmittelbar oder mittelbar betroffen sind und das seine traumatischen Spuren in der Seele des Einzelnen sowie des jüdischen Volkes hinterlassen hat: die Schoa.

### Adolf Frankl (1903-1983)

Adolf Frankl wurde am 12. Februar 1903 in Preßburg/Bratislava als Sohn einer angesehenen und begüterten jüdischen Kaufmannsfamilie geboren. Er begann früh mit dem Malen. Doch die »väterliche Autorität« zwang ihn, in das Inneneinrichtungsgeschäft des Vaters einzutreten. 1939 begann die Diskriminierung der jüdischen Bevölkerung in der Slowakei und erste Pogrome wurden organisiert. 1941 wurde Frankls Geschäft enteignet, er wurde beschimpft, verprügelt und in ein Ghetto umgesiedelt. In der Nacht des 28. September 1944 wurde er zusammen mit seiner Frau, seinen zwei Kindern und seinem Schwager abgeholt und ins Konzentrations- und Vernichtungslager Auschwitz-Birkenau gebracht. Dort wurde ihm die Nummer B 14395 auf den rechten Unterarm tätowiert – mit gespitztem Holzstab in die Haut geritzt und mit schwarzer Farbe bestrichen. Frankl überlebte das »Inferno«, dessen Grauen er als expressives Manifest in Bildern überliefert hat, und lebte ab 1949 zurückgezogen in Wien und ab den Sechziger Jahren in Deutschland.

Ein befreundeter Arzt, der sein jugendliches Maltalent kannte, empfahl ihm, Blumenbilder zu malen, nachdem er immer wieder von panischer Angst, Schlaflosigkeit und Albträumen geplagt wurde. Doch die Blüten, die er malte, hatten Fratzen, zeigten von Hass und panischer Angst verzerrte Gesichtszüge. Eines Nachts, wieder einmal aufgeschreckt aus einem seiner Angstträume, entschloss er sich die Tatsächlichkeit seines »Infernos« in Form von »Visionen« wiederzugeben. Auf diese Weise entstanden 130 Ölgemälde (u.a. der Zyklus »Visionen aus dem Inferno«) und mehr als 100 Zeichnungen und Skizzen. In ihnen schreit er seine Erlebnisse mit Farben hinaus, so wie sie ihm seit Auschwitz-Birkenau, wo er sie mit Tränen, Schweiß, Blut und Todesangst erlebte, in Erinnerung geblieben sind. Adolf Frankl ist am 18. August 1983 in Wien gestorben.

### Adolf Frankl: Das Grauen, 1959

Öl auf Holz, 152 x 152 cm

Viele Bilder der Kunst zeigen Angst, Schmerz, Verzweiflung und Todesnot in meist festgefügten Formeln des Ausdrucks. Aber alle diese Formeln enthalten oftmals etwas von der Distanz des neben dem Leid stehenden Künstlers. Bei Adolf Frankl ist das anders. Seine Bilder sind Innenansichten der Todesangst und der totalen Wehrlosigkeit. Sie machen sprachlos und lösen sprachloses Entsetzen aus. Was sie ausdrücken, liegt soweit entfernt von unserer vertrauten Erfahrung, dass man sie mit unserer gewohnten Sprache gar nicht beschreiben kann, ohne sie zu trivialisieren.

Das Bild ist ohne jede räumliche Distanz. Die kraftlosen Körper, die von der Angst zerfressenen Gesichter tauchen wie aus dem Nichts auf. Sie sind

# Ich, Ateet, Sohn des Malers

Als jüngster Sohn habe ich die Geburt dieser Bilder miterlebt. Ich erinnere mich gut an den Geruch von Firnis und Ölfarbe und an das Aufgehen des Vaters in die leuchtenden Farben und Fratzen, die ihn Tag und Nacht verfolgten. Mir gefiel es, dass er seine Tätowierungsnummer am Unterarm warm rieb, bevor er zu malen begann.

Damals verstand ich nicht, worum es ging. Ich war ein Kind und meine unschuldigen Augen konnten das Grauen noch nicht sehen. Meine Mutter versuchte vergeblich, die Bilder vor mir zu verstecken, aber eine tiefe Ahnung hatte mich schon befallen.

Mein Vater erzählte bei Tisch oft Geschichten aus dem KZ. An eine erinnere ich mich besonders.

Es war der strenge Winter 1945 in Auschwitz und er hatte gerade von der Ermordung seines Schwiegervaters im Lager erfahren. Verzweifelt fragt er die umstehenden Häftlinge, wer denn verantwortlich sei für das alles, was auf der Erde geschieht. Als Antwort blickt ihn ein Mithäftling hasserfüllt an, weil mein Vater nicht fromm war, und sagt ihm: »Alles Leid haben die Nichtfrommen verschuldet.« Gottes Strafe also? ...

Die Bilder meines Vaters wuchsen an Größe und Zahl. Er malte meist nachts in seiner Kammer, welche eine Art verstecktes Geheimzimmerchen war. Furcht lag immer in der Luft. Wenn es an der Tür läutete, zuckten wir alle zusammen. Als erwarteten wir, dass sie wieder kommen und uns abholen. Auch ich wurde von dieser Furcht angesteckt. Was mich aber immer wunderte, war die Tatsache, dass mein Vater nie in Hass und Ärger über seine Zeit in Auschwitz sprach. Vielmehr sprach er gerne davon. Oft weinte und lachte er gleichzeitig, vor allem, wenn ihn meine Mutter zu den Feiertagen zum Tischgebet drängte. Er war sehr weich und gütig, ging aber Konflikten aus dem Weg. Geschäftlich wurde er viel ausgenutzt. Sein Herz war groß und ich spürte seine Liebe zu mir. Ich mochte seine Hände. Er lebte in seiner eigenen Welt. Das Malen war seine Bewältigung und Heilung.

Ich aber trug inzwischen ein brennendes Fragezeichen im Rücken. Ich wollte verstehen, wie alles kam, warum es geschah und was die Wurzel ist. Woher war dieser Hass gekommen?

\*\*\*

In meiner Studentenzeit musste ich erleben, dass ich als Jude der nichtjüdischen Welt mit demselben Hass und derselben Verachtung begegnete, wie diese mir. Aber ich fühlte mich besser als die anderen. Schließlich war ich ja das Opfer. Die anderen waren die Bösen und ich der Gute. So einfach war das. Aber ich hatte ein ungutes Gefühl dabei. Irgendwas stimmte für mich daran nicht. Auch behandelten wir Freunde einander oft zynisch, verletzend und nicht liebevoll. Ich suchte nach anderen Wegen.

Je älter mein Vater wurde, desto mehr wuchs die Angst in ihm. Jede Reise in ein anderes Land bereitete ihm große Sorgen und Qualen. Er fühlte sich verfolgt und glaubte, dass man ihn sucht. Seine schlimmste Vorstellung war, ohne Zigaretten eingesperrt zu werden. Er rauchte viel, vor allem beim Malen. Und meine Mutter schimpfte über Rauch und Asche. Oft lag Spannung in der Luft. Niemals hatten wir gelernt, Konflikte bewusst zu lösen. Bald begriff ich, dass nur ich selbst für mein eigenes Leben verantwortlich bin. Niemand anderer hat Schuld. Ich habe es mir erschaffen, also kann nur ich es auch bewusst verändern.

*Ateet Frankl*

---

»Auch ich wurde von dieser Furcht angesteckt«: *Wie kannst du dir erklären, dass auch der Sohn des Malers von der Atmosphäre des Grauens erfasst wird? Sicher findest du Anhaltspunkte dafür im Text.*

»Das Malen war seine Bewältigung und Heilung«: *Wie kannst du dir diesen heilsamen Effekt erklären? Wo begegnet es dir sonst noch, dass Menschen durch kreative Betätigung Gefühle ausdrücken, Ängste bewältigen, Heilung erfahren?*

nicht nah und nicht fern, sondern nur auf eine traumatische Weise unverdrängbar anwesend. Wie man aus klinischen Studien über die Bilder von kranken Menschen weiß, zeigt sich an dieser Raumlosigkeit das Unentrinnbare und Zwanghafte von Vorstellungen und Erinnerungen.

Die Gesichter auf dem Bild sind die Gesichter der Todgeweihten. Die Augen treten aus ihren Höhlen, die Mimik zerfällt, aller Ausdruck ist auf den Tod hin ausgerichtet, es gibt kein Anzeichen von Leidenschaft oder Hoffnung. Frankl selbst hat von diesen Gesichtern gesprochen, die ihn bis in seine Träume verfolgen: »Die Augen, ich kann es nicht vergessen.«

Hinweise zu seinem Gemälde gibt Adolf Frankl selbst mit folgenden Zeilen:
Meinen Vornamen Adolf in hebräischer Schrift habe ich in diesem Bild zwischen all dem Schrecklichen verteilt. Er fängt rechts unten an mit dem Buchstaben »A« über dem lechzenden Maul des Schäferhundes und der Preßburger Burg. Dann folgt rechts vor dem Kopf der quer liegenden sterbenden Mutter mit dem Kind der Buchstabe »D« und darüber zwischen den zwei zum Himmel flehenden Händen der Buchstabe »L«. In der linken oberen Ecke ist das getarnte Krematorium. Links unten zwischen den vom Tod gequälten Köpfen der Buchstabe »F«.

Zum Bild »Das Grauen« hat sich auch Simon Wiesenthal, der Gründer des jüdischen Dokumentationszentrums in Wien geäußert:
»Beim Betrachten der Bilder von Adolf Frankl wird in mir die Erinnerung an meine Zeit im Konzentrationslager wach, die brutale Unmenschlichkeit wird wieder lebendig und erweckt Gefühle der Ohnmacht, des Schmerzes und der Hilflosigkeit.
Es ist ein wichtiges Vermächtnis, das uns Adolf Frankl mit seinen Bildern hinterlassen hat, sie sprechen eine deutlichere Sprache, als es Worte je können. Ihre Mahnung wird von allen Menschen verstanden und sie lassen uns die Opfer nicht vergessen. Das Ausmaß ihrer Leiden ist für die Nachgeborenen kaum vorstellbar. Adolf Frankls Bilder lassen uns ihre Qualen erahnen. Die Bilder sind eine Aufforderung an jeden, nachzudenken, sich zu erinnern, nicht in den Tag hinein zu leben, wachsam zu sein; denn das, was in der Nazizeit geschah, kann sich in der einen oder anderen modifizierten Form jederzeit und überall wiederholen – angepasst an die Umstände und Gegebenheiten der Zeit, getragen aber von den selben Gefühlen des Hasses und des Willens zur Zerstörung.«

## 2. Einsatzmöglichkeiten im RU

### Das Bild »Das Grauen« mit Sch betrachten
– Sch werden behutsam auf die Bildbetrachtung vorbereitet. Ihre Bereitschaft, sich auf ein Bild einzulassen, das mit dem Leben im Konzentrationslager konfrontiert, wird eingeholt.
– Sie werden aufgefordert, sich in Stille (evtl. passende Hintergrundmusik) das Bild anzuschauen und darauf zu achten, welche Stimmungen, Gedanken und Gefühle es in ihnen wachruft.
– Anschließend geben Sch ihre Eindrücke wieder oder, nachdem der Titel des Bildes genannt wurde, bilden sie fünf Sätze, die mit dem Satzanfang »Das Grauen ...« beginnen oder in denen das Wort »Grauen« vorkommt.
– Der Text »Wie ich meine Visionen auf die Leinwand bringe« *Deuteseite* 62 wird von L vorgelesen.
– Sch betrachten währenddessen das Bild.
– Frankl erinnert die Menschen mit seinen Bildern an diese Tragödie. Durch seine Bilder zieht er die Betrachter in gewisser Weise in »Mitleidenschaft«.
* Sch werden gefragt, welche Wirkungen es auf sie hat, wenn sie an die Schoa erinnert werden (sollen). Sie drücken in Form von Wörtern, Ausrufesätzen, Zeichen oder Zeichnungen ihre Eindrücke auf einem DIN-A3-Blatt aus.
– Evtl. eine Plakatwand zur Frage gestalten: Was bewirkt die Erinnerung an die Schoa bei uns?

### Mit dem Sohn des Malers Kontakt aufnehmen
Zur Einführung in Adolf Frankl ist es hilfreich, ihn durch die Augen seines Sohnes zu sehen, der das Entstehen der Bilder seines Vaters miterlebt hat.
– Sch bearbeiten AB 8.4.9 *Arbeitshilfen* S. 127.
– Sch schreiben Ateet Frankl einen Brief, in dem Sie versuchen, dessen Frage zu beantworten, »wie alles kam, warum es geschah und was die Wurzel ist« (Zeilen 53 ff.).
– Anschließende Sammlung der von den Sch gefundenen Begründungen an der Tafel, Gespräch darüber in der Klasse.

## 3. Weiterführende Anregungen

### Die Geschichte »Schalom David« lesen
Sieben Jahre nach dem Zweiten Weltkrieg kommt der jüdische Junge David in der Nähe von Bergen-Belsen in eine deutsche Schule. Martin befreundet sich mit ihm. Als bei einem Wandertag ein Mitschüler eine lebende Maus ins Lagerfeuer wirft, gerät

David in Panik. Seine Mutter starb wie diese Maus. Maria und Udo Tworuschka (Hg.): Symbole in den Weltreligionen. Ein Vorlesebuch für Kinder von 8-14, Lahr/Kevelaer 1996

**Die Begegnung mit Adolf Frankl vertiefen**
Ein/e interessierte/r Sch informiert sich genauer über den Maler Adolf Frankl und stellt ihn in einem Kurzporträt (vgl. *Arbeitshilfen* S. 112) den Mit-Sch vor. Dazu stellt L die Hintergrundinformation aus den *Arbeitshilfen* S. 126 zur Verfügung und den Ausstellungskatalog: Visionen aus dem Inferno. Sammlung Adolf Frankl, München 1997.
Reproduktionen der Bilder A. Frankls sind zu beziehen über die Buchhandlungen Chaj, Praterstr. 40, A-1020 Wien, T/F: 0043-1-2164-621 und Literatur-Handlung, Dorotheergasse 11, A-1010 Wien, T/F: 0043-1-5125361 und 5125367. Informationen über Adolf Frankl auch im Internet unter frankl@haGalil.com.

## Wie aus Juden Christen wurden

**Infoseite I 64-65**

### 1. Hintergrund

**Jesus: ein Jude**
Jesus von Nazaret war ein Jude. Das zur Kenntnis zu nehmen ist eine entscheidende Voraussetzung, um die Botschaft Jesu verstehen zu können. Das Jude-Sein des Jesus von Nazaret macht ihn den Heidenchristen sogar zunächst fremd, was Wolfgang Feneberg in seinem Buch: »Jesus, der nahe Unbekannte« (München 1990) so formuliert: »Jesus ist nicht in die Kirche gegangen, sondern in die Synagoge, er hat nicht täglich das ›Vaterunser‹ und ›Gegrüßet seist du, Maria‹ gebetet, sondern zweimal das ›Sch'ma‹ und dreimal das ›Achtzehngebet‹ und das ›Kaddisch‹ verrichtet; er hat keinen Talar und keine christliche Ordenstracht getragen, sondern die Tefillin und den Gebetsschal; er ging nicht am Sonntag, sondern am Samstag bzw. am Freitagabend in die Synagoge; er hatte zu Hause kein Kreuz hängen und kein Muttergottesbild, sondern Phylakterien, Sabbatlicht, Kelch und Tuch für das Sabbatbrot; er hat nicht Ostern, Pfingsten, Allerseelen und Weihnachten, sondern ›Pessach‹, ›Schawuot‹, den ›Rosch ha-Schana‹, den ›Jom Kippur‹ und ›Sukkot‹ gefeiert, dazwischen noch ›Purim‹ und ›Chanukka‹, er hat keinen einzigen Helden zum Jünger gemacht, sondern als kleiner, heute würde man sagen orthodoxer und aufgeweckter Jude gelebt, gewirkt, sich gefreut und gelitten. Er war wirklich anders als wir.«
Der jüdische Religionsphilosoph Pinchas Lapide (1922-1997) stellt dieses Anderssein Jesu noch in einen größeren Zusammenhang, wenn er bemerkt: »Das Christentum ist die einzige Weltreligion, deren Stifter zeitlebens einer anderen Religion angehört hat.«

**Rembrandt Harmensz van Rijn (1606-1669)**
Rembrandt wurde 1606 als Sohn wohlhabender Eltern und als vorletztes von neun Kindern im niederländischen Leiden geboren. Sein religiöses Bekenntnis war calvinistisch. Seine Geburtsstadt Leiden war auf vielfältige Weise mit dem Freiheitskampf gegen das katholische Spanien verbunden. 26-jährig und als Künstler zu öffentlichem Ansehen gekommen, konnte er sich in Amsterdam ein repräsentatives Haus leisten. Es lag in der »Breiten Gasse« (Breestraat) am Rande des Judenviertels. Rembrandts jüdische Nachbarn gehörten zu den iberischen Juden, die 1492 aus Spanien vertrieben worden waren und in den Niederlanden eine neue Heimat gefunden hatten.

**Bildnis nach dem Leben:**
**Rembrandt: Jesus Christus, 1645-55**
Rembrandts Bild vom Judentum entsprach den gängigen Klischees seiner Zeit und zeugt von dem tiefen Bruch, der sich zwischen Judentum und Christentum im Laufe der Jahrhunderte aufgetan hatte. Dieser Bruch fand Eingang in die Malerei und die Malerei ihrerseits festigte ihn.
Zum Bild schreibt Hubertus Halbfas: »Im Übrigen wählte man für die Darstellung der Juden auf biblischen Bildern wie selbstverständlich holländische Modelle; ging es aber darum, sich von einzelnen Figuren der biblischen Szenerie zu distanzieren, beispielsweise, wenn Hohepriester und Pharisäer als Gegner Jesu darzustellen waren, orientierte man sich an semitischen Vorbildern. Schon in der mittelalterlichen Kunst, etwa bei Hieronymus Bosch, wurden die jüdischen Gesichter der Kontrahenten Jesu verzerrt dargestellt. Im gleichen Jahr, als auch Rembrandt ein solches Bild ›der Feinde Jesu‹ entwarf, lernte er einen jüdischen Schriftgelehrten kennen, den Rabbiner Menasseh ben Israel, mit dem er freundschaftlich verbunden war und der ihn zu einem tieferen Verständnis des jüdischen Glaubens und des Judentums führte ...

Anfang der fünfziger Jahre begann Rembrandt mit Studien spanischer Juden. Ihre Physiognomie beschäftigte ihn immer mehr, denn so wie diese hatten nicht allein die ›Feinde‹ Jesu, sondern alle Juden ausgesehen, also auch Jesus. Damals saß ihm häufig ein junger Jude Modell, nach dessen Aussehen er und seine Schüler das Bildnis Christi malten. Für Rembrandt äußerte sich in dieser Praxis seine veränderte Einstellung zum Volk Israel: Er sah es jetzt ausgezeichnet als jenes Volk, aus dem Jesus hervorgegangen war und das durch sein Festhalten am Glauben der Väter nicht aufgehört hatte, Brudervolk der Christen zu sein. So begegnet uns nun in dem ›Bildnis Christi nach dem Leben‹ ein junger Mann ohne Nimbus und andere Attribute der Transzendenz und macht mehr als übliche ›Christusbilder‹ gerade dadurch deutlich, wie sehr in den Vertretern des jüdischen Volkes ein Bruder Jesu begegnet. Hätte die Christenheit diese Sicht auf Rembrandts Bild in den nachfolgenden Jahrhunderten gewinnen können, wäre jüdischen Menschen unendliches Leiden erspart geblieben: Verhöhnung, Entehrung, Enteignung, Vertreibung, Mord und schließlich die massenhafte Vernichtung« (in: Halbfas, Lehrerhandbuch 5, S. 327).

**Entfremdung im Mittelalter**

Die Entfremdung zwischen Juden und Christen im Mittelalter schlug sich in verschiedenen Regelungen nieder, die in christlichen Vorwürfen und Vorbehalten gegen Juden begründet waren:

Die Juden haben einen anderen Gott als wir!
Die Juden haben Jesus Christus, den Sohn Gottes, getötet!
Die Juden feiern andere Feste als wir!
Die Juden halten den Sabbat, nicht den Sonntag!
Die Juden essen kein Schweinefleisch!
Die Juden haben eine andere Sprache als wir!
Die Juden schreiben von rechts nach links, nicht von links nach rechts!
Die Juden haben einen anderen Kalender als wir!
Die Juden pflegen die Gräber ihrer Toten nicht!

Aus den Vorwürfen wurden Verbote und Schikanen abgeleitet:

Juden sollen nicht in christlichen Häusern arbeiten!
Juden dürfen keine Christen heiraten!
Juden dürfen keine Äcker und Grundstücke kaufen!
Juden dürfen keine Häuser bauen!
Juden dürfen kein Handwerk lernen!
Juden müssen höhere Steuern zahlen!
Juden müssen auf ihrer Kleidung einen gelben Ring tragen, damit man sie erkennt!
Juden dürfen nur in besonderen Gassen wohnen!
Juden dürfen sich in der Karwoche von Gründonnerstag bis Ostern nicht auf der Straße zeigen!
(in: Halbfas, Kopien, S. 292)

## 2. Einsatzmöglichkeiten im RU

### Wusstest du eigentlich ... ？   Ideenseite 57

– Sch betrachten die *Infoseite I* 64 und überlegen, welchen Sinn es hat, dass der Text mit einem Jesusportrait hinterlegt ist. Z. B. besteht zwischen Text und Bild ein Zusammenhang, der zwar angedeutet, aber letztlich noch nicht ganz deutlich ist.

* Das Hintergrundbild trägt den Titel »Haupt Christi« und stammt ebenfalls von Rembrandt (vgl. *Reli 9, Titelseite* 29).

– Sch lesen den Text laut, evtl. abwechselnd, und beginnen jeweils mit den Worten: Wusstest du eigentlich ...

– Austausch darüber, wie viel man von den dargelegten Sachverhalten wusste, was besonders überraschte.

– Evtl. die Bibelstellen nachschlagen und die Aussagen ergänzen.

– L informiert über das Bild und seine Hintergründe. Sch ziehen ein Fazit (dieselbe Aufgabe, vor die sich Rembrandt gestellt sah, stellt sich auch heute noch: Jesus als Juden zu erkennen).

– Sch bearbeiten das Suchrätsel (AB 8.4.10 *Arbeitshilfen* S. 131). Die Auseinandersetzung mit diesem AB ist so angelegt, dass man genau hinsehen muss, um die Begriffe zu finden. Ähnlich verhält es sich mit Jesus als gebürtigem Juden: Man muss genau hinsehen, um ihn in sein ursprüngliches jüdisches Lebens- und Glaubensumfeld einordnen zu können.

# Auf der Suche nach dem unbekannten Jesus

| S | Z | G | N | C | Z | R | A | O | C | C | U | H | B | J | B | H | J |
|---|---|---|---|---|---|---|---|---|---|---|---|---|---|---|---|---|---|
| H | Y | Z | K | H | E | E | Q | K | K | S | I | Q | F | E | A | E | P |
| C | L | X | G | U | J | H | X | Q | Q | L | C | O | S | R | R | X | V |
| A | O | X | L | J | R | N | N | M | J | K | H | B | G | U | M | T | Z |
| P | B | K | J | E | M | E | M | G | B | Q | O | E | Y | S | I | O | R |
| H | N | K | C | S | U | L | T | P | E | V | A | F | B | A | Z | R | C |
| A | S | I | D | C | A | N | R | O | S | V | C | E | R | L | W | A | L |
| R | Y | J | D | H | S | Y | N | C | C | T | K | M | M | E | A | F | I |
| I | N | C | P | U | E | Y | C | L | H | H | W | T | H | M | R | G | C |
| S | A | A | I | A | U | Z | E | H | N | G | E | B | O | T | E | H | G |
| Ä | G | M | G | I | B | S | M | F | E | W | P | T | Y | I | I | O | C |
| E | O | Q | K | Y | C | C | Y | Q | I | J | D | M | F | S | Z | D | A |
| R | G | I | O | X | N | H | K | W | D | V | R | S | Z | R | I | M | K |
| S | E | E | K | O | V | A | O | L | U | N | F | Q | M | A | R | X | J |
| H | H | D | N | F | P | B | J | W | N | M | E | R | T | E | P | U | E |
| V | F | Y | B | B | U | B | J | M | G | D | D | E | B | L | S | N | O |
| F | M | T | T | K | X | A | T | H | E | B | R | Ä | I | S | C | H | C |
| Q | S | A | L | K | H | T | P | S | A | L | M | E | N | Z | U | S | K |

*In diesem Suchrätsel sind 12 Wörter versteckt, waagrecht und senkrecht.*
*Die Wörter bedeuten:*

1. Äußeres Zeichen für die Zugehörigkeit zum jüdischen Volk: _ _ _ _ _ _ _ _ _ _ _ _
2. So riefen die Juden Josef und Mirjam ihren Sohn: _ _ _ _ _ _ _
3. Sie waren für Jesus Weisungen, an denen er sein Handeln ausrichtete: _ _ _ _ _ _ _ _ _ _
4. Dort feierte Jesus dreimal in Jahr Pascha, Schawuot und Sukkot: _ _ _ _ _ _ _ _ _
5. Nikodemus war einer von diesen Leuten, unter denen Jesus auch Freunde hatte; er trat im Hohen Rat für Jesus ein und sorgte für eine ehrenvolle Bestattung des Leichnams Jesu (vgl. Joh 3,1; 7,50f; 19,39): _ _ _ _ _ _ _ _ _
6. Sprache im jüdischen Gottesdienst: _ _ _ _ _ _ _ _ _
7. Es ist eigentlich ein griechisches Wort, auf Hebräisch heißt es: Haus der Versammlung. Dort treffen sich Juden nicht nur zum Beten: _ _ _ _ _ _ _ _ _
8. Letzter Tag der Woche: _ _ _ _ _ _ _ _
9. So ein ähnliches Fest wie bei katholischen Christen die Firmung. Jüdische Jungen feiern es mit ihrer Familie, wenn sie 13 Jahre alt sind: _ _ _ _ _ _ _ _
10. Land, in dem Jesus lebte: _ _ _ _ _ _ _
11. So nennt man die Lieder im so genannten »Alten Testament«: _ _ _ _ _ _ _
12. Schriftrolle, die die ersten 5 Bücher des so genannten »Alten Testaments« enthält: _ _ _ _ _

*Lösung des Suchrätsels:* Nachfolgend sind die zwölf Lösungswörter angegeben. Ihr jeweiliger Fundort wird durch die Kästchen auf der waagerechten x-Achse und die Anzahl der Kästchen auf der senkrechten y-Achse angegeben.
1. BESCHNEIDUNG (X 10 Y 5 – X 10 Y 16) 2. ZEHNGEBOTE (X 7 Y 10 – X 16 Y 10) 3. HEBRÄISCH (X 9 Y 17 – X 17 Y 17) 4. PHARISÄER (X 1 Y 5 – X 1 Y 13) 5. JERUSALEM (X 15 Y 1 – X 15 Y 9) 6. BARMIZWA (X 16 Y 1 – X 16 Y 8) 7. SCHABBAT (X 7 Y 11 – X 7 Y 18) 8. SYNAGOGE (X 2 Y 7 – X 2 Y 14) 9. PSALMEN (X 8 Y 18 – X 14 Y 18) 10. JESCHUA (X 5 Y 4 – X 5 Y 10) 11. ISRAEL (X 15 Y 11 – X 15 Y 16) 12. TORA (X 17 Y 4 – X 17 Y 7)

### Geschichtlichen Hintergrund erarbeiten
– L informiert über die christlichen Vorwürfe gegenüber den Juden (*Arbeitshilfen* S. 130). Gespräch über die tiefe Kluft zwischen Christen und Juden, die sich daran zeigt.
– Sch lesen den Text *Infoseite* 65 und bearbeiten ihn mithilfe folgender Fragen
* Finde heraus, was im Jahr 70 n. Chr. geschah.
* Welche Entwicklung trat ein, als das Christentum unter Kaiser Konstantin als Staatsreligion Anerkennung fand?
* Im Mittelalter wollten sich die Christen von den Juden unterscheiden. Welche Folgen hatte das für die Juden?
* Was hatten die Juden mit der Pest zu tun?

### Die Menorah – den siebenarmigen Leuchter zeichnen
Sch zeichnen eine Menorah in ihr Heft und lesen ggf. die Beschreibungen dazu im Lexikon bzw. in der Bibel.

### Eine Zeitleiste erstellen
Sch erstellen eine Zeitleiste nach folgenden Vorgaben im Heft. *Alternative:* Sch gestalten eine Wandzeitung mit Zeitstrahl, Texten und Bildern. Sie informieren sich dazu anhand der Bilder und Texte *Infoseite* 65 sowie des Lexikons (Stichworte: Diaspora, Getto, Pogrom).

| | |
|---|---|
| 30/33 n. Chr.: | Kreuzigung Jesu |
| 70 n. Chr.: | Zerstörung Jerusalems und Vertreibung der Juden |
| 100 n. Chr.: | Erste jüdische Siedlungsgebiete im Römerreich |
| bis 1100 n. Chr.: | größere jüdische Ansiedelungen in deutschen Städten wie ... |
| 1933 n. Chr.: | Machtergreifung Hitlers |

## 3. Weiterführende Anregung

### Aus Kindersicht die NS-Zeit erleben
Als Überleitung zur *Infoseite* 66 kann die Erzählung von Clara Asscher-Pinkhof »Haben Lügen kurze Beine?« aus ihrem Buch »Sternkinder«, Hamburg 1996, dienen:

#### Clara Asscher-Pinkhof (1896-1984)
Clara Asscher-Pinkhof wurde 1896 in Amsterdam geboren. Als Lehrerin unterrichtete sie ab 1941 jüdische Kinder, denen, nach der Besetzung Hollands durch die deutschen Truppen, der Besuch von öffentlichen Schulen nicht mehr gestattet war. Weil sie selbst Jüdin war, wurde sie im Mai 1943 zusammen mit ihren Zöglingen in das Lager Bergen-Belsen abtransportiert. Von dort wurde sie im Juli 1944 in letzter Minute zusammen mit zweihundertfünfzig Insassen des Lagers gegen die gleiche Anzahl Gefangener in Palästina ausgetauscht. Auf diese Weise kam sie nach Israel, wo sie weiter als Lehrerin arbeitete. Die holländische Orginalausgabe ihres Buches »Sternkinder« beschreibt das Schicksal namenloser Kinder, die den Judenstern auf dem Schulkleid und der Spielschürze trugen. 1961 schrieb Erich Kästner ein Vorwort für die deutsche Übersetzung. Ein Jahr später wurde »Sternkinder« mit dem Deutschen Jugendliteraturpreis ausgezeichnet. Clara Asscher-Pinkhof hat diesen Preis erst nach langem Zögern akzeptiert. Sie hat Deutschland nicht wieder betreten, nachdem sie es 1944 verlassen hatte. Auch zur Preisverleihung ist sie nicht in die Bundesrepublik gekommen. Clara Asscher-Pinkhof starb 1984.

Bei Sch kann es große Betroffenheit auslösen, wenn sie die Ereignisse in den Konzentrationslagern mit den Augen von Kindern wahrnehmen. Das Buch »Sternkinder« und die darin enthaltene Geschichte »Haben Lügen kurze Beine?« nehmen genau diese Perspektive ein.
Erich Kästner weist in seinem Vorwort zum Buch darauf hin, dass der Titel »Sternkinder« wie der Titel eines Märchenbuches klinge. Es erinnere an die wundersame Geschichte vom armen Mädchen und den Sterntalern. Im Buch »Sternkinder« handele es sich jedoch nicht um Märchenfiguren, sondern um kleine holländische Jungen und Mädchen, die den Judenstern tragen müssen. Doch im Gegensatz zu grausamen Märchen, die es neben anderen auch gebe, sind diese Geschichten nicht erfunden, sondern echt.
Die Tatsache der »Grausamkeit« war es auch, die

# Haben Lügen kurze Beine?

Die Beschaffung von Lebensmitteln ist sehr schwierig, für alle Menschen in der Stadt, aber für die Juden am schwierigsten. Die jüdischen Fischläden dürfen keinen Fisch verkaufen, die jüdischen Gemüseläden kein Obst und fast kein Gemüse, sie müssen mit den Resten vorlieb nehmen, die bei der allgemeinen Verteilung übrig bleiben. Manche Juden bekommen zuweilen Pakete mit Obst geschickt, aber das ist gefährlich. Wenn die Grünen* kommen und Schalen im Abfalleimer finden, dann kann man noch so beteuern, dass man die Äpfel oder Birnen von außerhalb geschenkt bekommen hat, bestraft wird man doch, und alle, die im Haus wohnen, mit. Einmal haben sie von einem Freund des Vaters einen Fisch erhalten. Der Freund ist kein Jude und darf draußen angeln. Nach dem Essen haben sie die Gräten in die Wasserspülung geworfen. Und dann wurde nach acht Uhr geklingelt. Zum Glück war es nur jemand, der zu einem Nachbarn wollte und aus Versehen die Tür verwechselt hatte. Erschrocken waren sie trotzdem. Aber auch froh, dass sie die Fischgräten so gut weggebracht hatten. Nun möchte Mutter zu Vaters Geburtstag so gerne Äpfel haben. Es gibt eine Möglichkeit, doch sie ist gefährlich. Er will das Risiko gern auf sich nehmen. Er ist acht Jahre alt, aber so klein, dass er ohne weiteres sagen kann, er sei sechs. Zwischen sechs und fünf ist kein großer Unterschied, und wer erst fünf ist, braucht keinen Stern zu tragen. Sonst trägt er natürlich immer einen, aber er hat noch eine alte Strickjacke ohne Stern.
Klar? Außerdem ist er blond. Er kann also ohne Schwierigkeiten in einen nichtjüdischen Gemüseladen gehen und zwei Kilo Äpfel kaufen. Ganz einfach.

Mutter hält es nicht für so einfach. Es können ihm Leute begegnen, die wissen, dass er ein jüdischer Junge ist. Er kann nach seinem Familiennamen gefragt werden. »Wenn sie wissen wollen, warum du keinen Stern trägst, dann sagst du, dass du erst fünf bist, verstehst du?« Er nickt verständnisvoll. Bisher fühlte er sich immer bedrückt, weil er so klein war, nun freut er sich darüber. »Und wenn sie sich erkundigen, wie du heißt, sagst du einfach ... de Jong. So können andere auch heißen.« »De Jong«, wiederholt er leise. In der Schule gibt es Kinder, die de Jong heißen. Doch wenn Mutter meint, dass andre auch so heißen können, wird es wohl stimmen. De Jong also.

Alles klappt ausgezeichnet. Niemand fragt ihn, warum er keinen Stern trägt. Es ist ganz sonderbar, einmal ohne Stern zu gehen. Als er einen Grünen sieht, denkt er: Der kann mir nichts tun, denn er weiß nicht, dass ich ein Jude bin. Es ist ein richtig angenehmes Gefühl. Im Laden muss er lange warten. Viele Frauen werden vor ihm bedient. Als er an die Reihe kommt, sagt er schnell: »Zwei Kilo Äpfel bitte.«
Beim Abwiegen fragt die Frau freundlich, weil er so klein ist: »Wie heißt du denn, Kerlchen?«
Er muss sich besinnen. »De Jong«, antwortet er endlich. »Nein«, lacht die Frau. »Ich meine deinen Vornamen!« Damit hat er nicht gerechnet. Er weiß nicht, ob Jopie ein jüdischer Vorname ist oder ob auch die anderen so heißen können. auf jeden Fall scheint es ihm besser, nicht Jopie zu sagen. Aber was sonst? »Na, verrat es nur!«, lächelt die Frau. »Jesus«, sagt er heiser.

*Clara Asscher-Pinkhof*

* So wurden die Männer vom Sicherheitsdienst in Holland genannt.

> den meisten Juroren des Deutschen Jugendliteraturpreises dieses Buch für Kinder und Jugendliche als ungeeignet erscheinen ließ. Eine Minderheit in der Jury konnte die Zögernden allerdings umstimmen. Das war 1962 – zu einer Zeit, als völlig neu war, sich in einem Kinder- und Jugendbuch mit den Opfern der nationalsozialistischen Vergangenheit zu befassen.

– Sch erhalten AB 8.4.11 *Arbeitshilfen* S. 133 und lesen den Text.
* Wie fühlt sich ein achtjähriger Junge, der verbotenerweise in einem nichtjüdischen Geschäft einkauft?
* Was ist der Sinn des umformulierten Sprichwortes »Haben Lügen kurze Beine?«?
* Hat der Junge mit der Antwort »Jesus« wirklich gelogen?
* Die vermutlich christliche Frau im Geschäft ist sehr freundlich zu dem Jungen. Bringe ihr Verhalten mit der Aussage von Papst Johannes XXIII. auf *Infoseite* 67 und dem Holzschnitt von Moshe Hoffmann auf *Infoseite* 66 in Verbindung.
* Der Junge denkt, als er einen Mann vom Sicherheitsdienst sieht: »Der kann mir nichts tun, weil ich keinen Stern trage und er mich nicht als Jude erkennen kann.« Wo taucht das gleiche Motiv im Brief von »Evelyn« *Deuteseite* 58 auf? Was sagst du dazu?

## Die Schoa und ihre Folgen für die Kirche

**Infoseite II 66-67**

### 1. Hintergrund

**Folgen der Schoa für die christliche Theologie**

Auschwitz – ein Symbol für die Schoa – hat Folgen für die Kirche und die christliche Theologie.
»Wir Christen kommen niemals mehr hinter Auschwitz zurück; über Auschwitz hinaus aber kommen wir, genau besehen, nicht mehr allein, sondern nur noch mit den Opfern von Auschwitz. Das ist in meinen Augen die Wurzel der jüdisch-christlichen Ökumene«, so Johann Baptist Metz in *Gott nach Auschwitz. Dimensionen des Massenmordes am jüdischen Volk.*
Veranstaltungen wie die »Woche der Brüderlichkeit« oder das starke Interesse an jüdischer Religion und Kultur dürfen nicht darüber hinwegtäuschen, dass dieser Dialog, historisch betrachtet, erst am Anfang steht. In den Zwanziger Jahren gab es eine christlich-jüdische Initiative auf deutschem Boden, die von den jüdischen Gelehrten Martin Buber und Franz Rosenzweig ausging. Sie suchten das theologische Gespräch mit den Christen. Leider ohne Erfolg, denn es fehlte die Resonanz auf christlicher Seite.

**»Die Woche der Brüderlichkeit«**

Erst nach dem Zweiten Weltkrieg (und nach der Schoa) gab es eine Chance, sich umzuorientieren. Die Initiative ging aber von der amerikanischen Besatzungsmacht aus. C. F. Zietlow war ein erfahrener und optimistischer Organisator. Er gründete im Juli 1948 die erste »Gesellschaft für christlich-jüdische Zusammenarbeit« in München. Es folgten Wiesbaden, Stuttgart, Frankfurt und Berlin und im November 1950 schließlich Nürnberg.

Die Woche der Brüderlichkeit, die alljährlich von den »Gesellschaften« organisiert wird, ist inzwischen mit der Verleihung der Buber-Rosenzweig-Medaille zu einem unübersehbaren Ereignis in der Bundesrepublik Deutschland geworden.
Seit 1970 gibt es einen »Gesprächskreis für Juden und Christen« im Zentralkomitee der Deutschen Katholiken; auf überregionaler Ebene seit 1974 die »Kommission für die religiösen Beziehungen zum Judentum des vatikanischen Einheitssekretariats«.
Die regen Tätigkeiten auf diesen hohen Ebenen dürfen aber nicht darüber hinweg täuschen, dass noch weitgehend der Rückhalt in der Bevölkerung fehlt und Vorurteile, Lügen und Missverständnisse noch häufig in den Köpfen der Christen verankert sind.

**Die innerreligiösen Verwandtschaft von Christen und Juden**

Für die Kirche und insbesondere für den Religionsunterricht stellt sich die Frage, inwieweit kirchliche Laien und Kleriker die Veränderungen in Kirche und Theologie wahrnehmen. In der 1985 erschienenen Arbeitshilfe ›Hinweise für eine richtige Darstellung von Juden und Judentum in der Predigt und Katechese der kath. Kirche‹ wird angemahnt, »dass es dringend und wichtig ist, unsere Gläubigen genau, objektiv und in strengem Streben nach Richtigkeit über das Judentum zu unterrichten. (Dies) ergibt sich auch aus der Gefahr eines Antisemitismus, der stets daran ist, unter verschiedenen Gesichtern wieder zu erscheinen. Es geht nicht nur darum, in unseren Gläubigen die Reste von Antisemitismus, die man noch hie und da findet, auszurotten, sondern viel eher darum, mit allen erzieherischen Mitteln in ihnen

# Papstbesuch in Haifa – eine Begegnung

Als Jugendlicher spielte er gerne Fußball, am liebsten als _____. Die meisten Freundschaften schloss er auf dem Sportplatz – auch mit _____ seines Alters. Die antisemitische Stimmung, die sich in _____ Städten breit machte, erreichte das verschlafene _____ nicht, wo _____, so hieß er früher, zu Hause war. Hier funktionierte das Zusammenleben von _____ und _____ noch. Die Familie Wojtyla wohnte im Haus eines Juden zur Miete und der junge Karol interessierte sich auch für die _____ seiner jüdischen Nachbarn. Als die _____ 1939 Polen überfielen, war er gerade 19 Jahre alt. Er musste mit ansehen, wie die einstigen Freunde von den Besatzern _____ wurden. Und er wusste zudem, was mit ihnen in den _____ geschah. _____ lag nur wenige Kilometer von seinem Heimatort Wadowice entfernt.

Zu einer bewegenden Begegnung zwischen Papst Johannes Paul II. und Edith Zierer aus Haifa kam es während des Papstbesuches in der Holocaust-Gedenkstätte Yad Vashem in Jerusalem. »Es war am 28. Januar 1945«, erzählt Edith Zierer, »nachdem die Russen uns aus dem Arbeitslager Tschenstochau befreit hatten.« Sie war damals gerade 15 Jahre alt und völlig entkräftet. Auf einem kleinen Bahnhof zwischen Krakau und ihrer Geburtsstadt Kattowitz habe sie erschöpft in ihrer grünweiß gestreiften Häftlingskleidung gestanden. Plötzlich sei ein junger blonder Priester gekommen und habe gefragt, ob er ihr helfen könne. Wenig später sei er mit einer Tasse warmem Tee und einer »riesigen Scheibe Brot, mit Käse belegt und in Pergamentpapier eingewickelt« wiedergekommen.

»Drei Jahre lang hatte ich keine Scheibe Brot mehr gesehen, die in richtiges Pergamentpapier eingewickelt war. Aber ich konnte nicht essen. Ich war zu verhungert.« Der Priester fragte sie nach ihrem Namen und stellte sich als Karol Wojtyla vor, erzählt Edith Zierer weiter. Die Frage nach ihrem Namen habe ihr neue Kraft gegeben: »Es war das erste Mal, dass ich wieder mit meinem Namen angesprochen worden bin. Wir waren ja die ganzen Jahre im Konzentrationslager nur eine Nummer.«

Wojtyla habe sich weiter rührend um sie gekümmert und sie schließlich, weil sie mit ihren geschwollenen Beinen nicht laufen konnte, »mindestens 30 Stunden« auf dem Rücken getragen, bis zu einem anderen Bahnhof, von dem aus ein Zug gehen sollte. Er habe ein altes Teerfass organisiert und ein Feuer entzündet und ihr schließlich seinen schwarzen Umhang geschenkt. 1997 nahm sie mit einem Dankesbrief wieder Kontakt zum ihrem Retter auf. Am 22. März kam es zu einer erneuten Begegnung zwischen Karol Wojtyla und Edith Zierer.

eine richtige Kenntnis des völlig einzigartigen ›Bandes‹ (vgl. Nostra Aetate) zu erwecken, das uns als Kirche an die Juden und das Judentum bindet«.

Damit dieses einzigartige Band erweckt wird, ist Wissen über das Judentum vonnöten und Achtung und Respekt vor anderen Auffassungen und fremd anmutenden Verhaltensweisen, nicht zuletzt aber ein Erkennen der Liebenswürdigkeit und Menschenfreundlichkeit der jüdischen Religion. Hier stellt sich der Bezug her zur *Titelseite* dieses Kapitels.

Diese Grundvoraussetzungen eines echten Dialogs werden am besten durch Personen vermittelt. Deshalb rückt die *Infoseite* 67 zwei Päpste in den Mittelpunkt der Betrachtung, die – durch ihre persönliche Lebensgeschichte angeregt –, das Verhältnis der Kirche zu den Juden maßgeblich verändert haben.

### Schuldbekenntnis des Papstes

Ein wichtiger Schritt hin zur Versöhnung war das Schuldbekenntnis von Papst Johannes Paul II., das er am ersten Fastensonntag des Jahres 2000 gesprochen hat. Was sonst nur der Einzelne spricht, hat er für die ganze Kirche getan: »Gott unserer Väter, du hast Abraham und seine Nachkommen auserwählt, deinen Namen zu den Völkern zu tragen. Wir sind zutiefst betrübt über das Verhalten aller, die im Laufe der Geschichte deine Söhne und Töchter leiden ließen. Wir bitten um Verzeihung und wollen uns dafür einsetzen, dass echte Brüderlichkeit herrsche mit dem Volk des Bundes. Darum bitten wir dich durch Christus unseren Herrn.«

## 2. Einsatzmöglichkeiten im RU

### Die Schoa und ihre Folgen für die Kirche erarbeiten

– Sch erarbeiten sich den Text auf *Infoseite* 66 in EA oder PA, auch indem sie die markierten Begriffe im Lexikon nachschlagen.
– Als vorbereitende oder nachbereitende Hausaufgabe: Sch sammeln Informationen über Auschwitz. Im GSE-Buch finden sie dazu Material.
– Sch folgen den Anregungen im Kasten und stellen zwischen den Fotos und dem Holzschnitt einen Zusammenhang her.

### Papstreisen nach Israel

– Vor der ersten Textbegegnung auf *Infoseite* 67 werden die Fotos betrachtet und die Namen der beiden Päpste festgehalten.
– L gibt vorab die Information, dass die beiden Päpste mit dem auf *Infoseite* 66 beschriebenen Geschehen in persönlicher Beziehung standen, und lässt Sch darüber Mutmaßungen anstellen.
– Der Text wird gelesen und entsprechend den Arbeitsimpulsen bearbeitet.
– Sch erarbeiten mit AB 8.4.12 *Arbeitshilfen* S. 135 Johannes Pauls II. persönliche Anziehungspunkte zu den Juden.
  *Lösungswörter:* Stürmer, jüdischen Jungen, allen, Wadowice, Karol Wojtyla, Christen, Juden, religiösen Traditionen, abgeholt, Lagern, Auschwitz.
– Es bietet sich an, einen zusammenfassenden Hefteintrag zu gestalten.
– Sch übertragen das Bußgebet von Johannes XXIII. ins Heft. Diskussion darüber führen, ob wir dieses Gebet heute auch sprechen müssten.
– Hefteintrag zur Arbeitsfrage, was von Christen gesehen und anerkannt werden muss, damit es zur Aussöhnung mit den Juden kommt.

### Merkmale für eine Aussöhnung zwischen Christen und Juden finden

– Sch sammeln in PA Elemente die für eine Aussöhnung hilfreich und notwendig sind. Sammlung als TA, z. B.
* Es ist anzuerkennen, dass Jesus Jude war und kein Christ.
* Juden als unsere »älteren Brüder im Glauben« akzeptieren.
* Sich für ihr Schicksal interessieren und sich an das Grauen von Auschwitz erinnern, damit so etwas nicht wieder passiert.
* Für Juden und Jüdinnen eintreten, falls sie erneut verfolgt werden.
* Sich gegen jede Form von Antisemitismus zur Wehr setzen.

## 3. Weiterführende Anregung

### Sich im Film dem Grauen annähern

– In dem vielfach preisgekrönten Dokumentarfilm »Nacht und Nebel« wird das unmenschliche System der Konzentrationslager dargestellt.

# Spiegel wünscht sich eine besser informierte Jugend

## Zentralrat beklagt mangelndes Wissen junger Leute über Leben und Kultur der Juden in Deutschland

**Frankfurt/Main** (AP) – Die Jugend in Deutschland sollte nach Auffassung des Zentralrats der Juden in Deutschland intensiver über jüdisches Leben informiert werden. Vorsitzender Paul Spiegel sagte in einem am Mittwoch veröffentlichten Interview mit der Zeitschrift »Tribüne«, dies sei in den vergangenen Jahrzehnten im Unterricht etwas versäumt worden.

Junge Menschen verbänden mit dem Judentum »Holocaust, Mord und Auschwitz«, sagte Spiegel. Allenfalls wüssten sie noch, dass es eine jüdische Religion gebe, »und dann fangen sie an, auf Unterschiede zu reagieren«. Die Jugend sei aber nicht über die Geschichte der Juden vor 1933 und ihren Anteil an der gesellschaftlichen und kulturellen Entwicklung Deutschlands informiert. Er sehe jedoch ein Interesse junger Leute an diesen Themen.

»Insbesondere die wieder gestellte Schuldfrage muss endlich klar und unmissverständlich beantwortet werden«, sagt Spiegel. Die Nachkriegsgenerationen trügen keine Schuld. Aus dem Wissen um die Vergangenheit heraus seien sie aber dafür verantwortlich, dass sich solche Verbrechen nie wiederholen. Dabei dürften die Jugendlichen jedoch nicht überfordert werden.

Spiegel bezeichnete es als ein Wunder, dass die jüdische Gemeinde in Deutschland nun die drittgrößte in Westeuropa sei. Er rechne damit, dass wegen der Zahl der ausreisewilligen Juden in der Ex-Sowjetunion in drei bis vier Jahren etwa 120.000 Juden in Deutschland leben werden. Für die jüdische Gemeinschaft sei diese Zuwanderung jedoch die größte Herausforderung seit 1945. Finanzielle Fragen seien noch nicht geklärt. Derzeit werde mit verschiedenen Landesregierungen über eine Anpassung der Staatsverträge gesprochen. Spiegel sagte: »Es gibt überall positive Signale.«

*Mittwoch, 21. Februar 2001, 14:34 Uhr*

**Dein Christus ein Jude**     **Stellungnahmen 68**

## 1. Hintergrund

Von Theodor W. Adorno stammt der Satz, den er noch unter dem Eindruck des Zweiten Weltkriegs gesprochen hat: »*Die Forderung, dass Auschwitz nicht noch einmal sei, ist die allererste an Erziehung.*«

### Dein Christus ein Jude ...

Dieser Text entstand für eine Plakataktion der Deutschen Städtereklame (DSR) gegen Ausländerfeindlichkeit. Er wurde vielfach weiter verbreitet und steht u. a. als Plakat und Postkarte zur Verfügung.

### Foto Mahnmal

Das Foto vom Nürnberger Mahnmal *Themenseite* 55 (vgl. *Arbeitshilfen* S. 109) ist hier um einen Ausschnitt ergänzt, der eine Muslima zeigt. Es vertieft den Satz von Ignaz Bubis und kann mit dem 3. Arbeitsimpuls kombiniert werden.

### »In der Kirche darf es keinen Platz für Judenfeindschaft geben«

Dieser Satz stammt aus der Erklärung der Deutschen Bischöfe zum 50. Jahrestag der Befreiung des Konzentrationslagers Auschwitz am 25.1.1995 (vgl. *Reli 9, Deuteseite* 63).

## 2. Einsatzmöglichkeiten im RU

### Den Werbespruch diskutieren

– Diskussion darüber, welche Gedanken und Gefühle der Text »Dein Christus ein Jude« auslöst (Erstaunen, Neugier, Ärger ...).
– Sch schreiben den Text weiter: z. B. deine Kleidung ..., deine Musik ..., deine Freunde ...
– Sch gestalten eine Wand in der Schule gegen Fremdenfeindlichkeit.

### Bild- und Textarbeiten fortsetzen

– Sch vergleichen das Bild vom Mahnmal auf *Themenseite* 55 mit dem auf *Stellungnahmen* 68.
– Sch deuten den Satz von Ignatz Bubis »Der Antisemitismus braucht keine Juden«.

### In Briefkontakt treten

– Sch schreiben einen fiktiven Brief an Adolf Frankl. Er beginnt:

*Sehr geehrter Herr Frankl,
ich habe ihr Bild »Das Grauen« gesehen und gelesen, was sie erleben mussten. Ich weiß, dass Sie mit ihren Bildern ein Mahnmal setzen wollen. Mich ...*

– Alternative: Sch folgen dem zweiten Arbeitsimpuls und schreiben »Evelyn«.
    Hier beispielhaft der Antwortbrief von Tiziana:

*»Liebe Evelyn!
Ich finde es toll, dass du stolz auf deine Religion bist. Eigentlich denke ich, ist es wichtig, dass du über deine Religion sprichst. Denn wie sollen die anderen Menschen über deine Religion Bescheid wissen, wenn man nicht darüber spricht? Ich habe auch jüdische Freunde. Einer davon hat zu mir gesagt, ich solle es bitte keinem sagen. Ich war verwundert und habe gesagt: »Ich renne doch nicht rum und schreie: Du bist ein Jude!« Aber nachdem ich mit ihm gesprochen habe, habe ich verstanden, dass er Angst hat, und ihm sogar versprochen, es keinem zu sagen.
Ich bin auf alle meine Freunde stolz, die jüdisch sind oder einer anderen Religion angehören. Ich glaube nämlich nicht, dass nur der christliche Glaube allein der richtige ist. Andere Religionen sind auch interessant und man sollte sie akzeptieren. Ich finde es auch blöd von den Nazis, wie die sich aufführen und andere Menschen zerstören. Manche wissen oft nicht, was sie sagen und wie dumm sich das anhört. Vielleicht ist es zu einfach gesagt, aber ich finde es gut, wenn du zu deiner Religion stehst und viel darüber erzählst.
Mach's gut! Ich hoffe, du wirst nicht zu viele Probleme im Leben haben.
Mit freundlichen Grüßen!*     *Tizi*

*P.S. Ich heiße Tiziana T., bin katholisch und komme aus Sizilien. Geboren bin ich 1984 und seit 11 Jahren in Deutschland. Ich besuchte zur Zeit die 8. Klasse einer Hauptschule.«*

### Zentralrat der Juden wünscht sich besser informierte Jugend

Auf dem Arbeitsblatt AB 8.4.13 *Arbeitshilfen* S. 137 beklagt Paul Spiegel, seinerzeit Vorsitzender des Zentralrates der Juden in Deutschland, mangelndes Wissen junger Leute über Leben und Kultur der Juden in Deutschland.

– Ein Sch liest den Text der Pressemeldung laut vor.
– In KG erarbeiten Sch die drei zentralen Gedanken von Paul Spiegel. Als Hilfestellung werden drei Punkte genannt: 1. Was wissen die jungen Leute

über das Judentum? 2. Welche Schuld, welche Verantwortung trägt die junge Generation? 3. Welche Herausforderung kommt auf die jüdische Gemeinde zu?
- L bespricht das Ergebnis der Sch in der Klasse. Sch diskutieren bzw. schreiben auf das Blatt, inwieweit die Gedanken neu für sie sind bzw. welche sie kennen, und nehmen dazu Stellung.

**Einen Standpunkt beziehen**
- Sch beantworten auf einem einheitlichen Papier folgende Frage: Was hat sich für mich durch diese Unterrichtseinheit verändert? (Wissen, Wahrnehmung, Entscheidung.)
- Ihr Blatt werfen sie anonym in eine Schale. Anschließend liest L die einzelnen »Stimmen« vor und es wird ein »Stimmungsbild« ermittelt.
- *Alternative:* PA mit dem Ziel, sich seiner eigenen Einstellung bewusst zu werden: Die zwei Partner setzen sich gegenüber. Jeweils drei Minuten erzählt jeder dem anderen, was er mit folgenden Satzergänzungen assoziiert:
* Mir war nicht bewusst ...
* Mich hat aufgeregt ...
* Ich lehne es ab ...
* Ich befürchte ...
* Ich hoffe ...
* Ich habe das Gefühl ...
* Mich macht es zuversichtlich ...
* Ich möchte noch sagen ...

*Auswertungshilfen:* Wie haben wir das Gespräch erlebt? Was war für neu, überraschend? Wie offen war das Gespräch? Welcher war der schwierigste Satz, welcher der leichteste?

## 3. Weiterführende Anregung

**Eine Ausstellung konzipieren**

Vielleicht entsteht aus der vielfältigen Beschäftigung mit dem zeitgenössischen Judentum eine multimediale Ausstellung in der Schule mit interaktiven Anteilen? Hörproben von jüdischer Lebensweisheit, von Interviews mit Passanten, Mit-Sch, Großeltern; Fotos von jüdischen Spuren im Ort, Zeitungsausschnitte von Themen, die Juden in Deutschland betreffen. Evtl. lässt sich sogar ein Begleitprogramm zur Ausstellung organisieren: ein Liederabend oder Kreistanz-Angebot (Kooperations-Partner gewinnen).

## Literatur

»Aber Hitler hat doch ...«: Sieben Legenden über das Dritte Reich, Bernd Ogan und Carlo Jahn, hg. vom Pädagogischen Institut der Stadt Nürnberg, Insel Schütt 5, 90317 Nürnberg, Tel. 0911/231-2519

Ben-Chanan, Yaacov: Juden und Deutsche. Der lange Weg nach Auschwitz, Kassel 1993

Das Judentum: Folien und Texte, hg. vom Religionspädagogischen Seminar der Diözese Regensburg

Fleischmann, Lea: Schabbat. Das Judentum für Nichtjuden verständlich gemacht, München 1994

Fohrer, Georg: Glaube und Leben im Judentum, Heidelberg/Wiesbaden $^2$1985

Gradwohl, Roland: Frag den Rabbi noch einmal. Weitere Streiflichter zum Judentum, Stuttgart 1997

Grundkurs Judentum: Materialien und Kopiervorlagen für Schule und Gemeinde, Roland Gradwohl, Stuttgart 1997

Halbfas, Hubertus: Wurzelwerk – Geschichtliche Dimensionen der Religionsdidaktik, Düsseldorf 1989

Im Dialog, Bd. 4: Kirche und Synagoge, hg. G. Neumüller, München 1996

Informationsbroschüre des Landesfilmdienstes Bayern zu Filmen: im Zusammenhang mit dem KZ Dachau, sowie den Themenfeldern Nationalismus, Antisemitismus, Judenverfolgung

Jochum, Herbert (Hg.): Ecclesia und Synagoga: Das Judentum in der christlichen Kunst, Ottweiler 1993

Kogon, Eugen/Metz, Johann Baptist: Gott nach Auschwitz. Dimensionen des Massenmordes am jüdischen Volk, Freiburg 1979

Lohfink, Norbert: Der niemals gekündigte Bund. Exegetische Gedanken zum christlich-jüdischen Dialog, Freiburg 1989

Lohrbächer, A. (Hg.): Was Christen vom Judentum lernen können. Modelle und Materialien für den Unterricht, Freiburg 1997

Mussner, Franz: Traktat über die Juden, München 1988

Rendtorff, Rolf/Henrix, Hermann: Die Kirchen und das Judentum. Dokumente von 1945-1985, München 1988

## Medien

Reichhaltiges Informationsmaterial über Orte jüdischen Lebens findet sich bei:

Schwierz, Israel: Steinerne Zeugnisse jüdischen Lebens in Bayern. Eine Dokumentation, Bayerische Landeszentrale für politische Bildungsarbeit A85, München 1992

Verzeichnis des Landesfilmdienstes Bayern: Deutschland 1933-1945, Konzentrationslager Dachau (enthält eine Auswahl von Filmen zu den Themen Nationalsozialismus, Antisemitismus, Judenverfolgung)

Zeugnisse jüdischen Lebens. Tondokumente im Schallarchiv des Bayerischen Rundfunks von 1948-1988

# 5 Die Schöpfung ist uns anvertraut

## Das Thema im Schülerbuch

Das Lehrplankapitel »Die Schöpfung ist uns anvertraut – unsere Welt erhalten und gestalten« verknüpft die Fragen aus den Erfahrungen, dass die Welt großartig, aber die Umwelt bedroht ist, mit den Aussagen der biblischen Schöpfungstexte. In den unterrichtlichen Zielen bilden die »Erschließung der biblischen Texte« und »die Anregung zu eigenverantwortlichem Handeln in Ehrfurcht vor der Schöpfung« zwei wichtige Schwerpunkte.
Deshalb bezieht sich das Kapitel auf die Erfahrungen des Staunens und Fragens, aber auch des Erschreckens über die Welt. Eine Auseinandersetzung mit den biblischen Schöpfungstexten zielt auf ein besseres Verständnis der Schriften, religiöse Sensibilisierung und Impulse für den Prozess eigenen Denkens und Handelns. Die Verantwortung für Umwelt und Mitwelt bildet ein zentrales Anliegen des Kapitels.

Die *Titelseite* (**69**) greift mit einem Foto den Gesamtrahmen des Themas in elementarisierter Form auf: junge Pflanzen in frischer Erde in den Händen des Menschen – anvertraute Schöpfung, zart und schön, verletzlich und dem menschlichen Handeln ausgeliefert.

Auf der *Themenseite* (**70-71**) kreisen um den blauen Planeten Bilder, Texte und Zitate unterschiedlicher Welterfahrungen: das Wunder des Lebens und seine Bedrohung, das Bewusstsein für die Wirklichkeit als heilsame wie auch erschreckende Begegnung.

Die Vorschläge der *Ideenseite* (**72-73**) eröffnen naturbezogene Übungen, Aspekte des aktiven Umweltschutzes und zugleich der religiösen Fragestellungen und Erfahrungen.

Text und Bild der *Deuteseite I* (**74-75**) nehmen den Geschenkcharakter des Lebens in Blick. Die ungeheure Lebensfülle scheinbar banaler Wirklichkeit, die der Text anspricht, wird im Bild mit der Zuwendung und dem Schöpferwillen Gottes begründet. Welt und Leben werden von daher als Gabe interpretiert.

Verschiedene Schöpfungserlebnisse und -zugänge bilden das inhaltliche Gerüst der *Deuteseite II* (**76-77**). Moderne Lyrik und Frömmigkeit der Indianer drücken sich in den Texten aus. Das Bild aus der Epoche der Romantik zeigt den Menschen inmitten der Schöpfung, mit der er sich im Typus des nachdenklichen Betrachters auseinandersetzt. Anhand dieser variierenden Ansatzpunkte wird deutlich, dass die Schöpfung auf den Menschen in verschiedener Weise wirkt und Menschen ihr mit unterschiedlichem Gedankengut und Empfinden begegnen.

Der Gedanke der Verantwortung bildet den roten Faden der *Deuteseite III* (**78-79**). Die Stellung des Menschen als Geschöpf mit besonderem Auftrag wird narrativ und lyrisch betrachtet, von einer Fotografie in den Kontext realer Erfahrung gestellt. Jedes Element für sich eröffnet im Unterricht die Frage nach dem rechten Umgang mit der Welt und nach der Haltung der Menschen gegenüber der Schöpfung.

Weltdeutungen der Menschheit in anderen Kulturen, deren Mythen und das Verhältnis von Glaube und Naturwissenschaft werden auf der *Infoseite I* (**80-81**) aufgegriffen. Als wichtige Voraussetzung für das Verständnis des Schöpfungsgedichtes in Gen 1 spielt der Babylonische Schöpfungsmythos eine hervorgehobene Rolle.

Die *Infoseite II* (**82-83**) konzentriert sich auf biblische Inhalte der Thematik. Eine geschichtliche Einordnung der Texte und Reflexion auf deren Gestalt und Aussageabsichten ermöglichen einen informierten Umgang mit biblischen Texten und dadurch eine sachgerechte Aktualisierung. Zusammengefasste Informationen über die beiden Schöpfungstexte in der Genesis erleichtern den aktiven Umgang mit den Bibeltexten.

In den *Stellungnahmen* (**84**) geht es um eine altersgemäße religiöse Einstellung, Weltdeutung und die Frage nach einem verantwortungsbewussten, konkreten und realistischen Engagement für die Bewahrung der Schöpfung.

## Verknüpfungen mit anderen Themen im Schülerbuch

*Kap. 1 Sehnsucht nach Leben:* Die Wahrnehmung der eigenen Person (*Infoseite* 17), der eigenen Wünsche und Ziele (*Deuteseite* 12-13) ist für Sch dieses Alters eine Zugangsweise zu den Fragen des Woher und Wohin, die in der Schöpfungsthematik bedeutsam sind. Der verantwortlichen »Umgang« mit der Gabe des Lebens schließt auch den problematischen Gebrauch von Drogen (*Infoseite* 16-17) mit ein.

*Kap. 2 Kirche – (ausge)dient?:* Fragen des Welthungers und eines verantwortungsbewussten Konsums (*Ideenseite* 22, *Infoseite* 36-37) berühren ein zentrales Anliegen des Kapitels, in dem der Gedanke der Weltgestaltung eine wichtige Rolle spielt.

*Kap. 3 Miteinander gehen:* Zum Verhältnis von Mann und Frau finden sich in den biblischen Schöpfungstexten wichtige Aussagen, die in diesem Kapitel angesprochen werden (*Deuteseite* 48, *Infoseite* 50). Sie sind in ihrem Bezug zur Schöpfung zu sehen, wichtige Hintergrundinformationen zu den Genesis-Texten finden sich im 5. Kapitel (*Infoseite* 82-83).

*Kap. 4 Jüdisches Leben – jüdischer Glaube:* Die Texte von der Schöpfung stammen aus der jüdischen Bibel und verbinden christliche und jüdische Glaubensüberzeugungen eng miteinander. Dieses Bewusstsein ist in Sch immer wieder zu vertiefen.

*Kap. 6 Was dem Leben Halt und Richtung gibt:* Die Aufgabe eines verantwortlichen Umgangs mit der Schöpfung wird mit der Frage nach Orientierung für menschliches Handeln verbunden (*Themenseite* 86-87, *Ideenseite* 90, *Deuteseite* 92, *Infoseite* 96).

## Verbindungen mit anderen Fächern

*Evangelische Religionslehre:* Eine Kooperation mit dem Evangelischen Religionsunterricht (8.1: Bebauen und Bewahren – der Mensch in Gottes Schöpfung) liegt nahe und lässt eine vielfältige Zusammenarbeit zu. Das Anliegen eines verantwortlichen Umgangs mit der Schöpfung ist unbedingt in ökumenischer Zusammenarbeit zu verfolgen.

*Ethik:* Zum Themenaspekt 8.1.3: Sinn entdecken im Naturschutz ergeben sich Kooperationsmöglichkeiten.

*Kunsterziehung:* Die Anregungen des Kunstunterrichts (8.5: Nachrichten aus der Klasse: Was uns interessiert und bewegt) lassen sich gut mit Anliegen des Themas, insbesondere des Umweltschutzes, verknüpfen.

*Deutsch:* Mehrere Bezüge sind zum Deutschunterricht möglich. Problembereiche des Umweltthemas werden in eigener Sprachgestaltung aufgegriffen (8.1.2: Für sich und andere schreiben). Die Beschäftigung mit literarischen Texten (8.2.1: Zugang zu literarischen Texten finden) ist auch für die Erschließung der biblischen Texte ergiebig.

*Fächerkombination Physik/Chemie/Biologie:* Problembereiche der bedrohten Natur und der menschlichen Verantwortung sind auch Inhalt des Unterrichts in PCB (8.1.2.: Bodenqualität; 8.2.2: Funktionen des Waldes). Die Aussagen und Informationen zum Thema werden dadurch auf eine breite und vernetzte Basis gestellt.

*Fächerkombination Geschichte/Sozialkunde/Erdkunde:* Der Unterricht in GSE ist im informativen Bereich über unsere Lebensräume (8.2.2: Schwerpunkte verschiedener Wirtschaftsräume) und einen verantwortungsbewussten Lebensstil (8.5.1: Boden als Ernährungsgrundlage) ein wichtiger Ansprechpartner des Religionsunterrichts.

Auch praktische Fächer wie *Sport* (8.3.3: Verantwortung und Handeln) und *hauswirtschaftlich-sozialer Bereich* (8.1: ökonomisch und ökologisch verantwortlich handeln) zeigen, dass das gewichtige Thema im Zusammenhang einer vielfältigen Fächerverbindung angegangen werden kann. Dieser stark ausgeprägte fächerübergreifende Aspekt ermutigt auch zur Planung und Durchführung eines Projektes.

## Die Schöpfung ist uns anvertraut                                     Titelseite 69

### 1. Hintergrund

Die Fotografie der *Titelseite* wirkt durch die Reduzierung auf wenige Elemente. Der Spannungsbogen des Themenbereiches wird vereinfacht nachgezogen. Es bleibt Raum für freie Assoziationen, Vermutungen und individuelle Wahrnehmungen. Trotzdem eröffnet das Bild in seiner Schlichtheit eine klare Konzentration: Junge, zarte Gewächse in frischem Grün, noch verwurzelt in der Erde, liegen in den beiden Händen eines Menschen. Wachstum als Geschenk und Prozess mit eigener Dynamik ist dem menschlichen Handeln ausgeliefert. Auch wenn die kleinen Pflanzen nicht Produkt der Menschen sind und Zugang zu einer eigenen Welt des Staunens eröffnen, so sind ihr Wachstum, ihr Werden oder ihre Zerstörung doch untrennbar mit dem Verhalten, der Unachtsamkeit oder der bewussten Entscheidung der Menschen verbunden.

Die einfache Struktur des Bildes macht deutlich: Leben ist in die Hand der Menschen gegeben. Die Wunder der Natur sind den Menschen anvertraut. Und die Frage nach dem Umgang mit der Mitwelt steht im Raum. Dabei wird diese Frage an dieser Eingangssituation des Kapitels aus ästhetischer Sicht gestellt; sie ist offen und kann positiv überlegt werden. Auf der *Titelseite* sehen Sch kein Bild von verschmutzter Natur, kaputter Welt oder leidender Kreatur, sondern einen kleinen Ausschnitt aus dem großen Wunder des Lebens. Doch dieser Ausschnitt wird nicht idealisiert und romantisiert, sondern in den Kontext verantwortlichen Handelns gebracht.

**Fotografien im Religionsunterricht**

Das Foto ist ein Medium aus der Lebenswelt der Sch, tausendfach auf vielen Kanälen transportiert, ständig gegenwärtig, zur Gewohnheit geworden. Dem Vorteil, dass durch den täglichen Umgang mit Fotos an die konkrete Lebenswelt angeknüpft wird, steht der Einwand entgegen, dass Fotos schnelllebig und flüchtig sind, dass sie oft in der Vielfalt untergehen und der Unterricht Gefahr läuft, vorhandenen Medienkonsum zu fördern.

Eine anspruchsvolle Auswahl der Fotos und ein gezielter Einsatz ermöglichen es aber L, ein leicht zugängliches Medium differenziert in den Wahrnehmungsprozess des Unterrichts zu integrieren, ohne nur oberflächlich und rasch zu konsumieren. Dabei ist bei der Auswahl der Fotos immer wieder zu beachten, dass unterschiedliche Typen von Fotografie eingebracht werden: dokumentarische Fotos neben künstlerischen Bildern, Motivaufnahmen und illustrierenden Fotos (vgl. Adam S. 269f.).

Entsprechend vielfältig sind auch die methodischen Zugänge: Informationserschließung und meditative Betrachtung, Interpretation und Assoziation zu eigener Wahrnehmung, eigener kreativer Umgang und viele andere Möglichkeiten stehen dem Einsatz der Fotografie im Religionsunterricht offen (vgl. Niehl, S. 18 ff. und Adam, S. 271 ff.).

Das Motiv des Titelbildes in seiner Stilisierung lässt mehrdimensionales Wahrnehmen und somit auch dessen methodenreiches Erarbeiten zu. Meditative Zugänge sind ebenso denkbar wie problemorientierte Verfahren, individuelles Aneignen genauso wie kommunikative Prozesse.

## 2. Einsatzmöglichkeiten im RU

Es steht L frei, das Bild im Sinne eines »Notenschlüssels« zum ganzen Themenbereich oder als erste offene Begegnung mit der Schöpfungsthematik einzusetzen. Daher sind zahlreiche alternative methodische Zugänge denkbar:

**Einen assoziativen Zugang finden**
– Nach einer Phase stillen Betrachtens zu leiser Musik äußern Sch ihre Gedanken und Beobachtungen.
– L hält die Äußerungen in Kurzform auf einer Folie oder einem Plakat fest, um sie späteren Unterrichtseinheiten zuordnen zu können und bei späteren Lernschritten an das Titelbild zu erinnern.
– In gut arbeitenden Klassen schreiben Sch ihre Äußerungen in KG auf ein Plakat mit einer Kopie des Titelbildes und hängen die Plakate im Klassenzimmer auf.

**Das Bild besprechen**
– Sch betrachten das Foto. Im Gespräch werden die drei Elemente am Tafelbild in Worten festgehalten.
– Daraufhin können zu den einzelnen Elementen passende Adjektive und Verben (s. Vorschlag zum Tafelbild) beigetragen werden. Dies bahnt den Weg zu einer sprachlichen Durchdringung des Bildes.

*Vorschlag für TA:*

Pflanzen – blühen, gedeihen, wachsen, wurzeln, vermehren

Erde – nähren, locker, fruchtbar, lebendig

Hand – pflegen, behüten, gießen, düngen

Hand – ausreißen, anpflanzen

- Nach Erstellen des Tafelbildes kann in Sinne einer Antizipation nachgefragt werden, was aus dem Dargestellten wird, z. B. alles könnte vertrocknen, achtlos weggeworfen werden, behutsam aufgezogen und gehegt werden ... Wovon hängt dies in erster Linie ab?

**Aktiv werden**
- Nach intensiver Bilderschließung machen sich Sch selbst auf die Suche nach ähnlichen Beobachtungen: im Schulgarten, bei den Pflanzen auf der Fensterbank, im Freien ...
- Sie gehen dabei folgenden Fragen nach: Was finden wir? In welchem Zustand? Können wir am Zustand der Dinge menschliche Handlungsweisen erahnen und erkennen? Möglicherweise ziehen wir selbst eine Saat (z. B. Kräuter) auf der Fensterbank. Worauf geben wir dabei Acht und was beobachten wir?

**Varianten zum Foto finden**
- Sch suchen nach ausreichender Bildbetrachtung selbst einen passenden Titel zum Foto.
* Oder sie erstellen zum selben Titel aus unterschiedlichem Material (Illustrierten, ausrangierten Lehrbüchern, eigenen Fotos, Kalendern ...). eine Collage.
- Diese werden untereinander ausgetauscht und jede/r Sch sucht nun zu einer fremden Collage einen zweiten passenden Titel. So ergibt sich eine variantenreiche Erschließung des Themas.

**Verknüpfungen zu anderen Seiten im Buch herstellen**
Im Laufe des Unterrichts kann immer wieder auf das Titelbild zurückgegriffen werden, die Möglichkeit der Verknüpfung innerhalb des Kapitels bietet sich mehrfach, z. B. zu den Fotos auf der *Themenseite*, zum Text auf *Deuteseite* 74, zu den Elementen auf *Deuteseite* 78-79, *Stellungnahmen* 84 u. a.

# Themenseite 70-71

## 1. Hintergrund

Die Begegnung der Menschen mit ihrer Welt erfolgt vielgestaltig und nicht selten zwiespältig. Faszination und Erschrecken lassen sich oft nicht klar voneinander trennen. Das Staunen über die Wunder des Lebens geht Hand in Hand mit der Ratlosigkeit über das Leiden der Kreatur. In der Erfahrung der Sch steht die bedrückende Tatsache der Umweltzerstörung neben dem Staunen über Großartigkeit von Natur und Technik. Dieser Zwiespalt, der religiöse Fragen eröffnen und zugleich erschweren kann, bildet den Rahmen der *Themenseite*.

Im Mittelpunkt steht eine Aufnahme der Erde aus dem Weltall: Der blaue Planet in seiner Schönheit und Lebensfreundlichkeit, oftmals bestaunt und doch voller Rätsel und offener Fragen. Die Aussage des biblischen Schöpfungstextes »es war sehr gut« bildet links oben und rechts unten eine ambivalente Klammer für die ganze Doppelseite. Die Satzzeichen wechseln, die Aussage, dass unsere Welt gut sei, findet viele Bestätigungen, aber auch viele Anfragen und Zweifel. Diese widerstrebenden Erfahrungen werden in den Text- und Bildelementen der *Themenseite* aufgegriffen.

Das *Foto eines Fötus* lenkt die Aufmerksamkeit auf das Wunder des Lebens. Aus Ei und Samenzelle wird ein komplexes Leben, einzigartig und staunenswert. Trotz aller Zugriffe und des Forschens nach Bauplänen bleibt das Leben des Menschen von einer Erfahrung des Unverfügbaren umgeben, wird der Geschenkcharakter immer wieder spürbar.

Auch das *Gedicht von Günter Kunert* greift eine positive Weltsicht auf. Sonne, Wärme und Meer verdichten sich zu einer Erfahrung von Einklang und Friede. Ohne sentimentale Naturromantik wird das Erleben der Umgebung in seiner Wirkung auf das eigene Empfinden, die Gefühle und die Sehnsucht hin transparent. Schöpfung und Geschöpf sind Inhalt des Gedichts. Der Mensch macht sich die Wirklichkeit seiner Umwelt bewusst und begegnet so in seiner Eigenart als denkendes Wesen der Welt.

Aus dem *Wissenschaftsfoto* auf der unteren Seitenhälfte lassen sich zwei Aspekte entfalten: Erstens erlaubt die Vergrößerung ein gründlicheres Beachten der faszinierenden Naturwirklichkeit bei einer vertrauten Frucht. Zweitens kommt diese »Frucht der Erde« mit einem Produkt menschlichen Denkens und menschlicher Arbeit in Berührung. Damit öffnet sich der Gedankengang hin zum Menschen, der dank eigener schöpferischer Kräfte immer wieder Welt mitgestaltet und damit in besonderer Verbindung mit allen Geschöpfen steht.

Die Elemente der rechten Seitenhälfte setzen diesen Gedankengang nun in seiner Problematik fort. Der *Text aus der Feder Hildegard von Bingens* zeigt auf, dass die Erfahrung zerstörerischer Eingriffe in die Schöpfung kein ausschließliches Problem unserer

Zeit ist. Als wäre es in unseren Tagen verfasst, greift das Zitat den bisweilen sehr verhängnisvollen menschlichen Einfluss auf die Schöpfung auf.

Das *obere Foto* weitet die Perspektive und macht deutlich, dass die Bedrohung der Welt nicht nur ökologisch und auf das regionale Umfeld beschränkt zu sehen ist. Auch das weltweite Problem der Armut von Zig-Millionen Menschen stellt die Ordnung in der Schöpfung in Frage. Hunger und Verelendung, Landflucht und Umweltkatastrophen hängen oft zusammen mit ökologischem Raubbau, ungerechten Strukturen und der Unterordnung umweltbewussten Handelns unter Profitdenken und Bequemlichkeit. Der Hungertod vieler Menschen wirft die Frage nach der Schöpfungsordnung Gottes und zugleich nach dem Handeln der Menschen in dieser Welt auf. Diese trifft ins Zentrum des Glaubens und findet im Unterricht ihre Berechtigung, auch wenn keine endgültigen und erschöpfenden Antworten gegeben werden können.

Das untere *Foto eines Verkehrsstaus* zeigt die problematische Seite unserer Welterfahrung vor dem Hintergrund heutiger Lebenswelt und eigener Erfahrung. Die Folgen hoher Verkehrsdichte für Mitwelt und Mensch, den Zusammenhang von Mobilität, Landverbrauch, Luftverschmutzung, Waldsterben, Gefährdung von Leben u. a. m. kennt nahezu jede/r Sch aus eigenem Anschauen. Das Bild gibt einen Lebensausschnitt wieder, aus dem letztlich keiner entfliehen kann, der selbstverständlich geworden ist und sich uns immer wieder in seiner Fragwürdigkeit offenbart.

Jedes der Bild- und Textelemente ist als ein Beispiel zu sehen und lässt eine Vielzahl an Ergänzungen, Transfers und Weiterführungen zu. Darauf verweist der Arbeitsauftrag auf der *Ideenseite* 72. Es kann ein vielschichtiges Bild unserer Wirklichkeit entstehen, das sich zwischen den beiden gleich lautenden Bibelzitaten immer wieder mit unterschiedlicher Akzentuierung hinterfragen und werten lässt. Dabei wird im Unterricht vermieden, den Spannungsbogen von Welterfahrung »schwarz-weiß« zu malen. Vielmehr liegt die eigentliche Provokation in der Gleichzeitigkeit der Erfahrungen und damit der Zwiespältigkeit der zugehörigen Empfindungen und Fragen.

## 2. Einsatzmöglichkeiten im Unterricht

**Eine Welt – zwei Seiten – eine Collage gestalten**  **Ideenseite 72**

In PA oder KG erschließen Sch den Spannungsbogen der Doppelseite selbst.

– Zwei oder mehr Sch wählen je ein Element von der linken und von der rechten Seitenhälfte aus.
– Sie suchen dazu einen Titel und notieren auf ein Blatt sternförmig Stichworte, die sie zu diesem Bild oder Text assoziieren (z. B. Ruhe, Meer, Entspannung, Zufriedenheit, Urlaub ... zum Gedicht von Günter Kunert und Stau, Ruß, Gestank, Ärger, Unfall ... zum Bild vom Autostau).
– Die Assoziationssterne werden vorgestellt, auf Plakaten oder an der Pinnwand gesammelt. Im Gespräch wird die Spannung zwischen den einzelnen Ergebnissen herausgearbeitet. Der Hinweis auf die Erde im Mittelpunkt und die beiden gleich lautenden Bibelzitate können dabei hilfreiche Impulse sein.
– In einer weiterführenden Arbeit sammeln Sch – in Anlehnung an den Arbeitsauftrag auf der *Ideenseite* – eigene Bilder, Lieder, Texte, die zur Doppelseite bzw. den Assoziationssternen passen.

**Dazu fällt mir etwas ein**

Sch hilft ein offenes Verfahren, einen punktuellen Zugang zur Thematik durch eigene Sprachgestaltung zu finden.

– Sch beziehen zu einem Bild oder Text kurz Stellung, z. B. weil sie dazu schon etwas erlebt haben und/oder davon besonders angesprochen sind und/oder sich darüber sehr freuen oder ärgern und sich damit schon intensiv beschäftigt haben. Ihr eigener Bezug zu dem gewählten Bild oder Text kommt so zur Sprache.
– Sofern Sch bereit sind, werden die Texte gesammelt und gelesen, zusammengeschrieben und als Textblatt wieder ausgegeben.

**Unsere Welt heute – Bezüge zur eigenen Lebenswelt entdecken**

Anhand einer »von heute«-aktuellen Tageszeitung entdecken Sch den direkten Bezug der angesprochenen Themen zur täglichen Lebenswelt.

– Im Gespräch werden Sch auf die Zweiteilung der Doppelseite aufmerksam. Dazu wird auf o. g. Verfahren zurückgegriffen.
* L hat ein bis zwei Zeitungen des aktuellen Tages dabei. In KG suchen Sch Bilder, Schlagzeilen, Artikel, die der Thematik der Doppelseite entsprechen.
* Gemeinsam wird auf einem Plakat die *Themenseite* neu gestaltet und demonstrativ mit dem Tagesdatum versehen.
– Als weiterführende Hausaufgabe ist eine persönliche Wiederholung dieses Arbeitsschrittes für einen der folgenden Tage hilfreich.

# Erdenball

Du, Erdenball,
der du ruhelos rollst
durch das All,
hab dich so gern,
sorge mich so um dich,
blauer Stern.

Ach, dein grünes Kleid wird brüchig
und dein Atem stinkt,
trübe wird das Meer.
Atlasbär und Wandertaube,
Beutelwolf und Ur
gibt es schon nicht mehr.
Dein geliebtes Menschenkind
ist klug und so verwirrt,
herrlich und so schlecht.
Küsst und foltert, tanzt und wütet,
droht und wird bedroht
und erkämpft sein Recht.

    Du, Erdenball,
    der du ruhelos rollst
    durch das All,
    hab dich so gern,
    sorge mich so um dich,
    blauer Stern.

Allen deinen Menschenkindern
deckst du reich den Tisch,
Teilen fällt so schwer.
Hunger leiden noch die meisten,
andre werden reich,
werfen Korn ins Meer.
Und die schlimmsten deiner Kinder
spielen mit deinem Tod,
schöner Erdball.
Doch die Menschen, die dich lieben,
stehn dagegen auf,
hier und überall.

    Du, Erdenball,
    der du ruhelos rollst
    durch das All,
    hab dich so gern,
    sorge mich so um dich,
    blauer Stern.

Ja, noch wechselt Frucht und Blüte,
sprießt auf Trümmern Gras,
legt sich Tau darauf,
ziehen Vögel ihre Bahnen,
redet Mensch zu Mensch,
geht der Samen auf.

    Du, Erdenball,
    der du ruhelos rollst
    durch das All,
    hab dich so gern,
    sorge mich so um dich,
    blauer Stern.

*Gerhard Schöne*

**»Es war sehr gut« beleuchten**

Die Aussage der Bibel wird Sch sprachlich und gedanklich zugänglich. Die zwiespältigen Erfahrungen zu dieser Aussage dürfen bewusst formuliert werden.

- L bringt leere Blätter (DIN-A3) mit dem Bibelzitat. In KG schreiben Sch schweigend auf dem Blatt (Methodik der Schreibmeditation), was dies für sie heißt, wo sie dies erleben.
- Schweigend und bei leiser Musik lesen Sch auch die Ergebnisse der anderen KG. Jede/r Sch markiert dann eine Aussage, die sie oder er besonders passend findet (Klebepunkt oder dicker Filzschreiber). Im Gespräch werden die Schwerpunkte der Äußerungen kurz herausgestellt.
- Nun betrachten Sch die *Themenseite*.
- Sie äußern sich frei, entdecken das Schriftzitat zweimal mit unterschiedlichen Satzzeichen, ordnen einzelne Bilder oder Texte ihren Äußerungen zu. Ebenso finden sie sperrige und widersprüchliche Schlaglichter.
- Sie bieten Gesprächs- oder vielleicht sogar Diskussionsanlass. Weitere eigene Meinungen und Erfahrungen werden bewusst.

**»Den Schrei der Elemente« gestalten**

Der eindrucksvolle Text Hildegard von Bingens regt auch zu eigenen Textgestaltungen an.

- L liest nur die wörtliche Rede aus dem Text: »Wir können nicht mehr laufen ...« Sch vermuten, worum es hier geht, wer da spricht.
- Sch lesen den ganzen Text im Buch, erhalten einige Informationen über die Verfasserin und erklären die wörtliche Rede.
- Sch versuchen nun, Elemente der Welt ebenfalls »zum Sprechen« zu bringen und die aufgeworfene Problematik in eigenen Worten auszudrücken.

## 3. Weiterführende Anregungen

**Lieder und Songs zum Thema kennen lernen**

Die Problematik der lebenswerten und doch bedrohten Schöpfung ist ein beliebtes Thema in der Szene der Rock- und Popmusik wie auch bei Liedermachern. Es lohnt sich immer wieder ein Blick in die aktuelle Szene, bei dem Sch oft sehr engagiert mithelfen. Mitunter gibt es auch gut verwendbare Videoclips.

- Der Song »Erdenball« von Gerhard Schöne (AB 8.5.1 *Arbeitshilfen* S. 145) dient als ein Anschauungsbeispiel:
- Der Refrain wird Sch auf Folie gezeigt, ein Bezug zum Bild in der Mitte der *Themenseite* ist möglich. Ein kurzes Gespräch über die verschiedenen Gefühle, von denen der Sänger spricht, fällt vermutlich leicht. Eigene Gedanken werden geäußert und festgehalten.
- Sch lernen den Song bzw. den ganzen Text kennen und bearbeiten ihn. Der Text spricht von Bedrohungen, aber auch Hoffnungen, die in verschiedenen Farben unterstrichen werden. Bezüge zur *Themenseite* sind wieder möglich, die eigene Erfahrungen ergänzen.

**Cartoons und Karikaturen sprechen lassen**

Zeitkolorit und aktuelle Diskussionspunkte werden in treffenden Cartoons und Karikaturen immer wieder spürbar.

- AB 8.5.2 *Arbeitshilfen* S. 147 zeigt das Beispiel eines rumänischen Cartoonisten:
- Sch sehen zunächst nur (Abdeckverfahren), dass es um einen Safe geht. Wofür verwendet man Safes, was findet man darin, wer braucht einen Safe ...?
- Das ganze Bild wird betrachtet und kommentiert. Gibt es erheiterte Reaktionen – weshalb? Was wurde aus unseren Vermutungen? Und doch wird eine Absicht spürbar: Vielleicht ist irgendwann ein gesunder Baum mehr wert als ein Stapel von Goldbarren ... Sch kennen sicher auch andere passende Beispiele dafür, was noch im Safe sein könnte (z. B. Wasser, Tiere ...).

## Ideenseite 72-73

Die Impulse der *Ideenseite* werden in den *Arbeitshilfen* auf folgenden Seiten besprochen:
Ein Märchen »übersetzen«: S. 160
Kirche und Schöpfungsverantwortung – nachfragen!: S. 162 und 172
Eine Collage gestalten: S. 144
Ausflug mal anders: S. 149
Eine Umfrage über Gott und die Welt machen: S. 171
Ein Loblied gestalten: S. 150 und 170
Umweltschutz in Klassenzimmer und Schule? S. 162 und 172

# Ozone 89

# Leben – ein Geschenk

## 1. Hintergrund

Im Bewusstsein vieler Sch herrscht eine funktionale Sicht des Umfeldes vor. Das Leben und die Lebensgrundlagen sehen Sch häufig als etwas Selbstverständliches an, mit dem man pragmatisch umgeht. Das Empfinden für den Geschenkcharakter des Daseins, erfahrbar selbst in unbeachteten Kleinigkeiten, droht immer wieder verloren zu gehen. Dies schränkt aber auch die Fähigkeit ein, über die Welt zu staunen und über deren Sinn und Zukunft nachzudenken. Daher zielt der Unterricht darauf, die Sch für ein bewusstes, reflektierendes und meditierendes Wahrnehmen des Lebens zu sensibilisieren.

Zwei Brennpunkte finden sich auf dieser *Deuteseite*: ein meditativer Text eines zeitgenössischen geistlichen Schriftstellers und eine Buchmalerei aus dem 15. Jahrhundert. Das heißt, ein betrachtender und zugleich staunender Blick auf den Mikrokosmos und eine religiöse Deutung des Lebens als Schöpfung, ein gedanklicher Weg in die unmittelbar vor uns liegende Wirklichkeit hinein und über sie hinaus.

### Jörg Zink (geb. 1922)

Der evangelische Theologe Jörg Zink gehört zu den viel gelesenen geistlichen Schriftstellern im deutschsprachigen Raum. In eindringlicher Sprache geht er auf Erfahrungen des Lebens und des Glaubens ein. Mit einem weiten Horizont für literarische und künstlerische Werke gelingt es Jörg Zink, modernes Denken mit traditionellen Ausdrucksformen in Verbindung zu bringen. Das Engagement für einen bewussten und zukunftsfähigen Umgang mit der Schöpfung ist eine besonderes Anliegen des evangelischen Pfarrers und ließ ihn zeitweise auch politisch aktiv werden.

### Jörg Zink: »Der Duft des Regens«

Der Text »Der Duft des Regens« von Jörg Zink mutet empirisch an, greift den konkreten Erfahrungsbereich auf und eröffnet nachvollziehbare Gedanken. Die Begegnung mit einer »Hand voll Erde« öffnet die Augen für eine oft unbeachtete Welt, die uns umgibt und voller »Vitalität« ist. Dieser Text ist gut an die *Titelseite* anzubinden.

In seinem Aufbau lädt »Der Duft des Regens« zu einem gedanklichen Nachvollzug, zu einem meditativen Weg ein. Ausgangspunkt ist eine naturbezogene Erfahrung, ein Spaziergang auf freiem Feld nach einem Regenfall – Erfahrung, die jedermann machen kann. Doch erstmals schiebt sich eine andersartige Überlegung ein: das Wissen darum, dass wir ein Teil genau dieser Erde sind – aus ihr gemacht und in sie zurückkehrend. Unmittelbare Erfahrung und reflektiertes Bewusstsein ergänzen sich so zu den tragenden Stilelementen der Betrachtung. Auch die ursprüngliche Geste, frische Erde in die Hand zu nehmen, wird bewusst reflektiert und durch reales Wissen mit Bedeutung angereichert.

Dieses gesteigerte Bewusstsein schafft die Grundlage für die abschließende Frage nach der Lebendigkeit und dem Lebenszweifel der modernen Menschen. Plötzlich steht eine existentielle Frage im Raum und geht es nicht mehr um objektiven Nachvollzug von Fakten, sondern um die eigene Lebenserfahrung, die Grundstimmung in uns.

Mit diesem Text wird auf der *Deutseite* mit dem Titel »Leben – ein Geschenk« ein Anknüpfungspunkt in der empirischen Erfahrungswelt gewählt. Modernes Bewusstsein umfasst Interesse und Wissen hinsichtlich der faszinierenden Lebenswelten in Mikro- und Makrokosmos. Sch gehen den gedanklichen Weg im Text mit, ohne vereinnahmt oder zu vorzeitiger Entscheidung gedrängt zu werden. Dennoch zieht sich eine Sensibilisierung durch die Zeilen, die auf Fragen nach dem Leben und der eigenen Lebendigkeit zielt und die den Zweifel am Leben nicht übersieht. Dadurch behält der Text auf den verschiedenen Reflexionsstufen Offenheit und Realitätsbezug.

Das *Gemälde* auf der rechten Seite steht zu diesem modernen Text in deutlicher Spannung. In Stilmitteln einer vergangnen Epoche vermittelt es eine eindeutige Botschaft, ausgedrückt in anthropomorphen Vorstellungen. Die Darstellung ist schlicht und auf einen Vorgang reduziert: Der Schöpfer geht auf die Welt zu. Anders als beim Text, müssen hier Sch nach Hintergründen und Intentionen fragen, Absichten erkennen. Darüber hinaus fordert das Bild eine Auseinandersetzung heraus. Die Selbstverständlichkeit einer religiösen Aussage lässt sich so nicht unmittelbar nachvollziehen, ein Vorbehalt, kritische Distanz oder verändertes religiöses Denken können geäußert werden.

### »Der Schöpfer als Hirte«

Die Miniatur von einem unbekannten Buchmaler stammt aus dem 15. Jahrhundert und befindet sich in der Bibliothèque Mazarine, Paris. Die Darstellung ist klar gegliedert und inhaltlich einfach zu beschreiben. In sattem Grün, einer lebensfrohen und intakten Umgebung, lagern verschiedene Tiere. Von rechts tritt der Schöpfer in überproportionaler Menschengestalt auf die Lebewesen zu. Barfüßig steht er in dieser Welt, von einem wallenden Gewand bekleidet. Der Kopf wird von einem Nimbus (Heiligenschein) mit Strahlenkranz umrahmt. Das Gesicht drückt Milde, Wohlwollen und Freundlichkeit aus. Ein besonderer Blickfang sind die Hände. In segnender und beschützender Geste drücken sie eine positive Zuwendung der Gestalt zur Welt aus. Da ist einer, der es gut mit diesen Lebewesen meint, der auf sie zugeht und über dessen positives Verhältnis zu den Geschöpfen keinerlei Zweifel besteht. Der Titel der Miniatur fasst dies gut zusammen: Der Schöpfer tritt als Hirte ins Bild, als einer, der Verantwortung trägt und sich um das Anvertraute kümmert.

Im Spannungsbogen dieser beiden Elemente greift die Doppelseite das Thema »Leben – ein Geschenk« mit unterschiedlichem Zeitgefühl, verschiedenen Fragehorizonten und andersartigen Ausdrucksformen auf. Dadurch entsteht ein mehrdimensionaler Zugang zur Thematik, der einen vielschichtigen Arbeitsprozess mit Sch erleichtert.

## Psalm 104

Die israelische Schöpfungslehre, wie wir sie in Gen 1 und Gen 2 finden, erfährt im Psalm 104 ein »hymnisches Echo« (A. Deissler), das in nachexilischer Zeit verfasst wurde. Gott wird besungen als majestätische Schöpfungsmacht, die inmitten der Chaosmächte eine lebenswerte Ordnung geschaffen hat. Im geordneten Lebensraum findet sich eine Vielfalt an Geschöpfen. Alle Bereiche der Schöpfung sind auf den Schöpfergott hin transparent und daher Anlass zu jubelnder Freude. Lediglich der sündhafte Frevel der Menschen in dieser Welt (V 35) wird als Einschränkung empfunden.

A. Deissler sieht im Ps 104 ein großartiges Zeugnis der ›Weltfrömmigkeit‹ der Bibel.

## 2. Einsatzmöglichkeiten im RU

### Naturalmeditation – in der Natur meditieren

Wenn es Jahreszeit und Schulort zulassen, lädt der Text direkt zu Nachahmung und Meditation ein. Diese kann in mehreren Stufen ablaufen:
- Unterrichtsgang ins Freie, bewusstes Erleben eines ausgewählten Ortes (z. B. Wiese, Acker, Getreidefeld, Wald ... ).
- Gezieltes sinnliches Wahrnehmen einüben an diesem Ort: Was sehen, hören, riechen Sch? Sch lassen sich Zeit und achten auch auf unscheinbare Wahrnehmungen.
- Stilles Erlesen des Textes, evtl. lesen ihn auch einige Sch laut vor. Sch lesen in Stille mehrfach

einige Sätze, die besonders haften bleiben. Einige Sch lesen diese ausgewählten Sätze vor.
- Sch betrachten nochmals die unmittelbare Umgebung: »Einiges aus dem Text siehst du unmittelbar vor dir, anderes ist ähnlich. Nimm eine Handvoll Erde auf und betrachte sie still.«
- L liest den Text nochmals langsam vor.

### Ausflug mal anders                            Ideenseite 72

Die Vorschläge zu dieser Aktion laden zur Zusammenarbeit mit anderen Kollegen ein. Der Ausflug wird mit Klassen-L durchgeführt. Für die einzelnen Eventualitäten bietet sich eine Kooperation mit Arbeitsgemeinschaften und Fach-L an.
- Der Ausflug bedarf eines vorbereitenden Gespräches über dezentes Verhalten und konkrete Durchführungswege.
- Die Klasse teilt sich zeitweise in KGs auf (z. B. Videogruppe, Fotogruppe ...).
- Um die Umgebung wirklich bewusst zu betrachten, zu malen, zu fotografieren ..., ist unbedingt auf ausreichende Zeit zu achten.
- Die Darstellung der Sammelergebnisse erfolgt im Unterricht oder auch an einem freiwilligen Nachmittag. Sch, die Gegenstände gesammelt haben, verfassen dazu evtl. kurze Texte.
- Die Anbindung der zeitlich und organisatorisch sicher umfassenderen Aktion an das konkrete Unterrichtsthema entsteht durch eine abschließende Lektüre des Textes *Deuteseite* 74.

### »Ein Blick auf das Leben« wagen

- Nach dem intensiven Erarbeiten des Textes von Jörg Zink wagen Sch auch eigene Texterarbeitungen. Folgende Schritte helfen Sch dazu zu ermutigen:
* Über welche Erfahrung von Natur, Welt, Leben könnte ich meine Gedanken niederschreiben? (Thema eingrenzen)
* Mit welchen Sinnen begegne ich dieser Wirklichkeit, welche Eindrücke will ich aussprechen?
* Unter welche Überschrift könnte ich meinen Text stellen?
* Mit welchem Gedanken möchte ich schließen? Soll am Ende eine Frage, ein Ausruf, eine Meinung ... stehen?
- Die Texte bringen Sch in ansprechende Form und stellen diese evtl. an einer Stellwand aus. Auch an eine (freiwillige) Verwendung in Gottesdiensten oder in einer Schülerzeitung wird gedacht.

### Ein altes Bild entdecken

In PA wird das Bild erschlossen:
- Sch legen ein Buch mit dem Bild in die Mitte ihres

Arbeitsplatzes, jede/r Sch hat ein Notizblatt zur Hand.
- Jede/r Sch notiert die Beobachtungen zu seiner »Hälfte« des Bildes, nach etwa drei Minuten tauschen Sch die Plätze und lesen die Aufzeichnungen des Partners, ggf. ergänzen sie diese.
*Alternative:* Wenn L die Folie Nr. 12 aus der Folienmappe *Reli: Folien* einsetzt, beschreibt die linke Hälfte der Klasse den linken Bildteil, die rechte den rechten Bildteil.
- Sch wählen aus einem Katalog, der ihnen vorgegeben wird, zwei bis drei Kriterien, zu denen sie sich über das Bild unterhalten: z. B. Farben, einzelne Darstellungen, Handlungen, Formen, Unklarheiten, befremdliche Elemente, mögliche Titel ...
- Im Klassenunterricht tragen Sch die Ergebnisse der einzelnen PA zusammen und gewichten sie. So ergibt sich eine differenzierte Bildbetrachtung (vgl.: Niehl, 212 Methoden für den Religionsunterricht, München 1998).
- Zur Annäherung an die Bildaussage bietet sich auch ein Querverweis zur *Themenseite* an. Das Bild lässt sich dort als Beispiel einer guten, lebenswerten Schöpfung einordnen.

## 3. Weiterführende Anregungen

**Psalm 104 – ein Loblied gestalten**     Ideenseite 73

Das »Loblied auf den Schöpfer« wird als verbindendes Element der beiden Seitenschwerpunkte in der vorgeschlagenen Weise bearbeitet. Es empfiehlt sich, Sch Auszüge aus dem Psalm anzubieten (z. B. Verse 1-4, 10-14 und 19-25). Wahrnehmungen aus der Vielfalt der Welt werden als Gabe des Schöpfers gedeutet, der Schöpfer in seiner positiven Stellung zur Welt besungen (vgl. *Arbeitshilfen* S. 166). Die Elemente des Textes von Jörg Zink und der Miniatur werden in diesem biblischen Zeugnis variiert.
- Nach Lektüre des Textes setzen Sch einzelne Verse in Bildform um. Dabei steht das gesamte Spektrum kreativer Möglichkeiten zur Verfügung.

- Neben vielen Möglichkeiten des Malens ist auch an Techniken des Diamalens, der Collage u. a. zu denken. Eine Zusammenarbeit mit dem Kunstunterricht bietet sich an.

**»Solang es Menschen gibt auf Erden – ein Lied aus dem Gotteslob singen**

Das Gotteslob bietet auch für Sch des 8. Jahrganges ansprechende Liedtexte. Das Lied hat der Niederländer Huub Oosterhuis getextet und Dieter Trautwein musikalisch übertragen (AB 8.5.3 *Arbeitshilfen* S. 151). Es verbindet die beiden Seiten der Doppelseite des Buches gut und fasst den Inhalt zusammen. Es deutet Lebens- und Naturerfahrung als Zeichen der Zuwendung Gottes und greift damit sowohl die Intentionen des Textes als auch des Bildes von *Deuteseite* 74-75 auf.
- Sch wird zu Beginn nur der Anfangsvers dargeboten. Eigene Fortschreibungen geben dem Text eine eher negative Tendenz (z. B. ... gibt es Kriege, ... wird es nicht besser, ... wird es immer Leid geben).
- Die Darbietung des zweiten Verses ändert diese Ausrichtung, wieder setzen Sch den Text selbst fort. Erwartungsgemäß werden nun positivere Aussagen erscheinen (... gibt es noch Hoffnung, ... können wir noch leben, ... ist nicht alles verloren).
- Nach Austausch der persönlichen Textarbeiten wird nun der ganze Liedtext gelesen (evtl. wird die etwas schwierige 5. Strophe weggelassen). Im Gespräch ergeben sich nun verschiedene Hoffnungszeichen, von denen der Liedtext spricht. Jede/r Sch unterstreicht einen Vers, der für sie oder ihn ein besonders wichtiges Hoffnungszeichen anspricht, und malt dieses.
- Es ist durchaus denkbar, dass Sch nun auch eigene Hoffnungssätze formulieren und ergänzend zum Lied aufschreiben (z. B. Solang sich Menschen wieder versöhnen ... Du gibst den Menschen Kraft zum Leben ...).
- Wenn Scheu voreinander abgelegt wird, ist es durchaus auch möglich, solch ein Lied mit Sch der 8. Klasse zu singen.

## Schöpfung erleben     Deuteseite II 76-77

### 1. Hintergrund

Drei Elemente prägen die Seite und zielen auf drei unterschiedliche Bezüge zur Welt als Schöpfung. Anspruchsniveau und inhaltliche Ausrichtung der beiden Texte und des Bildes sind unterschiedlich und sie führen dadurch zu mehreren Perspektiven der Betrachtung und der Auseinandersetzung.

Das *Gedicht* »Löwenzahn« setzt beim Staunen über die Natur an und deutet die Sonne als besonderes

# Solang es Menschen gibt

*T: Huub Oosterhuis 1959 »Zolang er mensen zijn op aarde«,
Übertragung Dieter Trautwein 1966/1972*
*M: Tera de Marez Oysen-Wansink 1959*

1. So-lang es Men-schen gibt auf Er-den,
so-lang die Er-de Früch-te trägt,
so-lang bist du uns al-len Va-ter;
wir dan-ken dir für das, was lebt.

2. Solang die Menschen Worte sprechen,
   solang dein Wort zum Frieden ruft,
   solang hast du uns nicht verlassen.
   In Jesu Namen danken wir.

3. Du nährst die Vögel in den Bäumen,
   du schmückst die Blumen auf dem Feld;
   du machst ein Ende meinem Sorgen,
   hast alle Tage schon bedacht.

4. Du bist das Licht, schenkst uns das Leben;
   du holst die Welt aus ihrem Tod,
   gibst deinen Sohn in unsre Hände.
   Er ist das Brot, das uns vereint.

5. Darum muss jeder zu dir rufen,
   den deine Liebe leben lässt:
   Du, Vater, bist in unsrer Mitte,
   machst deinem Wesen uns verwand.

Zeichen des Lebens. Das Gebet der Irokesen drückt den Dank für die Gaben der Erde aus und deutet die Welt als Gabe für die Menschen.

Das *Gemälde* »Wanderer im Nebel« greift in seiner Mehrdeutigkeit sowohl Staunen und Faszination als auch Ergriffenheit und Rätselhaftigkeit auf.

Dieser mehrdimensionale Ansatz trägt der Ernsthaftigkeit menschlicher Auseinandersetzung in der Deutung seiner Lebenswelt Rechnung. Staunen und Dank sind urmenschliche Erfahrungen, die auch mit einer Offenheit für die religiöse Dimension verbunden sind. Doch auch der Zweifel, die rätselhafte Begegnung mit der Welt, das Grauen, die »Gänsehaut« sind real und lebensnah. Eine eigene Deutung der Welt ereignet sich nicht einmalig und in einer Richtung. An verschiedenen Eckpunkten der eigenen Lebens- und Welterfahrung kommt es zu differierenden Deutungsversuchen, immer wieder und immer wieder neu. Der lebenslange Prozess wird durch die drei Elemente der *Deuteseite* ins Auge gefasst.

### Christine Busta: Löwenzahn

In dem Gedicht der Lyrikerin Christine Busta (1914-1987 in Österreich) kommt auf den ersten Blick die Erfahrung eines Menschen zum Ausdruck. Nur die Überschrift macht auf die Perspektive aufmerksam, aus der das Gedicht spricht. Der Sprechende ist wohl der Löwenzahn, die farbkräftige Frühjahrspflanze, deren Gelb ganze Landschaften verändert, deren Blüte sich mit dem Lauf der Sonne öffnet und schließt. Die drei kurzen Abschnitte variieren in der Zeilenzahl: 3-2-4.

Der erste Abschnitt erzählt vom Zauber eines Frühlingsmorgens, dem sanften Erwachen der Natur im Tau. Mit lyrischen Stilelementen wird diese Erfahrung personalisiert und emotionalisiert (Augen aufschlagen, weinen). Der folgende Zweizeiler weitet den Horizont von den Wiesen zu den Bäumen und charakterisiert erneut auf unmissverständlich emotionale Weise (»sprachlos vor Glück«). Im dritten Abschnitt, dem mit den meisten Zeilen, wird nun wieder aus der Sicht des Löwenzahns die Morgenstimmung durchbrochen auf etwas, das noch mehr Staunen auslöst: den Aufgang der Sonne. Für den Löwenzahn ist dies der Beginn der Blüte, der Entfaltung und Pracht. Mit der Redewendung »immer aufs Neue« wird die zyklische Wiederholung des Ereignisses eingefangen, aber auch seine stete Einmaligkeit ausgedrückt.

Mit wenigen Worten wird in dem Text staunende Welterfahrung buchstäblich »verdichtet«. Der Perspektivenwechsel auf den Löwenzahn, der die Distanz des Betrachters aufhebt, und die Beseelung von Naturvorgängen ermöglichen unerwartete, spontane und vieldeutige Entdeckungen im Text. Nicht die distanzierte Betrachtung objektiver Analyse steht im Vordergrund, sondern die beteiligte Begegnung mit den Wundern der Schöpfung.

### Gebet der Irokesen: Mutter Erde

Der Gebetstext eines Naturvolkes drückt religiöse Erfahrung aus, die aus einem ursprünglichen Erlebnis der Mitwelt erwächst. Das Lebensumfeld, die Elemente, Pflanzen und Früchte werden dankend angesprochen, als Geschenk zum Leben begriffen. Im letzten Dankruf werden die Einzelerfahrungen von Welt, die zum Danken Anlass geben, auf den »Großen Geist«, die Gotteserfahrung hin gebündelt. Er wird als Summe der Güte und der Fürsorge angesprochen. Eine Grundhaltung der Weltbejahung und die Erfahrung eines in jeder Hinsicht verdankten Lebens sprechen aus diesen schlichten Worten einer naturnahen Frömmigkeit.

Die Frage nach der Schöpfung durchzieht das Denken und die Religion vieler Völker (vgl. *Infoseite* 81). Gerade die Naturreligiosität der Indianer gewann nach langer Vergessenheit große Popularität und spricht wohl in ihrer Unmittelbarkeit und Schlichtheit gerade Menschen in einer komplizierten, oftmals virtuell erfahrenen Welt an.

### Caspar David Friedrich und der Begriff »Natur« in der Epoche der Romantik

Das Gemälde aus der Epoche der Romantik drückt Fragestellungen eines epochalen Wandels in der Neuzeit aus, die auch unser heutiges Denken berühren. Zu seiner Zeit nahezu vergessen, zählt Caspar David Friedrich (1774-1840) heute zu den bedeutendsten Landschaftsmalern des 19. Jh. Die Epoche der Aufklärung hatte den unmittelbaren Zugang zur Natur aufgehoben und die Distanz schaffende Reflexion herbeigeführt. Die konsequente Anwendung der Vernunft entzauberte viele Phänomene und ein wissenschaftlicher, oft auch mechanistischer Zugriff auf Welt und Natur nahm seinen Lauf.

Die Maler der Romantik, zu denen Caspar David Friedrich zählte, misstrauten einer Einseitigkeit der Ratio. Sie kreisten in ihren Bildern um das Gefühl und die Phantasie. Doch die harmonische Weltsicht war gebrochen. Typisch für die Bilder Friedrichs ist die Figur des Menschen, der meist mit dem Rücken zum Betrachter, vor einer geheimnisvollen, faszinierenden und zugleich bedrohlichen Welt steht. Die Reflexion, das Nachdenken und das Ergriffensein hat die Welt-

## Das schwerste Wort

Das schwerste Wort
heißt nicht
Popocatepetl
wie der Berg in Mexiko
und nicht
Chichicastenango
wir der Ort in Guatemala
und nicht
Ouagadougou
wie die Stadt in Afrika.
Das schwerste Wort
heißt für
viele
_ _ _ _ _.

*Josef Reding*


## Wo?

Wo wird einst des Wandermüden
Letzte Ruhestätte sein?
Unter Palmen in dem Süden?
Unter Linden an dem Rhein?

Werd ich wo in einer Wüste
Eingescharrt von fremder Hand?
Oder ruh ich an der Küste
Eines Meeres in dem Sand?

Immerhin! Mich wird umgeben
Gottes Himmel, dort wie hier
Und als Totenlampen schweben
Nachts die Sterne über mir.

*Heinrich Heine*

> sicht der Maler der Romantik geprägt, doch nicht allein auf rationaler Ebene, sondern im Ganzen der menschlichen Schicksalsfrage, teils sentimental und mit einem unverkennbaren Hang zum Weltschmerz.

**C. D. Friedrich: Wanderer im Nebelmeer, 1818**
Das Gemälde zeigt in der Mitte eine Männergestalt, die abgewandt mit einem Stock in der Hand auf einem dunklen Fels steht und in eine nebelbedeckte Landschaft blickt.

Am Horizont sind Berge und Bäume zu erkennen, zum Teil hinter Nebelschwaden versteckt. Die Natur erweckt einen düsteren und geheimnisvollen Eindruck. Die Gestalt wirkt heimatlos und einsam. Der Stock mag ein Hinweis auf Hilfsbedürftigkeit sein, auf eine erforderliche Stütze. Die Umrisse der Person lassen einen Mann im »besten Alter« vermuten. Hier fragt kein Kind. Hier ist kein Greis am Lebensende vom Geheimnis des Lebens ergriffen, sondern jemand, der mitten im Leben steht, der Kraft und Reife hat. Der Blick auf die Landschaft löst unterschiedliche Gefühle und Stimmungen aus, eine Vielzahl von Gedanken mögen es sein, die hier einem Betrachter durch den Kopf gehen. Wir wissen es nicht.

Genau diese Offenheit, diese ungelösten Fragen, diese Vielfalt an Reaktionen auf eine Welt, die sich nicht in harmonischem Einklang darbietet, ist aber die Botschaft des Bildes. Leben in der Welt wird als schicksalhafte »Wanderung« verstanden, in der Rätsel und Fragen auftauchen, deren Beantwortung über das Vordergründige und Erklärende hinausführen. Das gefährdete Schicksal des einzelnen Menschen steht einer gewaltigen und ursprünglichen Welt gegenüber. Die Fragen, die sich hier auftun, haben auch religiöse Qualität. Die Frage nach dem Sinn, nach der Gegenwart Gottes im Geschehen des Lebens und der Natur gehört zu einem Grundthema der Bilder Caspar David Friedrichs.

Der Arbeitsauftrag auf der Doppelseite zielt darauf ab, den Aussagehorizont (verschiedene Zeiten, Kulturen und Erfahrungen) der einzelnen Elemente miteinander zu verknüpfen und in Ergänzung zu sehen. Darüber hinaus werden Bezugspunkte zur eigenen Erfahrungswelt eröffnet, damit die Überschrift »Schöpfung erleben« nicht nur Fremdaussagen berührt, sondern sich auch mit eigener Auseinandersetzung verbindet.

## 2. Einsatzmöglichkeiten im RU

### Staunen – schon verlernt?
Das Gedicht von Christine Busta verhilft Sch zu einer Annäherung an die Erfahrung des Staunens.
– In einem ersten Schritt befragen Sch Mit-Sch, L und Eltern, worüber diese in der letzten Zeit gestaunt haben. Die bunte Sammlung wird auf Plakaten zusammengetragen und mit eigenen Aussagen ergänzt. Auch eine Zitatensammlung evtl. als Wandzeitung oder gestaltete Pinwand ist denkbar.
* Sch vermuten zum Stichwort »Löwenzahn«, worüber ein Löwenzahn staunen würde, könnte er sprechen. Die Vermutungen werden auf einem Notizblatt in Stichworten und Kurzsätzen untereinander notiert.
* Sch legen das Notizblatt neben das Gedicht im Buch und lesen nun still das Gedicht. Verschiedene Lesetechniken intensivieren die Textbegegnung (z. B. mehrfaches Vorlesen, in verschiedenen Lautstärken vorlesen, in PA vorlesen, die drei Textabschnitte von drei verschiedenen Ecken des Klassenzimmers aus lesen ...).
* Die Vermutungen auf dem Notizblatt legen nun einen Vergleich mit dem Gedicht nahe. Sch markieren die übereinstimmenden Vermutungen, ergänzen, was sie nicht notiert haben. Das Erwachen, der Morgentau und die Sonne werden im Gespräch als Kernpunkte des Staunens benannt.
– Die gesammelten Zitate ermöglichen einen weiteren Vergleich. Worüber staunen Menschen in meiner Umgebung, worüber staune ich?
– Möglicherweise setzen Sch eine Aussage aus dem Unterricht, ein Bild aus dem Gedicht oder aus den Befragungen in ein Bild um.

### »Einfach« danke sagen?
Der kurze Text über das ›schwerste Wort‹ kann motivieren, über Lebenssituationen nachzudenken, in denen Sch Dankbarkeit empfinden. Zunächst bleibt den Sch das letzte Wort (»Danke«) des Gedichtes von Josef Reding vorenthalten, um sie zu Vermutungen anzuregen (AB 8.5.4 *Arbeitshilfen* S. 153).
– Nach Verlesen des Gebetes der Irokesen wird durch AB 8.5.5 *Arbeitshilfen* S. 155 der Aufbau des Textes veranschaulicht und bewusst gemacht.
* Das AB ist von unten nach oben auszufüllen. Der rechte Teil (neben der gestrichelten Linie) ist bei der Textarbeit noch wegzulassen. In die Kreise der ersten Ebene wird eingetragen, wem die Menschen in dem Text danken, in der zweiten Ebene, wofür. In den obersten Kreis wird eine Formulierung aus den Schlusszeilen eingetragen (z. B.

# Menschen danken für ...

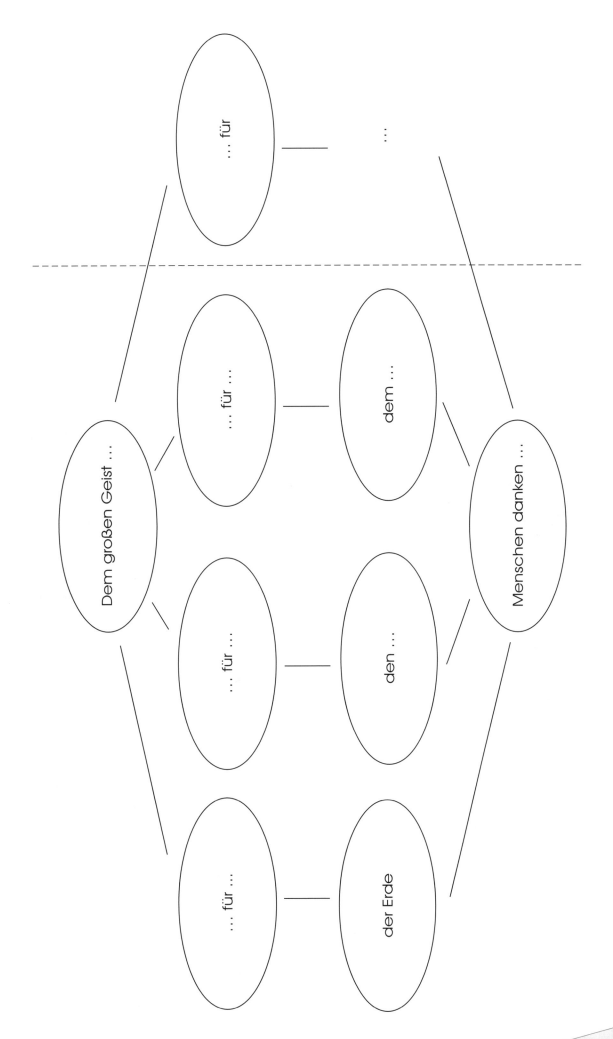

Reli 8.5.5

*Lösungsvorschlag zu AB 8.5.5:*

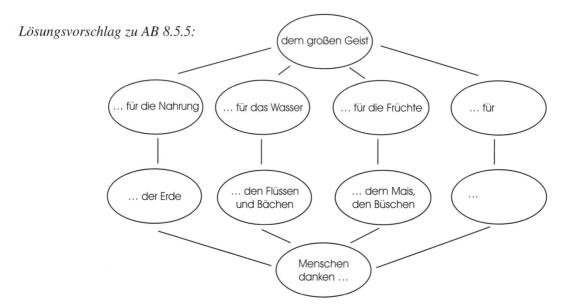

Dem Großen Geist, der alle Güte in sich vereint, oder: Dem Großen Geist, der alles zum Wohl seiner Kinder lenkt). Der Aufbau macht deutlich, wie vielfältiges Danken in den einen Dank an den Schöpfer münden kann.
* In die beiden rechten Kreise werden nun eigene Formulierungen nach demselben Schema ergänzt, wodurch die Aussagen eines fremden Textes aus fremder Kultur in die Nähe eigener Erfahrung rücken.
– Ein erneuter Bezug zum Lied von Huub Oosterhuis (AB 8.5.3 *Arbeitshilfen* S. 151) als Weiterführung der Gedanken ist gut denkbar.

**Dem Menschen vor seiner Welt Sprache verleihen**
Für die Arbeit mit dem Gemälde von Caspar David Friedrich helfen in der Vorbereitungsphase Sachinformationen aus dem Lexikonteil und anderes Bildmaterial.
– L legt im Klassenzimmer eine Reihe schöner Landschaftsbilder aus (Kalender, Reiseprospekte etc.). Jede/r Sch wählt ein Foto aus. Sch überlegen, was einem Menschen durch den Kopf geht, der vor so einer Landschaft steht.
– Solche Gedanken notieren sie in Sprechblasen und legen sie um das Foto.
– Die Aussagen werden von den anderen Sch gelesen; ein kurzes UG fasst sie zusammen.
– Sch betrachten zu dezenter Musik die Folie des Gemäldes (Folie Nr. 23 aus der Folienmappe *Reli: Folien*). Nach einer Phase der stillen Betrachtung schreiben sie nochmals in kleine Sprechblasen, was der Mensch im Gemälde denken, sagen, empfinden könnte. Die Sprechblasen werden um das an die Wand geworfene Folienbild geklebt, sodass die ruhig umhergehenden Mit-Sch sie zu lesen vermögen.
* Im UG werden die Aussagen zu den Bildern verglichen. Der Unterschied, der mit Sicherheit deutlich wird, hat wohl seine Gründe. Sch versuchen einige zu benennen (z. B. manches ist rätselhaft, die Welt entspricht oft nicht dem Reiseprospekt, die Natur gibt uns auch Fragen auf ...).
* Noch einmal wird das Gemälde betrachtet, nun vor allem mit Blick auf die Landschaft, die mit Adjektiven gekennzeichnet werden soll. Der Unterschied zu den eingangs ausgelegten Fotos wird benannt. Es erfolgt damit eine sprachliche Differenzierung verschiedener Welterfahrung.

**Wie empfinde ich?**
Die unterschiedlichen Erfahrungshorizonte der drei Elemente lassen auch eine Wertung durch Sch zu:
– L legt drei *Reli 8* mit aufgeschlagener *Deuteseite* 76-77 an drei Stellen des Klassenzimmers aus. Es ist jeweils nur ein (anderes) Element zu sehen, die beiden anderen sind abgedeckt.
– Sch werden aufgefordert, sich nach etwa zwei Minuten zu dem Buch hinzubewegen, in dem der Text oder das Bild zu sehen ist, das ihrem eigenen Empfinden am meisten entspricht.
– Die drei KG, die sich nun gebildet haben, setzen sich mit dem Buch zusammen (bei großen KG nochmals geteilt). Nach Möglichkeit unterhalten sie sich über Erlebnisse, Eindrücke, Gedanken, die für ihre Entscheidung sprechen. Sch, die das nicht wollen, drücken dies auch anonym schriftlich aus.

## 3. Weiterführende Anregungen

**Die Erde heilig halten**
Der Text des beliebten Kanons (vgl. *Arbeitshilfen* S. 157) lehnt sich an die so genannte Rede des Häuptling Seattle (1786-1866) an. Auch wenn die Authen-

zität der Rede heute ernsthaft bezweifelt wird, spiegelt der kurze Text doch ein Charakteristikum der Erdverbundenheit indianischer Frömmigkeit wider. Insofern ist der Kanon gut als Ergänzung zum Gebet der Irokesen zu singen.

Im UG wird die Formulierung »jeder Teil« mit den Aussagen des indianischen Textes in *Reli 8,* aber auch mit Inhalten der *Deuteseite* 74-75 bzw. der *Themenseite* 70-71 verdeutlicht.

**Jeder Teil dieser Erde**

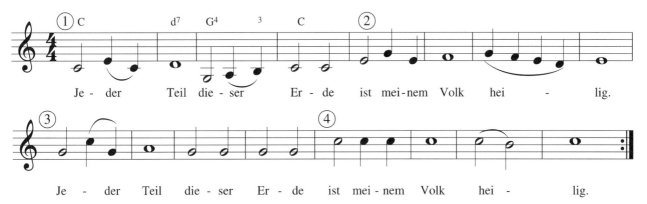

### Lebensfragen nachspüren

Ein Bild aus der Romantik mit Sch zu betrachten, ist nicht immer einfach. Eine Ergänzung durch einen Text aus derselben Epoche erleichtert die Zugänge zu einer vergangenen Zeit und ihren Fragen. Heinrich Heine, der in einem spannungsvollen, oft ironisierenden Verhältnis zur Romantik stand, kann mit seinem leicht verständlichen Gedicht »Wo?« in anderer Weise die Fragen und Empfindungen, die auch mit dem Bild Friedrichs in Verbindung stehen, aussprechen.
- Zunächst wird zu diesem Text AB 8.5.6 *Arbeitshilfen* S. 153 die Schlüsselfrage »Wo?« geklärt.
* Sch versuchen Umformulierungen der Frage, um den Inhalt des Gedichtes mit eigenen Worten zu erfassen.

* Im weiteren Verlauf liegt eine genauere Betrachtung der einzelnen Vorstellungen von der einstigen Ruhestätte nahe. Sch überlegen zu den einzelnen Äußerungen, welche Gefühle und Stimmungen damit verbunden sind.
- Evtl. werden die Landschaftsbilder gemalt oder mit bereits besprochenem Bildmaterial verdeutlicht.
- In Verbindung zum Bild von C. D. Friedrich eröffnet sich nun ein vertieftes Verständnis der Gestalt in der Bildmitte. Der fragende Mensch vor einer vielfältigen Schöpfung rückt erneut ins Blickfeld.

# Verantwortung tragen

**Deuteseite III 78-79**

## 1. Hintergrund

Im Lehrplan spielt die Verantwortung der Menschen für die anvertraute Schöpfung eine hervorgehobene Rolle. Als »Abbild Gottes« sollen sie sich für die »Schöpfung mitverantwortlich« wissen. Diesen anspruchsvollen Vorgaben des Lehrplanes ist die dritte *Deuteseite* gewidmet.
Ein *Realfoto* lenkt die Aufmerksamkeit auf die geschädigte Umwelt und fixiert damit die Seitenüberschrift inhaltlich. Mit einem Blick wird der Bezugspunkt für den Verantwortungsbegriff klar: Es geht um die bedrohte Schöpfung, um Umwelt und Leben, um unsere Zukunft auf dem Planeten.
*Zwei Texte* unterschiedlicher Gattung thematisieren die Frage nach der Verantwortung der Menschen auf je eigene Weise.

### Ein indisches Volksmärchen

Das indische Volksmärchen geht in narrativer und erheblich vereinfachter Form auf die Thematik zu. Ein leicht verständlicher Erzählverlauf führt zur Aussageabsicht hin: Das Tun der Menschen kann ihr Verhängnis werden. Die »Schöpfer« werden von ihrem Geschöpf »gefressen« – ein eindringliches Bild für die Gefahr, die von unbedachter Forschung, Produktion etc. ausgeht. Der Text differenziert die Fragestellung nicht. Im Duktus eines Märchens bietet er schlichte Abläufe und Ergebnisse. Er wirft aber Aktualisierungsfragen und Transfermöglichkeiten auf, in deren Diskussion die nötige Entfaltung und Differenzierung erfolgen kann.

**Reiner Kunze: Unter sterbenden Bäumen**
Ganz anders das Gedicht von Reiner Kunze. Mit einer Überschrift und vier knappen Zeilen wird das Dilemma der geschädigten Schöpfung zugespitzt. Die Überschrift nimmt einen Wahrnehmungsbereich auf, in dem die Zerstörung der Umwelt offensichtlich wird. In den beiden ersten Zeilen erfolgt eine intensive Deutung dieser Wahrnehmung: Natur wird als Wunder verstanden, das Baumsterben als Reaktion einer gekränkten Erde, gekränkt vom Menschen, nicht distanziert angesprochen, sondern in »Wir«-Form. Der Satz will diskutiert werden. Standpunkte sind gefragt, eigene Beobachtungen können ergänzen. Die Naturbeobachtung wird emotionalisiert (»gekränkt«) und aus der rein empirischen Ebene herausgeholt (»Wunder«), der beobachtete Vorgang dadurch auch dramatisiert.

In dichterisch knapper Weise folgt nun eine überraschende Perspektive. Wir – die Handelnden, werden nicht als Gegenüber der »Wunder« betrachtet, sondern als Teil derselben. Als Wunder der Erde stellt sich der Mensch gegen sie, bringt seine Mitgeschöpfe und sich selbst dadurch in Gefahr. Keine Moral steht am Ende des Gedichtes, kein Appell und keine Resignation, sondern einfach eine Feststellung über den Menschen als Teil der Schöpfung, der diese verändert. Aus der ausgelösten Nachdenklichkeit muss sich ein Weiterdenken entwickeln. Darin liegt der offene Charakter des Gedichtes.

Formal spitzt sich das Gedicht auf ein einziges Wort zu. In der Wortzahl 7-3-3-1 teilt sich eine Konzentration mit, in der von einer »breiten« Ausgangsbasis – der gekränkten Erde – die Gedankenführung hin zum Menschen als Ursache der Kränkung führt. Eine mehrschichtige Sichtweise klingt mit dem abschließenden Wort »eines« an. Es erkennt den Menschen als Wunder an, bezeichnet seine Stärke und bindet ihn zudem in die Welt ein, sieht ihn als Teil des Ganzen. Aus dieser Zuspitzung ergibt sich auch die Frage nach der besonderen Verantwortung der Menschen.

**Reiner Kunze (geb. 1933)**
Reiner Kunze wurde in Oelsnitz/Erzgebirge geboren. Er zählt zu den bedeutendsten deutschsprachigen Lyrikern und ist Träger zahlreicher Auszeichnungen, u. a. des Georg Büchner-Preises. Nach jahrelangen Auseinandersetzungen mit den Staatsorganen und massiven Repressalien siedelte Kunze 1977 von der DDR in die Bundesrepublik über. Er lebt heute bei Passau. Seine Gedichte sind in über dreißig Sprachen übersetzt. Sie leben vom »poetischen Einfall«, von unerwarteten Pointen, die den Leser im gewohnten Denken unterbrechen. Kunze verbindet scheinbar zusammenhanglose Wahrnehmungen, deren Verknüpfung bisher nicht bewusst war und die damit überrascht und neue Prozesse anbahnt (vgl. Kunze, Wo Freiheit ist ...). Gegenstände erscheinen dann im Bezug zu Gefühlen. Realbetrachtung verdichtet sich existentiell und Bekanntes wird durch Verfremdung neu gesehen.

Intensive Erlebnisse und eine lange Auseinandersetzung mit diesen Erlebnissen sind für Kunze Grundvoraussetzung für ein Gedicht. Er betont, dass der »poetische Einfall«, das neue Bild für ein Erlebnis und eine Auseinandersetzung nicht gewollt wird, sondern von selbst kommen muss. Beim Lesen stellt sich die Aufgabe, Erlebnis und Auseinandersetzung auf die Spur zu kommen, die den Dichter zu seiner Lyrik geführt haben. Die Spannung oft scheinbar unvereinbarer Wahrnehmungen schafft Raum für eigene Fragen und Gedanken. Bei aller thematischen Aussage der Gedichte Kunzes bleibt bei der Beschäftigung mit seinen Texten auch stets die Herausforderung, eigene Wahrnehmungen, Intuitionen und Gedanken in den Leseprozess einzubringen.

## 2. Einsatzmöglichkeiten im RU

**Das Wald-Foto betrachten**
Der Spannungsbogen, der sich aus der Seitenüberschrift und dem Foto ergibt, lädt zur Weiterarbeit ein. Die knappe Formulierung findet im Foto sofort eine Ausrichtung. Diese wird im Unterricht differenziert und erweitert:
– Sch notieren auf einem Blatt, welche Verbindung zwischen Überschrift und Foto sie sehen. Ihre Gedanken prägen das auswertende Gespräch.
– Im Anschluss suchen sie in *Reli 8*, aber vielleicht auch in Büchern anderer Fächer (z. B. P/C/B und G/S/E) weitere Fotos, die hierzu passen. Damit

# Man müsste ... ?

Man ...

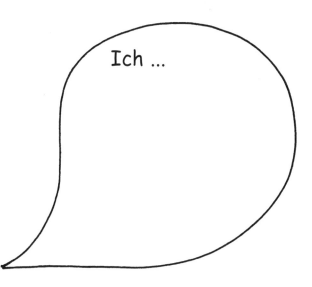

Ich ...

lässt sich die Vorstellung von den Herausforderungen bzw. Folgen der bedrohten Mitwelt erweitern.
- Wichtig ist es, im Verlauf des Gesprächs danach zu fragen, wer denn Verantwortung zu tragen habe, wen denn diese Bilder ansprechen. Dabei wird klar, dass Verantwortung auf vielen Ebenen, auch auf der unseres Handelns, angesprochen ist.

**Ein Märchen deuten**            **Ideenseite 72**
Der stufenweise, klar gegliederte Aufbau des Märchens ermöglicht ein schrittweises Vorgehen.
- L liest den Beginn des Märchens bis zu »Der vierte aber schwieg« vor. An dieser Stelle schweigt die Klasse und überlegt bei leiser Musik, was im Kopf des Vierten vorgeht. Diese Gedanken sollen auf kleine Kärtchen geschrieben werden, die L einsammelt und auf einem Tisch auflegt.
* L liest den zweiten Teil des Textes bis zur Wiederholung dieser Formulierung und wiederholt die Phase, in der Sch erneut Kärtchen mit ihren Gedanken dazu ausfüllen.
* Nun lesen Sch den ganzen Text im Buch. Sie äußern sich zur Aussage und zum Ende des Märchens.
* Zur Vertiefung lesen Sch nochmals die beiden ersten Abschnitte laut vor, an der Unterbrechung lesen einige die jeweiligen Kärtchen. Dadurch werden die Bedenken gegen unbedachten Einsatz von Wissen und Können artikuliert und von verschiedenen Aspekten aus beleuchtet.
- Für einen Transfer erhalten Sch den Auftrag, zu einem der Gedanken auf den Kärtchen eine andere Geschichte auszudenken. Diese soll zu einem formulierten Einwand, zur Skepsis oder Furcht passen, wie sie auf den Kärtchen ausgedrückt werden. Dieser Arbeitsschritt erfolgt alternativ in KG.
* Sch stellen ihre Ergebnisse vor und die Aussage des Märchens wird vor dem Hintergrund aktueller Beispiele diskutiert.

**Ein Gedicht lesen und deuten**
Reiner Kunzes Gedicht spricht in seiner Kürze und Prägnanz für sich.
- Mehrfaches Lesen, laut und leise und verschieden betont, macht Sch ein Gedicht mit vielen Zwischentönen bekannt.
- Nach ungelenkten Äußerungen zum Text bedarf es einer Ermutigung, dem Gedicht »näher zu treten«.
* Eine Möglichkeit besteht darin, die beiden »Betroffenen« im Text, Subjekt und Objekt, zu trennen und aus dem Gedicht zwei Textelemente zu gestalten:

*Wir haben gekränkt. Wir der Wunder eines.
Die Erde, sie nimmt ihre Wunder zurück.*

* Diese beiden Textteile lesen Sch in verschiedenen Reihenfolgen. Es ergibt sich eine klare Gedichtaussage:
Die Erde verändert sich, Wunder verschwinden – das ist empirisch beobachtbar. Dazu werden Beispiele und Informationen gesammelt.
Wir Menschen haben dazu mit beigetragen, wir haben die Erde geschädigt, obwohl wir auch ein Wunder sind. Wenn die Erde ihre Wunder zurücknimmt, dann ist auch das Wunder Mensch in Gefahr.
- Mit diesem Gedanken eröffnet das Gedicht neue Aspekte und Überlegungen. Sch werden ermutigt, den »Wahrheitsgehalt« des Gedichtes in eigenen Worten zum Ausdruck zu bringen. Sie schreiben eine eigene Beobachtung nieder, die für sie belegt, dass die Aussage des Gedichtes zutrifft. Um die Poesie des Textes zu wahren, liegt es nahe, Sch in Kurzprosa schreiben zu lassen.
- Eine Ergänzung dieser Aussagen mit Fotomaterial ist gut denkbar.

**Das Titelbild »nachbetrachten«**
Die Intentionen der *Deuteseite* 78-79 stehen in enger Verbindung zur *Titelseite* 69. Daher erscheint es sinnvoll, diesen Zusammenhang von Sch nachvollziehen zu lassen.
- Eine erneute Betrachtung des Bildes zeigt auf, dass zwischen den Aussagen der *Deuteseite* und der *Titelseite* eine Spannung besteht. Das Anliegen eines verantwortungsbewussten Umgangs mit der Schöpfung findet auf der *Titelseite* einen positiven Ausdruck i. S. v. »So sollte es eigentlich sein«.
- Diese Spannung wird sehr deutlich erfahren, wenn nach einer Phase stiller Betrachtung von L nochmals das Gedicht von Kunze vorgetragen wird. Das Bild spricht von einer anderen Möglichkeit, die nun explizit von Sch ausgesprochen wird.

**Eigenverantwortung entdecken**
Die Karikatur ist gut geeignet, die Fragestellung der *Deuteseite* 78-79 nicht nur auf die Verantwortung anderer zu lenken.
- Sch erhalten AB 8.5.7 *Arbeitshilfen* S. 159, betrachten und besprechen die Karikatur.
* Im linken Kästchen des Arbeitsblattes formulieren sie einen der »Man-Sätze«.
* Im Gespräch wird deutlich, dass »Man« unpersönlich, anonym und daher auch wirkungslos ist. Es kommt ganz entscheidend auch auf uns an.
* Sch füllen eine Sprechblase aus, die mit »Ich« beginnt. Im auswertenden Gespräch wird der Realitätsbezug dieser Aussagen besprochen.

# Menschenkinder

T: Rolf Krenzer
M: Detlev Jöcker
in: Viele kleine Leute
© Menschenkinder Verlag, Münster

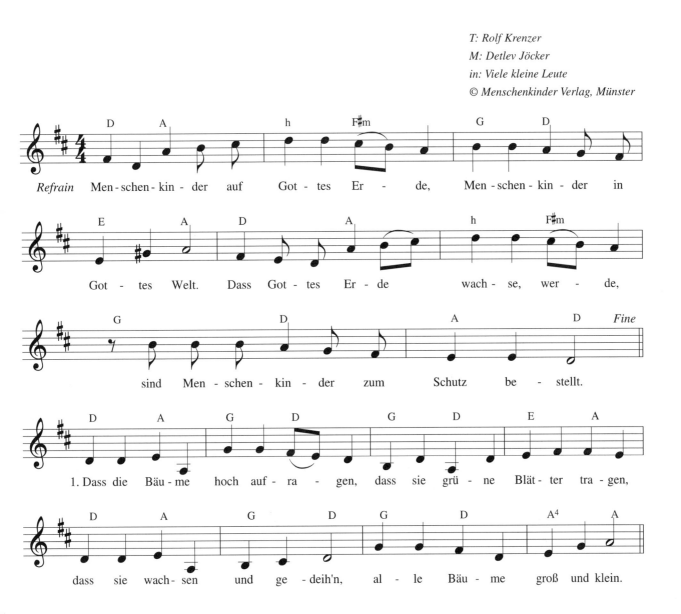

2. Dass die Blumen jeden freuen, dass sie wachsen und gedeihen,
   dass ihr Duft bei Tag und Nacht Gottes Schöpfung fröhlich macht.

3. Dass ein jedes Tier sein Leben, das ihm selbst von Gott gegeben,
   ungehindert leben kann, gebt gut Acht und rührt nichts an!

4. Dass ganz rein die Bäche fließen zwischen Feldern, zwischen Wiesen.
   Sauber fließt der Fluß daher, sauber auch das große Meer.

5. Mond und Sonne in der Ferne. Nachts der Himmel voller Sterne.
   Gott schuf diese schöne Welt, dass es allen hier gefällt.

6. Luft zum Atmen, Brot zum Leben. Zeit und Raum von Gott gegeben.
   Und Gott spricht: »Macht euch bereit, geht und wirket in der Zeit!«

**Verantwortung im Lied ausdrücken**

Das Lied »Menschenkinder« (AB 8.5.8 *Arbeitshilfen* S. 161) verknüpft die Frage nach der Verantwortung der Menschen bereits mit Aussagen der Schöpfungstexte und ist daher gut geeignet für vernetzten Unterricht innerhalb des Buchkapitels.

– Die schlichte Sprache der einzelnen Strophen gestattet ein sofortiges Textverständnis. Der rhythmische Refrain animiert zum Mitsingen.
– Wenn Sch im 8. Jahrgang ungern singen, wird nur der Refrain gesungen. Es steht dann frei, die einzelnen Strophen zu lesen oder auch andere Texte (z. B. das Gedicht von Kunze und die eigenen Nachdichtungen) dazwischen zu zitieren.

## 3. Weiterführende Anregungen

**Nach verantwortlichem Handeln fragen**  |  **Ideenseite 72**

Der Gedanke eines verantwortlichen Umganges mit der Schöpfung macht einen Kontakt der Sch zur Pfarrgemeinde oder anderen kirchlichen Gruppierungen (z. B. Jugendverband) sinnvoll.

– Es liegt nahe, den Kontakt mit der Pfarrgemeinde vorzubereiten, indem L zunächst nach Verantwortlichen und einem Kontaktgespräch fragt. Ort und Zeit der Zusammenkunft lassen sich meist nicht zu kurzfristig planen.
– Mit Sch sind Anliegen und konkrete Fragen vorzubereiten. Es empfiehlt sich, Sch vorher über Personen zu informieren, mit denen sie sprechen werden.
– Das Gespräch mit MitarbeiterInnen (z. B. über Umweltschutz in der Pfarrgemeinde, Initiativen in der Gemeinde, konkrete Maßnahmen in kircheneigenen Räumen, bei Pfarrfesten etc.) wird von L oder Sch moderiert und es wird ein Protokoll geführt, um das Gespräch anschließend sinnvoll auszuwerten.

**Nach der lokalen »Agenda 21« handeln**

Seit der Konferenz der Vereinten Nationen in Rio de Janeiro (1992) ist das Leitbild der nachhaltigen Entwicklung völkerrechtlich verbindliche Grundlage der internationalen Umweltpolitik. Das in Rio verabschiedete Handlungsprogramm für das 21. Jahrhundert – kurz: Agenda 21 – ist ebenso Leitbild für lokales Handeln vor Ort. In vielen Kommunen hat sich daher eine Initiative »Lokale Agenda 21« gebildet, in der politische Verantwortungsträger, Verbände und Berufsgruppen nach Wegen einer nachhaltigen, zukunftsfähigen Entwicklung vor Ort suchen.

– Sch fragen an ihrem Ort (z. B. bei der Kommune) nach Initiativen und Projekten zur Agenda 21. Wenn keine Initiative besteht, richten Sch eine schriftliche Anfrage an die Kommune und fragen nach den Gründen.
– Über das vorhandene Material verschaffen sich Sch einen Überblick. Ein Kontaktgespräch mit Verantwortlichen informiert über wichtige Motive und Vorhaben.
– Sch suchen Ansatzpunkte, wo sie sich in den Prozess der lokalen Agenda 21 einbringen.

# Nach der Welt fragen  |  Infoseite I 80-81

## 1. Hintergrund

Weltbegegnung löst Fragen aus. Dies war zu allen Zeiten so und ist in der Erfahrungswelt der Sch ebenfalls so. Der Mensch erfährt sich als fragendes Wesen und die Erfahrung all dessen, was um ihn geschieht, bietet zahllose Anlässe zu fragen. Der Gehalt der Fragen und Antworten hat sich im Laufe der Menschheitsgeschichte zum Teil grundlegend geändert, während sich manche Grundmotive nahezu nicht verändert haben.

Viele Rätsel sind gelöst mit dem wachsenden Wissen über die Welt, die Natur und deren Zusammenhänge. Frühere Deutungen und Verständnisse sind heute überholt und wurden durch neue Fragen und Antwortversuche ersetzt oder erweitert.

Bei allem Wissenszuwachs sind aber auch Fragen gleich geblieben. Das Woher und Wohin des Lebens, die Suche nach einem Sinn hinter allem Geschehen bewegt die Menschen seit jeher und lässt sie immer wieder neu Anlauf nehmen, nach ihrer Welt zu fragen. Dieses Nach-Fragen in unterschiedlichen Epochen und in unterschiedlicher Weise wird auf dieser *Infoseite* aufbereitet. Dabei erfolgt die notwendige Schwerpunktsetzung in zweifacher Weise: Ein alter Schöpfungsmythos, der einer Annäherung an biblische Schöpfungstexte wichtige Verstehenshilfen zu geben vermag, unterstütz Sch dem Weltverständnis *einer alten Kultur* zu begegnen. Entsprechend seinem heutigen Denken und Fragen werden klärende Gedanken zum *Verhältnis von Naturwissenschaft und Glaube* beitragen.

**Der babylonische Schöpfungsmythos**

Das mesopotamische Schöpfungsepos »Enuma elisch« ist einer der bekanntesten orientalischen Schöpfungsmythen, die als Hintergrund und Kontext der biblischen Texte zu beachten sind. Sie sprechen von der Lebensbedrohung durch Chaosmächte und wollen den Menschen in dieser Welt Sicherheit geben.

Das »Enuma elisch« umfasst sieben Tafeln mit je rund 150 Versen. Die Verse wurden zum Neujahrsfest im Marduk-Tempel vorgetragen, um die Weltordnung rituell zu erneuern. Die Ordnung des Kosmos kommt aus einem Kampf der Götter, der in den jährlichen Feiern rituell wiederholt wird. Himmel und Erde sind hervorgegangen aus rivalisierenden Kämpfen. Die Welt ist erfüllt von numinosen Mächten. Erde und Firmament sind aus den Hälften der Göttin Tiamat, der Mensch aus dem Blute eines erlegten Gottes geschaffen. Die Gestirne sind Götterresidenzen und Verbannungsorte. All dies führt dazu, dass sich die Babylonier von ihrem Ursprung her »belastet glauben« (vgl. Khoury). So »kündet der Mythos zwar von einer Form, die der Welt durch die Götter verliehen wurde, doch bietet das ›Enuma elisch‹ eine eher düstere Kosmogonie und pessimistische Anthropologie« (vgl. Eliade).

Vor diesem Welt- und Menschenbild artikuliert sich die priesterschriftliche Theologie von Gen 1 und nimmt unverkennbare Korrekturen und Gegenpositionen vor, die in der eigenen Gotteserfahrung und Glaubensgeschichte gründen.

Auf der *Infoseite* 80 wird Sch in kurzen Auszügen aus einem babylonischen Schöpfungstext das Weltverständnis im Umfeld biblischer Traditionsgeschichte deutlich. Auch wenn die Sprache Sch Schwierigkeiten bereitet, schafft eine Begegnung mit diesem zeitlich und räumlich fernen Weltverständnis wichtige Voraussetzungen für einen offenen Umgang mit alten Texten.

Die ergänzenden *Bilder zu anderen Schöpfungstexten* machen deutlich, dass es nicht sachgerecht ist, das so genannte altorientalische Weltbild nüchtern als Scheibe auf Säulen unter dem aufgespannten Firmament zu zeichnen. Das Empfinden für numinose Mächte fehlt in diesen Rekonstruktionen häufig. Die Präsenz personaler Schutz- und Drohmächte im gesamten Kosmos gehört aber zum Weltverständnis, vor dessen Hintergrund die biblischen Texte zu lesen sind.

Die ägyptische Darstellung *Infoseite* 80 unten wurde in der z. T. zerstörten Fassung abgebildet, wie sie uns überliefert ist. Gelegentlich kann man sie – ergänzt durch die kundige Vorstellung der Forscher – vervollständigt in Büchern sehen.

Die zweite Hälfte der *Infoseite* dreht sich um verschiedene Fragestellungen zum Verhältnis von Naturwissenschaft und Glaube. Für Sch, die in Unterricht und Freizeit in hohem Maße naturwissenschaftliches Denken prägt, ist es sehr bedeutsam, die verschiedenen Denkweisen unterscheiden zu lernen. Die *Zeichnung* im Stile einer Karikatur und das *Zitat* eines Mannes, der das technische Zeitalter des 20. Jahrhunderts mitgeprägt hat, ergänzen sich sinnvoll. Es wird schnell und ohne große gedanklich Umwege deutlich, dass es verschiedene Annäherungen an die Wirklichkeit der Welt gibt und Naturwissenschaft und Glaube in keinem notwendigen Widerspruch stehen.

## 2. Einsatzmöglichkeiten im RU

**Die Welt wirft Fragen auf      Themenseite 70-71**

Diese Vorübung führt zum babylonischen Mythos hin und bereitet vor, Glaube und Naturwissenschaft unterscheiden zu lernen.

– Als Einstimmung auf die Fragehorizonte unserer Welt formulieren Sch eigene Fragen, die sich aus der *Themenseite* 70-71 ergeben.
* Jede/r Sch erhält drei Fragekärtchen, am besten in verschiedenen Farben. Darauf schreiben sie eine Frage zur gesamten *Themenseite*, eine zweite zur linken Hälfte, und die dritte andere zur rechten Hälfte der Doppelseite auf.
* Im UG werden die einzelnen Fragen ausgewertet und sortiert, bestimmte Häufigkeiten werden hervorgehoben.
* L sortiert die Fragen aus unterschiedlichen Fragehorizonten neu (z. B. Sinnfragen, Fragen nach dem Ursprung, Fragen nach menschlicher Verantwortung, wissenschaftsorientierte Fragen etc.). Sch entdecken dabei, dass Menschen unterschiedliche Fragen hinsichtlich ihrer Welt entwickeln.

**Wie die Babylonier die Welt gedeutet haben**

Mit Blick auf die Erschließung von Gen 1 werden aus dem Schöpfungsmythos wichtige Deutungen der Lebenswirklichkeit im Weltbild der Babylonier erarbeitet.

– Zum besseren Verständnis der fremdartigen Sprache ist es angebracht, den Text im LV vorzutragen.
– Sch erhalten AB 8.5.9 *Arbeitshilfen* S. 165; im UG wird die erste Spalte (Herkunft der Erde – Leichnam einer getöteten Göttin) gemeinsam erarbeitet und gesichert (das AB ist auch für die spätere Weiterarbeit am biblischen Text gedacht).
– In PA bzw. KG versuchen Sch nun die weiteren Spalten auszufüllen.

- Im anschließenden UG werden die Ergebnisse verglichen und bestätigt bzw. korrigiert. Im Gespräch werden Sch auf belastende Dimensionen dieser Weltsicht aufmerksam gemacht, in der Religion zu einem großen Teil Opfer und Beschwörung zur Abwehr von Unheil wird.

**Das Verhältnis von Naturwissenschaft und Glaube bedenken**

Das Bild der zwei Fenster im Zitat von Wernher von Braun (1912-1977, langjähriger Chef der US-Raumfahrtbehörde NASA) hilft, diese Thematik anschaulich aufzuarbeiten.

- L kopiert jeweils für zwei Sch die Weltkugel von der *Themenseite* 70-71 und lässt sie auf ein Blatt aufkleben.
- Nach Lesen des Zitates von W. v. Braun fertigen Sch ein Deckblatt an, das am Rand auf das Blatt mit der Weltkugel aufgeklebt wird. Vorsichtig wird nun in PA auf jeder Hälfte ein »Fenster« in das Deckblatt geschnitten, durch das ein Teil der Weltkugel zu sehen ist.
- Sch formulieren analog zur Zeichnung im Schülerbuch Fragen und Gedanken aus der Sicht des Glaubens und der Naturwissenschaft über unsere Welt, tragen sie in die beiden Fenster ein. Anschließend werden diese im UG gesammelt und besprochen.
- Falls die Arbeitsanregung »Die Welt wirft Fragen auf« *Arbeitshilfen* S. 163 umgesetzt wurde, ordnen Sch auch ihre eigenen Fragen neu und diskutieren diese.
- Das Sinnbild der beiden Fenster macht deutlich, dass menschliches Fragen immer nur einen Teilaspekt der Wirklichkeit erfasst und daher falsche alternative Denkweisen (z. B. Hat die Naturwissenschaft Recht oder der Glaube?) nicht angebracht sind.

**Zugänge zur Welt, in der wir leben, finden**

Die Texte im Kapitel machen Sch nochmals deutlich, in welch mannigfachen Formen Menschen sich ihrer Welt nähern.

- Um die Sprache des Mythos und der Wissenschaft als zwei Formen unter vielen einzuordnen, werden bereits besprochene Texte aus dem Kapitel hinzugezogen: z. B: Löwenzahn, Unter sterbenden Bäumen, Und ich hörte, Auf der Schwelle des Hauses, Mutter Erde, Der Tiger und die vier Weisen ...
* Sch suchen einen der Texte aus und lesen ihn nochmals gründlich.
* Passend zum Text formulieren sie eine Frage, die Menschen in ihrer Welt bewegt, und finden ein Verb, das zum Verfasser des Textes passt.
* In der Auswertung wird verdeutlicht, dass unsere Welt eine Vielfalt an Zugängen und Fragen eröffnet und Menschen dabei ganz verschiedene und in Sprache und Aussage eigenständige Wege gehen.

## 3. Weiterführende Anregung

**Juden in Babylon verstehen lernen**

Die szenische Verarbeitung der Umweltsituation Israels in Babylon erleichtert es Sch, für diese zeitlich entfernte sowie religiös und kulturell fremde Situation Verständnis zu entwickeln.

- Die Szene AB 8.5.10 *Arbeitshilfen* S. 167 wird in verteilten Rollen gelesen (evtl. auch vertont).
- Die Fragen heben nochmals drei wichtige Schwerpunkte hervor:
* Das Leben der Israeliten in Babylon.
* Die religiöse Verunsicherung im Exil.
* Die Intentionen des priesterschriftlichen Schöpfungstextes.
- Die Vertonung des Psalm 137 von *Infoseite* 82 bietet sich in diesem Zusammenhang als musikalische Vertiefung der Thematik an.

| **Bibeltexten näher kommen** | **Infoseite II 82-83** |

## 1. Hintergrund

**Zu Gen 1 und Gen 2**

Die Kapitel 1 bis 9 der Genesis sind als spannungsreiche Urgeschichte über Anfang und Herkunft der Welt und der Menschheit zu lesen. Grundgedanken über Gott und die Welt werden als roter Faden in das gesamte Welt- und Menschenbild eingewoben. Daher sind die Genesistexte nicht nur rückwärtsgewandt zu verstehen, sondern stets auch in ihrem Gegenwartsbezug zu lesen. Mit dem Blick auf die Ursprünge deuten die Verfasser ihre Welt, in der sie leben.

Mit Gen 1,1-2,4a und 2,4b-3,24 haben die biblischen Redakteure zwei klar unterscheidbare Schöpfungstexte kombiniert. Der erste Text, als Priesterschrift bezeichnet, ist vor dem Hintergrund des babylonischen Exils, der Verbannung des Gottesvolkes in eine Welt mit anderer Religiosität, zu lesen. Die Herkunft des zweiten Textes wird von der heutigen

# Nach der Welt fragen – die Welt deuten

|  | Die Weltdeutung der Baylonier | Die Weltdeutung in Genesis 1 |
|---|---|---|
| Entstehung und Herkunft der Welt, auf der Menschen leben | | |
| Entstehung des Firmaments, das sich über den Menschen erhebt | | |
| Deutung der Sterne und Himmelskörper, die über den Menschen sind | | |
| Die Entstehung des Menschen selbst | | |

Bibelwissenschaft als ungewiss betrachtet: Man geht von einer eigenständigen Urgeschichte aus, die in der Exilszeit in die Texte Israels eingebunden wurde (vgl. Zenger).

## Gen 1: Die Erschaffung der Welt

Gen 1 gliedert die Erschaffung der Welt in sieben Schöpfungstage, in denen der Schöpfer aus dem Chaos ein Lebenshaus baut, in dem sich eine lebensfreundliche Ordnung entfaltet. Ein Gliederungselement des Textes ist die Zeitstruktur: Der Erschaffung von Licht und Dunkel am Anfang wird in der Mitte (am vierten Tag) durch Sonne, Mond und Sterne die Möglichkeit der konkreten Einteilung der Zeit hinzugefügt. Der siebte Tag ergänzt und vollendet dies durch die Unterscheidung der Ruhe von der Arbeit. Am zweiten und dritten Tag werden jene Lebensräume geschaffen, die am fünften und sechsten Tag mit Lebewesen gefüllt werden.

All dies bewirkt der Schöpfer ausschließlich durch das Wort. Dieses steht am Anfang allen Werdens. Es beschließt aber auch jeden Schöpfungstag mit der Wertung, dass alles Geschaffene gut ist. Damit stellt sich die biblische Aussage gegen jede Dämonisierung der Welt. Das Numinose verliert seinen Schrecken. Himmel und Erde, Menschen und alle Geschöpfe kommen aus dem wohlwollenden Willen Gottes.

Der Mensch, als Bild Gottes und als Zweiheit von Mann und Frau geschaffen, erhält in dieser bejahten Welt einen besonderen Auftrag. Er selbst steht für die Sache Gottes in dieser Welt ein, Verantwortung zu übernehmen und der Ort zu werden, von dem aus Gott in dieser Welt wirkt. In einer feierlichen Übereignungsformel, die aus der Rechtssprache stammt, erhält der Mensch das Lebenshaus als seinen Lebensraum. Der Auftrag zur Herrschaft beinhaltet die Missverständlichkeit der Ausbeutung und darf nicht losgelöst von der Verantwortung im Umgang mit der Mitwelt gelesen werden. In Unterschied zu umliegenden Religionen, in denen Götter geopfert werden, um den Menschen als Diener der Götter zu schaffen, sieht Gen 1 den Menschen als Geschöpf Gottes, das aus dem Wort stammt und in Eigenverantwortung und Selbstbewusstsein leben darf.

Der Sabbat als die kulturelle Errungenschaft der jüdisch-biblischen Wirkungsgeschichte wird im Abschluss des ersten Schöpfungstextes (Gen 2,1-3) als geheiligter Tag aus der Abfolge der Tage herausgehoben. Die Verbindung mit Schöpfer und Schöpfung im Wochenrhythmus erinnert an das Leben als ständigen Schöpfungsprozess (vgl. Staubli), von dem wir uns periodisch ausruhen, um uns am Geschaffenen zu erfreuen. Insofern ist der Sabbat Vorwegnahme der Erlösung. Ihn gilt es aus diesem biblischen Bekenntnis heraus in fremder Kultur zu verteidigen.

## Gen 2: Die Vollendung des Sieben-Tage-Schöpfungswerks

Gen 2 ist als biblische Formulierung des Soll-Standes zu verstehen, da sich in Gen 3 (Sündenfall) der Ist-Stand ausdrückt. Im Angesicht des leidvollen Status quo erschließt der Text die Vision von der gottgewollten Lebensperspektive. Stärker als Gen 1 artikuliert sich hier eine Beziehungsgeschichte zwischen Gott, Mensch und Welt, angesiedelt in der bäuerlichen Umwelt, angelehnt an die mythische Sprache ägyptischer Schöpfungstexte.

Gen 2 ist eine Geschichte von der Erschaffung des Menschen, in der »adam«, das Erdwesen, aus der »adamáh«, dem Ackerboden, von Gott geschaffen und besonders gestaltet und belebt wird. Doch sein Alleinsein bezeichnet die Bibel als »nicht gut« trotz Erdverbundenheit und Gottesbeziehung. Erst in der ebenbürtigen Partnerin, nicht abhängig, sondern zusammengehörig, erkennt der Mann sich selbst, findet die Erschaffung des Menschen ihr Ziel.

Ort der Erschaffung des Menschen ist der Garten, der den Menschen als Lehen übergeben wird. Dieser Garten ist eine phantastische Landschaft, ein Paradies, in dem es sich gut leben lässt. Er wird den Menschen anvertraut. Lebensförderung und Bewahrung der Umwelt werden zu ihren zentralen Aufgaben. Wichtig ist dabei der Gedanke der Arbeit, die aber in Gen 2 nicht als geschuldeter Dienst an den Göttern verstanden wird, die nicht Zweck der Menschen ist. Ihre Arbeit soll vielmehr ihnen und ihrer Mitwelt zu Gute kommen.

Die weiteren Texte der Genesis (bis Kap. 11) zeichnen ein reichlich düsteres Bild von der Entwicklung der Schöpfung, es erweist sich in vielfacher Sicht als realistisch und ehrlich. Doch ziehen die biblischen Zeugnisse kein pessimistisches Resümee. Der Glaube an schöpferische und erhaltende Kräfte zieht sich als roter Faden durch die Texte, immer wieder rettet Gott seine Geschöpfe, wird die ursprüngliche Beziehung Gottes zu seinen Geschöpfen erneuert und unerwartet wirksam.

Mit verschiedenen Elementen ermöglicht *Infoseite* 82-83 Sch ein Verständnis für die Texte der Genesis. Der *Kanon* zitiert Psalm 137 und erinnert an die Umwelt des babylonischen Exils, in der die Theologie von Gen 1 wichtige Wurzeln hat. Die *biblische Zeitleiste* vermittelt Grunddaten der Geschichte Israels. Sie erlaubt in grobem Raster eine geschichtsbezogene Einordnung biblischer Texte.

# Die Lage der Juden in Babylon

Ort und Zeit: Hauptstadt Babylon um 550 v. Chr.
Personen: *Jeschua*, Priester
*Mattanja*, aus dem Geschlecht Davids

*Mattanja:* Guten Tag, Jeschua. Ich gehe zum Markt, wir haben den gleichen Weg.

*Jeschua:* Guten Tag, Mattanja. Ja, gehen wir zusammen. Wir kennen bald jeden Weg, jetzt sind wir doch schon 25 Jahre in Babylon.

*Mattanja:* Ja, so lange dauert schon unsere Verbannung. Weißt du, Jeschua, in meinen Träumen sehe ich immer noch den grellen Schein der brennenden Stadt Jerusalem und höre die Schreie der Sterbenden.

*Jeschua:* Es geht mir nicht viel anders, Mattanja. Ich muss immer an den schrecklichen Marsch in die Verbannung denken, als wir Wochen und Monate in Ketten, halb verhungert und verdurstet, nach Babylon geführt wurden.

*Mattanja:* Welch ein Glück nur, dass die Babylonier nicht gar so grausam waren und uns leben ließen. Und heute geht es uns ja ganz gut, viele von uns haben sogar schon kleine Häuser. Und welch ein Glück, dass die Babylonier uns erlauben, Ackerbau und Handel zu treiben und als Handwerker tätig zu sein. Einige von uns sind reich geworden.

*Jeschua:* Ja, Mattanja, es geht uns ganz gut – doch so recht glücklich ist wohl keiner hier in der Fremde, fern von unserer wirklichen Heimat. In dieser riesigen Weltstadt sind wir ein kleiner armseliger Haufen Menschen, die bedroht sind vom Untergang.

*Mattanja:* Und diese vielen Tempel und Paläste! Schau, Jeschua, hier in der Mitte der Stadt! Dort ist bereits das Ischtartor, und drüben glänzt der riesige Stufenturm des Himmelsgottes in der Sonne. Also, so eine Pracht gibt es in der ganzen Welt nicht mehr! Welch großartiges Schauspiel an den großen Festen und Wallfahrtstagen, wenn die Pilgermassen herbeiströmen.

*Jeschua:* Ja, Mattanja, immer mehr Israeliten fallen dieser Pracht zum Opfer. Wir haben hier in der Fremde keinen Tempel und keine Feste zur Verehrung unseres Gottes. Und vielen Israeliten gefallen diese heidnischen Bräuche. Die einen gehen aus Neugierde, die anderen, weil sie nicht länger Ausländer sein wollen, und einige Israeliten halten schon lange nichts mehr vom Glauben ihrer Väter.

*Mattanja:* Du hast Recht: Es ist ein Trauerspiel. – Denk dir nur: Abija, der doch immer in den Gottesdienst kam, gibt seine Tochter einem babylonischen Kaufmann zur Frau. Ob deren Kinder dann noch an unseren Gott glauben? – Aber könntet ihr Priester nicht mehr gegen diesen Zerfall des Glaubens tun?

*Jeschua:* Das ist gar nicht so einfach. Wir haben schon viel darüber nachgedacht. Einen Tempel und Wallfahrten, all das, wonach unser kleines Volk verlangt, können wir ihm nicht geben. Aber wir müssen deutlich machen, was unseren Gott von den Göttern der Babylonier unterscheidet. – Ich will bald wieder mit den übrigen Priestern zusammenkommen und mit ihnen beratschlagen, was zu tun ist. Gott wird mit uns sein. Du wirst sicher bald von uns hören.

*Mattanja:* Da bin ich wirklich gespannt. Aber jetzt muss ich mich beeilen. Gott mit dir, Jeschua!

*Lies die Hörszene und beantworte folgende Fragen:*
*Wie sieht das Leben der Juden in der Verbannung aus?*
*Welche Gefahren sieht der Priester Jeschua für sein Volk in der Fremde?*
*Welche religiöse Hauptfrage gilt es zu lösen?*
*Ihr könnt den Text auch in Rollen lesen.*

Reli **8**.5.10

Die *Sacherläuterungen* zu den beiden biblischen Schöpfungstexten geben Sch Gelegenheit, mit grundlegenden Vorkenntnissen an eine biblische Lektüre heranzugehen. Zu jedem der beiden Texte finden Sch eine Reihe von *Arbeitsaufträgen*, die zu einer gezielten Betrachtung wesentlicher Aussagen hinführen. Die Arbeit an den biblischen Texten steht in diesem Kontext im Mittelpunkt des Unterrichts.

Die *Zeichnungen* verschiedener Gefäße weisen auf ein entscheidendes Problem im Umgang mit biblischen Texten hin: die Frage nach der literarischen Gattung. So wie sich von bestimmten Gefäßen auf bestimmte Inhalte schließen lässt, so finden wir auch sprachliche Formen, mit denen entsprechende Inhalte unaustauschbar in Verbindung stehen. Der Arbeitsauftrag auf *Infoseite* 82 zeigt auf, dass dies auch für heutige Textgattungen gilt. Dies macht bewusst, dass wir zum Verständnis eines biblischen Textes nachfragen müssen, welche Form von Text uns begegnet. Literarische Formen lassen Rückschlüsse auf ihre Inhalte zu und schließen auf der anderen Seite einzelne inhaltliche Erwartungen aus (z. B. sind in einem Lied keine naturwissenschaftlichen Aussagen zu erwarten).

## 2. Einsatzmöglichkeiten im RU

### Entdeckungen in der Bibel machen

Die Arbeitsaufträge auf *Infoseite* 83 schaffen die Möglichkeit in den biblischen Schöpfungstexten wichtige inhaltliche Entdeckungen zu machen.
– L stellt zu dem jeweiligen Text noch weitere Fragen (z. B. zu Gen 1: das Geschehen an den einzelnen Tagen, die Feststellung Gottes am Ende seines Werkes, Gottes Wirken durch das Wort ...; oder zu Gen 2: der Zustand vor dem Eingreifen Gottes, die Erschaffung der Frau, das Bild vom Paradies ...).
– Sch wählen allein oder mit anderen eine bestimmte Anzahl von Fragen aus und bearbeiten diese.
– Eine gemeinsame Auswertung der jeweiligen Fragenkataloge hilft wichtige Aussageabsichten der Texte herauszuarbeiten.

### Genesis 1 und der Babylonische Mythos

Das AB 8.5.9 *Arbeitshilfen* S. 165 wird nun im Blick auf Gen 1 vervollständigt. Sein Ergebnis vermittelt die unterschiedliche Weltsicht der Bibel, derzufolge alles in der Welt vom Wort Gottes geschaffen wurde und keinerlei Bedrohung und Einschüchterung für die Menschen bedeutet.

### Genesis 1 als Komposition begreifen

Zum Verständnis von Gen 1 ist es hilfreich, die literarische Form und den kunstvollen Aufbau zu verdeutlichen.
– Die Struktur auf AB 8.5.11 *Arbeitshilfen* S. 169 hilft den Text als Schöpfungsgedicht zu erschließen. Sch entdecken, dass im Text ein gewollter Aufbau enthalten ist, der mit inhaltlichen Aussagen verbunden ist.
* Im Schema sind einige Ergebnisse vorgegeben, die den Sch mehr Sicherheit bei der eigenen Weiterarbeit geben.
– Nach einer einführenden Erklärung lesen Sch den Text von Gen 1,1-2,4a entlang des Schemas langsam, tragen die entsprechenden Versnummern ein und ergänzen die jeweiligen Schöpfungswerke in der Übersicht.
– Im zusammenfassenden Gespräch sind einige wichtige Ergebnisse festzuhalten: Die Verfasser zeigen auf, wie Gott aus einem lebensfeindlichen Chaos eine geordnete, gute Welt gestaltet. In diesem Prozess wird die Zeit gesetzt, ein Lebensrhythmus des Wechsels von Tag und Nacht, Tätigkeit und Ruhe entsteht (1. bis 4. und 7. Tag). An den weiteren Tagen entstehen Lebensräume (2. und 3. Tag) und die entsprechenden Lebewesen (5. und 6. Tag). Die Abfolge der Tage folgt dem Motiv der Rhythmisierung und der geordneten Welt. Dieses Motiv gestaltet den Aufbau der Dichtung, die Aussageabsicht gestaltet den Text.

### Genesis 2 – das Bild des Menschen erkennen

Genesis 2 artikuliert ein eindrucksvolles Menschenbild. Geschaffen aus der Erde, empfängt der Mensch seine ganze Würde und Besonderheit durch die Zuwendung Gottes. Als »Erdling«, von Gott mit Leben beschenkt, erhält er den Auftrag, Bauer und Hüter in der Welt zu sein. Diesem Menschenbild spüren Sch nach:
– Sch werden etwa eine Woche im Voraus aufgefordert, Fotos von verschiedenen Menschen zu sammeln (z. B. Sportler in Aktion, Greise, Babys, Persönlichkeiten, Opfer von Katastrophen, Arbeiter, Liebespaare ...).
– Die Bilder werden gesammelt, aufgehängt bzw. im Klassenzimmer ausgelegt. Unterschiede, Gemeinsamkeiten werden besprochen.
– *Arbeitsauftrag:* In Gen 2 findet ihr vier Aussagen, die für alle Menschen gelten. Versucht sie herauszufinden. Sch stellen ihre Lösungsversuche vor.
– Im Gespräch werden die Aussagen über die Menschen erschlossen, z. B. 1. Jeder Mensch ist von der Erde und geht zur Erde, ist Erdling. 2. Jeder Mensch ist von Gott gewollt, hat sein Leben als

# Genesis 1 – als Dichtung komponiert

Die Überschrift: _____ Vers:

---

**Der Zustand am Anfang:**

Vers:

---

| 1. Tag |
| --- |
| 1. Werk: |
| Vers: |

| 2. Tag | 3. Tag |
| --- | --- |
| 2. Werk: | 3. Werk: |
|  | 4. Werk: |
| Vers: | Vers: |

| 4. Tag |
| --- |
| 5. Werk: |
| Vers: |

| 5. Tag | 6. Tag |
| --- | --- |
| 6. Werk | 7. Werk: |
|  | 8. Werk: |
| Vers: | Vers: |

| 7. Tag |
| --- |
| Vers: |

---

**Der Abschluss:**

Vers 2,4a:

Geschenk von Gott. 3. Der Mensch soll seine Welt bebauen und hüten, er trägt Verantwortung. 4. Der Mensch braucht zum Menschsein das Gegenüber des anderen, das Ich braucht das Du.
- Die vier Aussagen werden in eine Collage aus den unterschiedlichen Menschenbildern eingetragen, es schreibt aber auch jede/r Sch die Kernsätze ins Heft und klebt einige der gefundenen Bilder dazu.

**Genesis 1 und Genesis 2 vergleichen**
Sch stoßen bei einem Vergleich der beiden Schöpfungstexte auf deutliche Unterschiede und erfassen dadurch, dass es um keine protokollarische Darstellung der Erdentstehung geht. Sie finden aber auch Gemeinsamkeiten, die das biblische Weltverständnis und Menschenbild nochmals hervorheben.
- L hält eine Reihe kleiner Zettel bereit, auf denen jeweils ein Kriterium des Vergleiches genannt ist (z. B. Der Urzustand; Die Bedeutung des Wassers; Der Zeitpunkt der Erschaffung der Menschen; Die Art der Erschaffung des Menschen; Der Auftrag an die Menschen; Die Beschreibung der Lebenswelt; Die Bedeutung der Menschen; Aussagen über Mann und Frau ...).
- Jede/r Sch zieht zwei Zettel und bearbeitet sie selbstständig anhand der Bibeltexte.
- Im Gespräch werden auffällige Unterschiede (z. B. Wasser als Bedrohung und als Lebensquell, Urzustand Flut und Wüste, der Mensch am Ende und am Anfang, Schöpfung durch das Wort und durch Handlung ...) gesammelt und auf mögliche Gründe hin bedacht.
- In gleicher Weise tragen Sch deutliche Gemeinsamkeiten zusammen, die evtl. auch an der Tafel notiert werden (z. B. es entsteht eine schöne, lebenswerte Welt, die Menschen haben eine hervorgehobene Bedeutung, die Menschen werden als Handelnde in der Welt gesehen ...).

**Ein Loblied gestalten**            **Ideenseite 73**
Neben der Genesis finden sich besonders auch in den Psalmen bedeutsame Schöpfungstexte der Bibel. Daher kann die Arbeit mit dem Psalm 104 (vgl. *Arbeitshilfen* S. 149 f.) auch an dieser Stelle erfolgen.

## 3. Weiterführende Anregungen

**Beherrscht der Mensch die Welt?**
Dem Auftrag in Gen 1, die Welt zu beherrschen, wird oftmals eine verheerende Wirkungsgeschichte vorgeworfen. In der Tat muss der Auftrag vor dem Hintergrund eines angsterfüllten Lebensgefühles gesehen werden und darf nicht unkritisch auf andere zeitgeschichtliche Situationen übertragen werden. Daher ist eine weiterführende Bibelarbeit hilfreich:
- Sch lesen die Beauftragung der Menschen in Gen 1,28. Sie versuchen den Satz in eigenen Worten zu formulieren. Diese Versuche werden gegenseitig vorgelesen und besprochen.
- Sch sammeln in PA Beispiele von Herrschern, die sie kennen, und Vorstellungen von »herrschen«, die sie selbst haben. Diese Ergebnisse werden an der Tafel festgehalten.
- Mit Weish 12,15.16.18-19 und Weish 9,2f. begegnen Sch einer nachexilischen biblischen Interpretation der Herrschaft. Sie lesen die Texte und arbeiten heraus, welches Verständnis von Herrschaft in diesen Texten deutlich wird.
- Dies wird im Vergleich mit den eigenen Formulierungsversuchen zu Gen 1,28 und dem eigenen Verständnis gesehen und besprochen.
- Abschließend wird die Rolle der Menschen als Bebauer und Behüter der Schöpfung, wie sie sich in Gen 2,15 ausdrückt, ergänzend erlesen:

---

Den Menschen hast du durch deine Weisheit erschaffen,
damit er über deine Geschöpfe herrscht.
Er soll die Welt in Heiligkeit und Gerechtigkeit leiten
und Gericht halten in rechter Gesinnung.

*Weish 9,2-3*

Gerecht, wie du bist, verwaltest du das All gerecht
und hältst es für unvereinbar mit deiner Macht, den zu verurteilen, der keine Strafe verdient.
Deine Stärke ist die Grundlage deiner Gerechtigkeit
und deine Herrschaft über alles
lässt dich gegen alles Nachsicht üben.
Weil du über Stärke verfügst, richtest du in Milde und behandelst uns mit großer Nachsicht;
denn die Macht steht dir zur Verfügung, wann immer du willst.
Durch solches Handeln hast du dein Volk gelehrt,
dass der Gerechte menschenfreundlich sein muss.

*Weish 12,15-16.18-19*

---

**Das Musikwerk »Schöpfung« mit neuen Ohren hören**
In Zusammenarbeit mit dem Musikunterricht wird eine Annäherung an Joseph Haydns Oratorium

»Schöpfung« (in Auszügen) versucht. Sch dieses Alters lehnen Musik solcher Epochen oft ab. Die inhaltliche Erschließung durch die Thematik des Unterrichts wird eine Hilfe sein, Vorurteile zu überwinden und die große gestalterische Kraft dieses Kunstwerkes mit neuen »Augen zu sehen«.

## Fragen und Antworten

### 1. Hintergrund

**Weltverantwortung**
Mit dem Verhältnis von Weltanschauung und Weltverantwortung endet das Kapitel. Von der Sicht der Welt als Schöpfung Gottes über die Menschen als Gottes Abbild führt es zur Einsicht, die Welt mitverantwortlich zu gestalten und zu erhalten. Diesen Gedanken zu erschließen, sieht der Lehrplan hier als zentrales Anliegen vor. Wer die Welt als Geschenk und anvertraute Gabe begreift, wird behutsam handeln und in allem auf Achtsamkeit bedacht sein. Beides wird im unterrichtlichen Geschehen in wechselseitiger Wirkung gesehen: Eine gläubige Deutung der Welt motiviert zu Verantwortungsbewusstsein. Das Engagement, diese unsere Welt zu erhalten und mitzugestalten, wird den Sinn für eine gläubige Deutung öffnen und sensibilisieren.

Der *Text* aus der Feder von Hauptschüler/innen fordert eine eigene weltanschauliche Position heraus. Sch leben mit ihren Deutungen, oftmals unausgesprochen und unreflektiert. Das Zitat, »an irgend etwas glaubt jeder« formuliert das Denken der meisten Sch sehr treffend. Nach Mythen, Meditationen und biblischen Texten sind nun Sch nach ihrer Weltsicht gefragt. Reflexionen ihres Weltbildes werden angebahnt, eigene Antworten in Ansätzen motiviert.

Der *lyrische Text* von Walther Petri dreht sich um das Tun der Menschen in ihrer Welt. Noch einmal taucht der Gedanke auf, dass der Mensch selbst Teil der Schöpfung ist und sein Handeln daher auch ihn selbst trifft. Welt- und Selbstverantwortung stehen in direkter Beziehung. Demnach ist die Verantwortung für die Schöpfung nicht als ein bloß mögliches Interesse zu werten, sondern es geht um ein zentrales Anliegen des Menschen und seiner Zukunft.

Die *Fotos* auf der Seite zeigen Jugendliche bei Aktivitäten für die Umwelt. Sie stammen aus dem »Zentrum für Umwelt und Kultur (ZUK)« in Benediktbeuern, wohin unter anderem Jugendliche zu vielfältigen Bildungsinitiativen und Aktivitäten zum Thema Schöpfung eingeladen sind. Die Bilder wecken das Interesse an der Frage, ob denn angesichts globaler Bedrohungen auch die und der Einzelne etwas zu verändern vermag. Sie regen an, über eigene Verhaltensweisen und Initiativen nachzudenken und konkrete Schritte eigenen Handelns zu planen.

## Stellungnahmen 84

**Das Zentrum für Umwelt und Kultur, Benediktbeuern (ZUK)**
Das ZUK wurde 1988 auf Initiative der Salesianer Don Boscos gegründet. Staatliche und privatwirtschaftliche Einrichtungen unterstützen das Projekt. Als Anbieter von Programmen, Seminaren, Foren, Diskussionen und Projekten erreicht es jährlich rund 30.000 Menschen. Mit einer eigenen Jugendbildungsstätte will die Einrichtung besonders Jugendliche für einen verantwortlichen Umgang mit der Schöpfung sensibilisieren. Vorträge prominenter Wissenschaftler und Seminare zur Umweltbildung gehören ebenso zu den Angeboten wie Natur-Erlebnistouren und Biotop-Beobachtungen. Ziel des ZUK ist es, den Menschen ihre Vernetzung in ein komplexes System natürlicher, kultureller und wirtschaftlicher Gegebenheiten bewusst zu machen und mitzuhelfen, zukunftsfähige Wege aufzuzeigen. Durch Zusammenarbeit mit vielen anderen Einrichtungen ist das ZUK eine kirchlich orientierte Anlaufstelle für Umweltfragen geworden, bei der reichhaltige Informationen und Materialien erhältlich sind.
*Adresse:* Zentrum für Umwelt und Kultur Benediktbeuern e.V., Don-Bosco-Str. 1, 83671 Benediktbeuern, Telefon: 08857/88-761, Internet: www.zuk-bb.de.

### 2. Einsatzmöglichkeiten im RU

**Eine Umfrage über Gott und die Welt starten**     **Ideenseite 73**
Die vorgeschlagene Umfrage hilft eigene Deutungsmuster und Denkweisen zum Ausdruck zu bringen. Allerdings dürfen Umfragen dieser Art keinesfalls den Eindruck erwecken, als würden Eltern, KollegInnen oder Mit-Sch auf religiöse Einstellungen hin überprüft. Daher ist auf eine behutsame Vorgangsweise, evtl. durch Anonymität, zu achten.
– Im ersten Schritt überlegen sich Sch einige prägnante Fragen zur Deutung von Welt und Leben.
– Im zweiten Schritt versucht jede/r Sch, diese Fragen für sich zu beantworten.
– Jede/r Sch überlegt sich nun zwei bis drei Personen, die sie oder er befragen möchte. Evtl. denkt sich die Klasse auch gemeinsam einen Personenkreis aus, den sie um anonyme Beantwortung der Fragen bittet.

- In der Auswertungsphase ordnen Sch die Aussagen und versuchen Grundzüge zu erkennen (naturwissenschaftliche Deutungen, religiöse Aussagen, Gleichgültigkeit, a-religiöse Positionen ...).
- Erneut wird die eigene Position in diesem Umfeld verortet.

**Die Themenseite erneut betrachten**  Themenseite 70-71

Zum Abschluss des Kapitels erfolgt die Stellungnahme der Sch. Dazu wird die *Themenseite* erneut betrachtet:
- Sch erhalten mehrere kleine Zettel, nicht größer als die Genesiszitate auf der *Themenseite*.
- Nach nochmaliger kurzer Besprechung der *Themenseite* schreiben Sch Fragen, Einsichten, wichtige Aussagen zum Thema als eigene Äußerungen auf die kleinen Zettel. Sie legen diese auf freie Plätze auf der Seite zu einem der Bilder oder Texte oder sie überdecken diese damit.
- Anschließend gehen Sch schweigend zu leiser Musik durch das Klassenzimmer und betrachten die jeweilige Ergänzung oder Umgestaltung der *Themenseite*.

- Es hängt von der Klassensituation ab, ob zu einzelnen Auffälligkeiten oder Rückfragen noch ein Gespräch geführt wird.

**Weltverantwortung alltäglich**

Sch erhalten Impulse, verantwortliches Handeln in alltäglichen Zusammenhängen zu sehen. Sie erkennen, dass ihre Bereitschaft zur Weltverantwortung in der unmittelbaren Umgebung beginnt.
- L schreibt als Tafelüberschrift: Weltverantwortung beginnt ... Sch vervollständigen den Satz. Wenn ein gutes Beispiel gefunden wird, schreibt es L an, wenn nicht, gibt er selbst eines vor.
- Sch finden nun mehrere Bereiche, in denen Weltverantwortung im eigenen Lebensbereich beginnen kann.
- Jede/r Sch versucht nun auf einem Zettel zu zwei Lebensbereichen je ein konkretes Beispiel umweltbewussten Handelns zu formulieren. Die Beiträge werden an der Tafel gesammelt und im Heft gesichert.
- Im Gespräch wird ausgetauscht, in welchem Bereich die und der Einzelne sofort die Möglichkeit sieht, das eigene Handeln zu ändern.
* Als meditativer Abschluss bietet sich eine erneute Betrachtung des *Titelbildes* 69 an.

*Vorschlag TA:*

**Weltverantwortung beginnt ...**

| – in der Wohnung | – am Mittagstisch | – im Klassenzimmer | – auf der Straße | – ... |
|---|---|---|---|---|
| z. B. bewusst heizen | regionale Produkte kaufen | Energie sparen | Tempo drosseln | ... |
| ... | ... | ... | ... | |
| ... | ... | ... | ... | |

## 3. Weiterführende Anregungen

**Umweltschutz in Klassenzimmer und Schule**  Ideenseite 73

Bei dieser Aktion liegt ein fächerübergreifender Unterricht nahe, auch an eine Zusammenarbeit mit der Schülermitverwaltung, dem Träger und dem Elternbeirat ist zu denken.
- Im Vordergrund stehen Bestandsaufnahme und konstruktive Vorschläge, nicht Anklage und reine Kritik.
- Die Ergebnisse der Aktion werden allen Sch der Schule bekannt gemacht, auch eine Veröffentlichung über die örtlichen Medien oder die Homepage der Schule erhöht Motivation und Wirkung.

**Ein Umweltprojekt planen und durchführen**

Wenn der Unterricht bei Sch einer Klasse eine hohe Motivation für Anliegen des Erhalts der Schöpfung weckt, ist auch an ein begrenztes Umweltprojekt zu denken. Klassen- und fächerübergreifend wird in Zusammenarbeit mit örtlichen Umweltinitiativen, der Kommune oder dem Landkreis, öffentlichen Einrichtungen oder interessierten Eltern eine Initiative ergriffen.
- Im Unterricht werden Inhalt, Umfang und Ziel des Projektes besprochen. Beispiele hierfür sind der Vogelschutz, Nistkästen im Schulbereich, Schulgarten, Herkunft und Qualität des Trinkwassers, Biotop-Pflege, Aktion Müll, Energiesparprojekte, Unterstützung einer Igelstation ...

- Mit Sch sind Schritte zu besprechen, wie sie Informationen ermitteln, Kontakte herstellen und die Aktion planen und durchführen, den Ablauf abstecken und in einen Zeitplan bringen.
- Je nach Projekt führen Sch einzelne Schritte allein, in KG oder als Klasse durch. Zwischenberichte sind wichtig, um Schwierigkeiten und Überforderungen rechtzeitig zu erkennen.
- In der Auswertung wird das Projekt dokumentiert. Ergebnisse sind evtl. zu veröffentlichen. Bleibende Veränderungen und Einrichtungen werden anderen Gruppen, den Eltern, dem Kollegium etc. vorgestellt.

# Literatur

Adam, Gottfried: Arbeiten mit Fotos, Folien, Comics, in: Adam, Gottfried/Lachmann, Rainer (Hg.): Methodisches Kompendium für den Religionsunterricht, Göttingen 1993, S. 269 -283

Baur, Wolfgang/Miranda, Juan Peter: Am Anfang war alles gut. Schöpfung und »Urgeschichte« in der Bibel, Stuttgart 1996

Deissler, Alfons: Die Psalmen, Düsseldorf [5]1986

Eliade, Mircea: Geschichte der religiösen Ideen, Band 1: Von der Steinzeit bis zu den Mysterien von Eleusis, Freiburg 1993

Hederer, Edgar (Hg.): Das Deutsche Gedicht. Vom Mittelalter bis zum 20. Jahrhundert, Frankfurt [17]1977

Helsper, Michael: Biblische Schöpfungstexte – durch die Naturwissenschaft überholt?, in: Katechetische Blätter 7/8 (1989)

Jugendhaus Düsseldorf e.V. (Hg.): Öko-logo, Schöpfung bewahren in der Pfarrgemeinde, Schriftenreihe des Jugendhauses Düsseldorf Nr. 43, Düsseldorf 1991

Khoury, Adel Theodor/Girschek, Georg: So machte Gott die Welt. Schöpfungsmythen der Völker, Freiburg 1985

Kunze, Reiner: Wo Freiheit ist ..., Gespräche 1977-1993, Frankfurt 1994

Niehl, Franz Wendel: Damit uns die Augen aufgehen. Bilder im Religionsunterricht, in: Niehl, Franz Wendel/Thömmes, Arthur: 212 Methoden für den Religionsunterricht, München 1998, S. 13-46

Staubli, Thomas: Begleiter durch das Erste Testament, Düsseldorf 1997

Zenger, Erich: Schöpfung, in: Zeitschrift Welt und Umwelt der Bibel (1996) H. 2

Zenger Erich u. a.: Einleitung in das Alte Testament, Stuttgart 1995

# 6 Was dem Leben Halt und Richtung gibt

## Das Thema im Schülerbuch

In der Phase der Pubertät sind junge Menschen besonders intensiv auf der Suche nach ihrem eigenen Weg. Sie wollen sich vom Kindsein lösen und von Erwachsenen ernst genommen werden. Sie entwickeln eigene Vorstellungen vom Leben und von der sie umgebenden Welt. Dabei müssen sie sich mit den Fragen auseinandersetzen: Was gibt mir Halt, woran kann ich mich festhalten, auf welchem Fundament kann ich stehen? Nur, wer einen eigenen Standpunkt hat, wird eine Persönlichkeit, die sich in der Auseinandersetzung mit der Welt und den Mitmenschen nicht zu fürchten braucht. Zur Standortsuche gehört aber auch die Frage nach dem Ziel des eigenen Lebens: Was will ich in meinem Leben erreichen? Bin ich frei, meinem Leben eine ganz bestimmte Richtung zu geben?
Durch diverse Texte, Bilder und die Beispiele von Lebenswegen anderer Menschen kann den Sch die Möglichkeit geboten werden, sich mit diesen grundlegenden Fragen auseinanderzusetzen und evtl. Impulse für ihr eigenes Leben aufzunehmen.

Das *Titelbild* (**85**) vereinigt mehrere Momente des gesamten Kapitels: Richtung – in der Horizontalen und in der Vertikalen – , Bewegung, Halt, Gleichgewicht.

Die *Themenseite* (**86-87**) zeigt eine riesige, von Fußgängern begangene Kreuzung mit Zebrastreifen, die in alle Richtungen führen. Darauf verteilt sind ein Bild, eine Geschichte, Zitate und Wortsammlungen zu den Themen »Weg« und »Ziel«. Diese Seite ist als eine Art »Brainstorming« aufzufassen: Die unterschiedlichen Inhalte der verschiedenen Kästchen fordern zur Formulierung eigener Gedanken zum Thema heraus.

Die *Ideenseite I* (**88-89**) gibt Anregungen zur gestalterischen Auseinandersetzung mit dem Thema »Weg« und »Unterwegs-Sein«. Das gestalterische Tun kann zu einer Beschäftigung mit dem eigenen »Lebensweg« führen, wenn ausgehend von Liedern, Selbstgebasteltem, Geschichten u. a. der eigene Weg ins Blickfeld gelangt und Fragen an den Verlauf des ganz konkreten Lebensweges aufkommen.

*Ideenseite II* (**90-91**) regt die Auseinandersetzung mit lebensbestimmenden Haltungen an und macht Mut, scheinbar Unmögliches zu wagen. Menschen, die ihrem Leben eine bestimmte Richtung geben bzw. gegeben haben, können den Sch als Modelle dienen. Die Beispiele S. 91 zeigen, was zu einer Persönlichkeit gehört. Von hier aus können Rückfragen an die von den Sch selbst gefundenen »tollen Leute« gestellt werden.

Die *Deuteseite I* (**92-93**) beschäftigt sich mit der treibenden Kraft, die im Leben eines Menschen dafür sorgt, dass der jeweilige Mensch sich so und nicht anders entscheidet, dass er gerade diesen und keinen anderen Weg geht. Anhand von vier kurzen Texten und einem ganzseitigen Bild wird darauf aufmerksam gemacht, dass jeder Mensch für sein eigenes Leben verantwortlich ist, dass er das, was er ist und wie er ist, in die Welt tragen soll. So geht er/sie seinen/ihren ureigenen Weg, den kein anderer je gegangen ist und kein anderer jemals gehen wird.

Die *Deuteseite II* (**94-95**) unter der Überschrift »Das Unmögliche wagen – nicht stehen bleiben« gibt nähere Informationen über Bruder Martin, der bereits auf der Ideenseite erwähnt wurde. Hier kann das Thema »Vorbild« in doppelter Richtung entfaltet werden: Zum einen wählt Bruder Martin sein Vorbild in Gestalt der Mutter Teresa, zum anderen kann er zum Vorbild für junge Menschen werden.

Die *Infoseite* (**96-97**) fordert in starken Bildern, prophetischer Rede, einer künstlerischen Gestaltung des letzten Jahrhunderts und Impulsen zur Auseinandersetzung mit biblischen Propheten auf und stellt die biblische Maria einerseits als »normale« Frau vor, die andererseits dennoch oder gerade deshalb zum Vorbild werden kann.
Mit dem Lied »Von allen Seiten umgibst du mich« wird eine *Stellungnahme* (**98**) zu der Frage »Was dem Leben Halt und Richtung gibt« angeboten.

## Verknüpfung mit anderen Themen im Schülerbuch

*Kap. 1 Hunger nach Leben:* Überlegungen zu eigenen Wünschen und Lebensvorstellungen, Überlegungen zum bisherigen Lebensweg und getroffenen Entscheidungen, das Prüfen von Glücksversprechen und Sinnangeboten lässt sich leicht in Beziehung setzen zum aktuellen Kapitelthema.

*Kap. 2 Kirche (ausge)dient?:* Viele Jugendliche finden in kirchlichen Jugendgruppen und bei den gemeindlichen Aktivitäten tragfähige Sinnangebote und Möglichkeiten zu sinnvollem Engagement. Ferner berichtet das Kapitel von Menschen, Projekten und Institutionen, die in ihrem Einsatz für andere ihrem Leben und ihrer Arbeit eine Richtung geben.

*Kap. 3 Miteinander gehen:* Gerade im Jugendalter sind Freundschaften und Beziehungen wichtige Aspekte der Überlegungen, wie das eigene Leben ausgerichtet werden soll.

*Kap. 4 Jüdisches Leben – jüdischer Glaube:* Informationen über und Auseinandersetzungen mit einer anderen Religion vermögen den eigenen Standpunkt klären zu helfen. Evelyn beschreibt *Deuteseite* 58, was ihrem Leben Halt und Richtung gibt.

*Kap. 5 Die Schöpfung ist uns anvertraut:* Ähnlich wie in Kap. 2 das soziale Engagement in Bezug zum aktuellen Kapitel gesetzt werden kann, können die im Schöpfungskapitel vorgestellten Initiativen und Engagements zugunsten der Umwelt eine lebensfördernde Haltung bei den Sch aktivieren.

*Projektbausteine gegen Sucht:* Nicht nur die kritische Untersuchung der vermeintlichen Glücksbringer, sondern das gemeinschaftliche Engagement, sinnvolle Aktivitäten in der Gruppe, können dem Leben Halt und Richtung geben.

## Verbindungen mit anderen Fächern

*Evangelische Religion:* Suche nach Sinn – Sehnsucht nach Leben (8.2); Gott fordert Menschen heraus – Propheten, ihre Botschaft, ihre Hörer (8.7).

*Ethik:* Das Leben in die eigenen Hände nehmen (8.3) thematisiert die aktive Lebensplanung als Herausforderung, dem Leben eine Sinnorientierung zu geben. Leitbilder für mein Leben (8.4) stellt faszinierende Persönlichkeiten aus Vergangenheit oder Gegenwart vor und lädt zur Reflexion ein, inwiefern uns Leitbilder beeinflussen und worin ihre Vorbildlichkeit bestehen kann.

*Geschichte/Sozialkunde/Erdkunde:* Die Gemeinde als politischer Handlungsraum (8.1) thematisiert u. a. Möglichkeiten der Mitwirkung und des ehrenamtlichen Engagements der Jugendlichen.

*Musik:* Im Zusammenhang mit der Suche nach »tollen Leuten« und Modellen werden Sch vermutlich auch auf Musiker stoßen (musikalische Lebensläufe – Leben mit Musik 8.1).

*Kunst:* Im Zusammenhang mit der Entdeckung von Räumlichkeit (8.1) stellen Sch Irrgärten und Labyrinthe dar.

*Arbeitslehre:* Die persönliche Berufsorientierung (8.3) und die Erfahrungen im Betriebspraktikum werfen vermutlich in dieser Jahrgangsstufe wesentliche Fragen auf.

*Hauswirtschaftlich-sozialer Bereich:* Während mit Mutter Teresa und Bruder Martin im Religions-Kapitel soziales Engagement in Indien und Nürnberg vorgestellt wird, will »Im Sozialen Bereich sensibel werden und verantwortlich handeln« (8.4) für die Hilfe im Nahbereich sensibilisieren.

## Was dem Leben Halt und Richtung gibt — Titelseite 85

### 1. Hintergrund

Jugendliche der 8. Jahrgangsstufe sind in einer wichtigen Entwicklungsphase, die für sie selbst und ihre Umgebung oftmals anstrengend ist. Sie wollen sich von Belastendem abgrenzen und befreien und suchen nach dem Eigenen, das ihnen wirklich entspricht. Unterschiedliche Rollenerwartungen müssen sie ausbalancieren, ohne doch schon recht zu wissen und zu spüren, wer sie im Innersten sind. Gleichzeitig können sie mit großem Idealismus verfolgen, was sie als richtig erkannt haben. Die anspruchsvolle Aufgabe dieser Lebensphase wird durch Giacomettis Skulptur eindrucksvoll ins Bild gesetzt. Gleichzeitig ist es hilfreich, den bisherigen eigenen Lebensweg zu betrachten und danach zu fragen und sich bewusst zu werden, was dem Leben bisher Halt und Richtung gab.

### Alberto Giacometti (1901-1966)

Alberto Gicometti stammt aus einer Schweizer Künstlerfamilie. Zeit seines Lebens hat er sowohl modelliert als auch gemalt. Seit 1922 lebte er in Paris, wo er sich den Surrealisten anschloss und erste Erfolge feierte. Entscheidenden Einfluss auf sein Werk hatte jedoch der Existentialismus. Philosophen und Schriftsteller waren seine Gesprächspartner. Mit Jean-Paul Sartre, Simone de Beauvoir und Samuel Beckett verband ihn eine lebenslange Freundschaft. Sein Menschenbild ist geprägt von der Idee des Menschen in seiner augenblicklichen Präsenz, so wie er ihm auf der Straße begegnet, als flüchtige Erscheinung. So entwickelt er seine eigene, unvergleichliche Gestaltungsform, die ihn weltberühmt machte: überschlanke, ausgezehrte Figuren und Figurengruppen. In der Anfangszeit modellierte er sie zunächst winzig klein, zum Teil nur stecknadelgroß. Erst in der Nachkriegszeit ließ er seine Gestalten zu ausstellungsfähigen Größen heranwachsen, nun z. T. bis zu drei Metern hoch. Besonders faszinierte ihn das Verhältnis der Körpererscheinung zur Raumleere. Die stabdünnen Figuren stehen isoliert, aber sehr präsent im Raum.

### Alberto Giacometti: Le Chariot (Der Wagen, das Gefährt), 1950

Bronze, in Goldton patiniert, auf schwarz bemalten Holzsockeln, 167 x 69 x 69 cm (mit Sockel)

Die Skulptur verdankt sich einem Verkehrsunfall. Giacometti verletzte sich dabei einen Fuß so schwer, dass er nur knapp einer Amputation entkam. In der Klinik zeichnete er dann einen Rollwagen für Medizinflaschen, auf den er später, 1950, die Radskulptur zurückführt.

Die schlanke, vertikal aufragende weibliche Figur wirkt in ihrer Erhöhung auf dem Wagen wie eine Ehrfurcht gebietende, nahezu göttliche Erscheinung auf einem antiken Prozessionswagen. In ihrer Leichtigkeit und Schwerelosigkeit erscheint sie wie das Hoffnungsbild des Künstlers, der seit seinem Unfall immer häufiger zum Gehstock greifen musste. Wenn man sich vergegenwärtigt, dass sich die Räder des Wagens auf einer horizontalen Linie bewegen, die Figur aber in die Vertikale strebt, so verkörpert die Gesamtskulptur die Vereinigung der beiden gegenläufigen Bewegungsrichtungen Horizontale und Vertikale.

Wodurch findet diese Figur ihren Halt? Sicher nicht nur durch das winzige Podest, das bei der geringsten Unebenheit des Bodens seine Erschütterung an die Figur weitergeben und diese aus dem Gleichgewicht bringen würde. Unmittelbar assoziieren wir beim Betrachten eine verborgene Kraft, die wie ein unsichtbarer Faden die Figur von oben her hält. Wir hoffen: Wenn sie auch noch so hin- und hergeschaukelt wird auf ihrem Wagen, sie richtet sich doch immer wieder nach oben aus. Als diese menschliche Figur ist sie gleichzeitig ein Zeichen. Der Körper ist so gestaltet, dass er als nach oben weisender Richtungspfeil erscheint. Die kleine Plattform auf dem schwankenden Wagen und die pfeilförmig in die Vertikale aufschießende Figur verkörpern ein völlig neues Kräfteverhältnis: Die Spannung zweier gegeneinander strebender Kräfte scheint hier aufgehoben.

## 2. Einsatzmöglichkeiten im RU

### Ein Gefährt                                    Ideenseite 90

– Sch betrachten das Bild oder Folie 34 aus *Reli: Folien* eine Zeit lang in Stille.
– Sch äußern in einem ersten Schritt Beobachtungen und Eindrücke.
– In einem zweiten Schritt stellen sie Vermutungen an:
* Wer fährt? Wer wird gefahren?
* Wer steuert? Wohin geht die Fahrt?
* Wer oder was treibt den Wagen an?
* Gibt es ein Ziel der Reise?

### Meine Balance finden

– L lädt Sch zu einer Imaginationsübung ein (Sitzhaltung! Atem!):
*Stell dir vor, du stehst hoch aufgerichtet und sicher auf einem Wagen. Er rollt voran. Die Räder drehen sich zuverlässig über den ebenen Boden. Auch Unebenheiten machen dir nichts aus; denn du kannst sie gut ausbalancieren. Deine Arme helfen dir dabei. Du stehst hoch aufgerichtet über dem Wagen. Dein Blick schweift frei in die Gegend und in den blauen Himmel. Genieße noch eine Weile diese sichere Fahrt. Halte den Wagen dann an und bring ihn zum Stehen. Steig hinunter und komme hier in der Schulklasse an. Spüre deinen Stuhl, strecke dich, öffne die Augen und nimm die anderen wieder wahr.*
– Sch erhalten AB 8.6.1 *Arbeitshilfen* S. 177. In EA tragen sie in die Speichen der Räder ein, was ihr Leben in Bewegung hält und antreibt (Schule, Familie, Freundeskreis, Überlegungen zur Berufswahl ...); in die Pfeilfigur tragen sie ein, was sie aufrecht hält und wonach sie streben.
Dazu Meditaionsmusik.

# Meine Balance finden

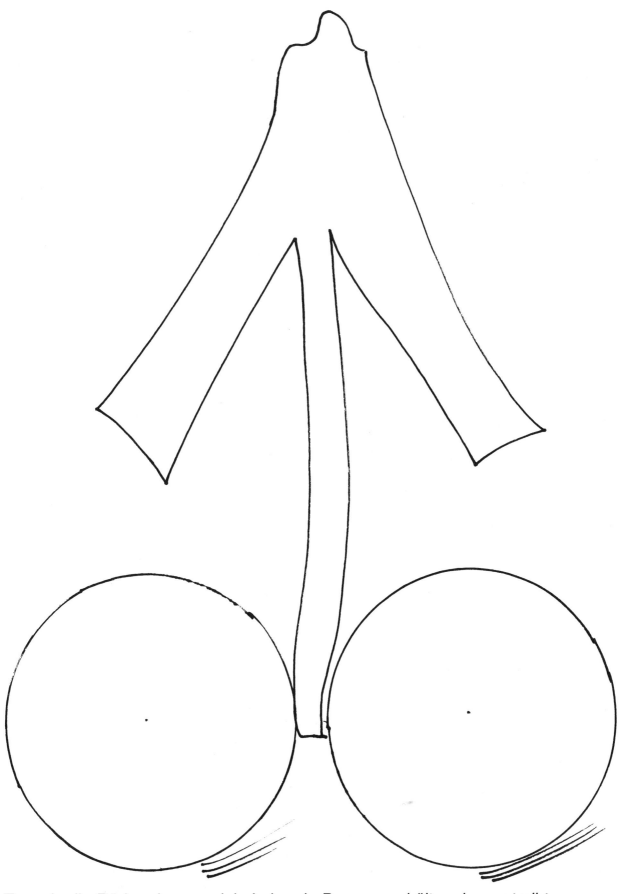

*Trage in die Räder ein, was dein Leben in Bewegung hält und vorantreibt.*
*Schreibe in die Pfeilfigur, was dich aufrecht hält und wohin du strebst.*

- Je nach Möglichkeit: Austausch in PA oder im Plenum (freiwillige Äußerungen!).

**Wie hilft der Körper bei der Orientierung?**
- Sch machen sich die Fähigkeiten ihres Körpers bewusst. Je nach Raumangebot: Mit beiden Händen auf dem Stuhl abdrücken, so dass sich das Gesäß von der Stuhlfläche heben kann; auf dem rechten oder dem linken Fuß stehen; langsam in die Hocke gehen und am Boden verweilen; im Schneidersitz sitzen – und sich daraus erheben; einen Handstand machen; festen Stand finden.
- Austausch darüber:
  * Wann, wo, wodurch gibt mir mein Körper Halt, wann nicht?
  * Wann und wie gibt mir mein Körper Orientierung? (Temperaturen, aufgerichtete Härchen bei Kälte oder Angst, hängende Schultern bei Trauer oder Depression, hüpfender Magen oder feuchte Hände bei Aufregung und Angst, Wut im Bauch, strahlende Augen bei Freude und Verliebtheit ...).

**Vorher – Nachher vergleichen**
- Sch vergleichen das Titelbild mit der Fotografie *Deuteseite* 95 und stellen Zusammenhänge her (in gewisser Weise verkörpert die Skulptur den hoffnungsvollen Gegenpol zur Fotografie. Sie ist sozusagen sein glücklicher Ausgang. Dort liegt ein Kranker hingestreckt auf dem Boden – hier hat eine zarte und fragile Figur es geschafft, sich auf einem Medikamentenwagen aufzurichten.)
- Im christlichen Deutungszusammenhang lässt die Skulptur mancherlei Assoziationen zu: Aufstehen zur Hoffnung, Auferstehung, sich aufrichten, sich der Kraft »von oben« anvertrauen.

**Themenseite 86-87**

## 1. Hintergrund

Auf der Doppelseite geht es um die verschiedensten Aspekte des Themas »Weg«, sei es der Weg im wörtlichen Sinne, sei es der Lebensweg bzw. der berufliche Weg, um positive und negative Sichtweisen.

**Kästen zum Wortfeld »Weg« (86-87)**
Sie alle zeigen, wie viele positive oder negative Ausdrücke es im Deutschen zum Thema »Auf dem Weg sein« gibt und wie oft sie im übertragenen Sinn zu gebrauchen sind.

**Foto USA und Slogan (86)**
Das Foto von Wolkenkratzern einer US-amerikanischen Großstadt, das Leuchtschild mit der Aufschrift »Route 66« sowie der Slogan »Get your kicks on Route 66« sind Ausdruck des amerikanischen Traums von der Überwindung der menschlichen Grenzen (Höhe, Geschwindigkeit, Freiheit). Die Route 66 gilt als die Mutter aller Straßen. Auf ihr mit einer Harley Davidson quer durch die USA zu fahren, gilt für viele Jugendliche auch hierzulande als Traum von der großen Freiheit.
Die Route 66 verläuft in den USA von Chicago bis Los Angeles. Durch sie ist seit 1926 der Michigan See mit der Pazifik-Küste Kaliforniens verbunden. Seit Mitte der 30er Jahre des 20. Jahrhunderts wurde die Straße zum Mythos, zum Symbol für eine Reise ins bessere Leben im sonnigen Kalifornien. Tausende FabrikarbeiterInnen und FarmerInnen folgten dem Ruf des Goldenen Westens auf ihrer Suche nach Freiheit und Abenteuern. Heute jedoch sind die Straße und die sie säumenden Etablissements am Straßenrand ziemlich heruntergekommen. Auf der Route 66 fahren nur noch Touristen, vornehmlich auf Motorrädern, die dem Mythos der 66 nachspüren wollen.

**Aussagen von Veronika, Georg und Martin (86-87)**
Anhand der drei Aussagen an verschiedenen Stationen des beruflichen Lebenswegs können die Sch verschiedene Haltungen erkennen, über ihre eigenen diesbezüglichen Positionen sprechen, sich so über ihre Berufswünsche sowie über ihren Wert unabhängig von Berufstätigkeit klar werden.

**Bibelzitate (87)**
Die beiden Bibelzitate aus dem Matthäus- und dem Johannes-Evangelium thematisieren die Bedeutung des Wegs im wörtlichen Sinne sowie in übertragener Bedeutung. Bei dem Johannes-Vers handelt es sich um eine oft zitierte Aussage Jesu, deren Bedeutung die Sch sich in diesem Zusammenhang nähern können.

**Der Aufbruch (87)**
Diese kurze Erzählung von Franz Kafka (1883-1924) macht offenbar, dass Wege auch ins Ziellose und Unbekannte gehen können bzw. dass sie eine Flucht sind aus einem unerträglichen Hier und Jetzt.

# Das Sieben-Pfade-Labyrinth

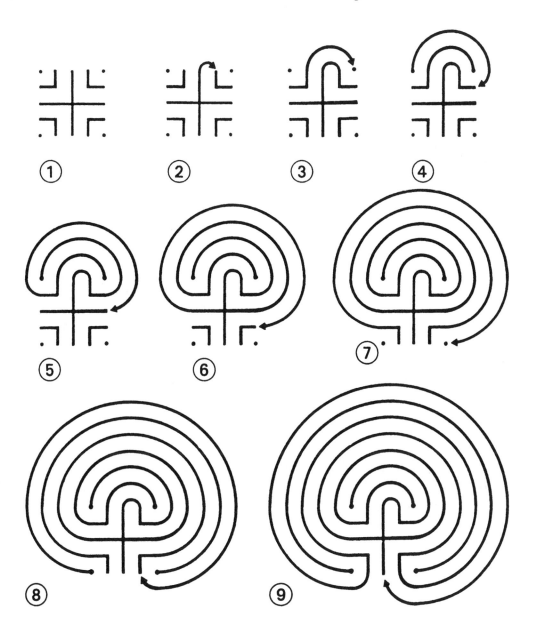

*Anleitung:*

1. Wir beginnen beim Entwurf des Sieben-Pfade-Labyrinthes mit dem Kreuz in der Mitte. Jeweils zum Mittelpunkt zeigend, zeichnen wir die vier »rechten Winkel« in die entsprechenden Quadranten. Darüber platzieren wir die Punkte.
2. Aus dem Kreuz heraus nach oben führen wir die Linie zum oberen rechten Winkel.
3. Danach verlängern wir den linken oberen Winkel zum rechten oberen Punkt.
4. Als nächstes führen wir den oberen linken Punkt zum rechten oberen Winkel und schließen so die durchlaufende Linie, die ins Mittelkreuz hineinführt.
5.-7. Wie dargestellt, verlängern wir dann die Linien der »rechten Winkel« hin zum Mittelkreuz, bis nur noch der linke untere Punkt frei liegt.
8. Jetzt verbinden wir diesen Punkt mit dem rechten unteren Winkel.
9. Endlich schließen wir die Linie vom linken unteren Winkel oben herum zur Achse des Mittelkreuzes.

Nun sind alle Pfade des Labyrinthes begehbar.

Im Leben eines jeden Menschen gibt es Situationen, in denen man so fühlt wie die Hauptperson im Text. Doch ob das Davonlaufen vor unangenehmen Situationen immer die einzige und beste Lösung ist, bleibt offen und kann als Diskussionsanlass in der Klasse genutzt werden.

**Labyrinth/Irrgarten**
Labyrinthe sind keine Irrgärten, in einem Labyrinth kann man sich nämlich nicht verlaufen, sondern wird zur Mitte geführt, man findet zu sich selbst. Das ursprüngliche Labyrinth ist ein kreuzungsfreier Weg, der mit einem Maximum an Umwegen auf einem Minimum an Fläche sicher ins Zentrum führt. Die Theologen des Mittelalters benutzten das Labyrinth, um die christliche Auferstehungsbotschaft zum Ausdruck zu bringen. So wurde es zu einem spezifisch christlichen Symbol. Beim Durchschreiten des Labyrinths wird man am direkten und geraden Weg gehindert und auf verschlungene Pfade gezwungen; so werden Erfahrungen vergegenwärtigt, die man aus dem täglichen Tun und Ergehen kennt. Der Weg zum Ziel ist nicht immer der kürzeste und es gibt oft viel »durchzumachen« im wörtlichen Sinn, bevor man endlich seinen Bestimmungsort erreicht. Die Wendepunkte im Labyrinth sind so angeordnet, dass in der Draufsicht die Form eines Kreuzes sichtbar wird. Im Labyrinth kommt eine optimistische Weltsicht zum Ausdruck: Der Weg des Menschen durch die sündige und leidvolle Welt – symbolisiert durch die Gänge des Labyrinths – ist bereits überlagert vom Zeichen der Hoffnung und Erlösung, dem Kreuz.

*Der Weg durch das Labyrinth als Deutungshilfe:*
Wer sich von außen auf diesen Weg begibt, steuert direkt und ungehindert, nur kurz durch einen Schlenker umgeleitet, auf die Mitte zu. Fast glaubt man schon am Ziel zu sein. Da führt der Weg um die Mitte herum, lässt noch einen Halbkreis lang die Nähe der Mitte erfahren, dann kommt man in die Wirren des Labyrinths hinein. Schließlich findet man sich ganz an der Peripherie wieder und wird dort endlos entlang geschickt. Schon verliert man die Mitte aus den Augen, denkt kaum mehr an sie, obwohl man sie doch ständig umkreist. Endlich gelangt man beinahe dort an, wo man aufgebrochen ist. War der Weg umsonst? Doch gerade an diesem Punkt, wo man keinen Fortschritt mehr erkennen kann, die Mühsal des Wegs für vergeblich halten und aufgeben möchte, biegt der Weg auf die Mitte zu und führt jetzt direkt und unmittelbar ins Ziel.
Der Weg des Labyrinths steht für alle Wege menschlichen Suchens, Probierens und Erkennens. Gleichzeitig birgt er eine große Verheißung: Du darfst dich deinem Weg anvertrauen. Du brauchst keine übergroße Angst vor dem Irrweg zu haben. Denn es gibt einen Weg, der dein Weg ist und zu deinem Ziel hinführt.
Die einzige Gefahr des Labyrinths ist das Stehenbleiben, das Aufgeben.

## 2. Einsatzmöglichkeiten im RU

**Ausdrücke und Redewendungen klären**
Da manchen Sch vielleicht nicht klar ist, was die einzelnen Redewendungen bedeuten oder wie man die Ausdrücke auf den Lebensweg beziehen kann, bietet sich eine Klärung an.
– Sch finden Synonyme für die Redewendungen 86 oben links, z. B.:
auf dem Weg nach oben = seine Karriere machen; anderen aus dem Weg gehen = andere meiden, anderen ausweichen; im Weg stehen = hinderlich sein; aus dem Weg räumen = sich von etwas / jemand Störendem befreien; er hat seinen Weg gemacht = er wusste, wie man etwas erreicht und konnte sich durchsetzen, obwohl es nicht leicht war und Probleme zu überwinden waren; Hindernisse aus dem Weg räumen = sich Hindernissen / Störendem entledigen; jemandem auf dem Weg folgen = Ähnliches tun wie der andere, seinem Vorbild folgen.

*Methodische Alternative:* Wortkarten mit entsprechenden Ausdrücken und Redewendungen vorbereiten; Sch finden in KG oder PA aussagekräftige alternative Formulierungen und schreiben sie auf die Rückseite.
Bei der Bedeutungsklärung können die Sch darüber sprechen, welche Färbung die Redewendungen haben, z. B. ob eher Positives oder eher Negatives damit verbunden wird, welche Gefühle sie hervorrufen.

**Sackgasse, Einbahnstraße, Gabelung, Kreuzung (86)**
Sch suchen die übertragene Bedeutung dieser Begriffe aus dem Straßenverkehr.
*Sackgasse:* Man kommt nicht mehr weiter, muss also umkehren.
*Einbahnstraße:* Man kann nicht umkehren, muss also das Angefangene weiterführen.
*Gabelung:* Der Weg setzt sich in zwei Richtungen fort, man hat verschiedene Möglichkeiten zur Auswahl (z. B. bei der Berufswahl) und muss sich für

eine entscheiden, die dann das weitere Leben beeinflusst.

*Kreuzung:* Der eigene Weg wird aus anderer Richtung gekreuzt. Man hat neue Möglichkeiten, kann abbiegen oder den eigenen Weg fortsetzen.

*Verben der Bewegung:*
– Nachdem sich Sch auch den dritten Kasten am linken Seitenrand 86 sowie den ersten am rechten Seitenrand 87 angeschaut haben, können sie die Begriffe / Redewendungen zu ihrem eigenen Leben in Beziehung setzen und erzählen, ob es für sie schon einmal Situationen gab, zu denen Ausdrücke der Kästen passen.
– Sch wählen sechs Wörter aus, schreiben mit ihnen einen Zehn-Zeilen-Text und geben ihm eine Überschrift.

### Der Route 66 folgen? (86)
Zur Sicherheit sollte der Slogan »Get your kicks on Route sixty-six« übersetzt werden, etwa: »Hol dir die Kicks auf der Route 66«.
– Was verstehen die Sch darunter? (Auf dieser Straße kann man sich »Kicks«, aufregende Nervenkitzel holen.)
– Denken Sch, dass es wirklich aufregend und ein Erlebnis ist, eine Straße entlangzufahren, nur weil diese Route 66 heißt? (fremde Träume und Erwartungen – eigene Träume)

### Aussagen von Veronika, Martin und Georg erschließen (86-87)
– Was denken Sch über die Aussage von Veronika? Was ist ihr wichtig? Warum wohl?
– Wie kommentieren Sch Georgs Aussage? Könnte er sich nicht doch umstellen und will nur nicht? Manövriert er sich selbst in eine Sackgasse? Will er gar nicht weiter?
– Über die Aussage nachdenken: »Ich werde nicht mehr gebraucht.« Vermutungen anstellen: Was könnte Georg helfen?
– Wie beurteilen Sch Martins Haltung? Was kann man an seiner Aussage ablesen?
Martin hat Glück gehabt; an einer Kreuzung seines Lebens betritt er einen viel versprechenden Weg in die Zukunft. Doch soweit kam er nur, weil er nicht aufgegeben hat, trotz Rückschlägen.
– Sch überlegen sich, was sie selbst mit 17, 31, 58 Jahren sagen können möchten.

### Der Aufbruch (87)
– Sch sprechen über ihre Eindrücke von der Erzählung.
* Warum wohl will der Ich-Erzähler »nur weg von hier«? Was hat er erlebt, dass dies sein einziger dringlicher Wunsch ist?
* Kennen Sch ähnliche Gefühle oder Situationen in ihrem eigenen Leben, in denen sie einfach nur weg wollten, egal wohin?
* Gibt es auch andere Möglichkeiten, mit solchen Situationen fertig zu werden, als zu fliehen?
– Sch schreiben die Geschichte weiter, indem z. B. der Diener den Ich-Erzähler fragt, warum dieser nur weg von hier will oder indem der Reiter darüber nachdenkt, was ihn so fühlen lässt.
– Der Text stammt aus dem Nachlass von F. Kafka. Der Herausgeber der Schriften hat ihm den Titel »Der Aufbruch« gegeben. Sch finden andere Überschriften und spüren nach, was sich dadurch verändert (Die ferne Trompete, Mein Ziel).
– Sch erhalten den Text bis zu der Stelle: »Du kennst also dein Ziel?, fragte er. Ja, antwortete ich … .« Sie kleben ihn in ihr Heft und ergänzen einen eigenen Schluss. Bei Gruppen, die sich mit dem Schreiben schwer tun: Begrenzung auf zwei Zeilen vorgeben.

### Einen eigenen Wanderstab gestalten     Ideenseite 88
– Wanderstäbe sind eine Hilfe beim Gehen; sie können aber auch von den Erlebnissen unterwegs durch ihre Verzierungen … erzählen.
– Sch schnüren »Proviantbeutel«: Was stecke ich für meine Lebensreise ein? Zettel werden beschriftet, in (selbst genähten) Stoffbeutelchen aufbewahrt, die an den Wanderstab geknüpft werden können.
– Bibelstellen, in denen ein Stab vorkommt:
*Ex 4,17:* Diesen Stab nimm in deine Hand! Mit ihm wirst du Zeichen vollbringen.
*2 Kön 4,29:* Gürte dich, nimm meinen Stab in die Hand und mach dich auf den Weg!
*Ps 23,4:* Dein Stock und dein Stab geben mir Zuversicht.
*Mt 10,10:* Nehmt keine Vorratstasche mit auf den Weg, … keinen Wanderstab.

### Bibelzitate vergleichen (86-87)
Mt 21,8 zeigt an, dass Wege auch Orte festlicher Aufzüge werden können, z. B. bei Prozessionen, Wallfahrten, aber auch bei politischen Demonstrationen als Orten öffentlicher Meinungskundgabe.
– Was bedeutete damals, seine Kleider auf der Straße auszubreiten, Zweige von den Bäumen zu schneiden und auf den Weg zu streuen?
– Wen ehre ich auf meinem Weg?
– Wie kann mein Leben wenigstens gelegentlich festlich und ›geschmückt‹ werden?

# Beppo Straßenkehrer

*Im modernen Märchen »Momo« von Michael Ende kommt im vierten Kapitel ein alter Mann vor, einer von Momos besten Freunden, der Beppo heißt und von Beruf Straßenkehrer ist. Manche Leute dachten, dass er nicht ganz richtig im Kopf sei, da er auf Fragen erst nach langem Nachdenken antwortete, manchmal erst nach Stunden oder gar nach einem ganzen Tag. Wenn er eine Antwort nicht nötig fand, schwieg er. Der folgende Auszug verrät uns einiges über seine Arbeit und seine Lebensphilosophie:*

Beppo liebte diese Stunden vor Tagesanbruch, wenn die Stadt noch schlief. Und er tat seine Arbeit gern und gründlich. Er wusste, es war eine sehr notwendige Arbeit.

Wenn er so die Straßen kehrte, tat er es langsam, aber stetig: Bei jedem Schritt einen Atemzug und bei jedem Atemzug einen Besenstrich. Schritt – Atemzug – Besenstrich. Schritt – Atemzug – Besenstrich. Dazwischen blieb er manchmal ein Weilchen stehen und blickte nachdenklich vor sich hin. Und dann ging es wieder weiter – Schritt – Atemzug – Besenstrich –.

Während er sich so dahinbewegte, vor sich die schmutzige Straße und hinter sich die saubere, kamen ihm oft große Gedanken. Aber es waren Gedanken ohne Worte, Gedanken, die sich so schwer mitteilen ließen wie ein bestimmter Duft, an den man sich nur gerade eben noch erinnert, oder wie eine Farbe, von der man geträumt hat. Nach der Arbeit, wenn er bei Momo saß, erklärte er ihr seine großen Gedanken. Und da sie auf ihre besondere Art zuhörte, löste sich seine Zunge und er fand die richtigen Worte.

\*\*\*

»Siehst du, Momo«, sagte er dann zum Beispiel, »es ist so: Manchmal hat man eine sehr lange Straße vor sich. Man denkt, die ist so schrecklich lang; das kann man niemals schaffen, denkt man.«

Er blickte eine Weile schweigend vor sich hin, dann fuhr er fort: »Und dann fängt man an, sich zu eilen. Und man eilt immer mehr. Jedes Mal, wenn man aufblickt, sieht man, dass es gar nicht weniger wird, was noch vor einem liegt. Und man strengt sich noch mehr an, man kriegt es mit der Angst, und zum Schluss ist man ganz außer Puste und kann nicht mehr. Und die Straße liegt noch immer vor einem. So darf man es nicht machen.«

\*\*\*

Er dachte einige Zeit nach. Dann sprach er weiter: »Man darf nie an die ganze Straße auf einmal denken, verstehst du? Man muss nur an den nächsten Schritt denken, an den nächsten Atemzug, an den nächsten Besenstrich. Und immer wieder nur an den nächsten.« Wieder hielt er inne und überlegte, ehe er hinzufügte: »Dann macht es Freude; das ist wichtig, dann macht man seine Sache gut. Und so soll es sein.«

Und abermals nach einer langen Pause fuhr er fort: »Auf einmal merkt man, dass man Schritt für Schritt die ganze Straße gemacht hat. Man hat gar nicht gemerkt wie, und man ist nicht außer Puste.« Er nickte vor sich hin und sagte abschließend: »Das ist wichtig.«

– Vergleicht die beiden Texte Mt 21,8 und Joh 14,6. Welches Verständnis von »Weg« drücken sie jeweils aus? Auf welche der Redewendungen der Themenseite lässt sich das beziehen?

**Das Sieben-Pfade-Labyrinth »gehen«**
In der Begegnung mit Labyrinthen sollen Sch eine Ahnung von der christlichen Überzeugung erhalten, dass alle Wege zum Zentrum, zur Mitte des Lebens führen, dass »Gott auch auf krummen Wegen gerade schreibt«.
– Wer das Labyrinth begreifen will, muss sich mit ihm in Berührung bringen; eigentlich verlangt das, es mit eigenen Schritten auszugehen. Aber auch die »kleine Lösung«, nämlich mit dem Bleistift auf dem Papier den labyrinthischen Weg nachzuzeichnen, lässt schon eine Ahnung von der eigentümlichen Faszination aufkommen, die es ausstrahlt.
– Sch erhalten dazu AB 8.6.2 *Arbeitshilfen* S. 179 mit dem Sieben-Pfade-Labyrinth.

*Alternative:* Das Labyrinth aus der Kathedrale von Chartres wird über Folie an eine Leinwand projiziert. Sch suchen im Stillen nach der Mitte. Wer meint, den richtigen Weg gefunden zu haben, tritt nach vorne und zeigt ihn.

**Lebenswege erkunden**     **Ideenseite 89**
Sch reflektieren ihren eigenen bisherigen Lebensweg und werden sich ihrer Vorstellungen über und Wünsche für die Zukunft bewusst.
– Jede/r Sch fertigt ein Weg-Bild des eigenen Lebens an. Als Hilfestellung erhalten Sch ein Blatt mit Piktogrammen AB 8.5.3 *Arbeitshilfen* S. 181, die sie in ihr Bild einbauen können. Das Bild kann Antworten geben auf die folgenden Fragen:
* Was ist alles geschehen und in welche Richtungen ist es gelaufen?
* Liegt es allein in meiner Hand, welchen Weg ich gehe?
* Was hat mich gestützt und getragen, was hat mich gehemmt, behindert, eingeschränkt?
* Wo und worin erlebe ich mich stark und kreativ, wo dagegen schwach und überfordert?
* Welche Pläne, Sehnsüchte, Hoffnungen hatte ich und wo stehe ich nun in ihrer Realisierung?
* Wie sehe ich mich in 10, in 20 Jahren? In welchem Lebensrahmen will ich stehen? Wen möchte ich neben mir wissen, wen nicht mehr?
– Sch erklären jeweils einem/einer Mitschüler/in ihrer Wahl ihr Bild.

*Alternativen:*
– L bringt eine Fülle von Gegenständen (oder Bildern) mit (z. B. Kieselsteine, Fernglas, Pflaster, Trinkflasche, Landkarte, Buch, Blume etc.). Sch wählen einen Gegenstand aus, der für ihren Lebensweg wichtig ist. In einer KG erzählen sie, warum der Gegenstand für ihren Lebensweg von Bedeutung ist. Im Sitzkreis ist das evtl. auch direkt im Plenum möglich.
– Sch beschreiben einige wichtige Strecken ihres Lebensweges. Sie sollen durch die Gestaltung der Schrift etwas vom Inhalt zum Ausdruck bringen.
– Jede/r Sch schickt auf einem A4-Bogen einen angefangenen Satz auf den Weg. Das Blatt wandert durch die Klasse (oder die Sch wandern durch die Klasse, die Blätter liegen verteilt auf Tischen) und jede/r Sch schreibt ihre/seine persönliche Fortsetzung des Satzes darauf. Die ausgefüllten Blätter werden zum Schluss an eine Pinwand geheftet und gemeinsam gelesen und besprochen. Mögliche Sätze: Die dicksten Steine auf meinem Weg sind ...; Wenn ich auf meinem Weg Angst habe, ...; Wenn ich nicht mehr weiß, wohin ich gehen soll, ...; Wenn ich mich zwischen verschiedenen Wegen entscheiden soll, ...; Wenn ich in eine Sackgasse geraten bin, ...; Die schönsten Rastplätze auf meinem Weg sind ...; Als Wegbegleiter wünsche ich mir ...

**Der längste Weg besteht aus einzelnen Schritten**
An der Geschichte von »Beppo Straßenkehrer« (AB 8.6.4 *Arbeitshilfen* S. 183) kann gezeigt werden, dass mit Schnelligkeit vieles verloren gehen kann: das gründliche Nachdenken über eine Sache, das Zuhören-Können. Wenn man aus Angst vor dem langen Weg, der großen Aufgabe, alles schnell angeht und ohne Überlegung nur schnell fertig werden will, gerät man außer Puste, überanstrengt sich und verliert die Freude. Verwirklicht man hingegen seine Ziele Schritt für Schritt, schafft man auch den längsten Weg und gerät nicht außer Atem.

### 3. Weiterführende Anregungen

**Aus Krisen kann man lernen!**
Sch sollen erkennen, dass Lebenswege immer auch Krisen beinhalten, aus welchen u. U. mehr gelernt werden kann als aus Erfolgen. Anhand eines fremden Schicksals sollen sie herausfinden, unter welchen Voraussetzungen jemand etwas aus einer Krise lernt.
– L verabredet mit der Gruppe, wann Sch ihre Berichte (AB 8.6.5 *Arbeitshilfen* S. 185) vorstel-

# Aus Krisen kann man lernen

*Hinweise zum Interview*

Es gibt Krisen, die uns schwer zu schaffen machen. Oft können wir viel aus ihnen lernen. Und jeder kennt auch Menschen, die schwere Krisen erlebt und offenbar nicht sehr viel aus ihnen gelernt haben.
Wann kann ein Mensch aus einer Krise etwas lernen?
Ich möchte, dass ihr dieser Frage nachgeht.
Finde in den nächsten Tagen irgendeinen Menschen, der bereit ist, von einer Krise zu berichten, aus der er gelernt zu haben glaubt.
Am besten suchst du einen dir noch nicht so bekannten Menschen.
Bitte ihn oder sie, dir genau zu erzählen,
- wie es zu der Krise kam,
- wie der/die Betreffende die Krise bestand und
- was er/sie aus ihr machte.
- Wie kam der Mensch aus der Krise heraus?
- Frage, was seiner/ihrer Meinung nach geholfen hat, aus der Krise zu lernen.
- Und vergiss nicht zu fragen, ob du eine kurze Abhandlung über das schreiben darfst, was er/sie dir erzählt hat.

Mit dieser Erlaubnis kannst du einen kurzen Abschnitt schreiben zu der Frage: »Was hilft einem Menschen, aus einer schweren Krise zu lernen?« Schreibe, was der/die Betreffende gelernt hat und was ihm/ihr geholfen hat zu lernen. Beschreibe, was der/die Betreffende weiter mit dem Gelernten in seinem/ihrem Leben angefangen hat.

*Das half einem Menschen, aus einer schweren Krise zu lernen*

len sollen. Zunächst sollte über die Interview-Erfahrungen gesprochen werden; danach werden einzelne Arbeiten vorgestellt.
– Auswertungsfragen: Wie hat mir das Experiment gefallen? Wie ist es mir gelungen, einen Menschen für das Gespräch zu finden? Wie viele Gespräche habe ich geführt? Was war meine wichtigste Erfahrung? Wessen Bericht hat mich beeindruckt? Unter welchen Bedingungen lernt man wenig oder nichts aus einer Krise, wann viel? Habe ich ein Vorbild für den Umgang mit Krisen?

**Songs sammeln und komponieren**     **Ideenseite 88**

Sch betrachten anhand vorgegebener oder selbst mitgebrachter Songs Abschnitte verschiedener Lebenswege und nutzen die Beschreibung fremder Lebenswege als Anregung zum Nachdenken über ihre eigene Lebenssituation.

*Beispiel 1:* Father and Son; Interpreten: Cat Stevens, Boyzone
– Sch hören sich den Song an: Findet heraus, worum es in dem Song geht!
– Sch erhalten den Liedtext von AB 8.6.6 *Arbeitshilfen* S. 187 und übersetzen ihn in PA: Gibt es verschiedene Übersetzungsvorschläge? Welcher ist am sinnvollsten?
– Sch stellen sich die Situation des Liedes bildlich vor: Wo findet das Gespräch statt? Wie ist die Gestik des Vaters und wie die des Sohns? Wie fühlt sich der Sohn? Wie ist das Verhältnis zwischen den beiden? Wie alt ist der Sohn?
– Was könnte der vorletzte Satz bedeuten? Vielleicht haben sie (die Eltern/ die Erwachsenen) Recht, aber der Sohn kann mangels eigener Erfahrung (noch) nicht zustimmen. Er »weiß« noch nichts, weil er die Erfahrung noch nicht gemacht hat, darum muss er fort, er muss »es« selbst herausfinden. Das Wissen der Eltern ist totes Wissen, wenn es der Sohn lediglich akzeptiert und nicht die Chance bekommt, das Wissen mit seinen ganz persönlichen Erfahrungen zu füllen.
– Sch gestalten diese Szene oder eine ähnliche aus ihrem Erfahrungsbereich als Comic mit einer Bildfolge und Sprechblasen.

*Beispiel 2:* Der Pilger von Gerhard Schöne
– Anhand dieses Reiseliedes (AB 8.6.7 *Arbeitshilfen* S. 189) werden die Fragen *Ideenseite* 88 diskutiert.
– Der Text dieses Liedes kann auch zu einem Rap umgearbeitet werden. Beim Sprechen des Textes fällt auf, dass die Reihenfolge der betonten und unbetonten Silben von Strophe zu Strophe abwechselt. Die erste Strophe ist im jambischen Versmaß gehalten, die zweite im trochäischen, dann wechselt es wieder von Strophe zu Strophe bis zum Schluss. Die kürzeren trochäischen Strophen bekommen dadurch mehr Schwung, die Pausen am Ende jeder Zeile fallen hier weg, der Rhythmus geht ungebremst weiter. So kommt im Rhythmus zum Ausdruck, was im Text als Schwanken zwischen »Leichtigkeit« und »Trauer« beschrieben wird. Hat man einmal den Grundtakt des Raps gefunden, ergibt sich die Textverteilung quasi von alleine.

**Ideenseiten 88-91**

Nähere Hinweise zu den Impulsen der *Ideenseiten* finden sich im thematischen Zusammenhang auf folgenden Seiten:

Einen alten irischen Reisesegen sprechen: S. 206
Songs sammeln und komponieren: S. 186
Einen eigenen Wanderstab gestalten: S. 182
Lebenswege erkunden: S. 184
Ein Gefährt: S. 176
Das Unmögliche wagen: S. 194
Die Frage der Fragen: S. 190
Meine Lebensregeln suchen: S. 190
Plakatwand: Tolle Leute: S. 194
Einen besonderen Arbeitsplatz erkunden: S. 194
Recht haben und Recht bekommen: S. 202
Sagen, was ist: S. 204

# Father and Son

*Father:* It's not time to make a change, just relax, take it easy,
you're still young, that's your fault, there's so much you have to know.
Find a girl, settle down, if you want you can marry.
Look at me, I am old but I'm happy.
I was once like you are now and I know that it's not easy
to be calm, when you've found something's going on.
But take your time, think a lot, think of everything you've got,
for you will still be here tomorrow but your dreams may not.

*Son:* How can I try to explain, when I do, he turns away again,
it's always been the same, the same old story.
From the moment I could talk I was ordered to listen,
now there's a way and I know that I have to go away,
I know I have to go.

*Father:* It's not time to make a change, just sit down, take it slowly,
you're still young, that's your fault,
there's so much you have to go through.
Find a girl, settle down, if you want you can marry,
look at me, I am old but I'm happy.

*Son:* All the times, that I've cried, keeping all the things I knew inside,
it's hard, but it's harder to ignore it.
If they were right, I'd agree, but it's them they know, not me.
Now there's a way and I know that I have to go away,
I know I have to go.

*Cat Stevens*

## Übersetzungsvorschlag:

*Vater:* Jetzt ist nicht die Zeit für Veränderungen, entspann dich erstmal, nimm's locker, du bist noch jung, das ist dein Fehler, es gibt so viel, was du wissen musst. Finde ein Mädchen, werde sesshaft, wenn du willst, kannst du heiraten. Schau mich an, ich bin alt, aber ich bin glücklich. Ich war früher, wie du jetzt bist, und ich weiß, dass es nicht leicht ist, ruhig zu bleiben, wenn man gemerkt hat, dass sich etwas verändert. Aber nimm dir Zeit, denke viel nach, denke an alles, was du hast, denn du wirst morgen noch hier sein, aber deine Träume möglicherweise nicht.

*Sohn:* Wie kann ich versuchen, es zu erklären? Wenn ich es tue, wendet er sich wieder ab, es ist immer dasselbe, immer die gleiche Geschichte. Von dem Moment an, als ich reden konnte, wurde von mir verlangt, zuzuhören.
Jetzt gibt es einen Weg und ich weiß, dass ich weggehen muss. Ich weiß, ich muss gehen.

*Vater:* Jetzt ist nicht die Zeit, etwas zu verändern, setz dich einfach hin, geh es langsam an, du bist noch jung, das ist dein Fehler, es gibt so viel, was du noch durchmachen musst. Such dir ein Mädchen, werde sesshaft, wenn du willst, kannst du heiraten. Schau mich an, ich bin alt, aber ich bin glücklich.

*Sohn:* All die Male, die ich geweint habe, hielt ich alles, was ich wusste, in mir verschlossen. Das ist hart, aber es ist härter, es nicht zu wissen. Wenn sie Recht hätten, wäre ich einverstanden, aber sie sind es, die wissen, nicht ich. Jetzt gibt es einen Weg und ich weiß, ich muss fortgehen. Ich weiß, ich muss gehen.

# Auf das Gewissen hören – Antwort im Glauben finden

## 1. Hintergrund

Die Überschrift dieser Deuteseite kann man als Antwort auf die Kapitelüberschrift »Was dem Leben Halt und Richtung gibt« verstehen.

Die Deuteseite handelt davon, dass man letztlich nur auf sein eigenes Gewissen hören, seinen eigenen Überzeugungen folgen und sich nicht von anderen zu stark beeinflussen lassen soll; denn schließlich geht es darum, den eigenen Weg zu finden, und nicht darum, andere nachzuahmen. Die Leitlinie, an der man sich orientiert, die Werte, aufgrund derer man entscheidet, gründen für ChristInnen im Glauben.

Die Elemente der Doppelseite laden Sch ein, jüdisch-christliche Werthaltungen und Gebote kennen zu lernen, die Halt und Richtung geben können.

### Gewissen

Das Gewissen ist unsere Fähigkeit zu entscheiden, was wir tun sollen oder hätten tun sollen. Das Gewissen urteilt in unserer innersten Mitte, ob eine Tat richtig oder falsch ist. Wir können gegen unser Gewissen handeln und Falsches tun. Dann erfahren wir das Gewissen oft als »schlechtes Gewissen«.

In psychologischer Hinsicht versteht man unter Gewissen verinnerlichte Werte, Normen und Gesetze, die Kinder von Erwachsenen übernehmen. Auch Gebote und Verbote, die in der Gesellschaft oder im Freundeskreis gelten, beeinflussen unsere Entscheidungen und unser Handeln.

Das Gewissen weiterzuentwickeln, ist eine lebenslange Aufgabe. Wenn wir üben, oft in uns zu gehen und auf unser Gewissen zu hören, können wir fraglich gewordene Vorschriften auf ihre tatsächliche Verbindlichkeit hin überprüfen.

Christen folgen dem biblischen Maßstab, was bedeutet, sich um den Nächsten zu kümmern; verantwortlich zu handeln, d. h. die Folgen des eigenen Tuns für sich und andere zu bedenken; Rechenschaft abzulegen über das Tun und Handeln, d. h. nicht gewissenlos zu handeln (vgl. zu Gewissen, Freiheit, Werte, Normen, Gewissensbildung: *Reli 6*, S. 82-85 und Lexikon S. 113).

### Chassidismus/Chassidische Geschichte (92)

Der Chassidismus (hebräisch: die »Bewegung der Frommen«) ist eine religiöse Bewegung des Judentums. Die bis in die Gegenwart hinein wirksame dritte Bewegung des Chassidismus ist im 18. Jahrhundert vor allem im südlichen Polen entstanden und von Rabbi Israel Ben Elieser (um 1700-1760), genannt Baal Schem Tov, begründet worden. Die Anhänger, die Chassidim, schließen sich einem Meister und Lehrer, dem Zaddik, an, der ihnen die Kommunikation mit Gott erleichtern soll. Sie glauben, dass in allem Gott sei; daher kommt die für den Chassidismus charakteristische Lebensbejahung und Lebensfreude.

Dass Chassidim sich Geschichten von ihren Führern erzählen, gehört zum innersten Leben der chassidischen Bewegung. Zum größten Teil bestehen diese Geschichten aus legendären Anekdoten. Man will Vorgänge der Geschichte und der Gegenwart pointiert zusammenfassen. Die Vorgänge werden so berichtet, dass sie nicht nur etwas »sagen«, sondern dass sie in etwas wirklich Gesagtem kulminieren. Der Vorgang wird ohne Ausschmückung zu einem Spruch verdichtet.

Was man aus dieser Geschichte lernen kann: Es ist falsch, einen anderen zu imitieren, auch wenn er / sie eine bewundernswerte Person war. Es gilt, das eigene Leben zu leben, mit all seinen Unzulänglichkeiten, aber auch den liebenswerten Eigenheiten, die jede/r von uns besitzt und die uns so unverwechselbar machen. Man kann sich zwar an Modellen orientieren, soll aber nie vergessen, dass man eine eigenständige Person ist, die eigene Qualitäten hat.

### Mutter Teresa (92)

Das Zitat ermöglicht eine Auseinandersetzung über die eigenen Handlungsmotive. Der Journalist denkt in Kategorien von Geld als Ausgleich für soziales Engagement. Mutter Teresas Maßstab entstammt offensichtlich einer anderen ›Währung‹.

Näheres über Teresa von Kalkutta S. 190.

### Orientierung – woran? (92)

Der biblische Text »Die Frage nach dem wichtigsten Gebot« Mt 22,34-40 thematisiert die im rabbinischen Judentum strittige Frage, ob die zahlreichen Gebote und Gesetzesvorschriften (zur Zeit Jesu gab es 613 heilige Vorschriften) alle gleich wichtig seien. Jesus fasst das gesamte Gesetz und die Propheten im doppelten Liebesgebot zusammen. An diesem Hauptgebot hängen alle anderen Gesetze. Gottes- und Nächstenliebe gehören untrennbar zusammen. Der Nächste ist derjenige, der mir zum Nächsten wird; d. h. dessen Not mich zur Hilfe drängt.

# Der Pilger

Er kommt von Compostella,
vom Grab des heil'gen Jakob,
geht heimwärts nach Madrid.
    Der Mann ist Mitte dreißig,
    hat tätowierte Arme,
    das lange Haar verschwitzt.
Paar hundert Kilometer
zu Fuß die Pilgerwege,
hat nur 'nen Beutel mit.

Als die Frau vor vielen Wochen
starb, hat er ihr es versprochen.
Jetzt löst er es ein.
Seine Kumpels werden lachen:
Alter, was machst du für Sachen?
Willste 'nen Heil'genschein?

Er war immer Rangierer.
Dann hab'n sie ihn gefeuert.
Dann starb an Krebs die Frau.
    Er ließ sich gehen, versackte,
    lag Mama auf der Tasche,
    war vormittags schon blau.
Die Mutter hat gebetet,
geschimpft und ihn verachtet.
Er wurde fett und grau.

Als er eines morgens leise
sprach: Ich geh auf Pilgerreise,
hat sie nur gelacht.
Weil er zuviel Schnaps im Blut hat
und sonst nix mit Gott am Hut hat.
Doch er hat's wahr gemacht.

Er hat von jedem Kloster
paar Karten in der Tasche.
Die bringt er Mama mit.
    S'ist nicht der Stolz alleine
    und nicht nur das Versprechen,
    es ist bei jedem Schritt:
die Zeit – sich zu erinnern,
mal Leichtigkeit, mal Trauer
um das, was ihm entglitt.

Und er lernt:
Die meisten wissen nicht,
wie schmackhaft so ein Bissen
trock'nes Brot sein kann.
Schwarztee, eine Zigarette,
eine trock'ne Ruhestätte
nimmt er dankbar an.

Er mag die Mittagshitze,
die Kühle in der Kirche,
die alten Liturgien,
die er zwar nicht versteht.
    Die Würde schlichter Leute,
    die ihm ein Bett anbieten,
    ihm einen Tee aufbrühen
    und segnen, wenn er geht.
Bei schönem Wetter liegt er
nachts draußen unter Sternen,
beäugt von scheuen Füchsen.
Sein Atem, ein Gebet.

Er weiß selbst nicht,
was er suchte:
Jedenfalls ist der verfluchte
»innere Schweinehund«
nicht mehr willenlos und träge.
Er spürt täglich auf dem Wege
untern Füßen Grund.

*T/M: Gerhard Schöne*

**Psalm 119,105 (92)**

Dieser Psalm fasst die drei anderen Texte dieser Seite zusammen: Gottes Wort gibt für jede/n Einzelne/n die Richtung an, hier ist Orientierung zu finden. Dabei hat jede/r seine / ihre eigenen Pfade zu erkunden, die es zu gehen gilt.

**Foto: Du bist wichtig (93)**

An der so genannten Speakers' Corner im Hyde Park in London dürfen RednerInnen öffentlich ihre Meinung vertreten. Das Foto zeigt einen Prediger mit Thesen in Anlehnung an die Bergpredigt. Der Text, den er auf seinem Plakat bekannt gibt, lautet übersetzt:

Du bist wichtig.
Du bist das Licht der Welt.
Du bist das Salz der Erde.
Evtl.: Du hast den Himmel in dir.
Du musst/du sollst deinen Nächsten wie dich selbst betrachten.

Gegenüber den Formulierungen der Bergpredigt (vgl. Mt 5,13-14 »Ihr seid das Salz der Erde«, »Ihr seid das Licht der Welt«) wird die Anrede individualisiert und auf das einzelne Kind im Foto bzw. uns als Betrachter/in zugespitzt: »Du bist wichtig, auf dich kommt es an.«

Der erhobene Zeigefinger des Predigers und das in großen Buchstaben präsentierte »Du musst«, die sich oberhalb des Kindes erheben, können aber auch Assoziationen an fanatische, engherzige Prediger auslösen.

## 2. Einsatzmöglichkeiten im RU

**Du bist wichtig**                      **Ideenseite 90**

– Leitfragen zum Bild:
* Wovon spricht der Mann? Was beabsichtigt er? Was versteht der Junge davon? Wie deutet er es? Ist der Mann für den Jungen ein Wegweiser? Oder schreckt er den Jungen durch rigorose Forderungen eher ab?
* Versuche dich zu erinnern, woran oder an wem du dich als Kind orientiert hast, wer oder was dir imponiert hat! Du kannst auch deine Lebenslinie zeichnen und entsprechende Markierungen/ Symbole eintragen! Woran orientierst du dich heute?

– Mithilfe des Gedichts AB 8.6.8 *Arbeitshilfen* S. 191 »Kann keiner mein Leben für mich leben« kann Sch bewusst werden, dass es wichtig ist, den *eigenen* Weg zu gehen, auch wenn Umwege oder Hürden zu bewältigen sind.

---

**Das Unmögliche wagen – nicht stehen bleiben**           **Deuteseite II 94-95**

## 1. Hintergrund

Die Doppelseite stellt beeindruckende Persönlichkeiten in der Ferne und in der Nähe vor, die – zunächst als Einzelne – begonnen haben, die Not in ihrer unmittelbaren Umgebung zu lindern. Gegen den Impuls, allein gegenüber unendlich vielem Leiden nichts ausrichten zu können, haben sie das Unmögliche gewagt – und haben Verbündete gewonnen und viel bewirkt. Die Beschäftigung mit Mutter Teresa in Indien und Bruder Martin in Nürnberg kann Sch angesichts eigener Ohnmachterfahrungen ermutigen, stellt Rollenmodelle vor und nicht zuletzt deren Motivation.

**Mutter Teresa (94)**

Die später so genannte »Mutter Teresa« wird am 27. August 1910 in Skopje (im heutigen Mazedonien) als Agnes Gonxha Bajaxhiu in einem gutbürgerlichen albanischen Elternhaus geboren. Schon mit 15 Jahren verschlingt sie Berichte jugoslawischer Jesuiten, die im bengalischen Gangesdelta und im Himalaja tätig sind. Drei Jahre später entscheidet sie sich für ein Leben in der Bengalenmission. Sie tritt bei den »Englischen Fräulein« (Maria-Ward-Schwestern) ein, einem pädagogisch tätigen Orden, dessen Mitglieder nach der Jesuitenregel leben. Nach wenigen Wochen in einem Dubliner Kloster wird sie in das Noviziat von Darjeeling (Indien, Himalaja) geschickt. 1931 legt Agnes ihre Ordensgelübde ab, nimmt den Ordensnamen Teresa an und kommt in die ordenseigene St. Mary's High School in Kalkutta. Die Schülerinnen stammen aus der schmalen bürgerlichen Oberschicht. Hinter den Mauern der Schule befindet sich ein riesiger Slum. Schwester Teresa durchstreift mit ein paar Schülerinnen das Elendsgebiet, verbindet Verwundete, bringt Lebensmittel und Kleidung. 1946 entscheidet sich Teresa, das Kloster zu verlassen, um ganz unter den Armen zu wohnen. Sie

## Kann keiner mein Leben für mich leben

Als ich heute von der Schule kam
und dann am Schreibtisch
den ganzen Kram vor mir sah,
mit dem ich mich beschäftigen soll,
der mich aber in jeder Beziehung kalt lässt,
da kam ich mir
so richtig allein gelassen vor,
so zurückgestoßen auf mich selbst,
so ausgesetzt in meine eigene Leere,
da wurde mir allmählich klar,
wie sehr es doch auf mich ankommt,
mit mir und meiner Situation
zurecht zu kommen,
denn letztlich bin ich allein,
muss auf die Zähne beißen
und mir meinen eigenen Weg bahnen.

Keiner kann für mich mein Leben
in die Hand nehmen
und mir meine Grundentscheidungen abnehmen,
keiner kann mein Leben
für mich leben –
ich kann es nicht leben lassen.
So viele mir auch zur Seite stehen
und mir helfen wollen,
mich offensichtlich mögen, –
so sehr kommt es doch darauf an,
dass ich selbst Profil gewinne
und meine Konturen gewinne,
dass ich »ich selbst« werde,
unverwechselbar,
unaustauschbar,
unersetzbar.
Mit dieser Aufgabe bin ich immer konfrontiert –
unausweichlich?

ist davon überzeugt, dass es Christi Willen entspricht, wenn sie ihm unter den Ärmsten der Armen dient. Obwohl sie keinerlei Ausbildung bezüglich der angestrebten »Straßenarbeit« hat, ist sie zuversichtlich, da sie überzeugt ist: »Gott geht mit mir, das ist sein Weg.« Ein Jahr nach dem Verlassen des Ordens stehen ihr bereits 26 junge Inderinnen tatkräftig zur Seite. 1950 wird der neue Orden »Carriers of Christ's Love in the Slums« gegründet. Die Missionaries verlassen sich jedoch nicht nur auf ihr gutes Herz; sie lernen grundsätzlich einen Beruf, um den Armen effektiv helfen zu können, als Krankenpflegerin, Lehrerin, Sozialarbeiterin, Juristin, Ärztin. Die Missionarinnen richten Sterbehäuser ein, nehmen unerwünschte Babies auf und unterrichten ansonsten chancenlose Kinder. 1979 erhält Mutter Teresa den Friedensnobelpreis. 1997 stirbt sie in Kalkutta.

### Vorbild oder Modell?

Neuere (religions-)pädagogische Literatur spricht lieber vom Modell-Lernen denn vom Vorbild-Lernen. Beim Lernen am Modell wird nicht die gesamte Person mit all ihrem Tun und all ihren Eigenschaften – unkritisch, so der Verdacht – nachgeahmt, sondern einzelne Verhaltensweisen und bewundernswerte Einstellungen einer Person werden zur eigenen Orientierung ausgewählt und in einem kreativen Aneignungsprozess in das eigene Leben integriert.

Das bedeutet mit Blick auf Mutter Teresa im Schulbuch, dass ihr Handeln nicht zur bloßen Nachahmung empfohlen wird; denn es war ihr Weg, wie sie in Kalkutta gewirkt hat. Sch sind herausgefordert, ihre persönliche Umsetzung des Liebes-Gebotes zu finden, ihren persönlichen Weg zu gehen.

### Straßenambulanz (94)

Bruder Martin Berni begann am 4. September 1995 mit der medizinischen Versorgung von Obdachlosen, Punks und Drogenabhängigen in Nürnberg. Der gelernte Krankenpfleger suchte die Wohnungslosen auf der Straße auf. Erst ab Januar 1996 konnte die Versorgung in einem eigenen Behandlungsraum stattfinden. Heute stehen Bruder Martin und seinen MitarbeiterInnen ein Behandlungsraum, ein Wartezimmer, ein Ruheraum, Küche, Waschküche, Dusche und WC zur Verfügung. Die Ambulanz bietet neben medizinischer und pflegerischer Basisversorgung auch Therapievermittlung, Beratungsgespräche, Unterstützung bei Wohnungs- und Arbeitsplatzsuche, Ausgabe von Kleidern und Lebensmitteln sowie Streetwork an und unterhält Kontakte zur Jugendvollzugsanstalt und zum Klinikum. Als sehr wichtig wird auch die Öffentlichkeitsarbeit angesehen, da sie helfen kann, Vorurteile gegenüber Wohnungslosen und Punks abzubauen.

Meist verhindern Scham, körperliche Schwäche oder negative Erfahrungen, dass die Hilfesuchenden in eine »normale« Arztpraxis gehen. Zur Ambulanz »Franz von Assisi« zu gehen, fällt ihnen leichter, da sie ja speziell für sie da ist. Hauptursachen der häufigsten Krankheiten sind – neben dem intravenösen Drogenkonsum mit verunreinigten Drogen- oder Spritzenbestecken – der exzessive Medikamenten- und Alkoholmissbrauch. Weiterhin spielen die aus der Obdachlosigkeit folgende mangelnde Körperhygiene und eine unausgewogene Ernährung eine große Rolle.

### Foto und Psalm 56,9 (95)

Vor der verschlossenen Tür eines christlichen Gebäudes (Kloster oder Kirche) liegt ein vermutlich obdachloser (kranker?) Mann. Sein Gesicht ist dem Eingang zugewandt. Nicht nur ist die Tür durch ein Vorhängeschloss verriegelt, sondern auch die Mauer darüber ist durch einen Stacheldraht gesichert. Paradoxerweise ragt dahinter ein Kreuz auf. Der Stacheldraht soll unliebsame Eindringlinge vor dem Übersteigen der Mauer hindern. Vermutlich konnte sich der Mann gerade noch bis zu dieser Tür schleppen, vor der er nun schläft und von der er hofft, dass sie sich ihm – hoffentlich nicht zu spät – öffnet.

In dieser Konstellation stellt das Bild eine Mahnung für Christen dar, sich dem Elend der Menschen nicht zu verschließen.

Über den konkreten Bezug hinaus gewährt das Bild aber auch Identifikationsmöglichkeiten für jeden, der sich in seiner Not sozusagen vor die Schwelle des Hauses Gottes legt. In Zusammenhang mit dem darunter abgedruckten Psalmvers vermittelt das Bild inmitten allen Elends einen Hoffnungsaspekt, ein letztes Vertrauen darauf, dass selbst die äußerste Not von Gott aufgefangen wird. Der gesamte Psalm 56 steht unter der Überschrift »Das Vertrauensbekenntnis eines Angefeindeten«. Es geht darin um einen Menschen, der von Feinden und Gegnern bedrängt und bedroht wird, aber trotzdem nicht verzweifelt, weil er auf Gott vertraut. Gottvertrauen und Zuversicht bewahren den Ich-Erzähler vor Resignation und Verzweiflung.

# Wegweiser

Jeder Mensch, der uns begegnet, kann zum Wegweiser für unseren Lebensweg werden.
Die einen leben so, dass wir manches, was sie uns vorleben, übernehmen oder nachahmen möchten. Sie bestärken und ermutigen uns auf unserem Lebensweg.
Die anderen wirken eher als »negative Wegweiser«, als »Sperrschilder«. Wenn wir ihren Lebensweg betrachten, denken wir: Diesen Weg will ich nicht gehen! So will ich nicht leben!

*Überlege dir, welche Rolle Menschen, mit denen du zu tun hattest, für deinen Lebensweg gespielt haben (denke z. B. an Eltern, Geschwister, Verwandte, Fremde, Lehrkräfte, Pfarrer, Trainer usw.). Was war an ihnen weg-weisend, vorbildlich? Wodurch wurden sie für deinen Lebensweg zum »Sperrschild«, zum »negativen Beispiel«?*

| Person | Weg weisend | Weg versperrend |
|---|---|---|
| Vater | | |
| Mutter | | |
| LehrerIn | | |
| | | |
| | | |
| | | |
| | | |

# Mutter Teresa kennen lernen

»Und weil das Interesse an der Dritten Welt hierzulande manchmal mehr mit dem Reiz des Exotischen zu tun hat als mit der realistischen Einsicht in die Notwendigkeit, ungerechte Strukturen zu ändern, dämpfte sie (Mutter Teresa) die Begeisterung ihrer Freunde im Westen gern mit dem guten Rat, sie sollten lieber den Nervensägen in ihrer unmittelbaren Umgebung zulächeln, als irgendwelchen weit entfernten armen Leuten einen Scheck zu schicken. ›Kennt ihr die Armen eurer Stadt?‹, pflegte sie bei ihren Deutschland-Aufenthalten hartnäckig zu fragen.«

*Mutter Teresa:* »Wissen wir, dass unser Nachbar unsere Liebe braucht? Wissen wir es?«

## 2. Einsatzmöglichkeiten im RU

**Das Unmögliche wagen**  Ideenseite 90
- Sch lesen die Informationen über die Hummel, die »eigentlich« nicht fliegen kann,
- und erzählen in KG oder im Plenum von ähnlich »unmöglichen« Beispielen.

**Plakatwand: Tolle Leute**  Ideenseite 90
- Bevor Sch sich an das Sammeln von Bildern von »tollen Leuten« machen,
- bearbeiten sie zunächst AB 8.6.9 *Arbeitshilfen* S. 193. »Wegweiser«. Hier geht es darum zu überlegen, was »tolle Leute« denn eigentlich ausmachen. Was ist an einem bestimmten, mir bekannten Menschen so, dass ich es für nachahmenswert halte?
- Andererseits besitzen alle Menschen Eigenschaften, die ich als nicht angenehm empfinde. Kann ich diese Seiten benennen?
* Auch Stars, die jungen Menschen gefallen und die als Vorbild oder Idol hoch im Kurs stehen, haben weniger angenehme Seiten.

**Mutter Teresa kennen lernen**
Sch sollen das Leben der Mutter Teresa kennen lernen und Anregungen für die Bewältigung ihres eigenen Lebens erhalten.
- Eine Gruppe von Sch setzt sich intensiv mit Mutter Teresa, ihren Taten und Gedanken auseinander. Diese Sch gelten dann als Experten und beantworten die Fragen der anderen. Mögliche Literatur zur Vorbereitung: Bader, Wolfgang (Hg.), Wie ein Tropfen im Ozean. Hundert Worte von Mutter Teresa, München/Zürich/Wien 1997; Feldmann, Christian, Die Heilige von Kalkutta, Freiburg 2000.
- Sch erhalten AB 8.6.10 *Arbeitshilfen* S. 193, lesen die Zitate durch und
* überlegen, was die Aussagen konkret für sie heute bedeuten könnten. Wer ist in ihrer Umgebung eine »Nervensäge«, der sie einmal zulächeln könnten? Haben sie schon einmal mit ihren Nachbarn in der Wohngegend gesprochen oder wenigstens einen guten Tag gewünscht? Wollen sie es einmal ausprobieren?
* Über die Erfahrungen wird dann in einer der folgenden Unterrichtsstunden (verabreden!) gesprochen.

**Einen besonderen Arbeitsplatz erkunden**  Ideenseite 91
Sch erkundigen sich in KG über Bruder Martins Straßenambulanz in Nürnberg (*Lexikon Reli 8*) und über ähnliche Einrichtungen in ihrer Stadt oder Diözese.

**Eine Vorbild-Kette knüpfen**
Bruder Martin hat ein Vorbild für sein Handeln: Er hat Mutter Teresa erlebt und ihre Forderungen an die Menschen in den wohlhabenden Ländern in die Tat umgesetzt. Für beide, Mutter Teresa und Bruder Martin, ist wiederum Jesus das große Vorbild, da er sich immer für die Schwachen und Hilfsbedürftigen eingesetzt hat, ohne dabei auf seinen »guten Ruf« zu achten.
- Können solche Menschen, wie Teresa und Martin, Vorbilder für die heutigen Sch sein? Finden sie auch einen Platz auf der »Tolle-Leute«-Wand?
- Kennen Sch ähnliche Vorbild-Ketten, durch die sich gute Ideen verbreitet und – oft über Generationen – ausgebreitet haben (in Orden, Stiftungen, Familienbetrieben oder -traditionen)?

**Mein Elend ist aufgezeichnet bei dir**
Tröstlich kann es bereits sein, wenn menschliche Not wahrgenommen wird. Der Psalmist drückt die Überzeugung aus, dass bei Gott alle Tränen aufgefangen sind.
- Sch malen ein eigenes Bild zu diesem Psalmvers oder gestalten den Psalmvers kalligrafisch. Mit Begleitung durch eine geeignete Musik wird dies zu einer meditativen Aneignung und Vertiefung.

## Mutig den Weg gehen – sagen, was ist  Infoseiten 96-97

### 1. Hintergrund

**Pablo Gargallo (1881-1934)**
P. Gargallo wurde am 5. 12.1881 in Maella/Aragon geboren und starb am 28.12.1934 in Reus. Der spanische Bildhauer und Grafiker war von den kubistischen Werken Pablo Picassos beeinflusst. Während er in seinen Frühwerken alle Details ausschmückte, vereinfachte er seine Ausdrucksmittel in seinen letzten Werken.

**Pablo Gargallo: Der Prophet, 1933 (96)**
Pablo Gargallo hat diesen Propheten als durchlöcherte, rostbraune Eisenskulptur dargestellt. Sie stützt sich mit der linken Hand auf einem Wander-

stab ab und streckt den rechten Arm mit geöffneter Hand und gespreizten Fingern in die Höhe. Die Löcher in der Figur machen sie zu einem offenen, durchlässigen Wesen. Nicht das eigene Ich erfüllt diese Person, sondern ein anderer tritt durch sie hinein und hinaus. Trotzdem ist sie durch kraftvolle starke Beine und Füße standfest. Dieser feste Stand und ihre Durchlässigkeit bewirken, dass die Figur so schnell kein Sturm umstoßen wird. Der Wanderstab deutet an, dass der Prophet nicht an einem Ort bleibt; sondern auf das Umherziehen eingestellt ist, um an möglichst vielen Orten seine Botschaft weiterzusagen. Der nach oben gestreckte Arm kann zweierlei bedeuten: die Eindringlichkeit, mit der der Prophet zu den Menschen spricht und die er durch Gestik unterstreicht, und seine Verbindung »nach oben« zu Gott. Die Eisenskulptur entstand ein Jahr vor dem Tod des Künstlers, in dem Jahr, in dem Hitler die Macht ergriff und Terror und Verfolgung Andersdenkender systematisiert wurden (März: Ermächtigungsgesetz, »Schutzhaft« v. a. für KommunistInnen, erstes Konzentrationslager in Dachau, Mai: Gleichschaltung der Gewerkschaften, Juli: Auflösung der Parteien, Reichskonkordat).

## Prophetie

Im alltäglichen Sprachgebrauch versteht man unter einem Propheten einen Menschen, der prophezeit, also die Zukunft weissagt. Gemäß dieser Sicht hat Gott die Propheten zu Israel gesandt um den Messias anzukündigen. Tatsächlich aber finden sich bei den Propheten nur wenige messianische Texte, mehrheitlich sind Gotteszeugnisse überliefert. Der hebräische Ausdruck für Prophet *nabi* bedeutet nichts anderes als »berufener Rufer«, dessen griechische Wiedergabe mit *prophétes* meint ursprünglich den »Sprecher der Gottheit vor dem Volk«. Amos und Jesaja verstanden sich selbst wohl als »Seher«, Jeremia wird als Prophet bezeichnet.

Prophetinnen und Propheten traten und treten mit folgendem Selbstverständnis auf:
– Sie sind Überbringer bzw. Boten ihnen zuteil gewordener konkreter Gottesworte, die sie ungefragt und kompromisslos übermitteln müssen – als »berufene Rufer« oft gegen ihren eigenen Willen.
– Durch diese Inspiration haben sie die Gabe der schonungslosen Gegenwartskritik.
– Prophetinnen und Propheten suchen die Öffentlichkeit. Ihre Adressaten sind der König, die führenden Kreise von Staat und Gesellschaft, die Priester, aber auch das ganze Volk.
– Sie sind KritikerInnen, Visionäre, deren einzige Legitimation ihre Gottunmittelbarkeit ist. Als Protestierende sind sie notwendige Gegeninstanz zum Amt und zur Institution (vgl. Erich Zenger u.a., Einleitung in das Alte Testament, Stuttgart/Berlin/Köln 1995, 293-303).

Die Bedeutung der Prophetie bis heute liegt in ihrer unaufhaltsamen Wirkmächtigkeit. Das prophetische Wort ist einerseits ungeheuer konkret in eine einmalige Zeitkonstellation gesprochen, andererseits erhält es in späteren Zeiten neue Aktualität.

### Prophetische Rede in Jesaja

Die Redeform in Jes 1,13.16-17 wurzelt im Rechtsleben und entspricht einer Gerichtsverhandlung: Jahwe deckt die Schuld seines Volkes auf, an dieser Stelle den falschen Gottesdienst, der dem tatsächlichen Willen Gottes gegenübergestellt wird. Der Prophet gibt dem Volk zu verstehen, dass rein rituelle Verehrung vor Gott keinen Wert hat: Die wahre Verehrung Gottes geschieht vielmehr in der Sorge um das Gute und in der Fürsorge für die Unterdrückten.

### Deuterojesaja

Das zweite Bibelzitat *Deuteseite* 96 stammt aus Deuterojesaja. Das umfangreiche Buch Jesaja des Alten Testaments wird heute wegen seiner sachlichen und formalen Unterschiede als Buch aus drei Teilen aufgefasst: Jes 1-39 (Protojesaja), Jes 40-55 (Deuterojesaja), Jes 56-66 (Tritojesaja).

In Jes 40-55 wird der Name »Jesaja« nicht genannt. Der große Textabschnitt beginnt mit einem Einleitungsteil (Prolog 40,1-11) und hat in einem Schlussteil seine Entsprechung (Epilog 55,8-11). Kapitel 40-55 sprechen von der Vergebungsbereitschaft Gottes: Gott will, dass sein Volk getröstet wird. Er selbst ist der Tröster, der Retter seines Volkes. Der ewige Gott, dessen Wirken Vergangenheit und Zukunft umgreift, kann nicht als müde und matt verstanden werden; im Gegenteil, er ist ein Gott, der gibt. Die aufgelisteten Notsituationen (die Müden, Kraftlosen, Stolpernden, Stürzenden) haben ihre Entsprechungen in den Klageliedern Israels. Demgegenüber (»Weißt du es nicht, hörst du es nicht?«) wird hier denjenigen, die auf Gott vertrauen, die Möglichkeiten Gottes in starken Bildern zugesagt.

### Der Prophet Amos (96)

Amos war von Haus aus ein Viehzüchter und Maulbeerfeigenpflanzer aus Tekoa, südlich von Betlehem.

Er wurde gegen Ende der Regierungszeit des politisch und wirtschaftlich überaus erfolgreichen Königs Jerobeam II. (787-746 v. Chr.) als Prophet ins Nordreich Israel gesandt, wo er für kurze Zeit bis zu seiner Ausweisung am Reichsheiligtum vom Bet-El wirkte. Die Hauptanklage dieses ältesten Schriftpropheten richtet sich gegen die des Gottesvolkes unwürdigen Zustände im Staat, in der Verwaltung, im Gerichtswesen und in der Wirtschaft. Weil die oberen Schichten die Menschen niedriger Herkunft und ungesicherter sozialer Lage zu bloßen Objekten ihres Erwerbs-, Macht- und Genusstriebes herabwürdigten und so das »Gottesrecht« brachen, musste Amos das Todesurteil Gottes für das Reich Israel verkünden. Eine auf den Kult beschränke Verehrung Gottes wurde von Amos verworfen. Jahwe ist nach ihm so sehr ein »Gott für die Menschen«, dass Unmenschlichkeit und Missachtung der fundamentalen Menschenrechte seinem Strafgericht verfällt. Wegen seiner unbequemen Kritik wurde Amos vom Oberpriester beim König angezeigt. Er erhielt Redeverbot und wurde des Landes verwiesen. Sein weiteres Schicksal ist unbekannt. Übersetzt bedeutet der Name Amos: Last Gottes.

**Schlussstein »Jesu Schulgang« (97)**
Dass man dieses Medaillon überhaupt zu sehen bekommt, dafür ist einzig und allein die moderne Fototechnik verantwortlich, denn ein Schlussstein so hoch oben am Scheitel eines gotischen Gewölbes, wie dem in der Nürnberger Frauenkirche, ist mit bloßem Auge nicht mehr zu erkennen. Ein Steinmetz, der vor ca. 600 Jahren dort oben auf dem Gerüst arbeitete, hat dieses Kunstwerk wohl ganz für sich allein geschaffen. Als Handwerker hatte er eine weit weniger dogmatische Vorstellung von der himmlischen Maria als Pfarrer und Theologen, die unten in der Kirche über sie gepredigt haben mögen. Für ihn war sie eine Frau mit alltäglichen Pflichten. Auch den Jesusknaben stellte er sich wie ein normales Kind vor, das zuerst tüchtig lernen musste, bevor es in der Öffentlichkeit auftrat. Und so stellte unser Handwerker eine Szene dar, wie sie nicht in der Bibel zu finden ist, wie sie aber die fromme Fantasie gerne ergänzt: Maria nimmt ihren Sohn bei der Hand und führt ihn zur Schule. In seiner anderen Hand trägt dieser seine Schultasche. Maria hat ein Bündel um die Schultern gelegt. Oder soll es gar eine Rute sein, wie man sie für Kinder damals ständig bereithielt? Gebraucht haben wird sie sie für dieses Kind wohl kaum. Ein über den beiden schwebender Engel begleitet sie. Diese Darstellung ist erstmals in der Frauenkirche nachgewiesen – eine Maria der kleinen Leute. Unter diesem Marienbild lässt es sich leben.

**Bilder von Maria im Wandel der Zeit**
Marienbildnisse spiegeln wider, wie die Zeit, in der sie entstanden sind, Maria gesehen hat: als Mater dolorosa (schmerzensreiche Mutter), als Schutzmantelmadonna, als die Nährende, Makellose, Muster der Keuschheit, gesegnete Mutter, Himmelskönigin usw. Auch die vier Bilder AB 8.6.13 *Arbeitshilfen* S. 204 von Velázquez, Michelangelo, Namuli und Chagall zeigen vier verschieden Sichtweisen auf Maria: die Mater dolorosa von Michelangelo, die überhöht dargestellte Maria von Velázquez, die schwarze Maria von Namuli und die schwangere Maria von Chagall.

*Michelangelo: Pietà (1498-99/1500)*
Michelangelo Buonarroti (1475-1564) verkörperte als Bildhauer, Maler, Dichter, Architekt das Universalgenie der ausgehenden Renaissance.
Die Pietà stellt eine typische Mater dolorosa dar – die schmerzgeprüfte Maria, sitzend auf einem Thron, hält ihren gekreuzigten Sohn Jesus in den Armen, von zwei Engeln umschwebt.

*Velázquez: Die Jungfrau von der Unbefleckten Empfängnis (ca. 1618)*
Der adlige barocke Maler Diego Rodríguez de Silva y Velázquez (1599-1660) ist die überragende spanische Künstlerpersönlichkeit des 17. Jahrhunderts. Auf seinem Marienbild steht die überproportional große Maria auf dem Mond, gekleidet wie eine Königin. Ihr Blick ist demütig gesenkt, ihre Hände sind zum Gebet gefaltet.

*Chagall: Die schwangere Frau (1913)*
Der Künstler Marc Chagall lebte von 1887 bis 1985. Der Chassidismus, eine mystisch-asketische Richtung des Judentums, dem die Vorstellung einer immerwährenden Gemeinschaft der Menschen mit Gott eigen ist, bildet die Grundlage der Traumwelten Chagalls.
In seinem Bild »Die schwangere Frau« ist Maria überproportional groß dargestellt und befindet sich in der Bildmitte. Sie schwebt eventuell sogar, zeigt Nähe zum Himmel. Man sieht den noch ungeborenen Jesus in ihrem Bauch, auf den Maria mit dem Finger deutet.

*Rosemary Namuli: Mary (Steinskulptur, Ostafrika)*
Die schwarze Bildhauerin Rosemary Namuli zeigt mit ihrer Steinskulptur eine schwarze Maria. Die Skulptur ist aus porösem Stein gehauen. Ein nicht weiter ausgearbeitetes Kleid bedeckt die Gestalt bis auf die Zehen. Maria blickt nach rechts, als ob sie in die Zukunft schaute. Auch ihr rechter Fuß ist zu

# Eine prophetische Rede

Wehe euch, die ihr _____

_____

Wehe denen, die _____

_____

Wehe euch, die ihr _____

_____

Wehe denen, die _____

_____

Wehe euch, die ihr _____

_____

Wehe denen, die _____

_____

An jenem Tag wird _____

_____

***Ja, Gott ist meine Rettung; ihm will ich vertrauen und niemals verzagen!***

einem Schritt nach vorn gesetzt. Gleichzeitig zeigt die Handhaltung, dass die Frau ganz bei sich ist. Oder ist sie erschrocken über das, was auf sie zukommt? Die Gestaltung durch eine schwarze Künstlerin kann ins Bewusstsein rufen, dass Maria als Brückenbauerin zu anderen Kulturen und Religionen wirkte. Im Koran z. B. handelt eine der längsten und die einzige nach einer Frau benannte, die Sure 19, von Maria. Sie enthält Zitate, Umschreibungen aus dem NT, u. a. aus dem Lk-Evangelium. So wie nach muslimischem Verständnis zwischen Muhammad und Jesus Parallelen als Propheten gezogen werden, so auch zwischen Muhammad und Maryam als zwei Trägern des Wortes Gottes.

### Rut – ein Frauenbuch

Das Buch Rut spielt in der Richterzeit. Die Entstehung wird entweder in spätnachexilischer Zeit (4. Jh. v. Chr.) oder in der Königszeit (um 700 v. Chr.) angesiedelt.

Rut zeichnet sich durch Solidarität und Mut aus. Sie tritt als eine Frau auf, die eine unkonventionelle Entscheidung trifft, indem sie als Ausländerin einen Juden heiratet und indem sie sich an eine ältere Frau, ihre Schwiegermutter Noomi, die zudem als unverheiratete Frau als schutz- und rechtlos galt, bindet und den Schritt in die Fremde wagt. Sie nimmt ihr Leben selbst in die Hand und wird zum Segen für viele. Sie gilt als eine der Urgroßmütter Davids. In Rut 1,16 f. kommt ihre Solidarität zum Ausdruck, da sie ihre alte Schwiegermutter nicht verlässt und mit ihr in eine ungewisse Zukunft geht. Beeindruckend ist weiterhin, dass sie Noomis Gott als ihren eigenen betrachtet, ihren Glauben aufgibt und diesen neuen Gott leibhaftig in ihrer Schwiegermutter verkörpert sieht. Da Noomi eine Frau ohne Status ist, ist ihr Gott kein Gott der Elite und der Begüterten, sondern ein Gott der Machtlosigkeit und der Armut.

Indem sich Rut für Noomi »besser als sieben Söhne« (Rut 4,16) erweist, kann diese Erzählung als Schilderung eines Sieges über Rassismus, Klassen und Sexismus charakterisiert werden; denn Rut gehörte in der Perspektive der Judäer zum falschen Volk (die Moabiter waren Ausgestoßene), zur falschen Klasse (Rut war so arm, dass sie Ähren lesen musste) und zum falschen Geschlecht (Rut, eine Frau in der Männerwelt). Gleichzeitig zeichnet das Buch Rut ein Bild von zwei Frauen, die ihre durch gesetzliches Recht zustehenden Ansprüche (Leviratsehe) einklagen.

### Frauen um Jesus

Die Frauen, die Jesus nachfolgten, hatten nicht nur etwa für die hauswirtschaftlichen Besorgungen der Apostelgemeinschaft aufzukommen, sondern sie waren angenommen zur Jüngerschaft (Nachfolge und Diakonie sind nach Mk 15,40 f. parr. Kriterien für die Jüngerschaft). Diejenigen, die nach dem jüdischen Gesetz nicht fähig waren, Zeugnis zu geben, Frauen als »inoffizielle« Personen also, werden von Jesus aus ihrer Verborgenheit herausgerufen und in die Öffentlichkeit des Glaubenszeugnisses gestellt. Nach altisraelischem Brauch nennt man eine Frau nach dem Mann, der sie öffentlich-rechtlich vertritt; die Zeit Jesu kannte die gleiche, für eine patriarchalische Gesellschaft selbstverständliche Sitte (»Johanna, Frau des Chuzas« Lk 8,3; »Maria, Frau des Klopas« Joh 19,25). Umso mehr fällt auf, dass in den Namenslisten der Frauen beim Kreuz Jesu die übliche Namensform zurücktritt. Frauen tragen ihren eigenen Namen (Maria von Magdala) oder sie werden nach ihren Söhnen benannt. Wahrscheinlich lebten diese Frauen allein, unverheiratet oder verwitwet, und hatten so mehr Freiheit, sich den Jüngern anzuschließen. In der »Familie Jesu« galten Schwestern und Brüder gleich viel – anders als in einer Gesellschaft, in der allein stehende Frauen sich selbst rechtlich nicht vertreten konnten und benachteiligt waren, vor allem, wenn sie nicht zu den Wohlhabenden gehörten.

Maria von Magdala ist eine Begleiterin bzw. Jüngerin Jesu, die von sieben Dämonen geheilt worden ist (Lk 8,1-3). Sie bezeugt Jesu Tod und spielt bei der Grablegung und der Bezeugung seiner Auferweckung eine wichtige Rolle. Sie hatte offenbar weder Gatten noch Sohn, mit deren Namen man sie von anderen Marien hätte unterscheiden können; darum nannte man sie nach dem Heimatort Magdala in Galiläa. Ihr Name weist Maria von Magdala aus als Jüngerin Jesu, die alles verließ und ihm nachfolgte. In den Frauenlisten im Zusammenhang mit Kreuzigung, Grablegung und Ostermorgen (Mk 15,40 f. 47; 16,1 jeweils mit Parallelen) wird sie stets als Erste genannt, was darauf hindeutet, dass sie (parallel zu Petrus, der in den Männerlisten immer zuerst genannt wird,) in den Gemeinden des frühen Christentums besondere Autorität hatte. Diese Autorität ist nach den Kriterien, die Apg 1,21 f. 25 nennt, die der »Zeugin der Auferstehung« und Apostelin. Während die Evangelien hierin übereinstimmen, berichtet Paulus anders über die Auferstehungszeugen (1 Kor 15,3). Lange folgte die traditionelle Exegese vorrangig Paulus. Aber bis ins hohe Mittelalter wurde Maria von Magdala zuweilen noch Apostelin genannt. Der mittelalterliche Theologe Abaelard (1079-1142) schreibt in seinem 7. Brief an Héloise: »Wir nennen Maria Magdalena Apostelin der Apostel (apostolorum apostolam), so wie wir auch nicht zögern, sie Prophetin der Propheten zu nennen« (PL 178, 246).

*Literatur:*
Helen Schüngel-Strauman: Maria von Magdala – Apostelin und erste Verkünderin der Osterbotschaft, in: Dieter Bader (Hg.): Maria Magdalena. Zu einem Bild der Frau in der christlichen Verkündigung, München/Zürich 1990, S. 9-22

Luise Schottroff/Elisabeth Moltmann-Wendel: Art. Maria Magdalena, in: Elisabeth Gössmann u.a. (Hg.): Wörterbuch der Feministischen Theologie, Gütersloh 1991, S. 275-277

## 2. Einsatzmöglichkeiten im RU

**Missstände anklagen – Vertrauen wecken**
In der Sorge um die gesellschaftlich Verachteten und Unterdrückten sind die Prophetinnen und Propheten für Gerechtigkeit eingetreten.
– In KG schlagen Sch in der Bibel nach, welche Missstände die Propheten zu Wehe-Rufen veranlasst haben (z. B. Jes 3,11; 5,8.11.18.20-23; 10,1-2.5; 8,1; 28,1; 29,1; 29,15; 30,1; 31,1; 33,1; Jer 22,13-19; 23,1-8; Am 5,7; 6,1).
Sie erkunden ebenso, mit welchen Hoffnungsworten die Propheten die Unterdrückten aufgerichtet haben »An jenem Tag wird ...« (vgl. Jes 10,20.27; 11,10-11; 12,1.4; 17,7; 19,16-24; 25,9; 26,1; 27,12; 28,5. Jer 30,8; Am 9,11-15).
– Wen betrachten Sch heute, vielleicht auch in ihrem Lebensumfeld, als Mahner für Recht und Gerechtigkeit?
– Wo sehen Sch selbst Ungerechtigkeiten, die benannt werden müssen? Dazu erhalten Sch AB 8.6.11 *Arbeitshilfen* S. 197.

**Interview einer Reporterin mit Jeremia**
Dieses Interview eignet sich für Klassen, die auch einen längeren Text (AB 8.6.12 *Arbeitshilfen* S. 200 f.) konzentriert lesen können, oder für einen Projekttag zum Thema »Propheten«.

*Variationen:*
– Das Interview wird als Hörspiel auf Tonband wiedergegeben.
– Auch in Ausschnitten oder in gekürzter Fassung ist es ergiebig.
– Der Text kann auch zerschnitten und arbeitsteilig in KG bearbeitet werden; denn jede einzelne Antwort des »Propheten« ist aussagekräftig.

*Fragen zur Texterschließung:*
– Was ist der Unterschied zwischen einem Propheten und einem Wahrsager? (Ein Wahrsager will mit Hilfe von ominösen Mitteln die Zukunft vorhersagen und sagt das, was die Leute hören wollen; ein Prophet spricht von der jetzigen Wahrheit, auch wenn sie unangenehm ist.)
– Was fordert Jeremia von jedem? (kritisch zu sein, nicht einfach nur alles nachzusprechen, ohne darüber nachzudenken, auch kleine Ungerechtigkeiten nicht geschehen zu lassen.)
– Wie ist Jeremias Gottesbild? (Er zeigt Gott als Freund, dem man Sorgen und Hoffnungen anvertrauen kann.)
– Was würdest du auf Jeremias Frage »Gibt es in eurer Zeit noch Propheten« antworten? (Beispiele für heutige Prophetinnen und Propheten, die ausgelacht oder verkannt wurden, sind u. a.:
* Leute, die die Folgen der Umweltzerstörung und die Klimakatastrophen vorausgesagt haben und denen niemand glaubte, bis diese heute unübersehbar und somit unleugbar sind;
* Tierschützer, die auf die Zustände in Geflügelzuchtanlagen, Kuhställen und Schlachthöfen hinweisen;
* Die Mütter der Plaza de Mayo in Argentinien, die unermüdlich die während der Diktatur »Verschwundenen« beklagen und fordern, dass die Verantwortlichen zur Rechenschaft gezogen werden;
* Die Leute von Greenpeace, die oft spektakuläre Aktionen starten, dafür harsche Kritik ernten, aber meist die Einzigen sind, die bemerkbar protestieren und auf einen Missstand im Umweltbereich aufmerksam machen.)
– Was hältst du von Jeremia und seinen Aussagen?
– Versuche dich in Jeremia hineinzudenken und das wiederzugeben, was er wohl am Abend eines mühsamen Tages zu Gott sagen könnte. Schreibe deine Ergebnisse auf und gestaltet mit euren Blättern ein Plakat!

**Ave Maria junger Menschen (97)**
Anhand eines Vergleichs des traditionellen Ave Maria mit dem »Ave Maria junger Menschen« können unterschiedliche Positionen der Betrachtung Marias herausgearbeitet werden: Einmal wird Maria

# Interview einer Reporterin der Schülerzeitung mit Jeremia

**SABINE:** Guten Tag, Herr Jeremia, ich heiße Sabine, bin aus der 8b und mache bei der Schülerzeitung mit. Ich würde gerne einen Artikel über Sie schreiben; wir haben im Unterricht von Ihnen gehört und ich dachte, Ihr Leben könnte auch für die anderen Schülerinnen und Schüler interessant sein. Würden Sie sich zuerst einmal kurz für die vorstellen, die Sie noch nicht kennen?

**JEREMIA:** Mein Name ist Jeremia und ich stamme aus Israel. Genau gesagt aus Anatot, unweit von Jerusalem, aber ich glaube, das sagt dir nicht viel, nicht wahr? Es ist auch schon eine ganze Weile her ...

**SABINE:** Ich habe von Vorwürfen gegen Sie gehört – wie lauteten denn die genau?

**JEREMIA:** Man hat mir vorgeworfen, ich sei ein Weltverbesserer, ein ewiger Nörgler, der immer nur schwarz sehe. Ich störe doch nur die Ruhe und schließlich: Wenn sich etwas ändern solle, müssten zunächst einmal die anderen damit anfangen.

**SABINE:** Ach, so war das damals?

**JEREMIA:** Ja, so lauteten die Vorwürfe damals. Und man hat es denn auch nicht dabei belassen, sondern mich zuletzt verfolgt und ins Gefängnis geworfen.

**SABINE:** Und was sagen Sie zu diesen Vorwürfen? Können Sie die widerlegen?

**JEREMIA:** In Wirklichkeit war ich berufen. Von Gott persönlich. Du schüttelst den Kopf?

**SABINE:** Aber so etwas gibt es doch nicht wirklich!

**JEREMIA:** Ja, gewiss, es ist ja nicht so, dass man so etwas täglich erfährt, und ich habe auch oft an dieser Berufung, an diesem Auftrag, den Gott mir gegeben hat, gezweifelt und unter ihm gelitten. Hatte ich es mir nicht nur eingebildet? War ich nicht zu jung für diesen Auftrag?

**SABINE:** Was war denn eigentlich Ihr Beruf?

**JEREMIA:** Von Beruf bin ich Prophet und stamme sozusagen aus einer »Pfarrersfamilie«: Mein Vater war Priester im Tempel in Anatot. Aber ich muss hier gleich zwei Missverständnissen zuvorkommen. Das eine betrifft das Wort »Prophet«. Ich glaube, du denkst beim Wort »Prophet« an jemanden, der genaue Voraussagen für die Zukunft machen kann, einen, der herumorakelt: einen Wahrsager. Aber so einer bin ich nicht. Mir ging es immer mehr um die Gegenwart als um die Zukunft. Das heißt genauer: Ich habe meinen Zeitgenossen zu verdeutlichen versucht, dass ihr jetziges Verhalten für ihre Zukunft schlechte Folgen haben könnte. Dieser Gedanke ist euch Jugendlichen ja sicher nicht fremd. Ich habe also nicht, wie es die Wahrsager meistens tun, den Leuten gesagt, was sie gerne über ihre Zukunft hören würden. Vielmehr habe ich mich immer bemüht, die Wahrheit zu sagen.

**SABINE:** Und niemand wollte die Wahrheit hören?

**JEREMIA:** Nein, aber es gab für mich zu meiner Zeit mancherlei Anlass dazu, die Wahrheit ans Licht zu bringen: Das ganze Land, der ganze Staat waren bestechlich geworden, die Armen wurden immer ärmer, die Reichen immer reicher, jeder lebte auf Kosten des anderen. Das Land verelendete immer mehr, es gab keine Rücksicht mehr und es galt noch das Recht des Stärkeren. Man wirtschaftete in die eigenen Taschen und achtete nicht mehr auf die Folgen des eigenen Tuns. Dabei blieben viele Schwächere in dieser Ellbogengesellschaft auf der Strecke.

**SABINE:** Das hört man auch heute immer öfter ...

**JEREMIA:** Ich fragte mich, wohin es mit diesem Land, mit diesem Volk noch gehen sollte. Ich sah eine Katastrophe kommen. Ich habe als Prophet dagegen meine – oder besser Gottes – Stimme erhoben. Ich bin also in diesem Sinne auch ein Wahrsager, nämlich einer, der sagen muss, was wahr ist, auch wenn es vielleicht unangenehme Wahrheiten sind.

**SABINE:** War das Ihrer Familie, Ihrem Vater als Priester, auf den alle Leute schauten, nicht unangenehm, wenn Sie so Aufsehen erregten?

**JEREMIA:** Und wie! Aber jetzt ist vielleicht der Zeitpunkt gekommen, um einem zweiten Missverständnis zuvorzukommen: Ich stamme zwar aus einer »Pfarrersfamilie«, aber besonders fromm bin ich nicht. Jedenfalls nicht in dem herkömmlichen Sinn, wie es meine Zeit verstand. Religion war nämlich »in« und stand hoch im Kurs. Überall gab es Tempel und es wurden rauschende Feste für die Götter des Wachstums gefeiert. Man suchte sein Heil bei allen möglichen Göttern, das heißt, man versuchte seine Weltsicht ganz oben zu versichern. Man ging in die Kirche, würde man wohl heute sagen, aber irgendwie schien man sich davon nicht weiter berühren zu lassen. Es änderte sich nichts, und man konnte den Eindruck gewinnen, die Kirche habe auch gar kein Interesse daran, dass sich etwas änderte. Die Priester oder Pfarrer zelebrierten unverständliche Zeremonien, und die Leute glaubten, dass ein bisschen Religion ja nichts schaden könne. Jedenfalls solange sie einen nicht in Frage stellte und man so weitermachen konnte wie bisher.

**SABINE:** Irgendwie kommt mir das bekannt vor ...

**JEREMIA:** Jeder feilte an seiner Karriere, aber die Herzen blieben leer. Man glaubte nur noch an sich selbst. Die Konsequenzen dieses Tuns wollte man nicht wahrhaben. Dem rücksichtslosen Egoismus meiner Zeitgenossen stand Gottes Angebot für eine sinnvolle Zukunft entgegen. Aber dazu bedurfte es einer radikalen Umkehr. Man musste doch endlich etwas ändern! Ich habe gehört, dass der Egoismus der Menschen heute soweit geraten ist, dass man sich zusammentun muss, um die ganze Erde – und nicht nur, wie ich, ein Land! – vor dem Untergang zu retten.

**SABINE:** Ja, das ist leider so. Und meist kann man sich da nicht einigen. Aber was sagten Ihnen die Schriften? Fanden Sie eine Antwort?

**JEREMIA:** Ich erlebte in dieser Begegnung mit den Schriften meiner Religion, von denen wir sagen, dass sie Gottes Wort sind, meine Berufung. Es müsste doch jemand den Menschen sagen, dass sie umkehren müssen oder dass ihr Egoismus und ihre Rücksichtslosigkeit in den Untergang führen wird. Ich musste ihnen doch davon berichten, dass Gott ihr Freund sein und ihre Herzen ändern wollte, damit sie umkehren und ein sinnvolles Leben führen konnten. Ein Leben, das auch im Schwächsten noch den Mitmenschen sieht und sich deshalb für Gerechtigkeit einsetzt.

**SABINE:** Was taten Sie?

**JEREMIA:** Ich ging hin und erzählte den Menschen von den unangenehmen Wahrheiten, aber auch von meinen freudigen Entdeckungen. Ich habe es auch nicht bei Worten belassen, sondern immer wieder auch mit spektakulären Aktionen auf die drohenden Gefahren aufmerksam gemacht.

**SABINE:** Hörten denn die Leute auf Sie?

**JEREMIA:** Nein, ich stieß natürlich auf viel Widerspruch. Den Leuten war es nicht nur unangenehm, auf die Folgen ihres Tuns hingewiesen zu werden, ihnen passte es auch nicht, dass ich ihnen in Gottes Namen dreinredete. Sie kannten nur die Götter, mit denen man einen Tausch macht: Wie du mir, so ich dir. Ich habe da ganz andere Erfahrungen mit Gott gemacht, Gott als Freund kennen gelernt, dem ich mich anvertrauen und dem ich klagen kann, den ich fordern kann und der mich fordert.

**SABINE:** Hat man Ihnen also nicht geglaubt?

**JEREMIA:** Meine Zeit hat das alles nicht wahrhaben wollen. Man hat mich verfolgt, eingesperrt, wollte mich zum Schweigen bringen. Wenn die Wahrheit zur Sprache kommt, ist das ja meistens so. Dabei ging es ja gar nicht um mich. Wenn es nach mir gegangen wäre, hätte ich lieber nachgegeben und geschwiegen. Denn ich wurde oft verspottet, gemieden und litt sehr unter der Einsamkeit. Nur ein wirklicher Freund, Baruch, blieb bei mir. Man verübte Mordanschläge auf mich und sogar meine Familie verstieß mich. Aber ich konnte doch nicht anders als so denken und handeln, wie ich es tat.

**SABINE:** Und warum konnten Sie nicht anders?

**JEREMIA:** Ich führe dies auf Gott zurück. Ich weiß nicht, wie Propheten heute ihr Handeln begründen. Gibt es denn in eurer Zeit noch Propheten?

**SABINE:** Also, ich weiß nicht ...

**JEREMIA:** Auf jeden Fall scheint es mir doch wichtig zu sein, dass auch heute noch Menschen sich bewegen lassen und nicht zu allem Ja und Amen sagen. Probleme und Gefahren gibt es heute doch auch genug! Nicht jeder muss gleich ein großer Prophet werden, das ist wirklich sehr unbequem und vielleicht zu schwer. Aber es kann damit anfangen, dass man kritisch nachfragt und nicht alles glaubt, nur weil alle es so machen. Und dass auch kleines Unrecht nicht gleichgültig hingenommen wird. – So, jetzt hab ich dir einiges über mich und meine Zeit erzählt. Vielleicht kannst ja nun du mir berichten, wo und wie eure Zeit »Propheten« am Werke sieht. Oder gibt es heute keine mehr?

distanziert als Heilige betrachtet; das andere Mal wird Maria als normale junge Frau mit Gefühlen, wie sie heutigen jungen Frauen gut bekannt sind, vorgestellt, die plötzlich mit ihrer Situation als Mutter Jesu konfrontiert wurde.
- Die Sch diskutieren, welches Ave Maria sie angemessener finden, und warum.
- Das »Ave Maria junger Menschen« lässt sich in mehrere Bilder zerlegen, z. B. Maria beim Wasserholen, Maria am Brunnen, zusammen mit den anderen Jugendlichen im Dorf ... Male dein persönliches Marienbild als Medaillon. Klebt alle an die Decke als eure Schlusssteine. Ihr könnt auch eigene Szenen erfinden wie der Steinmetz!
- Lest in KG die Bibelstellen nach, die im NT über Maria erzählen. Welches Bild von Maria könnt ihr jeweils erkennen?
Mt 1,18-25; 2,11; 2,13-23; 12,46-50; 13,53-58; Mk 3,31-35 6,1-6; 15,40.47; 16,1; Lk 1,26-38; 1,46-56; 2,1-52; 3,22-38; 8,19-21; 11,27-28; Joh 2,1-12; 19, 25-27; Apg 1,14; Gal 4,4; Offb 12,1-6.13-17.

**Marienbilder sammeln ...**  **Infoseite 97**
- In Ergänzung des Arbeitsauftrags *Infoseite* 97 erhalten Sch AB 8.6.13 *Arbeitshilfen* S. 203.
* Welche Vorstellungen haben die Künstler, die Künstlerin ausgedrückt? Welche zeitgebundenen Umstände fließen in die Gestaltungen ein?

**... und gestalten**
- Nachdem Sch die unterschiedlichen Mariendarstellungen gesehen haben, entwerfen sie ihre eigene, persönliche Mariendarstellung: als Zeichnung, Gemälde, Tonfigur. Dabei beachten Sch, was für sie Maria bedeutet, was Maria für sie darstellt.
- Vielleicht entsteht eine Ausstellung in Klasse oder Schulhaus. Die Bilder und Figuren werden dann durch Gedichte, Gedanken, Lieder ergänzt.

**Recht haben und Recht bekommen**  **Ideenseite 91**
Die kraftvollen biblischen Frauen im Buch Rut können als Rollenmodelle und Anregerinnen eigener Kräfte und Chancen entdeckt werden.
- Sch tragen zusammen, was sie bereits über Frauen in einer patriarchalen Gesellschaft wissen (ggf. erhalten sie den Informationstext AB 8.6.14 *Arbeitshilfen* S. 205).
- Das Buch Rut wird ganz gelesen, dabei wird beachtet:
* Die sehr reale Schilderung der Bedrängnisse unterstreicht deutlich, dass die Frau ohne den Mann in diesem gesellschaftlichen Umfeld verloren ist.

* Die konsequente Erzählweise aus der Sicht der Frauen: Sie werden zunehmend zu Handlungsträgerinnen. Details der Darstellung lassen die Frauen-Perspektive immer wieder aufblitzen; z. B: »Kehrt ins Haus eurer Mütter zurück«, sagt Noomi zu den Schwiegertöchtern (1,8). In 4,13 heißt es nur: »Sie gebar einen Sohn«, es fehlt der übliche Zusatz: »... dem Boas«. Für Noomi ist Rut »mehr wert als sieben Söhne« (4,15).
* Gott segnet das aktive Tun der Frauen
* Rut verbindet sich mit Noomi wie sonst nur Mann und Frau es tun, was im Gegensatz zu den kulturellen und sozialen Normen der Zeit steht.
* Die erotische Aktivität geht von Rut aus, nicht von dem üblicherweise aktiven Mann.
* Boas wird durch das geplante Vorgehen der Frauen zur Einhaltung seiner Pflicht (Löserpflicht) getrieben.
- Sch überlegen, wo es heute noch Unrecht gibt, dem Frauen auch in unserer Gesellschaft ausgesetzt sind:
* Welchen Stellenwert haben lesbische, alte, arme oder ausländische Frauen bei uns?
- Als abschließender Meditationstext oder zur eigenständigen Erarbeitung eignet sich ein Gedicht über Rut von Drutmar Cremer: »Lichtgehörn am Tor von morgen«. Eine Texterschließung und methodische Vorschläge bietet Georg Langenhorst: Gedichte zur Bibel. Texte – Interpretationen – Methoden. Ein Werkbuch für Schule und Gemeinde, München 2001, S. 112-116. Dort ist auch Marc Chagalls Bild »Ruths Treffen mit Boas« abgebildet.

**Sagen, was ist**  **Ideenseite 91**
Zur Einbettung in den Kontext – drei Frauen entdecken die und erzählen von der Auferstehung Jesu – sollte die Bibelstelle Lk 24,1-12 (oder das ganze Kapitel 24) in der Klasse nachgelesen werden.
- L informiert über die Ungeheuerlichkeit, dass nicht-zeugnisfähige Frauen in der Jesusgemeinschaft als Zeuginnen auftreten.
- Sch schreiben auf, wie das Gespräch zwischen den drei Frauen und den Aposteln wohl verlaufen ist, oder sie spielen es in einem Rollenspiel nach.
- Sch beschreiben/spielen Situationen aus heutiger Zeit, in denen es wichtig ist zu reden oder zu handeln, auch wenn andere die Bedeutung und Dringlichkeit der Situation nicht erkennen.

# Bilder von Maria

*Michelangelo: Pietà (Italien, um 1500)*

*Diego Velázques: Die Jungfrau von der Unbefleckten Empfängnis (Spanien, um 1618)*

*Marc Chagall: Die schwangere Frau (Polen/Frankreich, 1913)*

*Rosemary Namuli: Mary (Ostafrika, um 1990)*

# Von allen Seiten umgibst du mich  Stellungnahmen 98

## 1. Hintergrund

So wie die Golden-Gate-Brücke (»goldenes Tor«, in der Bucht von San Francisco) auf dem Foto es den Menschen ermöglicht, sicher von einem Ufer zum anderen zu gelangen, ohne von den Wassermassen bedroht zu werden, so sieht der Texter des darunter stehenden Liedes Gott als Behüter der Menschen, der ihre Lebenswege mit Fürsorge begleitet und sie sicher zu sich führen will. Das Lied durchströmt die Gewissheit, dass Gott immer anwesend ist, dass er in den Menschen selbst wohnt und Kraft und Liebe gibt. Ohne Liebe sowie körperliche und seelische Kraft hätten weder Mutter Teresa noch Bruder Martin noch die Frauen um Jesus noch die Prophetinnen und Propheten ihre schwierigen Wege gehen können. Sie alle schöpfen ihre Kraft aus ihrem Glauben an diesen Gott, der die Urquelle der Liebe ist.

### Der Segen

Segen ist etwas, das durch Segnen übertragen wird; so wird z. B. ein Kind bei der Taufe eingesegnet oder das Brautpaar bei der Trauung. In sakramentalen Segenshandlungen soll denjenigen, die davon profitieren, etwas mitgegeben werden, was ihnen zum Leben hilft. Aber auch im Alltag eines jeden Menschen gibt es ständig segnende Handlungen, wenn auch oft unbewusst. Der einfachste Segensakt wird vollzogen, wenn wir zu einem anderen »Guten Tag« sagen, d.h., man wünscht einen guten Tag, möchte, dass es dem Angesprochenen gut geht. Diesen Gruß zu verweigern bedeutet geradezu Feindseligkeit und kann auf die Stimmung drücken. Weitere kleine Akte sind der Gute-Nacht-Wunsch, der Wunsch »Frohes Schaffen« oder »Guten Appetit«; Geburtstagsglückwünsche und Ehrungen sind große Akte segnenden Handelns. Dabei geht es immer um dasselbe: den anderen hineinzuversetzen in eine Atmosphäre gelingenden Lebens.

## 2. Einsatzmöglichkeiten im RU

### So wie die Brücke ...

Das Foto der Hängebrücke, die über ein ausgedehntes Gewässer führt und so hoch ist, dass die Wolken in ihren Streben hängen, vermittelt den Eindruck, als ob die Brücke eine Verbindung zwischen Himmel und Erde darstellte. Das weite Meer, der blaue Himmel geben ein Gefühl von Unendlichkeit, dazwischen die Brücke als Mittlerin. Im Lied wird Gott als jemand beschrieben, der uns Menschen Halt und Richtung gibt, so wie im Bild die Brücke den Autos Halt gibt und die Richtung zeigt.

- Welche Eindrücke, Gefühle weckt das Foto bei den Sch?
- Sch überlegen sich, in welchem Bild sie am ehesten das ausdrücken würden, was Gott für sie ist.
* Ist Gott für sie auch etwas wie eine Brücke über bedrohlichem Wasser oder
* eher wie eine Mutter, ein Vater oder ein/e Freund/in?
* Oder kann das Bild der Sonne etwas von Gott ausdrücken (sie ist immer da, aber nicht immer spürbar; erst durch sie ist Leben möglich)?
- Vielleicht finden und gestalten Sch mehrere solcher Bilder!
- Was/wer gibt den Sch Halt im Leben, was/wer zeigt ihnen die Richtung?

### Einen alten irischen Reisesegen sprechen  Ideenseite 88

Den Abschluss der Unterrichtsreihe kann ein Segensritual bilden. Sch sprechen sich gegenseitig Zuversicht, Ausdauer, kritischen Blick, Gottes Beistand und Halt zu.

- Sich gegenseitig gute Wünsche zusprechen: z. B. Ich wünsche dir, dass du ... Nachspüren, welche Wirkung gute Wünsche auf uns haben. Was spüre ich dabei in meinem Körper? Wo spüre ich es?
- Den irischen Reisesegen gemeinsam sprechen und mit Handbewegungen gestalten.
- Kennst du andere Segensformen? Bist du schon einmal von den Eltern gesegnet worden, wenn du länger weggegangen bist?
- Schreibe einen selbst formulierten Segen auf ein Blatt Papier (Anregungen bietet auch das Lied *Stellungnahmen* 98). Faltet eure Blätter und sammelt sie in einem Korb! Anschließend zieht jede/r sich daraus ein Blatt und liest es für sich. Sprecht darüber, wie dieser Segen auf euch wirkt.
- Einen weiteren Segen bietet AB 8.6.15 *Arbeitshilfen* S. 205. Wer möchte diesen Segen oder den irischen Reisesegen auswendig lernen?
- Ihr könnt die Segenssprüche auch schön gestalten und sie im Klassenzimmer aufhängen.

# Der Herr segne dich

Der Herr segne dich
Er erfülle dein Herz mit Ruhe und Wärme
Deinen Verstand mit Weisheit
Deine Augen mit Klarheit und Lachen
Deine Ohren mit wohltuender Musik
Deinen Mund mit Fröhlichkeit
Deine Nase mit Wohlgeruch
Deine Hände mit Zärtlichkeit
Deine Arme mit Kraft
Deine Beine mit Schwung
Deine Füße mit Tanz
Deinen ganzen Leib mit Wohlbefinden
Deine Liebe mit Inbrunst und Hingabe
So lasse der Herr
alle Zeit seinen Segen auf dir ruhen
Er möge dich begleiten und beschützen
Dir Freude schenken dein Leben lang
Dir Mut zusprechen in schweren Zeiten

*Eckhard Etzold*

# Hintergrund-Wissen zum Buch »Rut«

*Frauen in einer patriarchalen Gesellschaft. Beispiel: Alter Orient*

Die Gesellschaft im Alten Orient war eindeutig patriarchalisch (*pater* lat. = Vater) ausgerichtet: Nur der Mann konnte Rechtsgeschäfte abschließen und die Familie vertreten.

## Soziale Stellung:

Entsprechend war die soziale Stellung der Frau: Eine selbstständige Rolle war nicht vorgesehen, immer »gehörte« sie einem Mann: dem Vater, dem Ehemann, dem Bruder ...; ihr Mann war ihr »Herr« und »Besitzer« – gelegentlich wurde sie zusammen mit dem Vieh und den Sklaven zum beweglichen Eigentum des Mannes gezählt.
Diese Abhängigkeit bedeutete zugleich, dass die Frau unter dem Schutz des Mannes stand.

## Ehe und Scheidung:

Der Mann hatte das Recht, mehrere Frauen gleichzeitig zu Ehefrauen zu nehmen; nur er hatte auch die Möglichkeit, eine Scheidung von seiner Frau auszusprechen (sie zu entlassen). Eheliche Untreue von Seiten der Frau wurde schwer bestraft, u. U. konnte der Familienvater sie zum Tod verurteilen; für den Mann gab es keine Pflicht, seiner Frau treu zu sein. Die Arbeit der Frau war auf die Tätigkeit im Haushalt begrenzt. Auch die Erziehung der Kinder war weitgehend ihre Sache. Daraus ergab sich eine eigene Bedeutung und ein besonderes Gewicht innerhalb der Familie, aber auch die Dringlichkeit, Kinder, besonders Söhne, zu bekommen. Kinderlosigkeit galt als Makel.

## Witwenschaft:

Wurde eine Frau Witwe und hatte sie keine Kinder, konnte sie in das Haus ihres Vaters zurückkehren. Daneben gab es auch die Möglichkeit der »Levirats- oder Schwagerehe«: Der Bruder eines verstorbenen Mannes hatte die Pflicht, die Witwe zu heiraten, damit der Gestorbene noch die Möglichkeit hatte, (indirekt) zu Kindern zu kommen.
Verwitwete oder »entlassene« Frauen konnten aber schnell in Not und Bedrängnis kommen, wenn sie sich nicht auf eine starke Familie stützen konnten.

# Projekt: Gemeinsam aktiv statt einsam passiv
## Bausteine gegen die Sucht

### Verbindungen mit anderen Fächern

Sehr enge und vielschichtige Kooperationsmöglichkeiten bestehen mit den folgenden Fächern:
*Evangelische Religionslehre:* 8.2 Suche nach Sinn – Sehnsucht nach Leben.
*Ethik:* 8.1 Im Leben Sinn erkennen – dem Leben Sinn geben, darin: 8.1.1 Was Jugendlichen wichtig ist, 8.1.2 Abwege der Sinnsuche, 8.1.3 Sinn entdecken.
*Deutsch:* 8.1.3 Kreativ mit Sprache umgehen; 8.2.2 Jugendbücher kennen lernen und lesen.
*Physik/Chemie/Biologie:* 8.3 Gesunde Lebensführung; 8.3.4 Genussmittel und Drogen.
*Sport:* 8.1 Gesundheit; dazu spezieller: 8.1.3 Körpergefühl, Körperbewusstsein; Entspannungsmöglichkeiten.
*Kunsterziehung:* 8.5 Nachrichten aus der Klasse: Was uns interessiert und bewegt; 8.6 Vor und hinter der Videokamera: Szenen wie im Film.
*Hauswirtschaftlich-sozialer Bereich:* 8.3 Lebensmittel sachgerecht auswählen, vorbereiten, verarbeiten und präsentieren.
*Musik:* 8.2 Musik provoziert.

### 1. Hintergrund

Die Karikatur macht deutlich: Sucht bezieht sich nicht nur auf Drogen. Zur Sucht kann vieles werden. Entscheidend ist ein Verhalten, das Sucht begünstigt oder behindert. Lange bevor jemand süchtig wird, hat er bereits ein suchtförderndes Verhalten eingeübt. Suchtprävention setzt an dieser Stelle an. Suchtprävention versucht das Verhalten von Kindern und Jugendlichen so zu stärken, dass sie genügend Rückhalt haben und gegebenenfalls Nein sagen können.
Dadurch wird deutlich: Suchtprävention ist keine isolierte Angelegenheit, die mit einer Unterrichtseinheit oder mit einem Projekt abgehakt werden könnte. Suchtpräventiv muss letztlich der gesamte Schulalltag sein!
Die Projektbausteine dieses Kapitels wollen L auf Möglichkeiten der Suchtprävention, wie sie zum Teil schon im Gesamtlehrplan der 8. Jahrgangsstufe vorgebildet sind und auch im RU durch bestimmte Themen bereits behandelt wurden, hinweisen und zu einem fächerübergreifenden Ansatz anregen, bei dem die L miteinander kooperieren. Die Projektbausteine wollen Lust an einem von innen kommenden Aktivsein fördern und nicht durch von außen kommenden Aktionismus überfordern.
Damit trotz des umfassenden Ansatzes von Suchtprävention der Handlungsrahmen für Sch und L konkret und überschaubar bleibt, orientieren sich die Projektbausteine an der Volksdroge Nummer eins, dem Alkohol.
Die Verwirklichung des Projekts ist orts- und situationsgebunden. Angestrebt ist gemeinsames Handeln von Sch und L, das am besten in einer gemeinsamen Aktion ihr Ziel findet. Einzelne Projektbausteine lassen sich gut an andere Fächer delegieren und müssen nicht von der Religionslehrkraft allein durchgeführt werden! Wünschenswert ist es, dass die Initiative aus dem RU kommt und das Fest am Ende des Projekts die Klammer um die anderen Aktionen bildet. Der RU kann auf diese Weise für die Thematik Sucht/Suchtprävention zu einem Leitfach werden, das fächerübergreifendes Lernen anregt und fördert. Durch eine öffentlichkeitswirksame Darstellung der Ergebnisse des Projekts in Form eines Festes kann der RU darüber hinaus seinen Beitrag zur Persönlichkeitsentfaltung und zur Stärkung des Selbstwertgefühls der Sch (siehe Fachprofil) einem erweiterten Kreis (Schule, Eltern, Gemeinde bzw. Stadtteil) deutlich machen.
Wegen der nötigen Koordination in Bezug auf die Lehrplanthemen der einzelnen Fächer ist eine rechtzeitige Planung zu Beginn des Schuljahres sinnvoll.

### 2. Einsatzmöglichkeiten im RU

**Dem Alkohol auf die Spur kommen**
– Sch finden Anregungen und Information *Infoseite* 16f. Vgl. dazu *Arbeitshilfen* S. 28ff.
– Das Online-Forum Alkohol des *Büros für Suchtprävention* bietet Informationen über Alkohol im Fernsehen: www.suchthh.de.

**Gemeinsam lesen und diskutieren**
In Kooperation mit Deutsch ist folgende Klassenlektüre zu empfehlen:
Ladiges, Ann: Hau ab du Flasche, rororo Rotfuchs, Rowohlt Taschenbuch Verlag, Reinbek 1993

Zu diesem Buch gab es eine (inzwischen vergriffene) Unterrichtshilfe, die evt. in einer Mediothek noch zu finden ist.

**Einen Bunten Abend bzw. Themenabend gestalten**
Mögliche Titel des Abends: »Sucht nach Alkohol!?« »Keine Macht dem Alkohol« – »Aktiv gegen die Sucht!« o. Ä.
– Alles, was im Unterricht erarbeitet worden ist, wird an diesem Abend präsentiert:
* Umfrageergebnisse zum Thema Alkohol
* Sachinfos
* Freizeiteinrichtungen und ihre Angebote
* Sketsche
– Personen werden vorgestellt: Drogenberater der Schule, des Gesundheitsamtes, Kontaktpersonen von Freizeiteinrichtungen, Beratungsstellen.

## 3. Weiterführende Anregungen

**Ein Video als Impulsgeber nutzen**
Fast 1500 Jugendliche haben sich 1997 am Wettbewerb »Drugs Suck – Filmregie statt ecstasy« beteiligt. Die Ergebnisse sind als Videocassette erhältlich: Drugs Suck – Filmregie statt ecstasy. Die 10 besten Clips des Wettbewerbs mit Projektdokumentation, 45 Min., VHS, mit Begleitheft hrsg. v. Institut Jugend Film Fernsehen, KoPäd Verlag, Pfälzer-Wald-Str. 64, 81539 München, oder: Anfrage bei Medienzentralen.

**Ausstellung für Hauptschulen zur geschlechtsspezifischen Suchtprävention**
Diese Ausstellung ist speziell für Mädchen und Jungen im Alter zwischen 12 und 16 Jahren konzipiert worden und dient der geschlechtsspezifischen Suchtprävention in der Schule. Sie stellt Themen vor wie Selbstfindung, Geschlechtsidentität und Rollenerwartungen, ist lebensweltorientiert aufbereitet und bietet vielfache Anknüpfungspunkte für die Weiterarbeit.
Die Ausstellung »Boys und Girls« (Jugendliche auf der Suche nach dem eigenen Ich) kann angefordert werden bei der:
Landeszentrale für Gesundheit in Bayern e.V., Landwehrstraße 60-62, 80336 München, Tel. 089/5440730, Fax 089/55407346.

## Literatur

Bäuerle, Dietrich: Sucht und Drogen – Prävention in der Schule, München 1996

Suchtprävention in der Schule. Handreichung für Drogenkontaktlehrer/innen an den bayerischen Schulen, hrsg. v. ISB München, 1995 (ist i.d.R. an der Schule vorhanden)

Sucht- und Drogenprävention. Materialien für das 5.-10. Schuljahr, hrsg. von der Bundeszentrale für gesundheitliche Aufklärung, Köln 1994

Ausführliches Material bei: Bundeszentrale für gesundheitliche Aufklärung, BzgA, 51101 Köln oder im Internet: http://www.bzga.de

# Quellenverzeichnis

**8.1.1** René Magritte, Der Riss, 1949, Gouache 44 x 34,5 cm, Privatsammlung © VG Bild-Kunst/Cosmopress, Genf
**8.1.2** Kami und Purple Schulz, Ich will raus/ Sehnsucht 99 © Hans Gerig Musikverlag, Bergisch-Gladbach
**8.1.4** Die ... ist ein parfümiertes Stück ..., nach einem Interview mit Oliviero Toscani, Die Werbung ist ein parfümiertes Stück Aas, in: SZ-Magazin (Quelle nicht genauer zu recherchieren)
**8.1.6** In: Die Grenzen der Seele wirst du nicht finden. Michael Albus im Gespräch mit einem modernen Abenteurer, Verlag Herder, Freiburg 1996
**8.1.7** T: Eugen Eckert /M: Winfried Heurich © Studio Union im Lahn-Verlag, Limburg-Kevelaer
**S. 32 Cartoon:** Carolin Strohbach, 17 Jahre, 1. Preisträgerin der Altersgruppe der 15-22-Jährigen beim 3. bundesweiten Karikaturenwettbewerb der Deutschen Jugendpresse e.V. und dem Studienkreis X zum Thema »Sucht«
**8.1.9** In: Sabine Peters, Nimmersatt, Wallstein-Verlag, Göttingen 2000, S. 114-116
**8.2.2** In: Ivan Steiger sieht die Bibel, Deutsche Bibelgesellschaft/Katholisches Bibelwerk, Stuttgart 1989
**8.2.3** Foto: Malteser-Magazin, April 1998
**8.2.4** Käthe Kollwitz, Zertretene, ca. 1912, Radierung, 24 x 19,5 cm, Käthe-Kollwitz-Museum, Berlin © VG Bild-Kunst, Bonn 2001
**8.2.6** © Theodor Weissenborn, Landscheid
**8.2.7** In: Kurt Marti, Gott gerneklein, Radius Verlag, Stuttgart 1995, S. 18f.
**8.2.8** Idee nach: CAJ- Aktionsbuch Jugendarbeitslosigkeit, Essen 1996 – Foto: CAJ-Diözesanverband Paderborn, Olpe
**8.2.9** www.kjf-augsburg.de/hilfen_kids/kids.html
**8.2.10** In: Misereor aktuell 3/1999 – KNA
**8.2.11** In: Misereor-Projektpartnerschaft. 58 Projekte, Aachen 1999, S. 50
**8.2.12** T: C. P. März, Erfurt/M: Kurt Grahl, Leipzig © bei den Autoren
**8.3.1** In: Thomas Dressel/Jutta Geyrhalter, Morgens um acht. Rituale und Gebete für den Tagesbeginn in der Schule, Kösel-Verlag, München 2001
**8.3.1** In: Klaus Burba (Hg.), Ich möchte beten, aber wie?, Schriftenmissionsverlag, Gladbeck 1983 – In: Thomas Dressel/Jutta Geyrhalter, Morgens um acht. Rituale und Gebete für den Tagesbeginn in der Schule, Kösel-Verlag, München 2001, S. 103
**8.3.3** In: Sabine Peters, Nimmersatt, © Wallstein-Verlag, Göttingen 2000, S. 111-113
**8.3.6** Quelle nicht zu recherchieren
**8.3.7** The Beatles: Sgt. Pepper's Lonely Hearts Club Band © Music Sales, London/Boswald GmbH, Übertragung: Julia Schneider
**8.3.8** Erich Fried © Wagenbach-Verlag, Berlin
**8.3.9** Erich Kästner, in: Lärm im Spiegel © Atrium Verlag, Zürich und Thomas Kästner
**8.3.10** In: Antoine de Saint-Exupéry, Bekenntnis einer Freundschaft © 1955 Karl-Rauch-Verlag, Düsseldorf – In: ders., Der Kleine Prinz © 1950 und 1988 Karl-Rauch-Verlag, Düsseldorf
**8.3.11** © Kösel-Verlag
**8.4.2** trad. Jiddisch
**8.4.3** Meinhard Birk, in: Süddeutsche Zeitung v. 11. September 1998
**8.4.3** St. Spielberg, Foto: dpa, München – M. Monroe, Foto: Weegee © Wilma Wilcox – A. Einstein, Foto: The Roger Richman Agency, Inc., Joan Waldman, Beverly Hills, California – A. Frank, Foto: Kösel-Archiv
**8.4.6** Uwe Moosburger/Wanner, Schabbat Schalom. Juden in Regensburg, Mittelbayr. Druck- und Verlagsgesellschaft, Regensburg 1998
**8.4.7** ebd.
**8.4.8** Aus dem antisemitischen Kinderbuch »Der Giftpilz«, Nürnberg 1938
**8.4.9** In: »Warum?« Faltblatt zur Ausstellung »Visionen aus dem Inferno«, Nürnberg
**8.4.11** In: Clara Asscher-Pinkhof, Sternenkinder, Oetinger Verlag, Hamburg 1986
**8.4.12** In: Kirchenzeitung für das Bistum Eichstätt Nr. 14 v. 2. April 2000, S. 9 – Foto: Reuters, Hamburg
**8.4.13** AP, Frankfurt/M.
**8.5.1** In: Schöne, Gerhard, Wohin soll die Nachtigall? Liedertexte, hg. v. Amelie Wegener, Berlin 1990
**8.5.2** Turculet-dan Silviu (Rumänien), Ozone 89, Cartoons, Sofia, Rumänien
**8.5.3** T: Huub Oosterhuis, 1959, Übertragung: Dieter Trautwein 1966/72, M: Tera de Marez Oyens-Wansink 1959 © Benziger Verlag, Düsseldorf
**8.5.4** Josef Reding, in: Edgar Hederer (Hg.), Das Deutsche Gedicht vom Mittelalter bis zum 20. Jahrhundert, Frankfurt/M. $^{17}$1977
**S. 157** Text: dem Indianerhäuptling Seattle vor dem amerikanischen Kongress zugeschrieben, Melodie: © Stefan Vesper
**8.5.6** Heinrich Heine, in: Edgar Hederer (Hg.), Das Deutsche Gedicht vom Mittelalter bis zum 20. Jahrhundert, Frankfurt/M. $^{17}$1977
**8.5.7** T: Rolf Krenzer, M: Detlev Jöcker, in: Buch, CD und MC »Viele kleine Leute« © Alle Rechte im Menschenkinder Verlag, 48157 Münster
**8.5.8** Cartoon: Zeichner unbekannt, gefunden in: Werkbrief für die Landjugend, Themenheft Boden, München 1988
**8.5.10** Nach: Michael Pinter, Suchen und Entdecken, Arbeitsblätter für das 9. Schuljahr, Katechet. Institut Trier o.J. (1975), S. 6f.
**8.6.2** In: Eva Jürgens (Hg.), Die Heiligen Drei Könige, Kaufmann, Lahr 1995, S. 63
**8.6.3** In: Freiräume. Ideen und Skizzen. Unterrichtspraktische Hilfen, hg. v. d. Gesellschaft f. Religionspädagogik, Berlin 1994, S. 69
**8.6.4** In: Michael Ende, Momo © by K. Thienemanns Verlag, Stuttgart/Wien 1973
**8.6.5** In: Sabine Alex/Klaus W. Vopel, Lehre mich nicht, lass mich lernen. Interaktionsspiele für Kinder und Jugendliche, iskopress, Salzhausen $^{4}$2001, S. 134
**8.6.6** © Cat Music, Deutsche Rechte bei Sony Music Publishing, Berlin, Übertragung: Ruth Kreutzer
**8.6.7** T/M.: Gerhard Schöne, aus der CD Seltsame Heilige © beim Autor
**8.6.8** In: Norbert Johannes Hoffmann, Einstieg ins Leben. Denkanstöße für junge Leute, Butzon & Bercker, Kevelaer 1988
**8.6.9** Nach einer Idee aus: Religionspädagogische Hefte, Nr. 1/1998, S. 28
**8.6.10** In: Christian Feldmann, Die Liebe bleibt. Das Leben der Mutter Teresa (vergriffen)
**8.6.12** Nach einer Idee aus: EvErz 3/1993, S. 350 ff.
**8.6.13** Michelangelo Buonarotti, Pietà (1498-99/1500), St.-Peters-Basilika, Vatikan – Diego Velasquez, Die Jungfrau von der Unbefleckten Empfängnis, ca. 1618, National Gallery, London – Marc Chagall, Die schwangere Frau, 1913, Stedelijk Museum, Amsterdam © VG Bild-Kunst, Bonn 2001 – Rosemary Namuli, Mary, Steinskulptur, Ostafrika; alle mit freundlicher Genehmigung entnommen aus: Jaroslav Pelikan, Maria. 2000 Jahre in Religion, Kultur und Geschichte, Verlag Herder, Freiburg 1999
**8.6.16** aus einer Predigt von Pfarrer Eckhard Etzold vom 30.07.2000 in St. Jakobi (http://www/bs.cytycom/stjakobi/wort/segen.htm)

Alle Bibeltexte gemäß der Einheitsübersetzung © Katholisches Bibelwerk, Stuttgart.
Alle nicht gekennzeichneten Beiträge des Buches stammen von der Autorin und den Autoren und sind als solche urheberrechtlich geschützt. Abdruckanfragen sind an den Verlag zu richten. Trotz intensiver Recherche konnten einige Rechtsinhaber nicht ermittelt werden. Für Hinweise sind wir dankbar. Sollte sich ein nachweisbarer Rechtsinhaber melden, bezahlen wir das übliche Honorar.